职业院校学前教育专业规划教材

幼儿游戏与指导

YOUER YOUXI YU ZHIDAO

◎ 朱晓颖 主编
◎ 冯芳 严佳晨 参编

人 民 邮 电 出 版 社
北 京

图书在版编目（C I P）数据

幼儿游戏与指导 / 朱晓颖主编. -- 北京 : 人民邮电出版社, 2015.2（2023.8 重印）
职业院校学前教育专业规划教材
ISBN 978-7-115-38400-3

Ⅰ. ①幼… Ⅱ. ①朱… Ⅲ. ①学前教育－游戏课－高等职业教育－教材 Ⅳ. ①G613.7

中国版本图书馆CIP数据核字(2015)第020350号

内 容 提 要

本书从幼儿游戏基本理论和实践技能两个层面来介绍幼儿游戏的相关知识，共分为 11 章，主要内容包括幼儿游戏概述、影响幼儿游戏的因素、幼儿园游戏环境的创设、角色游戏的组织与指导、表演游戏的组织与指导、建构游戏的组织与指导、体育游戏的组织与指导、其他幼儿游戏的组织与指导、幼儿游戏的观察、传统民间游戏在现代幼儿园中的应用。

本书可供师范院校学前教育专业的学生使用，也可以作为各级各类幼儿园和学前教育机构的培训教材。

◆ 主　　编　朱晓颖
参　　编　冯　芳　严佳晨
责任编辑　刘　琦
责任印制　杨林杰

◆ 人民邮电出版社出版发行　　北京市丰台区成寿寺路 11 号
邮编　100164　　电子邮件　315@ptpress.com.cn
网址　https://www.ptpress.com.cn
北京盛通印刷股份有限公司印刷

◆ 开本：787×1092　1/16
印张：16　　2015 年 2 月第 1 版
字数：393 千字　　2023 年 8 月北京第 13 次印刷

定价：36.00 元

读者服务热线：(010)81055256　印装质量热线：(010)81055316
反盗版热线：(010)81055315
广告经营许可证：京东市监广登字 20170147 号

前言 / FOREWORD

游戏是幼儿园课程的灵魂，是幼儿园活动的主要组织形式，它对幼儿的发展具有十分重要的意义。因此，学习相关的游戏理论，掌握并能够灵活运用相关的知识组织、指导幼儿进行游戏活动，就成为幼儿教师所必须具备的素质之一。随着《幼儿园教师专业标准（试行）》的出台，以“学前游戏”为主要内容的教材呈现出骤然上升的趋势，这既是学界对国家教育政策的积极回应，也说明幼儿教师对“游戏活动的支持与引导”的素养日益受到理论界的重视。

而在实践中，各学前教育机构也将“能否有效地组织、指导幼儿进行游戏活动”视为判断一名幼儿教师是否具有专业标准的重要依据，甚至成为入职的考核标准之一。因此，对于以就业为主要“出口”的职业教育层次的学生而言，掌握一定的幼儿游戏理论、具备较强的游戏指导技能就显得十分必要而且非常重要。

但是，通览近年来出版发行的教材可知，专门针对职教层次学生用的幼儿游戏教材并不多，甚至可以说很少。在现有的教材中，有的过于理论化，无法满足职教层次学生对游戏实践技能的需求；而有些教材又过于技能化或领域化，基本忽略了对幼儿游戏基本理论的介绍。笔者认为，这类教材只适合用作教师职后拓展与提升教学实践能力的读本，不能作为教师职前教育的教材。因为任何没有理论的实践都将是盲目的，即使是对以实践技能为其主要知识构成的职教学生而言，也不能完全忽略对基本理论的学习。因此，我们认为很有必要在前辈、同行已有的研究成果的基础上，专门为职教层次的学生编撰一本符合其职业特点和学习特点的幼儿游戏类教材。

本书在结构和内容上呈现如下特点。

（1）内容创新。以《幼儿园教师专业标准（试行）》和《3～6 岁儿童学习与发展指南》为依据，以提升职业教育层次学生的专业能力为目标，在使其掌握基本游戏理论的基础上，凸显对组织、指导游戏技能的培养和训练。

（2）形式创新。通过“二维码扫描区域”为学生提供网络互动，以激发学生的学习兴趣。

（3）侧重应用。通过提供大量的案例评析，缩短教学与实践之间的差距，争取实现“学了就能用”的目标，增强学生的实践适应能力。

（4）增加了可读性。在语言表达上，力求准确生动，并考虑职业教育学生的学习特点，在阐述内容时力争做到系统而不枯燥、实用而不琐碎。

本书的编写小组由三人组成。朱晓颖博士担任主编，主要负责编写第一章、第二章、第四章和第十章。冯芳负责编写第三章、第五章和第八章，严佳晨负责编写第六章、第七章和第九章。由于编写时间仓促以及水平有限，书中的缺点、错误在所难免，殷切期望广大读者批评、指正。

本书的整个编写与出版工作得到了南昌师范学院学前教育学院领导的大力支持，在此深表感谢！

编者

2014 年 10 月

目录 / CONTENTS

第一章　幼儿游戏概述

引入案例

在某幼儿园的沙水区，杨林小朋友对魏宇桐小朋友说：“我们来搭个公园，好吗？” 魏宇桐不语，用铲子不停地往盆里装沙子，好一会儿才回答：“今天我来做坦克。” 杨林看看魏宇桐，便拿起杯子、水壶为魏宇桐装水，并慢慢地往盆里倒。魏宇桐则用双手将水和沙搅拌在一起。水倒完了，杨林又开始帮魏宇桐往盆里加沙子，还不断地问：“沙还要吗？沙够了吗？”魏宇桐终于说话了：“不要了，够了。你再去装点水吧！”杨林再次拿起容器去装水，这下倒进盆子里的水没过了沙子，他们赶紧把多余的水倒掉，直到水和沙正好齐平。魏宇桐满意地对杨林说：“现在，我可以做坦克了。”

问题　这两个小朋友在做什么呢？是玩游戏么？他们玩的游戏有意义吗？现在我们就来讨论这些问题。

本章学习要点

1. 了解幼儿游戏的定义。
2. 了解幼儿游戏的本质。
3. 了解幼儿游戏的主要特征。
4. 了解幼儿游戏对幼儿发展的价值。

第一节　幼儿游戏的特征与含义

一、游戏的含义

人们在游戏特征的界定上做出了不少努力，从游戏的标准——那些区别于非游戏行为的特征，游戏的过程——活动的形式和方法，游戏的目标——活动所直接指向的要素等方面，与非游戏行为进行了比较。有人认为，游戏与非游戏行为之间没有截然的界线（比如如何辨别一个在用肥皂水擦玻璃窗的孩子，这一行为是游戏还是劳动），行为要么更多地倾向于游戏，要么更多地倾向于劳动。有人认为游戏性可以用活动的自发性、明显的愉快以及幽默感来辨别。也有人认为可用思维的发散性和创造性来辨别。但这些被用来辨别游戏的特征，同样在非游戏中也明显地存在着。还有些涉及游戏的儿童发展研究认为，辨别是否为游戏应该从有机体做出行为的意向因素、动机、力量等出发。总之，学者们纷纷从不同的角度提出了对游戏的解释。

（一）从行为意向的角度解释游戏

从行为意向的角度解释游戏，就是根据活动的动机、活动对目标的定向、对外界物理刺激的反应方式以及规则等提出假设，从非游戏行为中辨别游戏。基于这样的思路，有学者提出了游戏的 6 种主要特征。

1. 游戏不同于外在目的性行为

这一特征表明，游戏是一种内在动机性行为，它既不受原始驱力的控制（食物、空气等），也不受必须遵循的社会要求（成人的指示）的控制，又不受引发行为的诱因形式（外部刺激）的控制。那么内在动机指的是什么呢？有人解释是外部新的信息和有机体去处理它的时候的能力之间的矛盾。游戏就是调节这种矛盾的手段，使有机体恢复到与环境平衡的最佳水平。如皮亚杰的“同化大于顺应”的观点，伯莱因的“激活调节状况”等，都是这一类解释。也有人认为，这种内在动机主要是指一种内在的、愉悦的、放松的动机状态，如紧张度的弱化，是一种有助于消除紧张、强化愉悦的神经功能。还有人这样解释内在动机，即对后天习得性行为的练习是游戏的动力。这一特征的界定，就将游戏与本能行为、结果性行为区别开来了。

2. 游戏不同于结果性行为

正因为游戏是由内在动机所引发的行为，所以活动的目的不指向外部，不指向结果，不受别人控制，不受外部约束力的影响。因而活动是自愿自发的，活动是随游戏者的意愿而不断变化着方式的过程。例如，一个孩子也许起先决定用积木搭一个塔，后来由于不同的积搭方法，使积搭塔的目的有所削弱，而这时的积搭方法却变得比搭好的建筑物更为重要。一个简单的滑滑梯活动，也许会因为不同的滑到底部的方法，而故意使之复杂起来。一个儿童可以拆掉刚刚建好的通过手段性行为产生的结果，并用新的方法又把它重新搭建起来。可见，游戏摆脱了用手段——目的的形式来考虑问题的束缚，考虑的只是手段，目的并不重要，是一种重过程、轻结果的活动。这个特征，就使我们把游戏从同样是由内在动机引起的，但活动指向某种特殊目的和结果的活动（如有趣的工作、艺术创作等）中区分出来。

3. 游戏不同于手段性行为

以上特点告诉我们，游戏注重的是过程不是结果，是手段不是目的。那么游戏是不是一种手段性的行为呢？我们知道，手段性行为是按物体的意义或实际用途来使用工具的，但是在游戏中，游戏者不是按物体的本来意义使用它的，因为游戏行为并不是现实活动的真实表现。玩打仗的游戏并不是游戏者真的在打架。可见，物体的通常用途在游戏中被免除了，通过把物体看成好像是其他东西，从而探索其新的潜在的意义。一把椅子不再用来坐了，而是当做汽车来开。椅子的本来意义——坐，在游戏里被免除了，儿童在游戏时根据游戏情节的需要，探索椅子还可以用来干什么的新的意义。这个特征就把游戏限定在通常称为“装扮”的行为里了。

4. 游戏不同于探索性行为

那么游戏是不是一种探索行为呢？从某种意义上说也不是。因为探索行为是由这样的问题引起的：“这个东西是什么？”可见探索行为是受外部刺激控制的，这种刺激正是用于获得关于物体特征的信息。相比之下，游戏是由这样的问题引发的：“我能用这个东西来干什么？”可见游戏是受有机体自身控制的。探索是发生在对事物不熟悉或不理解的情况下的，探索行为有助于减少对事物的疑惑。相反，游戏是发生在对事物熟悉的情况下，有助于引起一种特殊的兴奋作用，使机体维持一种最佳的兴奋水平。

5. 游戏不同于真实生活中的规则性行为

在真实生活中，人的行为总是受一定规则约束的，而游戏则使游戏者摆脱了外部强加的规则而产生自由，是一种没有外在约束的意愿活动。虽然游戏也是一种有规则的行为，但这种规则是内在的，是被游戏者理解和接受的，并且是受主体的愿望、理解状况而灵活选用的（这里指的是角色游戏。有人认为，规则游戏是随社会性角色游戏之后发展起来的，它的出现是由于个体的认识逐步趋于复杂化之故。社会性角色游戏虽没有规则游戏所具有的指示性特征，但它们也许是规则游戏得以发展的先兆）。

6. 游戏不同于闲荡

这一特征表明，游戏是一种动态性行为，它要求游戏者积极地参与活动，这就使游戏与幻想、懒散和无目的的闲荡等区别开来。人们认为，相比这种厌烦的、不活动的消极状态，游戏是有益的。

以上 6 个特征是在与非游戏活动的比较中概括出来的。首先认定游戏是一种内在动机性行为，但内在动机性行为不一定都是游戏（比如有趣的工作），于是强调这种内在动机性行为注重的是手段，而不是结果。但它又不是手段性行为，因为它具有装扮的特征，在游戏中物体的使用不是按其实际的意义，而是在探索物体的潜在意义。但它又不是探索行为，因为探索行为是外部刺激控制的，而游戏是主体自身控制的。然而，无目的的闲荡和无所事事也未受外部刺激控制，但显然不是游戏；游戏要求积极的活动，而且这种活动不受外在强加规则的限制。

可见，从各种不同的游戏理论中概括出来的上述游戏特征，是一种层层深入式的讨论，其方法是在与非游戏行为的比较中鉴别游戏，逐步地限定游戏的范围。从这些讨论中可以看出，定义的努力是凭借预先的假定，在假定所限制的范围内研究游戏，代之以更清楚的术语。

（二）从外显行为类型的角度解释游戏

有几个研究者提出了用行为分类的方法来描述不同类型的游戏。因为游戏是一种可以观察到的外显行为，对其进行观察，并提出一些行为分类的标准。不同的行为标准有不同的分类，如皮亚杰依据认知发展的阶段特征，将游戏分为实践性的、象征性的和规则性的；加维和赫特把游戏分为认识性的（包括了探索、解决问题的行为）和娱乐性的（包括了象征性的和重复性的行为）；鲁宾把游戏分为认知性的和社会性的等。

这种解释游戏的方法，在阐述各种不同游戏行为的时候将有以下一些意义。首先，在这种分析水平上，很容易把行为看成观察的标准，使游戏的解释更加客观、实际。其次，对各类游戏行为分别做出解释，也许在证明游戏的特殊性方面更令人信服，不会出现顾此失彼的尴尬，因为解释不是针对一类行为总称的游戏，而是对总称之下的某一类行为做出了限定。再次，认识到游戏能以不同的标准来分类地进行证明，那么通过各种形式的调查而产生的观点，就有助于系统的、综合的理论阐述。最后，这些各不相同的证明，即对各类游戏的分类证明，将给含糊不清的游戏的发展价值以专门的含义。

总之，这种解释游戏的方法至少强调了一点，即行为的丰富性和多变性，这一点对游戏来说是重要的。

（三）从诱导行为的环境的角度解释游戏

还有一种观点认为，行为是在一定的环境中产生的，不同的环境因素会导致不同的行为，其中部分可能是游戏。要进行游戏的全面定义，不仅应包括游戏的表现形式，还必须包括对游戏赖以发生的条件的描述。

关于这方面的研究是这样进行的：有的研究是事先创设一个极富吸引力的游戏室，由成年人将儿童带入游戏室进行游戏；有的研究则让儿童在教室或游戏场地上自由地进行活动，研究者就在实验的情景下和自然的情景下进行观察，看儿童的行为具有怎样的特征。结果发现，有的环境安排几乎与游戏无关，而有的环境将唤起儿童进行游戏的意向和兴趣。

根据研究，能激起儿童游戏行为的环境大致包括这样一些因素：（1）一批熟悉的同伴、玩具或其他可能引起儿童兴趣的材料。（2）成人和儿童之间的协调。只要被研究者所允许，儿童无论在什么范围里，无论想干什么，他们都可以自由地选择上述大量东西。（3）成人的行为是最低限度地参与和指示游戏。（4）友好的气氛使儿童感到舒畅和安全。（5）把会使儿童产生疲劳、愤怒、疾病或其他身体压力的可能性排除。（6）环境必须符合文化习俗。比如荒僻的游牧部落中的成年人，也许会将玩具解释为来自自然材料的手工制品，在这种群体中长大的儿童也许会对西方心理学家的交叉文化的游戏研究中使用的玩具迷惑不解，这样的材料提供给他们，不一定引起游戏，可能是探索。一个游戏室、游戏场都可能把“这里可以游戏”的信息传达给生长在城市中的儿童，而在闭塞的山区农村中生长的儿童则不会获得这种信息。

二、游戏的特征

（一）愉快与严肃

1. 游戏是愉快的活动

游戏的愉悦性似乎没有人否认，有人甚至认为这是游戏最本质的特征，是游戏的原始品质。游戏的愉悦特征是在与严肃的工作所做的比较中揭示的，因为游戏摆脱了工作和正规学习的紧张和压力，在游戏中儿童感受的主要是积极情感，伴随着欢笑的面部表情，反映的是与满足、渲泄、尽情、自得、轻松等有关的内心体验。人们就是从活动的这种心理体验来区分出游戏和非游戏的。这也就是儿童为什么最喜欢游戏、为什么不厌其烦地一遍又一遍地从事游戏活动的原因。

2. 游戏不是非严肃的活动

从一般的逻辑推演，游戏性是对立于严肃性的，工作（包括正规的学习）就是严肃的，可不是闹着玩的，来不得半点游戏的意味。然而，由此推演出游戏的愉悦性与工作的严肃性的对立，或游戏是非严肃的活动，那么则会使我们陷入一种难堪的境况，因为反驳起来非常容易。细细想来，游戏与严肃性之间的对立常常是含混不清的，尽管只是玩玩，但许多游戏活动都是以一种严肃的态度来进行的。孩子们进行游戏时，至少一时完全抛开了“只是”之类的感觉困扰，带有一种专注，一种陷入痴迷的献身。例如，孩子们在进行棋牌类、球类等规则游戏时，其严肃的态度不亚于工作；孩子们在进行角色扮演的装扮性游戏时，其认真的神情就好像是真的一样。我们看到，除了一部分有着明显外部情绪流露的动作机能性的嬉笑打闹之外，儿童的很多游戏行为常常连一点笑的意思也没有；有的甚至还伴随着一定程度的紧张情绪，比如，玩有一定难度并要付出一定努力的游戏，如拔河、追人、倒立、搭建筑物等。

3. 伴随愉快体验的严肃表现

问题是工作性质的严肃性与游戏中的严肃表现是有区别的，关键是不能将伴随着的外部情绪表现与内部情感体验混为一谈。工作性质的严肃性给工作的人带来紧张和压力，从而带来消极的情绪体验。而游戏中那紧张、认真的严肃表现，是游戏者出于自我需要的满足而自发的，是被愉快的后效所支持的，从而体验的是积极的情绪。因为儿童在游戏中充分地估计了自我的力量，为自己设置着小小的障碍、为自己找来了不确定的因素，同时以一种自信和一种严肃认真的态度为排除这些障碍、减少不确定的因素创造着机会。从某种意义上说，这种严肃的态度里已有了愉快的因素。

反之，当工作和学习成为一种满足自我需要的自觉行动时，那种被迫承受的紧张和压力就会减轻，严肃转化为乐趣，也就具有了游戏的体验。这就是为什么有人会在学习中为自己设置一定难度的问题，就像儿童在游戏中为自己寻找一种不确定性，通过自己的努力，减少不确定性，以体验到最高程度的愉快。

可见，愉快和严肃对游戏来说是统一的，但愉快是主要的。所以，游戏是一种正向情绪体验的活动。

（二）手段与目的

1. 游戏无外部强加的目的

游戏的愉悦性正是源自于它不受外部强制目的的控制。我们看到，儿童在游戏时关注的是活动的过程，而对于活动的结果似乎不很理会，比如，儿童可以一遍又一遍地用积木搭一个塔，每一次搭的方法都不同，但每搭成一次就不惜推倒重来一次，专心致志于搭塔的过程。这种现象的机制，在“内在动机说”的游戏理论中已表达得相当充分了。它告诉我们，有的活动是由于外部目标牵引而导致的为达到这一目标而进行的，有的活动则是内在动机的促动而导致的自我表现。游戏是后者，它没有外在目的，只有内动力，即游戏不是达到其他目的的手段。例如，当一个孩子正在兴致勃勃地玩沙，我们去问他“为什么要玩沙”；当一个孩子正兴高采烈地滑滑梯时，我们问他“为什么要滑滑梯”。这实际上在问他为什么要玩，即游戏的目的是什么，而孩子的回答则是“好玩”“有意思”“开心”。这显然是一种内心的体验，这种回答清楚地告诉我们，对游戏者来说，游戏没有目的，或者说游戏的目的就是游戏本身。任何游戏之外的目的，都是成人或教师附加的，当儿童为了达到游戏之外的某种目的而进行活动的时候，游戏则已经不是游戏了。

2. 游戏是有目的的实践活动

既然游戏没有外在目的，那么游戏是一种盲目的活动吗？仅仅用内力推动能解释儿童为什么这样玩、不那样玩吗？如果我们换一种方法问孩子：“你在干什么？”答：“我在搓（手段）汤团（目的）。”问：“搓汤团干什么？”答：“喂（手段）给娃娃吃（目的）。”问：“你在用积木搭什么？”答：“搭（手段）一把枪（目的）。”显然，儿童的每一个具体的游戏行为都是有目的、有结果的，是一种手段——目的性行为。而且游戏行为的这种目的性是随着年龄的增长日益鲜明的，婴儿游戏类似于小动物游戏的无意性，呈现有怎样的玩具材料就玩怎样的游戏，随着年龄增长，儿童会逐步根据意愿主动去寻找玩具材料，以达到游戏的目的。体现游戏目的性的是语言和思维，儿童运用语言提出游戏主题，运用语言计划游戏情节，运用语言表现自己的角色特征，是语言使游戏成为了一种有目的、有意识的行为。游戏的目的性越鲜明，意味着游戏越成熟。

3. 游戏是手段重于目的的活动

从上述两点我们已知，作为每一个具体的游戏行为，是有目的的，这一目的是指游戏活动本身的结果，它可以用游戏的手段来解释；而作为整体的游戏，是没有目的的，这没有目的是指没有游戏之外的强制性要求，它可以用内在动机来解释。正是这一内在动机强化了手段，淡化了目的，强化了游戏的过程，使游戏的结果变得无关紧要。儿童仅仅为了好玩、为了开心、为了满足活动的欲望而游戏，于是使用各种不同的方法、变换多种不同的手段去玩，因为他们不满足于目的的达成，他们在乎的是如何在游戏过程中表现自己，而对游戏的结果满不在乎。

（三）自由与约束

1. 游戏是自由的

游戏的重过程、轻结果，重手段、轻目的的特征正体现了游戏的自由品质。因为游戏不完全受控于活动的目的和结果，这就大大加强了它的灵活性和随意性。于是游戏就成了一种自发、自愿、自主的行为，表现为游戏者对游戏的控制和把握。对儿童来说，玩什么，怎么玩，用什么玩，和谁一起玩，有着自由选择的权利。游戏主题的提出，游戏过程的展开，游戏手段的运用，游戏情节的发展，游戏规则的制定，都体现了游戏者的自由意志。被迫按别人的意愿进行的游戏就不再是游戏了，至多也不过是对游戏的一个强制模拟而已。

2. 游戏是有规则约束的

在肯定游戏是自由的，是游戏者自主的活动以后，能不能说游戏便是一种不受任何约束的、随心所欲的活动呢？显然不能。我们知道，游戏的这种自由的特征，是限制在一定的规范之内的，如果失去了一定的规范，行为就无异于狂人的行为了。这种规范便是赋予游戏以规则，儿童游戏受游戏规则的约束。除了规则性游戏的外显性规则是直接导致游戏能否顺利进行的重要因素外，象征性游戏、结构性游戏等各种游戏也都具有隐含的规则，这些规则约束着儿童不是按他们的直接冲动去行动，而是按游戏的需要去行动。以人代人，需要受到角色的行为规则的约束，控制自己的行为。以物代物，需要受到替代材料的性质特点的约束。维果斯基就不同意“儿童在游戏中的以物代物是任意的，任何东西都可以代替其他任何东西”的说法。他认为，儿童在游戏中以物代物不是任意的，而是取决于替代物本身的某些特点，即依据替代物与被替代物之间的相似性。因此，在游戏中，儿童总是学习把自己的愿望与游戏的角色及角色的规则，与游戏的材料及材料的特点联系起来。

3. 游戏规则的遵守是自愿的

游戏既是自由的，又是受规则约束的，但是这种自由和约束在游戏中却并不矛盾。因为不同于实际生活中由成人强加给儿童的规则，游戏的规则是游戏者共同协商产生的，是大家都同意的，并且是能够理解的，更是公正互惠的。由于游戏规则是用以协调和裁判游戏行为的，它能使游戏得以顺利开展，从而满足儿童游戏的需要。所以游戏规则对游戏者来说，不具有外来的强迫性，是游戏者在理解的基础上自愿接受、自觉遵守的，因此它是一种内部的自我限制。如果没有规则和儿童对规则的这种特殊态度，就不会有游戏。

可见，游戏根本上是一种自由的活动，这种自由体现为游戏是儿童自主的活动，包括自觉自愿地接受游戏规则的约束。

（四）假想与现实

1. 游戏是假想的活动

假想，即假装和想象。游戏就是通过想象进行的、脱离了真实情景的一种活动。游戏中的孩子都知道，他们正在进行的活动不是真的，是假的，只是玩玩而已。这里有两层含义，第一层含义是指游戏与真实的区别，这里包括任何形式的游戏，比如玩下棋游戏、打牌游戏、踢球比赛游戏与下棋、打牌、踢球的真实比赛是不同的，游戏是假的，可不必当真，因此是没有来自真实情景的压力的。第二层含义是指装扮性情景与现实情景的区别，这里特指角色游戏，比如在非饥饿的情景下，用替代物假装吃饭，在非睡眠的时间和空间里假装睡觉。有人甚至认为，游戏是现实的暂时中断，是真实自我的消失，暂时接受一个想象中的自我，使儿童沉湎于假想之中。例如，观察发现，当一个孩子作为游戏的旁观者时，他会指责正在用大型积木当马骑的游戏中的孩子，“哪有这样的马？”这时，他持现实主义的态度。而当他自己加入游戏的时候，不仅积木可以是马，而且这块积木可以同时是两匹马了。这时，他却是一个超现实主义者。可见，假想的情景是把游戏从其他活动中区分出来的标志。

2. 游戏活动从属于现实

游戏虽然是一种脱离了现实的假想活动，但这假想却来源于现实。游戏中任何一种假想的情景，都是儿童对真实生活的模拟。游戏的主题源自儿童的生活范围，游戏的情节源自儿童的生活经历，没有听到过、没有看见过、没有经历过的事是不会反映在儿童的自发游戏中的。同样的道理，儿童的生活经验越丰富，其游戏的内容就越充实；儿童对现实的体验越深刻，其游戏的行为就越逼真。关于游戏与现实的这种从属关系，可以从儿童在假想的情景里清楚地意识自己的现实地位这一点上反映出来。当上述充当游戏旁观者的孩子问“哪有这样的马”时，游戏的孩子则会回答：“这是假装的呀”，他知道积木的现实用途，也知道真正的马的特点。他在使用替代物的时候，其操作的方法也是符合替代物的实际特点的。从这个意义上说，游戏是现实的后继活动，是现实的反映活动，它源于现实又从属于现实。

3. 游戏用假想改造了现实

已知游戏是对现实生活的反映活动，但儿童在假想的世界里进行的是好像真实的活动。“好像的真实”则说明它不是真的，即游戏对现实的反映不是照镜子般的一模一样，而是对现实的概括反映。比如，儿童在游戏中扮演的司机，绝对不是哪个具体的司机，他所扮演的医生也绝对不是给他看过病的那个医生，他扮演的是他概括了不同的司机和医生以后的一般意义上的司机和医生。儿童在游戏中对现实生活的这种概括，并非是逻辑意义上的抽象概括，而是根据儿童自己的兴趣、自己的理解、自己的体验和自己的意愿进行的概括，他们反映的是他们最感兴趣的，最能理解的，体验最深的人和事，通过想象将现实改造成符合他意愿的假想的情景，从而使现实与假想统一在一个象征的关系里了。

（五）练习与探索

1. 游戏是对已有知识技能的练习

许多学者都将游戏的功能局限于练习的意义上，格鲁斯的“生活预备说”，皮亚杰的“同化大于顺应说”都表明，游戏是对已有知识技能的练习和巩固。这一特征表明，游戏总是运用已有知识技能操作所熟悉的材料而展开的。当一个儿童对某个物品完全是陌生的，对其性能、用法一无所知，自己完全没有某方面的操作能力时，是不可能在这种条件下进行游戏的，他必须先认识这个物品，了解其性能，学会操作它。当一个儿童置身于一个完全陌生的环境和陌生的伙伴中时，他不会去游戏，他必须先去熟悉环境，认识伙伴。将这一切变成已知的过程是探索，在一切成为已知的基础上开展的活动便是游戏。例如，学习下棋是探索，学会以后的下棋是游戏；学打球是探索，学会以后的打球是游戏。游戏中的物品，是儿童熟悉的物品，游戏中的操作技能，是儿童已经获得的技能。正是在这个意义上说，游戏是一种练习；也正是在这一点上说，儿童的游戏不同于探索，而是探索的后继活动。

2. 游戏水平在探索中提高

然而，我们同时又不难发现，游戏中的儿童往往不满足于已经习得的动作、知识和物品的用途，他们在运用已有知识经验表现自己的同时，又在不断地创造着未知。对一个已经操作得非常熟悉的材料，他们会去探索它新的意义，用不同的方法再去尝试，玩出新的水平和技能。从已知到未知，并在这个过程中不断地创新、求异，又从自己设置的未知经验中达到更高水平的已知经验。可见，儿童从不知到知，是一个探索的过程，运用这已知去表现是一个游戏的过程，又在已知中寻找未知，发现已知中的未知意义，充实已知经验，这第二次从未知到已知是在游戏中实现的。儿童就是通过游戏中的探索，不断地提高游戏的水平和能力。

3. 游戏是在力所能及的范围里探索的

由上所述我们可以理解，为什么有人坚持游戏与探索的区别，认为探索是由新异的外界刺激引起的，探索是在一个未知的领域里进行的活动，而游戏则是对已有知识经验的练习，因为游戏是在一个已知的领域里进行的活动；而同时为什么有人坚持认为游戏是一种自发的学习，在游戏中儿童有新的发现，这种发现就是探索的结果，赋予游戏以探索的特征。我们认为，这并不矛盾，只要我们在思想上分清这两种探索的区别：游戏之外的探索是在未知中求取，如内在动机游戏理论所说的特定性探索；游戏中的探索是在已知中求取，如内在动机游戏理论说的多样性探索。两种探索具有不同的价值，前者给孩子新知，后者使孩子充实这一新知，以灵活多样的方法去实践新知，这样我们就不会否定游戏对认知发展的意义了。正如维果斯基指出的，“游戏创造了儿童的最近发展区”。这一最近发展区就是意味着儿童在力所能及的范围里，在已有知识经验的基础上所进行的探索。

（六）活动与幻想

1. 游戏要求活动者的积极参与

一般都认为游戏呈现出一种积极的活动状态，它是一种可以观察到的外显行为，特别是儿童游戏时总是兴致勃勃于游戏的动作，只有当人们在看到儿童外显的行为时，才能辨别儿童是否在游戏。这一特征将游戏从闲游、静观中标识出来，它表明，只有积极地参与活动的才是游戏，那些尽管处于游戏群体中但却表现出无所事事、到处游荡的样子的孩子，仍然不能算是在游戏。因为只有从这种外显的活动状态中，才最能显示出儿童的积极想象、积极情绪和积极思维。特别是越年幼的孩子，其内心世界越显示出外显活动的特征，其想象越依赖于对物体的操作才能体现。从这个意义上说，活动的积极参与是儿童游戏的鲜明特征。

2. 幻想状态是内化了的游戏

有人将积极的活动状态与无外显行为的幻想对立起来，认为幻想不能算是游戏，但是我们认为这是特指年幼儿童的游戏形式。其实，幼儿的游戏更多地体现为外显行为，但随着年龄的增长，这种外显的行为会逐步内化为幻想，从而用一种思想在游戏，因为其本质没有变，都是一种假想的情景，并借助这种假想，象征性地满足在现实中不能满足的需要。这种情形在年长儿童中是非常普遍的。但是从外显的游戏行为到游戏行为内化为幻想之间，仍有一种过渡的形式。我们发现幼儿的有些表现并不伴有明显的外显行为，但由于思维和情感的积极参与，使之在假想的情景中达到忘我的境界，得到愉快的体验和满足。比如，儿童会在完全没有同伴的情况下，在完全没有材料的情况下，一个人滔滔不绝，喋喋不休，用语言进行着有丰富情节、生动内容的假想游戏。如果给孩子一支笔和一张纸，他可以用笔、用颜色在纸上涂画出各种只有他才能理解的符号，有意识地进行着纸上游戏。有时他在津津有味地旁观别人游戏时，也将自己投射到别人的游戏中，他的想象与游戏者共鸣，以致得到极大的满足，这不能不说已具有了游戏的因素。

看来可以这么说，伴随着假想的积极的参与感是游戏的特征，至于有没有外显行为的伴随，这与儿童的年龄有关，幻想是内化了的游戏，它更多地与年长儿童相联系，即使到了青少年时期，他们仍以白日梦的形式来实现幼年时代曾在假想游戏中得到的满足。比如青少年常常会有成为某个名人的想法，这时他们通过幻想而不是外在的游戏行为或语言，在内心世界里象征性地满足自己的愿望。

第二节 幼儿游戏的分类

一、国外幼儿游戏分类

（一）皮亚杰对幼儿游戏的分类

根据“适应学说”的理论，皮亚杰认为幼儿发展过程是不断适应外部环境的过程，适应来源于同化与顺应之间的协调或平衡。同化和顺应是皮亚杰从生物学中借用的两个概念，是机体适应外界的两种基本机能。同化意味着接纳和整合，即主体用自己原有的动作图式去整合外部事物，从而加强和丰富自己的动作。例如，当孩子学会了抓握这一动作之后，他就试着去抓手边的每一件东西，即把它们纳入抓握图式中。顺应就是主体改变自己原有的动作图式以适应环境的变化。同化和顺应之间的协调就是适应或智力活动的特征。例如，孩子要想拿到一块积木，必须先移开一个障碍物，这种现实要求他改变自己原有的抓握图式，否则他就拿不到积木。个体正是通过同化与顺应的协同活动来适应环境的。在皮亚杰看来，游戏的实质是同化超过了顺应。游戏并非独立的活动，而是智力活动的一个方面，正如想象与思维的关系一样。游戏的存在，不是游戏本身的原因，而是由儿童早期行为的发展与思维的发展不平衡造成的。由于儿童早期认知结构的发展还不成熟，往往不能保持同化和顺应之间的平衡，要么同化大于顺应，要么顺应大于同化。当顺应作用大于同化作用时，主体就会重复范型（人或物）的动作，这时就会产生模仿；当同化作用大于顺应作用时，主体自身的需要占主导地位，因而较少考虑外部事物的要求，只是为了满足自我的愿望与需要去改造现实，具有游戏的特征，这时就会出现游戏。一种图式或活动是模仿还是游戏或探究，取决于同化和顺应在图式或活动中所占的比例。游戏就是同化与顺应之间的不平衡，幼儿在游戏中并不发展新的认知结构，而是努力使自己的经验适合于先前存在的结构。

皮亚杰通过系统的、长期的观察研究，推翻了游戏的“本能练习”的观点。皮亚杰将儿童的认知在感知运动阶段的发展细分为 6 个阶段：反射练习期、初级循环反应、二级循环反应、二级图式协调、三级循环反应、思维的发生。皮亚杰通过观察发现，游戏产生于初级循环反应阶段，例如，婴儿重复地吮吸手指就是一种循环反应，但这并不是游戏，而是一种适应活动。当这种循环反应延续下去时就会变成游戏。皮亚杰指出，从适应活动转向游戏并没有一个明确的界限，唯一的判断标准就是孩子的表情。当循环反应刚刚开始时，孩子的表情是严肃认真的，但他们一旦学会了这种动作，再继续这一动作时就是为了获得机能性快乐，这时他们的表情是轻松愉快的，循环反应也就转变成嬉戏性行为。这一转变就表明了游戏的发生。他认为游戏的发生要以动作能力和心理发展的一定水平为前提，提出了关于游戏发生、发展的过程，把游戏的发生、发展分为六个阶段：

第一阶段：反射练习期（0～1 个月）；

第二阶段：练习性游戏发生期（2～4、5 个月）；

第三阶段：有目的的动作逐渐形成期（4、5～9 个月）；

第四阶段：手段与目的分化并协调期（9、10～11、12 个月）；

第五阶段：为了看到结果而行动期（11、12～18 个月）；

第六阶段：象征性游戏形成期（18～24 个月）。

皮亚杰不仅用认知发展的术语来解释幼儿的游戏，而且认为幼儿认知发展的阶段决定幼儿在任何特定时期的游戏方式。游戏的发展是与儿童的认知发展相一致的。每种游戏在心理结构上都有自己的特点，代表儿童不同发展阶段的心理水平。皮亚杰认为游戏是智力的一个方面，所以游戏的发展阶段与智力的发展阶段是相适应的。根据儿童认知发展的阶段和儿童游戏的相应表现，皮亚杰把儿童游戏分成三个发展阶段，并归纳出每个阶段儿童游戏的主要形式。第一阶段：练习性游戏（0～2 岁）；第二阶段：象征性游戏（2～7 岁）；第三阶段：规则性游戏（7～11、12 岁），如表 1-1 所示。在感知运动阶段，幼儿是用具体的方式游戏的，通过身体动作和摆弄、操作具体的物体来进行游戏。练习性游戏是感知运动水平上出现的典型游戏，这是一种最初形式的游戏。练习性游戏是以不断地重复已习得的动作而获得“机能性快乐”，“动”即是快乐。在前运算阶段，幼儿发展了表象能力，可以假扮不在眼前的事物，可以用语言而不是利用整个身体的动作进行游戏。象征性游戏是幼儿游戏的典型形式，表象和符号是这个阶段游戏的主要特征，以后发展成为有规则的游戏。在具体运算阶段，游戏变得更能适应真实环境，游戏服从真实世界的规则和顺序，因此，幼儿达到了能更好地使思维顺应世界的阶段。

表 1-1　皮亚杰“游戏阶段论”

大致年龄	认知阶段	主要游戏类型
0～2 岁	感知运动阶段	练习性游戏
2～7 岁	前运算阶段	象征性游戏
7～11、12 岁	具体运算阶段	规则性游戏

皮亚杰认为游戏对于认知的发展只是一种“机能练习”，即游戏是对新的刚刚出现的认知机能所进行的练习和巩固。所以在他看来，虽然游戏与儿童认知的发展具有密切的联系，但是游戏是被决定的，因为首先是认知活动发展了游戏。所以，认知的发展在前，游戏在后，认知的发展具有决定性的作用，而游戏只是作为发展的一部分起到丰富发展的作用。

（二）埃里克森对幼儿游戏的分类

美国心理学家埃里克森认为，游戏是自我的一种机能，是一种身体的过程与社会性的过程同步的企图；游戏可以降低焦虑，使愿望得到补偿性的满足。

埃里克森着重研究了游戏的心理社会发展的顺序，他把游戏当作系列未被展开的心理社会关系加以探讨，提出了三个阶段。

（1）自我宇宙阶段。婴儿以自己的身体为宇宙，这一阶段分为两个时期，第一个时期是探索活动的中心，语言被一遍遍地重复，儿童试图重复或重新体验各种动觉和感知觉。第二个时期，探索活动逐渐扩大到他人和客体，婴儿的着眼点仍然是肉欲的快乐，他试图用不同的语音和喊叫来验证自己对母亲出现的影响效果。

（2）微观阶段。学步幼儿用小型玩具来表现主题，学会在微观水平上操纵和驾驭世界。

（3）宏观阶段。儿童与他人共享这个世界，这一阶段的儿童起初把其他儿童当成客体来联系，以后逐渐发展为合作性的角色游戏。

埃里克森认为游戏所采用的形式是随着心理社会问题和自我情景的变化而变化的。把游戏与人格发展联系起来，突出了游戏在自我发展中的作用。认为人格的发展是心理性欲和社会因素相互作用的结果，而游戏可以帮助自我对生物因素和社会因素进行协调和整合。游戏的形式随着年龄的增长和人格的发展而不同，游戏帮助儿童人格从一个阶段转向另一个阶段发展，游戏着的儿童不断进入掌握的新阶段。其发展阶段划分如表 1-2 所示。

表 1-2　埃里克森“游戏形式与人格发展阶段论”

年　龄	游戏形式	人格发展阶段
0～1.5 岁	亲子游戏	信任对不信任
1.5～3 岁	练习性游戏	自主性对羞怯、疑虑
3～6 岁	角色扮演游戏	主动性对内疚

阶段一：0～1.5 岁，亲子游戏时期。婴儿从生理需要的满足中，体验到身体的康宁，感到了安全，对周围环境产生了一种基本信任感。反之，如果父母的信心不足，或育儿方式有缺陷，婴儿便对周围环境产生不信任的定向。基本的信任或不信任是新的社会成员形成的对社会的最初态度，它将影响到以后的发展，决定着自我与他人关系的倾向。信任人的孩子以后变成值得信赖而又信任人的成人，多疑的孩子长大成人时则不信任别人。埃里克森认为，良好的母子关系是产生信任感的基础。游戏对于母子关系的形成和信任感的产生具有重要的意义。这一阶段母子互相凝视，母亲带着亲善、关爱的表情注视婴儿，婴儿注视着母亲，这种注视的眼神不仅传递着爱的信息，也带着游戏性的鼓励。

阶段二：1.5～3 岁，练习性游戏时期。这一阶段相当于弗洛伊德所说的“肛门期”。人格主要表现为必须解决生物社会性危机，必须掌握对排泄器官的肌肉控制并在此基础上产生自信，认识到自己的意志，产生一种自主感。如果做不到这一点，将形成羞怯与怀疑的态度。儿童通过游戏表现内心的冲突和焦虑，通过游戏缓和、平衡内心矛盾。在游戏中，儿童认识了自己的力量和意志，从而产生自信，发展了自主性。游戏开始在儿童生活中占据主要地位，它可以为儿童提供一个安全岛，在自己制定的内心法则的范围内发展自主性，克服羞怯与疑虑。

阶段三：3~6 岁，角色扮演游戏时期。游戏在这一阶段的发展中起着重要作用，所以这一阶段也称“游戏期”。游戏可以帮助儿童在可能性的范围内定向，通过对同性父母的角色自居，小男孩扮演爸爸、小女孩扮演妈妈，在想象的角色扮演中，逐步发展起新的自我约束的形式，在人格上打上男子汉或妇人气的烙印，获得主动性的发展，并能主动制订计划，努力实现目标。幼儿通过在游戏中表现内心的冲突和焦虑，扮演角色，使危机得到缓和并使前一阶段的发展所遗留下来的问题得到解决。

二、国内幼儿游戏分类

国内对幼儿游戏进行分类的维度较多，既有遵循认知发展规律的维度，也有专门针对幼儿园游戏的分类。以下是其中比较具有代表性的几种。

（一）从认知发展的角度分类

1. 感觉运动游戏

在出生后的头 12 个月存在，包括运用各种有效的感觉运动策略探索和操纵物体。比如，把物体放到嘴中，摇动物体，将它们扔掉和移动它们。

2. 符号游戏

符号游戏最基本的构成要素是“情景转变，以物代物，以人代人”。符号游戏在 4 岁后呈衰减趋势，这表明幼儿越适应外部自然和环境，就越少依赖于符号的转换。脱离符号而认识外部世界，表明幼儿逐渐学会适应、服从于外部世界的规则。

3. 结构性游戏

我国幼儿园最常见的一种游戏形式。这种游戏占 3~5 岁幼儿全部活动的 40%，4~6 岁幼儿的 51%。

4. 规则游戏

规则游戏的大量出现发生在学前末期。当然，带有感知运动特点的简单的规则游戏在幼儿初期就出现了，如捉迷藏，丢手绢、老鹰捉小鸡等。幼儿在规则游戏的发展中，对规则理解的认知水平和规则遵守的行为水平随幼儿年龄的增长表现出由低到高的趋势。

（二）从社会性角度分类

1. 偶然行为

学步期及其前后的婴儿通常是以这种方式进行游戏。该阶段幼儿的游戏并没有表现出明显的社会性特征。这个阶段的幼儿以自我为中心，不太容易察觉他人的存在。

2. 袖手旁观行为

幼儿在近处观看同伴的活动，但不主动参与游戏。

3. 单独的游戏

专心地独自玩自己的玩具，不注意也不关心别人的存在。

4. 平行的游戏

3 岁左右的幼儿会在一起玩，但一般是各玩各的，彼此之间很少交流。他们会察觉到其他幼儿的存在，幼儿之间会相互模仿，形成了初步的玩伴关系。

5. 联合游戏

4 岁以后，幼儿会留心别人的游戏，会互借玩具，有时也会加入对方的游戏中，并相互交谈，但没有建立大家一致认可的共同目标，没有真正的组织者或领导者。幼儿在联合游戏中开始表现出明显的社会行为，但每个幼儿在游戏中仍以自己的兴趣为中心。

6. 合作游戏

5 岁以后开始出现较多的合作游戏，合作游戏是社会性程度最高的游戏。5 岁以后的幼儿已有较丰富的社会交往经验、较好的语言表达能力，他们可以一起商讨，确定游戏的主题、角色的分配、材料的选择等，有了集体活动的共同目标。

（三）我国幼儿园游戏的分类

1. 创造性游戏

创造性游戏是指游戏中幼儿有创造性的思维参与，是幼儿对外部环境进行加工之后的游戏，包括角色游戏、表演游戏和结构游戏。

2. 规则性游戏

规则性游戏是指这类游戏在进行过程中有明显的规则，游戏必须遵循这些规则才能够进行下去，包括体育游戏、音乐游戏和智力游戏。

（四）按游戏的内容分类

1. 体育游戏

体育游戏可以发展孩子的走、跑、跳、钻爬、投掷、攀登等基本动作能力，增强身体素质。体育游戏内容广泛、有趣，有的体育游戏有角色、有情节，有的带有竞赛性，不仅能锻炼动作能力，而且可以培养孩子自我控制、遵守规则的良好品德和机智、勇敢、顽强的个性。如“跳圆圈”（适合 4 岁儿童），发展孩子的跳跃动作，可以配上儿歌：“小妹妹，小弟弟，跳圆圈，做游戏。跳进来，跳出去，跳进三次就胜利。”

2. 语言游戏

语言游戏是培养孩子理解词汇和运用口头语言清楚、连贯、有表情地进行表达交流的能力。在游戏中，孩子可以学会发音、辨音，丰富词汇，学习说普通话，学会使用各种句式，连贯清楚地进行讲述。如“看图练发音”（适合 3 岁儿童），选择动物图片若干，让孩子学习、掌握正确的发音，认识动物的名称；“反义词类推”（适合 4 岁儿童），根据甲词提出相反意义的乙词，提高孩子的思维能力，比如“大和小”，“高和矮”，“糖是甜的、盐是咸的”等；“折折讲讲”（适合 5 岁儿童），准备大小不一的各种纸，教孩子学会折各种形状的物体，将折好的东西组合成一个情景，进行讲述。

这类游戏可以培养孩子的动手能力，发展其联想能力，使他们能用连贯的语言表达自己的构思。

3. 智力游戏

智力游戏是根据一定的智力任务，由教师设计的一种有规则的游戏。其目的是增进幼儿的知识，发展儿童智力。其价值是可以将一定的学习内容和游戏形式紧密结合起来，以增强幼儿的学习兴趣。如“瓶盖找朋友”（适合 3 岁儿童），准备许多大小不同、形状各异、颜色有别而又有盖子的瓶子，将瓶盖取下，混合成一堆，请孩子们帮每个瓶子找到自己的朋友（盖子），并一个一个地盖在瓶子上。这个游戏，可以训练幼儿的匹配能力，发展幼儿手指小肌肉的灵活性；“什么东西不见了？”（适合 4 岁儿童）可培养孩子的观察力和记忆力；“跳棋”（适合 5 岁儿童），教幼儿按照规则走棋，达到进入一定位置的目的，发展幼儿的思维能力。

4. 数学游戏

数学游戏是将数学知识寓于幼儿感兴趣的游戏之中。结合幼儿日常生活的各种活动，用游戏的形式培养幼儿对数的概念的兴趣，增加其对数的感性认识，由浅入深地学会一些简单的数学知识和技能，包括：感知集合及元素，认识 10 以内的数和 10 以内数的组成；学习 10 以内的加减法；认识简单的几何形体；认识一些常见的量，以及空间、方位、时间方面的简单知识；学习对应、计数、加减和自然测量等初步技能。如“伸指头”（适合 3 岁儿童），利用手指认识 10 以内的数；“给牌分类”（适合 4 岁儿童），按卡片的提示将某些物品进行颜色、形状、数量分类；“猜猜星期几”（适合 5 岁儿童），巩固幼儿对“昨天”“今天”“明天”“星期几”等时间概念的认识。

5. 音乐游戏

音乐游戏是在音乐伴奏或歌曲伴唱下进行的游戏，有一定的规则。游戏时的动作、表情必须符合音乐的节拍、内容、性质等。这类游戏主要在于发展幼儿的音乐感受能力和动作，如“小鱼游来了”“老猫睡觉醒不了”等。这里游戏生动有趣，可以活跃和丰富幼儿的生活，培养幼儿愉悦的情绪。

6. 美术游戏

美术游戏寓美术教育于游戏之中，让幼儿在绘画、泥工、折纸、小制作等各项活动中熟悉多种材料的性能，培养幼儿的形象思维和感受美、表现美的能力，发展幼儿的聪明才智。美术活动的材料是多种多样的，教师可结合班级的有利条件，选择各种自然材料，如线、布、纸盒、芦苇或细竹竿、蛋壳、废电池、蔬菜、水果等，让幼儿制作，从而扩大幼儿的眼界，培养幼儿欣赏美、创造美的兴趣和能力。

7. 角色游戏

角色游戏是让幼儿在模仿、扮演角色的过程中，通过语言、动作、表情等，创造性地反映周围现实生活的游戏。在游戏中，幼儿可以根据自己的生活经验回忆周围成人的各种活动，加深体验。幼儿在角色游戏中要受角色行为的约束，如“医生”要态度温和、关心病人，“司机”要遵守交通规则开车，“妈妈”要煮牛奶、买菜烧饭、喂“娃娃”，解放军要帮助群众解决困难。在游戏中，不仅要用语言、动作模仿角色，而且要体验其情感、态度，从而发展幼儿的语言表达能力，培养良好的人际关系，形成优良的性格。教师可为幼儿提供合适的用品或材料，有时可当幼儿的配角，以满足他们学习社会生活、渴望表现成人生活的心理需要。适合三四岁儿童的角色游戏有“娃娃家”“民警”“医院”“商店”“幼儿园”“开汽车”等，通过游戏，幼儿可进一步认识周围人们的工作，增强服务意识和责任感；知道简单的社会行为规范，如交通规则、公共场所秩序等。五六岁孩子的角色游戏，完全可以让幼儿和伙伴自己选择、决定题材，自己制作用具或准备服装等。

第三节　幼儿游戏的多元价值

一、幼儿游戏与幼儿发展

随着知识的不断更新和教育现代化的逐步深入，幼儿游戏已被纳入有目的、有计划的教育活动。游戏是幼儿有效的学习形式。游戏与幼儿主体发展的关系、游戏与幼儿的情绪宣泄和心理健康的关系、游戏与幸福快乐的童年生活的关系等问题逐渐受到人们的重视与关注。那么游戏对幼儿的成长有什么影响呢？

（一）游戏能激发幼儿语言交往的积极性

语言交往能力是一种体现个性特征的综合心理能力，也是儿童适应生活、适应未来发展的一种基本能力，而游戏是培养儿童这种能力的重要途径。游戏对于幼儿来说，是他们最早、最基本的交往活动，游戏过程本身就是儿童交往的过程。儿童在游戏中常常需要将视觉信息、听觉信息以及主观感受、愿望或要求转换成语言，或者根据别人的意图作出言语的反应。在游戏中，儿童与成人、儿童与儿童之间双向互动过程中的交往语言学习随处可见。可以说，交往语言是在主动参与活动的过程中构建的。例如在游戏“娃娃家”中，扮演母亲的孩子对同伴态度不好，同伴就提出抗议：“妈妈说话不是这样的，妈妈说话是轻轻的，很温柔的。”扮演母亲的小孩清楚地知道自己不是“妈妈”，但是她又必须改变自己的语言输出方式，尽力去模仿“妈妈”说话的口气，操持“家务”，照料“孩子”，分派家里人的“工作”，并与周围的人交往，这样她就能比较自然地学会交往语言。

（二）游戏能够增强幼儿的自信，满足幼儿的心理需要

美国心理学家马尔兹认为，绝大多数的自我信念都是根据过去的经验——成功与失败、荣耀与屈辱，特别是童年时的经验而不自觉地形成的。游戏是由儿童自发、自由、自选的没有任何功利目的的，能满足儿童需要的活动。例如，有一位幼儿园老师在开展游戏活动中，观察到小阳小朋友虽长得高大，其实他的胆子特别小。有一次，老师发现小阳自己吊起药瓶不停地给自己扎针。游戏结束后老师跟他谈话，他说：“平时爸爸妈妈带我去打针，我总是又哭又叫，爸爸说我不像男子汉，丢脸。老师你看，刚才我给自己打针，不是没有哭吗？”原来在游戏中，他觉得自己做到了现实中做不到的事，证明了自己不是爸爸说的“丢脸”，从而满足了自己的心理需要。幼儿被压抑的心理问题能够在游戏中得到解决，自信心也就增强了。

（三）游戏有利于幼儿自主性、探索性、独立地发现和解决问题能力的发展

游戏是幼儿最喜爱的活动，它对孩子今后的成长和发展具有十分重要的作用。引导幼儿在游戏中学会自我成长是相当重要的。自我成长是探索性学习能力的成长，是独立发现问题和解决问题能力的成长，也是自主性、创造性的成长。游戏与发现问题、解决问题是自然地融为一体的，它为幼儿提供了自由探索、大胆想象的机会，幼儿在实现游戏意图的过程中会不断碰到这样或那样的问题，

他们需要面对不同的问题，进行思考，探索解决问题的各种方法，体会其中的乐趣，使游戏得以继续下去，愿望得以最终实现。例如，在游戏“理发店”中，老师看到两个幼儿在争吵。一个说：“我不洗头了，你们的理发店连吹风机也没有。”另一个说：“你不要这样子，我们一起想办法啊。”商量了一阵后，他们拿了一个纸巾筒，一个筷子，做成了一个吹风筒。从中可以看出，通过游戏，幼儿的思维活跃了，自主性、探索性、发现问题与解决问题的能力也得到了提高。

（四）游戏有利于幼儿创造力的发展

游戏是培养幼儿创造力的手段之一。心理学家把儿童的创造力描述为“回忆过去的经验，并对这些经验进行选择、重新组合、以加工成新的模式、新的思路或新的产品”的能力。幼儿不仅从外界吸取知识与经验，而且还想把自己头脑中的丰富想象表达出来，游戏能够满足幼儿的这种需要。例如，在游戏“商店”里，老师观察到慧慧小朋友因买不到电脑而苦恼。在游戏评价时，老师向幼儿提出，现在电脑已成为我们日常生活中的好朋友，但我们这里还没有电脑出售，怎么办呢？问题一展开，孩子们纷纷提出自己的建议：用积木做、用纸箱做、用泡沫做……电脑城构建起来了，并走进了各个游戏区。可见创造力能使游戏顺利开展，是游戏发展的动力；反之，游戏能调动幼儿的创造力。两者相辅相成。

（五）游戏有利于幼儿认知事物、体验情感、累积生活经验

游戏是幼儿自由结伴进行的，它能给幼儿带来欢乐和满足。例如，在游戏“幼儿园”中，幼儿扮“老师”时不仅模仿老师上课、带孩子做游戏，也模仿老师体贴、爱护学生的情感、态度等，这使幼儿的情感不断得到丰富。又如在游戏“理发店”中，让幼儿扮“理发师傅”和“顾客”，让孩子们自由发挥，充分开展游戏。这样做，能帮助幼儿了解到社会分工，理解人与人之间的关系，学会热情地为别人服务和对别人为自己的服务表示感谢，引导幼儿在游戏中学习评价自己和他人以及正确表达自己情感的方法。

（六）游戏有利于幼儿生理的发展

游戏可以促进幼儿身体的生长发育。几乎所有的游戏都有身体运动的参与，使幼儿身体的各种器官得到活动，从而促进幼儿骨骼和肌肉的成熟，以及内脏和神经系统的发育。

游戏活动发展了幼儿的基本动作和基本技能。如跑、跳、钻、爬等体育游戏，锻炼了幼儿大肌肉的活动能力；搭积木、穿珠子、棋子分类等游戏，发展了幼儿手部小肌肉的活动能力和眼手并用的能力。在“老猫睡得香”游戏中，幼儿轻轻地走，轻轻地跑；在“捞鱼”游戏中，幼儿练习躲闪能力和动作的灵活性；在“赶小鸟”游戏中，幼儿发展了钻爬和投掷的能力；“蜻蜓点水”游戏，发展了幼儿的平衡能力；“逮蛐蛐儿”游戏，使幼儿练习纵跳触物，发展了幼儿的跳跃能力。

在户外进行的游戏，使幼儿能够直接接触到充足的阳光和新鲜的空气，增强了幼儿对环境变化的适应能力，促进了幼儿身体的发展。幼儿的许多游戏活动都是在户外进行的，例如，利用自然材料进行的玩沙、玩水游戏，“踩影子”游戏，“过地道”游戏等。阳光、空气等自然因素和愉悦的心情等主观因素对幼儿的健康都大有益处。

二、幼儿游戏与幼儿园教育

（一）游戏在幼儿园教育活动中具有非常重要的地位

游戏是幼儿产生高级心理现象的重要源泉，是幼儿社会化的重要途径。游戏也是幼儿的天性，是符合幼儿年龄特点的一种独特的活动形式。在幼儿园里，游戏已被纳入有目的、有计划的教育活动。人们逐渐认识到游戏是幼儿有效的学习手段，是幼儿最喜欢的活动，对幼儿的教育起着重要的作用。而且，现在的父母越来越重视早期教育，很早就教孩子认字、数数、背唐诗，甚至有些家长在孩子三四岁时就将孩子送到少儿英语学习班去学英语。早期教育的确值得重视，但是，许多家长由于不懂得科学的教育方法，只重视知识的灌输，忽视了对孩子能力的培养和个性的发展，这种填鸭式教育的结果是让孩子变成了撑得饱饱的“呆鸭子”！尤其严重的是，这种方法让孩子很小就觉得“读书是一件枯燥无味的苦差事”，从而对学习产生厌倦感。日本学者井深大说：“游戏是孩子的第二生命，是孩子的第一所学校。”

（二）游戏是幼儿园对幼儿进行基础性、常识性教育的基本手段

例如，在教幼儿认识水果时，如果教师只是说教式地让幼儿认识水果，孩子们坚持不了多长时间便会感到单调乏味；但如果换一种教学方式，采用游戏的方法，做买卖水果的游戏，让幼儿边买卖水果边说出各种水果的名称和外形特征，并能比较它们的相同点和不同点，这时，所有的幼儿都会情绪活跃、兴趣倍增，都会主动、积极地去做，课后孩子记忆牢固。游戏虽然简单，但对于孩子来说，动手又动脑，既玩得高兴，又复习和巩固了概念，发展和锻炼了幼儿立刻做出判断的思维能力，可使幼儿在愉快的情绪中结束学习。又比如在玩“过家家”的游戏时，幼儿逼真地扮演爸爸、妈妈、爷爷、奶奶、小朋友等不同的角色：爸爸送小朋友去上幼儿园，妈妈上街买菜；爸爸、妈妈吃饭时给爷爷、奶奶夹菜；小朋友生病了，妈妈带他去看医生，见了医生应怎样打招呼等。在这样的游戏中，幼儿愉快地体验到家庭生活和社会生活。对于幼儿了解家庭中每个成员的职责、怎样正确对待家庭中每个成员及理解“家庭”的职能和概念是有深远影响的。

（三）游戏对于培养幼儿语言的发展起着重要作用

例如，读《小熊请客》的故事时，幼儿可模仿作品中每一角色的语言，来表现他们的性格特征：扮演小熊的幼儿语言憨厚、热情；扮演小猫咪和小花狗、小公鸡的幼儿，用鄙视的态度对待狐狸，用亲切、礼貌的语言对待好朋友；扮演狐狸的幼儿则尽力表现出狡猾、贪婪的特征。幼儿在游戏中很自然地熟记作品中的语言，富有创造性地、生动逼真地表现出符合角色性格的声调和表情，这都有利于提高幼儿的口语表达水平，促进幼儿语言的发展。另外，可通过玩积木游戏，使幼儿动脑筋、想办法，以达到自己想象中所需要的形体；为了使建造的物体美观、牢固而不倒塌，在堆积时还要考虑到匀称平衡等问题，做到手脑并用。通过这些活动不但使幼儿增加了对各种物体的了解，还逐渐培养了做事认真、乐于动手动脑，失败了不气馁、自始至终坚持到底的良好习惯。

（四）游戏有利于幼儿园各项活动的开展

如前所述，幼儿在游戏中进行的跑、跳、投等活动，有助于发展幼儿的基本动作，身体各器官的生理机能也会得到锻炼和改善，可达到增强体质的目的，能给幼儿的生活带来更大的方便。户外

游戏还能提高幼儿对外界环境变化的适应能力，增强身体的抵抗力。游戏对幼儿的身心健康是十分有利的。各种游戏都是有规则的，幼儿必须严格遵守规则，才能保证游戏的顺利进行，因此组织开展游戏活动有利于培养幼儿关心集体、相互协作和遵守纪律的习惯，有利于培养幼儿机智、勇敢、顽强克服困难的品质。优美的游戏动作、协调一致的特点，还有利于培养幼儿的美感。

以上几点，说明游戏对幼儿有着不可估量的重大作用，并对幼儿创造力、智力、非智力因素的发展和提高产生巨大的影响。由此可见，游戏活动是培养幼儿良好个性等各方面品质的重要途径。

热衷游戏是儿童的天性，儿童在游戏中学习新知识，练习语言表达，发展观察、记忆、注意、思考的能力，使学习潜能得以开发。“会玩的孩子才会学习，会学习的孩子更会玩”。《纲要》指出：“应该支持幼儿富有个性和创造性的表达。应绝对尊重幼儿的意愿，不用自己的建议去左右他们的想法。”陈鹤琴教育思想中也指出：要以幼儿为主体，将游戏的主动权交给幼儿。在角色游戏中，幼儿玩什么，怎么玩，和谁一起玩，都让幼儿自己选择，自己做主，让他们当主人。游戏是幼儿的自主性活动，是幼儿的需要，而不是成人强加的逼迫性的活动。在游戏中，幼儿也不是成人愿望的执行者，他们是根据自己的需要和愿望来玩游戏的，教师应该从全方位的角度去看待幼儿的游戏自主权。幼儿是游戏的主人，教师应放手让幼儿成为游戏真正的主人。

思考与实训

一、思考题

1. 幼儿游戏的本质是什么？
2. 游戏有哪些特征？
3. 我国幼儿园对游戏是如何分类的？
4. 谈谈幼儿游戏的多元价值。

二、案例分析

某老师在语言活动“小乌龟开店”的基础上，组织了一次表演游戏。教师一一出示早已准备好的道具。介绍完道具，配班老师带领全班幼儿“开火车”离开活动室，去“剧场”看表演；主班老师忙着在活动室里布置场景：一家花店、一家书店、一家气球店。场地布置好了，幼儿由配班老师带进“剧场”。主班老师提问：“谁愿意上来表演？”“哗！”几十只小手举了起来。老师挑了 5 个没有举手而上次语言活动中表现又不好的幼儿上来表演。表演时，老师不停地提示孩子们对话、做动作。第二轮，老师请了 5 个“坐得好的孩子”上来表演，5 个孩子表演同一个角色。老师还是不时地按照故事情节规范孩子们的语言，纠正他们的动作。许多孩子忙着摆弄有趣的道具，忘了表演，老师又不停地提醒……

问题：请结合我国对学前幼儿游戏的基本特征的认识，试分析该活动是不是真正意义上的游戏活动。

三、章节实训

1. 实训要求

请你观察、分析幼儿园一日生活中的游戏类型。

2. 实训过程

入园观察某班级的一日活动，并做详细记录，进而分析带班教师在一日活动中分别组织了哪些类型的游戏。

3. 实训反思

（1）带班教师所组织的这些游戏是否体现了幼儿游戏的基本特征？

（2）带班教师是如何将游戏与幼儿的一日生活相结合的？

第二章 影响幼儿游戏的因素

引入案例

幼儿园里正在进行区域活动。有些小朋友选择了“发型屋”游戏。老师发现，三名“理发师”忙着给一位“顾客”做头发，而另几名“顾客”正在自觉地排队等候。老师觉得这样不好，就直接走上来说：“你们三个人可以分别为顾客服务啊！来，张红你帮子恒理，小宇你帮琪琪理，玢玢你帮佳玉理。”小朋友们按照老师的安排去做了……

问题 你觉得上面案例中，教师的做法对吗？教师这么做会对幼儿的游戏产生影响吗？会产生怎样的影响？

本章学习要点

1. 了解影响幼儿游戏的主要因素。
2. 了解哪些因素可以促进或阻碍幼儿游戏的发展。
3. 学会在实践中营造利于幼儿游戏发展的因素。

幼儿游戏是出自其自身成长需求的自发活动，是幼儿内部动机所为。然而，游戏活动的表现形式，却是幼儿与其自身以外的环境的互动过程。因此，游戏又是发生在一定的背景中的，游戏的形式、游戏的品质、游戏的内容除了受幼儿身心发展水平影响以外，还受其发生背景中（即自身以外）的各种因素的制约。所以，探讨和论证幼儿游戏的外部干预因素，为寻求促进和引导游戏的策略和方法提供了一定的可能性。

游戏是幼儿与环境相互作用的形式，因此影响幼儿游戏的因素必然与游戏环境紧密相关。构成幼儿游戏环境的因素有两大类，一类为物理因素（物质环境），一类为社会因素（人际环境），两者共同构成儿童游戏的背景。然而在同样的游戏背景中，许多不同的游戏个体将会演绎出丰富多彩的游戏剧本，这是作为游戏主体在主动作用于环境时表现出的个体因素所致。可见，游戏的物理因素、社会因素和个体因素，是从不同的角度、不同的方面影响着幼儿游戏的。

第一节 影响幼儿游戏的物理环境因素

影响游戏的物理环境包括游戏空间、游戏场地、游戏材料等。

一、室内游戏空间

1. 空间密度

空间密度是指儿童在游戏环境中人均所占空间大小，即室内拥挤程度的指标；数值越低越显示拥挤。空间密度的计算公式为：

空间密度=（房间大小–不可用的空间大小）/幼儿人数

研究证明，空间密度会影响儿童游戏的社会性品质（人际互动的质量），表现在攻击性、侵犯性行为的发生频率以及合作交往的频率，体现了游戏的社会性层次的提高或降低。

早在 20 世纪六七十年代，西方的有关研究中显示了非常矛盾的结果，如，拥挤程度的增加导致儿童攻击性行为的频率，有的显示增加，有的显示减少，有的显示没有变化；合作交往的行为频率或游戏的社会性层次，有的显示提高，有的显示降低，有的则显示无明显变化。

史密斯和科纳利指出了造成这一矛盾的可能原因有二，一是对攻击性行为的界定不同，二是空间密度的变化与人均拥有的环境设备的变化与否。因此他们在 20 世纪 80 年代的研究中对此做了控制，即空间、人数、设备都作为变量，将可使用空间限制在人均 15、25、50、75 平方英尺（1 平方英尺=0.092 平方米）这 4 种空间密度的条件下进行研究。结果显示，空间越拥挤，粗大动作的游戏行为越少；从人均 75 平方英尺降到 25 平方英尺的时候，对儿童的社会性行为产生了影响，这时，交往合作的频率增加；但在降到人均 15 平方英尺的时候，攻击性行为明显增加，团体游戏减少了。可见，较大的空间可增加运动的想象性游戏和打闹嬉戏的发生频率，较小的空间则能产生较多安静的社会性游戏和结构游戏。空间不能太大，否则无人际互动；空间也不能太小，否则多身体攻击。

我国的研究得出了与此基本一致的结论。华东师大学前教育系对幼儿园游戏空间的研究，是根据史密斯等人关于人均空间密度在 25 平方英尺（约 2.3 平方米）以上，空间密度对儿童的社会行为不发生影响的结论，以及我国幼儿园的活动室面积的实际情况，以人均 2.4 平方米作为对照的基准，比较和分析了空间密度和社会密度低于此值的活动室对幼儿游戏行为产生的影响。在对比了人均 2.4 平方米和 1.2 平方米两种不同空间密度的活动室内幼儿的各种行为以后，发现空间密度较大（即较拥挤），则幼儿的活动比率低，较多出现破坏材料、错误使用材料、较少同伴合作、较少发生与活动有关的言语交流、较多干扰他人活动等现象。

根据以上的研究，我们对幼儿园活动室的儿童游戏空间的利用可得到如下启示，即根据儿童游戏的品质，估算出对儿童游戏行为产生正面影响的有效空间，并适当调整空间密度。当儿童发生太多奔跑、走动以及粗野游戏，较少进行人际合作互动的情况时，则意味着空间太大，可用家具加以区隔或增加设备；如果儿童过多身体接触、干扰同伴、缺少大动作游戏，则意味着过于拥挤，可在较小的空间内改变设备，增加攀爬设备和两层空间。由于空间的大小对儿童游戏有不同的作用，因此在有效空间内应经常调整空间密度，有时区隔，有时开放，以便诱发游戏的各种功能。

2. 空间结构

空间结构主要探讨室内空间的开放与区隔，以及如何安排空间的区隔，研究小型分隔区和大型开放区与游戏品质的关系。

游戏室分为大型开放空间和小型分隔区域会对游戏产生什么影响？希汉和戴安的研究表明，将大型开放区分隔成小型区域，儿童的游戏品质会提高，即降低了粗野行为，增加了合作行为。在大的开放区里进行的游戏层次较低，这是因为儿童在开放的空间里容易产生噪声，引起兴奋，而在封闭的小型区域里，儿童有机会独处、自省和退避。这两位学者认为，那些到处游荡、烦躁不安以及攻击他人的幼儿之所以产生这类行为，可能是因为他们在幼教机构中找不到私密空间。

活动区的不同区隔形式，对游戏也会产生不同的影响。如分隔物不能太高，否则会阻挡孩子对材料、物品、设备陈列的视线，孩子越能看见设备、材料，越会使用它们；区域之间的过道要宽敞清晰，以便儿童能分辨清楚各活动区域，从而有利于儿童对各活动区的适当流动和参与；互补区域邻近并开放，能充分发挥幼儿的想象力，提高游戏的品质，因为两个区域的内容可以相互兼容，并可产生活动之间的联系，如积木区和"娃娃家"区。干扰区的远离和封闭，会使儿童专心致志并增加游戏的持久性，因为两个区域的内容不相兼容，活动之间不仅毫无关联，而且还相互干扰，如积木区与图书区。

在不同性质的游戏活动区域中，孩子的游戏会表现出不同层次的社会性水平。如益智区多为独自游戏，美工区和图书区多为平行游戏，主题装扮区和大型建构区多为合作游戏。此外，语言的使用和发挥也不同，如装扮区比起积木区、美工区和沙水区等，所用的语言在词句上更清楚，想象力更丰富，更有连贯性。

室内究竟采用开放的大空间，还是小型分隔区域，有时还取决于教师的理念。主张自由的、个别化教育的，则多采用小型分隔区；主张统一的集体活动的，则采用大型开放区。就学前儿童自发游戏来说，则前者多，后者少。

二、户外游戏场地

户外游戏场地与室内游戏空间引发的游戏是不同的，户外多玩运动性和想象性游戏，室内多玩想象性和结构性游戏。如果让孩子自由选择的话，年长儿童比年幼儿童、男孩比女孩更多选择在户外进行想象性游戏，即一到户外，进行想象性游戏的男孩多于女孩，大小孩多于小小孩。

户外游戏场地从结构特征上可分为以下几种。

1. 传统的游戏场地

传统的游戏场地上，一般安置的是一些固定的常规运动设施，它们单个地、零星地散布在开阔的土坪、草坪、水泥地上，如秋千、滑梯、攀登架、翘翘板、转椅等。每种设施只有一种功能，各设施之间缺少有机联系。这种场地多引发儿童的运动机能性游戏，有利于儿童的动作和大肌肉运动能力的发展。缺点一是不利于儿童想象力的发挥，多满足的是机能性的快乐。据调查，在传统游戏场地上，77%是肌肉运动，而装扮性游戏的频率低于 5%，社会性水平低，多为独自或平行游戏。缺点二是设施的游戏方法有限，容易枯燥乏味，玩腻后不再使用。纽约市的一个调查显示，在一个公共的传统游戏场地上，88%的游戏高峰时间闲置着，活动的平均时间仅为 21 分钟；若让孩子们自由选择，他们宁愿选择在街上玩，而不在游戏场地上玩。缺点三是容易发生安全问题，据估计，运动创伤大多出在传统的游戏场地上，坚硬的地面和铁制器械是造成创伤的主要原因。

2. 创造性的游戏场地

由传统游戏场地的缺点引起的不满，刺激了现代游戏场地的开发。在这种游戏场地上，提供多样化的游戏设施，以引发多样化的游戏经验，所以称为创造性游戏场地。表现在3个方面：第一，创造了多功能组合性的运动设施，即把各种单一功能的运动器械组合成一个整体，使之产生有机联系；铁制器械改为木制、塑料制、玻璃钢制，既减少了危险性，还激发了儿童的想象力。第二，这种创造性的游戏场地上安放了可移动的设施和器械，形式多样，每种设备有多种用途，比如三轮车、小推车、可移动的平衡木、沙箱、可滚动的轮胎、大纸板箱等，儿童可根据自己的想象来使用它们，引发的多为想象性游戏。第三，开辟了自然区域：池塘里的游鱼和蝌蚪、百草园里生长着杂草野花、种植角和动物角展示一些自然生物等。儿童在创造性游戏场地上活动，大大增加了想象性、合作性、装扮性，提高了游戏的层次。

可见，现代的游戏场地又有两种表现形态：一是商业化的，即游戏场地上均为购买的现成运动设施；二是自然化的，即利用废弃物品装点场地，如轮胎、枕木、粗水管、倒卧的树、木箱、建筑器材等。后者也许会有更广泛、更多样化的游戏经验产生。

3. 冒险性游戏场地

这是一种利用自然环境及各种废弃物规划的游戏场地，除了储物架和储藏室外，各种设施都是临时的，由孩子们自己建筑，用木材、绳索、缆绳轴、轮胎、板条、树棍、砖块等工具进行各种创造性的活动，可以不断地拆掉重建。比如，在土坡上可以挖洞种植、起火炊事。儿童通过对自己的环境建造培养责任心、胜任感，并获得许多技巧。这种游戏场地起源于丹麦，“二战”后受英国欢迎，后在美国也普及起来。日本的一个幼儿园为落实培养孩子的独立性、自我保护意识和能力的目标，特别设计了探索性的游戏场地，比如，高低不平的土坡上钉有木桩，让孩子知道如何谨慎地避开障碍物；特意开辟的坑坑洼洼的泥地上雨天积了水，还有泥泞的小路，让孩子体验路滑该怎样保持走路时的平衡；设计了低矮的窗户，教孩子们如何在危急时刻翻爬等。当然，对于探险性游戏场地的危险性是有争议的。

三、游戏材料

当各种物品作为游戏的必要素材而添加某种意义时，它对幼儿来说就具有了玩具的意义。可见，玩具是与游戏相随的，大部分游戏（年龄越小越是如此）都与玩具有关。英国的一项对幼儿园的研究发现，97%的自由活动中，孩子都在玩某些玩具。玩具与游戏的关系表现在以下几方面。

1. 玩具的种类与游戏的倾向性

虽然就其本质来说，不是从玩具中引出什么限定的游戏，而是儿童本身具有某种游戏的欲望，即不是因为有了玩具才存在游戏，而是因为要游戏，玩具才存在。然而观察表明，游戏材料的种类对儿童游戏的具体选择确实有着某种定向的功能。有的材料更多引发非社会性的游戏，如用黏土、颜料、沙水进行的多为独自或平行游戏；有的材料更多引发结构建造游戏，如积木和插塑等；而模拟实物的材料更多引发想象性游戏。因此，游戏材料的提供，在某种意义上对儿童起着暗示游戏的作用。至于何时提供何种游戏材料，意味着对玩具进行分类。

依年龄为标准分类。这种分类是根据儿童动作发展、认知发展的年龄差异，在不同年龄段的兴趣以及所能操作的游戏材料所进行的估计。这种分类为家长和教师提供了解决不同年龄儿童游戏材料的一般依据。但这种分类过于绝对化，容易忽略儿童的个别差异和同一种玩具对不同年龄孩子发展的潜在功能。

依玩具的物理功能分类。这种分类是依照玩具的主要特征和可能实现的教育功能，把玩具分成水中玩具、结构玩具、娃娃家玩具等，根据这种分类为儿童提供玩具，可实现系统而有目的的教育目标。但在自由游戏中若都以这种方法来分，可能会忽略孩子对玩具使用功能的想象潜能。如果让孩子自己分类，可能会与成人有很大的差异，在儿童的游戏中我们可以看到，许多不同的材料种类，在孩子那里会做出整合性的玩法。有这样一个以儿童为中心的活动室布置，研究者将活动室里所有的东西全都搬至门外的走廊，然后允许孩子把自己想玩的东西搬回来，也有充分的自由来安排这些东西。几星期后，凡是能搬动的东西全都进了活动室，而且大部分靠了墙，当中成为一个开阔的空间。儿童通常是从墙边取来各种合适的材料，在中间进行美工、建构以及装扮等各种游戏，而本来分属于不同角落的材料，儿童加以补充、整合，创造出一个个复杂的、高品质的游戏情景。

按肌肉运动模式分类。这是根据能促进儿童动作发展的设备和材料，把玩具分成促进大肌肉运动能力的器械和促进小肌肉操作能力的材料。这种分法有助于眼手协调技能的发展，但容易忽略的是孩子的想象力，因此如何弥补这种缺陷、引发孩子的想象，成为我们思考的问题。

总之，玩具与儿童的发展，一方面有年龄、性别、种类等制约因素，另一方面它又不完全受此制约，主要在于孩子在玩的过程中，在与玩具接触的过程中，直接感受到的内在生理体验，以及由这种体验引起的外在物理经验。其中既有同化，又产生顺应，以达到适应。不同时期产生的不同体验和经验，建构不同的知识，获得不同的发展。因此，不能绝对地将材料依成人的想象提供给孩子，而应让孩子根据需要自行选择，并给予尽可能多的选择机会。

2. 玩具数量与搭配对游戏的影响

由上述可见，不同种类和数量的玩具搭配将影响游戏的主题和品质。从数量上看，同一种玩具数量较少，在年幼儿童那里容易引起纠纷，但在年长儿童那里则易引发社会性的装扮游戏，因为游戏同伴可以通过各种交往，共同作用于这个玩具；如果玩具的种类较少，但同一种玩具的数量较多，那么在年幼儿童那里会引起平行的机能性游戏，而在年长儿童那里则会改变游戏合作的方式，成为团体性的游戏。

从种类搭配上看，也同样有定向作用。例如，当一套炊具与结构元件搭配在一起，结构元件便成了食品，引出装扮性游戏；一套结构材料中有无小人形象，对这套结构材料的玩法会有很大的不同：不加小人，进行的是建构游戏，加上小人，进行的可能是装扮游戏。材料搭配对儿童游戏产生影响的原因在于，当把玩具进行了不同种类的搭配后，对儿童便构成了新的知觉定势。因此，不把玩具的类别分得过细，可使儿童对多种材料进行多种组合，以便创造出更多的知觉趋向，获得更多的游戏经验。

3. 材料特征与游戏经验

这里主要是指模拟物与抽象材料的影响。模拟物是指实物的小型复制品，或称为“成品化玩具”，往往引发的是装扮游戏。抽象材料是指无实物形象的物品，或“称半成品、非成品玩具”，同样也可引发装扮游戏。两者的区别在于，前者装扮的主题和动作追随材料暗示的内容，后者则不局限于固定的主题，使游戏具有更多的变化和创造。菲尔德（Fields）曾做过这样的实验，将两个大小、形状、颜色、开孔数一样的大纸板箱进行装饰，一个装饰成汽车，一个装饰成无实物形象的抽象物。结果在游戏中，儿童对装饰成汽车的纸板箱所玩出的主题均与汽车有关，比如旅行、运输等，而对装饰成抽象物的纸板箱玩出的主题范围则大大超出前者。

研究证明，活动方法限制越少的玩具，越有助于儿童想象力的发展。根据儿童对材料操作方法的不同限制，可以将材料分为辐合型和发散型两种，也有人称其为“高结构材料”和“低结构材料”。前者的活动方法多有限制，往往只有一种玩法、一种结果（如拼图、镶嵌以及形象模拟玩具等），后者可有不同操作方法，并产生不同结果（如积木、插塑以及非形象玩具）。普莱普拉（Plepler）曾做过一个实验，用一套镶嵌材料，分别给两组儿童，一组在给镶嵌材料时配有镶嵌的形式板，这组儿童玩的是建构游戏；另一组只给镶嵌材料，不给镶嵌形式板，这组儿童玩的游戏既有建构性的，也有象征性的。

道理很显然，模拟物有特定的形象特征，这一形象特征所指示的功能、用法是明确的，由于它用法单一，功能固定，所以暗示了孩子在游戏情景中的使用方法。抽象材料没有固定的形象特征，孩子可根据自己对物的感知分析，对它多方面的特征加以取舍，以符合自己的游戏意愿。这两种材料不仅对游戏本身有着不同影响，对儿童的智力发展也各有侧重，后者更有助于发散性思维的形成。因为两者的差异在于，抽象物比模拟物在进行思维时多了一个中间环节。前者的思维过程是：这是什么？它可以用来干什么？后者的思维过程是：这是什么？它像什么？它可以用来干什么？这一中间环节正是以物代物的象征建构过程，通过这一过程，儿童在思想上对当前刺激物进行改造，使之成为不在眼前的物体的代替物，然后激活与被替代物有关的动作表象。所以，两者在游戏活动上的差别是，前者更多的是模仿，后者更多的是创造。

4. 自然材料的游戏功用

我们常常会发现，孩子对父母买回来的高档的商品化玩具并不感恩，却对家里废弃的瓶瓶罐罐和野外捡来的石头、玻璃情有独钟。在此引起我们思考的是，商品玩具与废旧物品在满足孩子们的游戏需要和对促进孩子们发展的价值是一样的吗？

自然材料并非指专门为儿童游戏而存在的材料，它包括自然界中随时可见的一切（石子、树叶、贝壳、木片、果核等），以及日常生活中的废旧物品（线轴、塑料小瓶、废纸盒等），这一切在孩子们的眼中都可以成为他们最心爱的游戏材料。我们可以看到，他们用桃核当棋子下，把线轴当炉子烧，瓶盖成了锅碗，小石子成了汤料，彩色玻璃碎片是“宝石”……这一切并非自然界预先想到了儿童的特定活动而特意存在，它既没有命令孩子去把小木棍当体温计，也没有期待他们把荷叶当帽子，线轴只是为缠线而存在，只要它们不与孩子们发生什么瓜葛，那么它们确确实实是一种单纯的自然存在。让叶子漂在水上，把桂圆核当成汤圆，那是孩子们的自主活动，是孩子们的内在需要。可见儿童与自然是统一的，正因为有了孩子，自然界的一切才为孩子的游戏而存在。

年幼的儿童为什么会对这些不起眼的自然材料、废旧物品如此青睐，如此感兴趣呢？其实，人类原本就是自然的一分子，来自自然，与自然依存，与自然相互作用，又通过改造自然、驾驭自然，进入现代文明。现代社会无须再用石头磨制工具，无须人力运送石头，但在儿童游戏中，人类赖以生存的这种初级生活方式与现代文明社会生活方式共存。年龄越小越是如此，因为幼儿对自然界的一切一无所知，对自然的奥秘有着强烈的好奇心和探索欲，正如我们的先人探索自然一样。在这种欲望的驱使下，儿童对自然的游戏材料怀有特殊的感情。虽然幼儿出生在现代文明社会，享受的是已经征服了自然的现代文明，但他们对自然的认识仍有一个自身重新体验的过程，这个过程虽然浓缩，但对现代文明成果的理解却是不可或缺的过程，儿童的游戏正是他在与自然材料作用的原始活动中，加速体验人类发展过程中曾有过的各种情感，享受各种乐趣，获得各种经验，用自己的体验和经验填补认知和情感的空白的过程。

首先，他们能从这些材料中得到自由的体验。这些材料是孩子们自己选择的，没有成人的安排，通过他们的想象在手中变化无穷，随心所欲。不像教室里的玩具都是由成人为儿童的各类游戏安排好的，即使有些是废旧物品，也已有了特定的游戏指向，一经固定，不富于变化，所以那些现成材料更多的是引发一种他律活动。而无特定指向的自然材料才会引发儿童的自主活动。

其次，他们能从这些材料中得到创造的乐趣。自然材料要成为儿童心目中想象的玩具，常常需要孩子替代转换和动手制作的过程，在这一过程中，他们需要寻找材料，需要简单操作。当他们通过动手和想象实现了游戏所需要的物品时，会由衷地体验到一种创造的乐趣，这种乐趣是商品化的现成玩具所不具备的。买来的现成玩具虽然精美，但它们往往只能赢得孩子一时的感官快感，而自然材料却因为凝聚了孩子们的力量、技巧和智慧，并与孩子游戏的成功体验相联系，往往使孩子更加爱不释手。

再次，他们能从这些材料中获得发展的价值。由于自然材料在转换成儿童游戏材料的过程中，需要孩子手脑并用，比如，当他们用一根细铁丝变着花样地满足不同的游戏需要时，不仅锻炼了手，更锻炼了脑，而且还锻炼了意志，使之陶醉在不断发展着的自主精神中。

最后，他们能从这些材料中尽兴。由于自然材料取之不竭，用之不尽，经济实惠，儿童玩的时候没有约束，可以尽情玩耍，比起那些商品化的现成玩具来说，它更具有活动的参与感，从而使儿童得到极大的满足。

通过以上的分析，我们便不难理解家长的叹息：一方面抱怨家里已成了玩具的海洋，一方面还在一个劲地儿为孩子买。买来的玩具一玩就腻，多玩就坏，然后再要求买新的，如此恶性循环说明了一点：孩子是被玩具带来的感官刺激所吸引，并非内在的游戏欲。我们认为，那些较多欣赏、较少参与的高档玩具满足的是孩子的物欲，相反，那些经济廉价、并不起眼的游戏材料满足的却是孩子的活动欲。因此教育界人士呼吁，在集中了科技之精华的现代儿童游戏环境里，要注意人的主动性因素。尽管凝结了现代技术的玩具能给儿童提供无数刺激，需要儿童敏感的反应，但人毕竟比任何先进的自动机械更有价值，因此在儿童的游戏中，不要让儿童成为机械的被动反应者，要多发挥儿童的主观能动性；不要让孩子被玩具的海洋所淹没，而应该让他们在游戏材料中遨游，灵活而创造性地驾驭玩具。而最能起到这一作用的恐怕就是自然材料，以及按以上所述的根据自然材料的游戏价值而制造的廉价玩具。

第二节　影响幼儿游戏的社会环境因素

社会环境是指人以及人际关系对游戏的影响，包括父母的育儿方式、家庭氛围、同伴关系、文化背景以及教育状况等。

一、家庭的影响

1. 亲子关系

最早的亲子关系是孩子与母亲的依恋关系，这种依恋关系约在 3 岁前形成，并且对儿童的社会性发展产生影响。这种影响明显地反映在儿童的游戏中。研究表明，建立了良好的母子依恋关系的孩子，好奇心和求知欲强，有积极探索的热情，善于社会交往，因而游戏的积极性高。因为良好的母子依恋表明，孩子在母亲温柔的关怀和照料中及时地体验了母爱，从这种体验中产生了对外界事物的信任，从而感到安全和舒适。而具有安全感的孩子更为大胆和自信，当他们处于一个陌生的环境时，比起无安全感的孩子来，周围的一切更容易引起好奇而去积极探索，为更快地熟悉环境而参与游戏。无安全感的孩子胆小，在陌生的环境中表现得缩手缩脚，依附于母亲，生怕母亲离去而不敢离开一步。马塔斯发现，18 个月的依恋安全预示着 24 个月时用物进行的假想游戏。阿莱德（Arend）进一步指出，18 个月的依恋安全的指数和 2 岁时自主活动的指数，都预示着 5 岁时的好奇心和行为的灵活性。可见，具有安全依恋感的儿童较早地发展了社会性装扮的技能。

父子关系对游戏的影响也是显然的。在孩子断乳独立行走以后，便开始与父亲建立亲密的游戏伙伴关系，父子之间的共同游戏增加。与母亲相比，父亲似乎更倾向于和孩子玩游戏（母亲则侧重于教和养），并且喜欢与孩子玩运动性、力量性的游戏（比如举高、旋转、踢球等）。父亲的幽默诙谐往往在孩子心中唤起欢快喜悦的情绪，促进他的游戏欲。在与父亲的共同游戏中，父亲的形象在潜移默化地感染孩子，有助于树立孩子的自主、自立和自信，对孩子游戏中的运动能力、结构操作能力的发展有积极的促进作用。

因此，父母在孩子的发展过程中起着不同的作用，在孩子的早期，这种作用显然充分地体现在儿童的游戏中。所以，生活在与父母和谐关系中的孩子，其游戏的积极性高，活动能力强。

2. 育儿态度

育儿态度主要指父母的行为特点和个性品质造成的对子女的养育方式。调查表明，不同的家庭，父母在对待子女的养育问题上所持的态度不同，这些不同的育儿方式往往对孩子游戏的影响也是举足轻重的。一般认为有这样 4 种类型的育儿方式对孩子的游戏品质产生不同的影响。

敏感型——过度保护，孩子无独立性。表现在对孩子的一举一动极其敏感。由于孩子的每件事情母亲都要进行过多的干涉，时间久了也会养成孩子的神经质性格，总是忧心忡忡，缺乏自信，依赖性极大，情感幼稚。这样的孩子不能独自游戏，与别人一起游戏时往往听从别人安排，好模仿，缺乏主见，也容易旁观别人游戏。

冷漠型——放任自流，孩子较有独立性。这类父母与上类父母恰恰相反，对孩子的一举一动和愿望、要求反应迟纯，不能理解孩子，对孩子既不关心也无要求。他们的孩子往往自主性、独立性很强，但缺乏必要的交往技能，缺乏自知之明，在游戏中有自主意识，但不能很好地理解别人，游戏合作常常失败。

专制型——发号施令，孩子无独立性。这类父母能力很强，能干而自信，对孩子的要求往往较高，容易苛求指责。由于父母的自信加上专制的态度，便使孩子越发自卑和不能干。这类孩子不善于交往，自尊心强，对人冷淡，往往暗中好斗，喜欢独自游戏以及游戏的自我欣赏。

温和型——民主和谐，孩子有独立性。这类父母对孩子既有顺从，也有要求，比较容易倾听孩子的意愿，征求孩子的意见，常和孩子商量一些事。在民主和谐的气氛中，孩子比较成熟，善于交往，待人热情友好，在同伴中有一定威信，游戏中往往成为主角，游戏能力较强，爱玩社会性装扮游戏。

许多学者认为，父母对儿童游戏的影响还部分地取决于社会阶层。例如，纽森发现，中产阶级中的母亲在处理儿童游戏纠纷时，更经常以公断人的面貌出现，他们更容易对孩子进行严密监督。但随着社会阶层的降低，越来越多的母亲强调儿童的自立和自己解决争端的重要性。史密斯等观察到中产阶级中的母亲和孩子一起编造假想游戏的情况要比工人阶级家庭中的母亲经常得多，她们也更容易自己扮演游戏指导者的角色。处于教育劣势的孩子在家庭中几乎根本不被鼓励假想的游戏。华东师大学前教育专业的一个调查，也说明了家庭的社会阶层不同对孩子游戏的认识和支持是不一样的：从游戏类别来看，对智力性游戏、运动性游戏和装扮性游戏的态度，虽然总的来说都是最鼓励智力性游戏，运动性游戏次之，最少支持的是装扮性游戏，但在对装扮性游戏的认识态度上，社会阶层较高的家庭认为装扮性游戏有用的占了 48.2%，而社会阶层较低的家庭占 31.8%；从成人参与孩子游戏的情况来看，社会阶层较高的家庭中大人陪孩子一起玩的占了 34.5%，而社会阶层较低的家庭只有 9.1%。

可见，孩子的游戏品质、对游戏的偏好以及游戏的风格，不同程度地会受到家长育儿态度潜移默化的影响。

3. 家庭结构

这里主要是指家庭结构完整的核心家庭和由于婚姻破裂而导致的不完全家庭。这方面的研究主要是在这两类家庭的比较中进行的。研究者海瑟林顿（Hetherington）对父母离异的孩子的游戏进行了观察。观察是在离异后的第二个月、第一年和第二年分别进行了 3 次。结果表明，这些破裂家庭的孩子与完全家庭的孩子相比，在游戏的水平上有明显的退化。第二个月时，他们更多地玩机能性游戏，很少玩象征性游戏，游戏中的想象性水平降低；即使在想象性游戏中，他们也更多地依赖物体进行装扮，很少与人交往。第一年时这种差别仍然存在，直到第二年，女孩子的这种差别开始消失，而男孩子之间的这种差异却始终存在，他们总是独自游戏或平行游戏，很少社会性的装扮，游戏中不能承担主角以及角色的转化不具有灵活性。这个研究证明了两点：一是不完全家庭的孩子在情绪上的焦虑不安影响了孩子的社会性发展，并影响了孩子思维的变通性，影响了孩子的想象力，从而影响了游戏的复杂性，使游戏水平的成熟化倒退；二是家庭破裂给男孩子的体验更深，并且更难以调节。

关于为什么家庭破裂引起的情绪焦虑对男孩的影响更持久，海瑟林顿也提供了调查的根据，认为男孩所体验的压力，由于缺少敏感的、能给予应答的同性角色模式而进一步加深。因为在他们的研究中，所有离婚父母的孩子都与他们的母亲居住在一起，而且托儿所、幼儿园和小学一年级的老师中女性多于男性，女教师和母亲对女童比男童表示出更多的同情和关心。所以未来的研究中，提供离婚家庭的男孩以敏感的、应答的男性教师或大哥哥的角色是重要的，由此可能产生改善或补偿的效果。

二、同伴的影响

这里是指在游戏中结成的玩伴关系，怎样的同伴关系直接对游戏的性质和游戏的水平产生影响。这里包括无玩伴，玩伴的熟悉程度，玩伴的年龄和性别等。

1. 有无玩伴

一个人玩和与同伴一起玩，其游戏的内容和复杂程度是大不相同的，而且从游戏中获得的技能和乐趣也是不同的。研究表明，儿童游戏需要同伴。鲁本斯坦和沃斯（Rubenstein&Howes）在对一个家庭的自由游戏的研究中设计了两种情景，一是独自玩，一是与一个同伴一起玩。结果表明，与同伴一起玩比起独自玩，其游戏更趋于复杂化，儿童似乎更能发现物体的性质，并更多地运用想象和装扮来使用物体。显然，同伴组成了一个相互模仿和学习的环境，加上共同游戏的愉快体验，有助于强化他们过去已经掌握的各项技能，以便在更为复杂的行为水平上综合化和精细化。这里充分表明了儿童共同游戏的重要性。皮亚杰曾说过，认知发展的进步随直接与同伴接触的多少而变化。事实上，儿童需要同伴来迫使自己检查自己，在共同游戏中，儿童之间自发地在进行着比较、模仿、验证，从而促进了认知的发展。

同时，儿童有了玩伴还增强了游戏的社会性和合作性。纽森的研究结论也证明，在共同游戏中，儿童不可避免地会获得许多社会行为的基本规则。在很大程度上，儿童是通过同伴交往首先学到个人拥有什么、和别人分享什么、如何请求别人的允许以及“轮流”等概念。通过社会性游戏，儿童认识到有时需要让步，并学会如何保护自己。社会合作的游戏首次向儿童介绍了公平合理和社会正义的概念。

2. 玩伴的熟悉程度

玩伴关系是否熟悉也将对游戏产生影响。研究表明，社会性装扮游戏较多地发生在熟悉的玩伴之间，不熟悉的玩伴之间更多地开展平行的机能性游戏，而且熟悉的玩伴间的游戏水平更高，更趋于复杂。这是由于熟悉的玩伴之间对游戏的情景有同样的感觉、同样的体验，相互之间比较了解，容易理解对方，这就导致了合作的可能性，因此在游戏中较少有被动观望和独自活动的现象。

3. 玩伴的年龄

同龄儿童的共同游戏和混龄儿童的共同游戏，也将对游戏产生不同的影响。同龄儿童由于共同的年龄特征和共同的知识经验，对客体能产生共同的理解和体验，相互之间的游戏技能相当（主要指运动技能、操作技能、交往技能），容易形成共同游戏的倾向，有助于游戏的顺利开展。儿童在游戏中通过不断的比较来整合自己的行为，促进游戏水平的发展。

混龄儿童在一起游戏，可以促进一些新的社会行为的发展，使他们在跨年龄的游戏情景中整合自己的行为。对年长的儿童来说，能扩大交往的技能，形成责任心，增强游戏的自主性，更好地表现自己的游戏经验和技能。由于游戏的主题和情节都由他们来计划，从而发展了组织能力，并从中得到一种自我的满足。对年幼的儿童来说，能从社会经验比自己丰富的年长儿童那里学会与人相处交往的技能和游戏的经验。

所以，完善的儿童个体发展离不开与同龄玩伴和混龄玩伴的交往，各自获得的益处是不同的。没有与年长者的交往，将减少游戏技能和经验的学习机会；没有与年幼者的交往，会使社会责任心、自主感和组织能力的补偿难以实现；没有与同龄玩伴的交往，共同的知识经验和共同的快乐体验就失去比较的机会和社会合作的可能。因此，儿童游戏应提供儿童各种年龄玩伴的机会。

4. 玩伴的性别

这里是指同性玩伴和异性玩伴对游戏产生的不同影响。观察发现，同性玩伴一起游戏时，较多地玩与自己性别相符的玩具和游戏，并更多地使用熟悉的物体。当异性玩伴一起游戏时，他们玩的玩具和游戏是中性的，较多出现与自己性别不符的游戏，更多地探索新异物。但同性多于异性时，倾向于同性的游戏。可见，异性同伴游戏时有助于性别角色的互补，促进性别角色的社会化。

三、媒体技术的影响

游戏是儿童的天性，不用任何人为的技术，儿童照样能创造出各种游戏形式，这种游戏是纯粹儿童主动的活动。当技术对游戏渗透时，表现在儿童游戏世界里的活动内容和活动形式将发生变化。这里的技术包括玩具技术（前文已述）和媒体技术（图书、广播、电视和电脑）。

媒体技术使儿童接受性游戏的时间延长，即儿童的一部分时间被看连环画、听广播、看电视和玩电子游戏等占用。尽管这也是儿童自愿选择的游戏形式，但相比其他游戏形式，在发展的主动性上却更多地受制于技术。这里论述的媒体对游戏的影响，不涉及媒体的传播内容，而是指媒体的形式本身就是影响儿童游戏的因素。

1. 印刷媒体

印刷媒体最先创造了一套储存信息的方法——把知识累积起来，使识字者获得更多的间接知识；儿童也可以通过连环画故事进行直接的娱乐体验，从中获得各种知识和信息。但由于儿童读物的兴旺，使儿童更早、更多地接触图书而独处，离开同伴间的交往和直接的人际沟通的可能性也增加了。看来印刷媒体是社会隔离的原始媒介，但这一点对年幼的儿童来说还不明显。

2. 广播媒体

从儿童的发展来看，印刷媒体和广播媒体的效果相关。实验告诉我们，阅读故事和听故事在记忆、理解上的效果一样，但听收音机和录音磁带的阅读方式可排除文字的障碍，通过听觉接受的信息更准确而流畅，信息的传播量也更大，这对于尚未识字的幼儿来说较为适宜。然而对广播、录音的依赖，多少制约了对书面阅读的动力，同时由于多了一种媒体，人际沟通的时间又减少了一部分，从而对真实世界的体验也减少了许多。

3. 电视媒体

电视的视觉形象更具有直感，接收信息的方式是用视觉和听觉两种渠道，多一种感官的参与就更具有吸引力了。它把大部分人的注意力从看书、听广播吸引到了银屏前，信息渠道也多了一条，使知识的来源更丰富了，尤其是对文字能力尚弱的幼儿来说。

从发展上看，阅读故事和听故事相关，但看故事则大不相同，多种感官的参与，在理解和记忆上便超越了阅读与听，因为形象帮助了文字理解，言语解释了形象。可见电视比广播更有效地传达了信息。荷兰莱顿大学的两位科学家对 152 名年龄在 10 ~ 12 岁的儿童进行了一项试验，以了解这些儿童从 5 个故事中获取知识的情况。他们让其中一半儿童通过看电视了解这些故事，让另一半儿童通过阅读了解这些故事。看电视的一组只许看两分钟，而阅读文字的一组则不受时间限制。最后，他们对这两组儿童进行提问，结果看电视的一组儿童有 51%的人回答问题正确，而阅读的一组只有 42%的人回答正确。

然而就想象力的发展效果而言，则正好相反。一位退休的电台播音员伤感地说，电视的兴起，牺牲了收音机。其实虽说电视使人在对内容的理解、记忆上具有优越性，但在个体的参与性上却又削弱了一步，因为它减少了观众想象的参与，收音机则为听众留下了想象的空间，听的过程就是想象的过程。有一项关于儿童想象力的研究也做了证明：一组儿童听了故事的前半部分，另一组儿童是看了故事的前半部分，然后分别让儿童续编故事的后半部分，要求必须运用故事前半部分中没有用过的新材料。结果显示，听故事组的儿童比看故事组的儿童表现出更加丰富的想象力。很多人认为，儿童看电视越多，越无想象中的玩伴，游戏中的想象力也越弱。广播之所以能刺激想象力，是因为它留下了视觉空间，让听者运用想象去填满，为了做到这一点，有时还需要一定的背景知识，所以对知识经验丰富的人来说，广播、印刷较有意义。因此，年龄越小越适宜通过视觉形象接收信息。

从儿童的意愿来看，由于电视技术提供了视觉动态形象，对孩子来说更具有吸引力，从而吞噬了大量本来可以用于人际互动的时间。据报道，美国人每天花在电视机前的时间为 7～8 小时，孩子花在电视机前的时间与花在教室里的时间一样多，深夜 12 点时仍有 180 万 12 岁以下的儿童在看电视。这样一来，人际互动、社会性以及人间亲情的体验日益减弱，儿童越来越多地脱离现实世界，社会合作性的游戏越来越少了。

4. 电脑媒体

电脑与电视结合，机内与机外互动。与电视相比，由电脑介入的游戏，娱乐的体验性更强了，参与的主动性也增加了，因此电子游戏（包括电子宠物）对人的吸引力足以与传统游戏抗衡，甚至可以达到上瘾的程度。儿童在电子游戏的世界里获得了广泛的信息，大大加速了间接知识量的获取速度。作为一种教学游戏化的手段，它如能很好地与课程结合，会是令人欣喜的。

然而令人困惑的是，当电子游戏技术越来越高、手段越来越迷人的时候，儿童便越来越沉溺于这样一个被游戏设计者安排好了的虚拟世界里，而大大减少了真实世界里的人际互动和真情实感。特别是年龄越小的孩子，其本身对现实生活的体验和感受才刚刚开始，当他连真实世界里的一切尚未完全理解的时候，就更容易被虚拟世界里的一切所迷惑，以至于真假难辨，其结果是，儿童在虚拟世界里拥有主动，却在真实世界里无所适从。这又是一个值得令人深思的问题。

综上所述，伴随着每一种媒体技术的进步，在促进儿童发展的同时都有负面效应的产生。媒体能为儿童提供可供模仿的形象模式，但过多的形象模仿模式，会使儿童的创造性想象受到限制；银屏形象能长时间吸引儿童的注意力，但是过多的屏幕刺激、快速移动的图像、屏幕频道间的跳跃，使儿童的注意、凝聚力短促；电子游戏能左右儿童的动作与其互动，刺激儿童一定的参与的主动性，但这种主动性是被限定在一定的范围内和设置好的程序里的，因此，这种主动性不仅是有限的，而且当儿童的大部分时间被其占有的时候，儿童的主动性便不能在更大的范围里发挥。

可见，电子媒体的发展对人类整体的教育具有震撼力的影响，它是对教育手段的一次巨大革命，如果运用得当，它将在教育过程中扮演重要的角色，使儿童在生动、形象、娱乐的过程中启发心智，促进发展。但我们发现，历史上每一种媒体的产生，在对人类发展做出巨大贡献的同时，也总是带来一些负效应。正如“水能载舟，也能覆舟”一样，既能载舟就不能因为有可能覆舟而拒载。目前在电子媒体的运用上所带来的种种弊端，还未及时做出适当的应对策略，只能说明教育滞后于技术的发展。可以预见，要不了多久，银屏将成为汇集电信、广播、计算机和电视的多媒体文化广场，儿童的娱乐时空、娱乐形式将会更多地被银屏占有。所以，在人文科学领域反思技术发展中的精神危机时，在儿童的游戏世界里切不可忽视思考这样几对关系：商业开发与教育；儿童的主动性与对技术的依赖性；虚拟世界与现实；过程体验与结果享受等。

四、课程方案的影响

不同的课程方案对儿童游戏的影响也是举足轻重的。根据教师对课程的组织原则、方法，以及师生的参与程度，幼儿园课程往往会有两类相对的情况，一类是以儿童为中心组织起来的教育方案，在这种课程中，教材体系是综合的，组织形式是强调活动的，教育的目标在于儿童的社会性和情感的发展价值，因此鼓励儿童的发散思维，强调儿童在与客体的相互作用和交往过程中发现知识，即强调的是认知的过程；另一类是以教师为中心组织起来的教育方案，在这种课程中，教材体系是以学科知识分门别类的，组织形式是注重教导式的，教育目标在于知识和技能的获得，因此提倡儿童的辐合思维，要求儿童在顺应教师的教学目的的过程中接受知识。即强调的是认知的结果。

这两类课程对儿童游戏的影响，主要表现为前者更多地激发了儿童的想象性游戏，后者更多引发的是操作性游戏。显然这与儿童所受课程的潜移默化有关，因为前者鼓励儿童的是活动、是发现、是发散思维，因此使儿童获得了更多自由活动的机会，便有了充分想象的余地；后者要求儿童的是模仿、是接受、是辐合思维，因此使儿童得到了更多集中思维的训练，便有了驾驭物体的能力。不同的教育方案对儿童的发展产生的不同影响，正是反映在不同的游戏偏好和游戏能力上，两者的互补才能使儿童获得完善的发展。

第三节　影响幼儿游戏的个体因素

个体因素对游戏的影响是内在的，有着无可抗拒的力量，比如性别、兴趣、气质、身体状况、年龄等对游戏的影响都各有其特殊性。

一、游戏中的性别差异

研究表明，儿童在游戏中的性别差异在其出生后的第二年就已显露，并随着年龄的增长日趋明显。从总的游戏情况来看，性别差异主要表现为对游戏类型、内容、玩具、角色等方面的喜好。一般来说，男孩更喜欢户外游戏，但无论户内户外，男孩比女孩有更多的精力和更多的体力活动，参与打闹嬉戏等粗野活动的多为男孩。女孩更多地玩活动量较小的游戏，桌面上的操作游戏更受女孩偏爱。在装扮性的游戏中，男孩倾向于玩战斗、旅行游戏，女孩倾向于玩家庭、医院游戏，男孩喜欢扮演虚构的、英雄豪杰的角色，女孩喜欢扮演家庭的角色。从玩具来看，男孩喜欢战争玩具和交通工具，女孩喜欢炊具、娃娃等。

是什么因素影响了儿童游戏中的性别差异呢？答案也是显然的，首先是遗传上的生理素质的差异。男孩、女孩最终在身高体重上的差异，反映在儿童早期的生长发育上，男孩就需要更大的运动量以满足将来对女孩的超越，同时也说明男孩身体里孕育着更大的能量，需要一定的运动量给予释放。然而更主要的则是社会的角色期待，这里包括家庭的教养方式和社会的文化传统，孩子在家里就开始了性别角色的社会化，而这一过程本身就是在成人对儿童游戏的态度中实现的。

在提供给孩子的玩具上就已有了严格的性别差异，提供给女孩的玩具比提供给男孩的玩具有着更大的角色范围限制。英国的一个研究显示，在一个玩具目录中，提供给男孩的角色有 24 种，包括工程师、士兵、警察、运动员、拳击师、教师、艺术家、木匠、司机、雕刻家、太空人等；提供给女孩的只有 8 种，包括教师、护士、秘书、芭蕾演员等，没有女工程师、女警察之类。美国的古德曼等人 1974 年在圣诞节前采用参与式观察法对一家大商店的儿童玩具柜台进行了长达 30 个小时的观察，也对纽约市一些大百货商店的玩具目录进行了分析，并抽样调查了 84 个儿童（男女各半），询问他们收到了一些什么样的圣诞礼物。结果发现，2 岁以下的孩子，男女礼物相似，2 岁以上的孩子得到的礼物就渗透着性别差异了。研究者发现，那些成年人对于适合男孩或女孩的玩具已经有了严格的性别角色准则，大多数顾客都是根据孩子的性别来购买玩具的。在对 84 个男女儿童的询问调查中获悉，男女儿童收到的礼物数量相等，但男孩收到的礼物中 73%是玩具和游戏材料，女孩的礼物中只有 57%是这些东西，此外就是衣物类。莱茵戈尔德和库克也做了研究，他们察看了 6 岁儿童房间里的物品，发现女孩的房间里多为一些被动型的游戏材料（如娃娃、长毛绒玩具，以及欣赏性的工艺美术品等），男孩的房间里多为主动参与性的游戏材料（如玩具火车、积木和运动用品等）。此外，从儿童看的连环画中也可发现类似的情况。

以上表明，家长是最先将孩子的行为导向性别刻板化的人。父母在家里对孩子施行性别角色社会化时，一直要求孩子的游戏行为要符合性别。早期的家庭生活经验使儿童在参与团体游戏时会依照性别刻板化来行事。进入托幼机构时，孩子已有强烈的性别倾向，即男孩玩什么，女孩玩什么。这信念又受到团体中教师与同伴的强化而增强，加上荷尔蒙因素，最终使男女儿童各有其传统行为特色。

然而新近的观察似乎有所变化，发现儿童游戏已有脱离传统性别模式的倾向，男女差异在随时代、社会的发展而日益缩小。女孩表现出对男孩的游戏活动的偏爱增加，男孩则向女孩安静的游戏发展，特别是后者。上海教科院普教所的一项调查显示，目前幼儿中男孩性格女性化的倾向日益明显，这显然与孩子的游戏有关。现在男孩的游戏已变得不太粗犷了，玩具制造者正在强调材料的用法，更多地设计适用于室内玩的促进认知和操作技能发展的玩具，也许这与现代社会对人的要求有关，与现代人的观念变化有关。从现代职业来看，现代技术日益取代了人的体力，要求具备精密、细致、耐心的素质，要求男子的力量型向智慧型转化，由此，在儿童的游戏中也有着同样的期待，撒野的游戏已不被允许，而对眼手协调、手脑并用以及象征性语言的要求提高。

成人的价值观和偏见，以及成人与孩子的互动，都会影响孩子对游戏的选择。是否改变传统的性别游戏取决于各人的价值观。鉴于游戏是未来生活的准备，儿童在游戏中奠定未来成人的各种品质，包括性别品质，对儿童从小进行的游戏就应有这方面的考虑。我们认为，男女特有的性格优势组合是联结社会关系的重要纽带，目前呈现的男性性格优势的弱化是一个很大的遗憾。为弥补这一缺憾，上海团市委首先倡导了“男孩节”，意在强化正在逐渐丧失的男孩性格优势，唤起男孩精神中特有的强悍的力量，这将有益于一代民族的强盛。实际上，游戏正是孕育这一精神的摇篮。但是，当社会发展致使未来职业的就业市场中男女分工已不那么明显时，这种从小就开始的游戏行为的性别刻板化也将改变。因此，在儿童的早期应尽可能提供范围广泛的游戏机会，教师和家长应该倾向于让儿童玩不同类型的游戏，包括粗大动作的和精细动作的，运动性的和智力性的等；在游戏的时间、内容、玩具等方面，男女儿童应享有同等待遇，让男女儿童有机会在各种游戏中充分开发应有的性别潜力。

二、游戏中的个别差异

游戏行为是一个发展的过程，其发展一般反映了这样一种规律，即由依赖实物的行为到减少对实物的依赖，从摆弄实物到实物转换（替代），再到不依赖实物，直至内化为幻想。在观察儿童游戏并分析其游戏行为时，这是一个衡量游戏水平的指标。但必须注意的是，解释儿童的游戏行为仅凭这一个评价维度是不够的，因为游戏行为还取决于游戏情节发生的背景，包括材料与空间。更主要的是常常在相同的情境下，认知水平具有相同成熟度的儿童也会显示出不同的行为，这时通过他们各自独特的行为显示出的，正是他们的个人偏好和独特的人格，反映在游戏中就形成了不同的游戏风格。

1. 玩性重和玩性轻

玩性重，通俗的表达可以称为“顽皮”。顽皮的特征除了表现在男孩子身上更为明显外，即使是男孩或女孩本身，也有程度上的差异。顽皮的孩子主要表现在对游戏的兴趣上，一般顽皮的孩子爱玩，比起不顽皮的孩子来，他们玩的兴趣广泛，多玩运动性、想象性游戏，喜欢装扮，思维发散，交往更多，并且语言也更多。不太爱玩的孩子一般被认为比较文静，语言不多，在游戏中更喜欢作用于物体。根据国外心理学家的研究，玩性重（即顽皮）与这样一些因素高度相关，即身体健康，想象力丰富，富于情感，好奇心强，喜欢探究，善于交往，个性外向，并且和幽默、玩笑有关。也有人研究玩性和创造性的关系，玩性与发散性思维的关系，都得到了高度相关的肯定结论。但当排除了智力的因素后，这一相关就大大削弱了。也有人认为玩性与思维的创造性和发散性的关系只反映在男孩身上，女孩并非如此。

幼儿的玩性到了青少年时期，就有多种表现形式，这些形式包括消极的和积极的，比如消极的表现是胡闹、敌对性机智的运用、使坏、嘲笑、恶作剧等。积极的表现是对社会活动的积极参与、兴趣广泛、情绪积极等。这种顽皮的孩子到了成年时，便显得精力充沛，善于交往而好客，爱开玩笑，并且机智幽默等。

看来，从小就鼓励孩子的游戏兴趣，会强化孩子的想象力、创造力、机智性、发散性，以及孕育起幽默感和开朗的性格。很难想象，一个从小就不爱玩的孩子，对游戏没有广泛兴趣的孩子，将来会有与人相处的能力和热心于事业的激情。因为在封闭的环境里是无法培养和造就幽默、乐观、合群、老练这些心理素质的。

2. 以物理环境取向和以社会环境取向

在游戏中可以观察到，有的孩子容易被人际互动频繁的活动所吸引，有的孩子则喜欢把注意力放在与物的互动关系为主的游戏上。以下这个游戏实例可以说明这个问题。这是两个年龄相同、认知水平也基本相同的孩子，他们在相同的游戏背景中玩类似主题的游戏，但却显示了不同的游戏行为倾向。

君君和嘟嘟的游戏片段。

君君：宝藏在哪儿？被海盗偷去了吗？

嘟嘟：不，现在还没有。君君，君君，你把宝石盒给我。（嘟嘟拿来废旧装饰品）我最好带着皮包。（拿起皮包）让我看看里面有什么。（拿出一些东西来）我需要地方放钻石，把钻石给我。拿去。

君君：我们来看看，这颗大，这些小……

嘟嘟：噢。

君君：这颗最美丽，这是金的，这是银的，这是珍珠、宝石、玛瑙……

洋洋和嘟嘟的游戏片段。

洋洋：好，吃完饭我们去海边，那里有海盗。

嘟嘟：海盗在哪里？在海边？（两人爬上一块地毯，假装寻找海盗。）

洋洋：你有没有看到海盗？

嘟嘟：有，他们在船上。（指不远处的体操架）

洋洋：我们躲在洞里。

嘟嘟：好的。

洋洋：小心山上的美洲豹。（两人从这端走到另一端）

嘟嘟：看，开开受伤了，我们去救他。

嘟嘟：把他带过来。

洋洋：把他放在地毯上。

嘟嘟：好。

洋洋：我去热饭菜。（去“娃娃家”拿锅、碗，开始了新的主题）

显然，君君和洋洋的游戏行为有很大的差异，洋洋用彼此无关的实物想象出故事，用语言转换空间，对他来说，周围的社会环境比物理环境重要；君君似乎较依赖物理环境，在装扮中，注意力容易放在特定的实物上。

以上都是象征性游戏，不同行为类型的差异来自于个性差异，而非发展水平上的差异。一种是观念型想象（社会环境取向），儿童凭不存在的事件、角色、实物创造出一个想象的世界；一种是赖物型想象（物理环境取向），凭转换现实物品和安排环境来创造出想象的世界。前者较多注意游戏情境中的社会因素，后者较多注意同一情境中的物理因素。所以，每个儿童的自身特点表现在游戏上，往往使各自的游戏行为显示出差异来。

那么，这两种游戏风格与认知能力的关系如何呢？有一种观点认为，儿童在进行实物材料的认知任务测验时所展现的能力有显著差异，即游戏中花较多精力在实物上的儿童，在需要将实物加以组织和分类的测验中表现较佳。而在社会性的测验上，游戏中着重于人际关系的儿童表现出较多的社会知识和经验，在社会能力方面较具影响力。

3. 偏向装扮和偏向构型

如果上述要表达的是儿童在游戏中的不同装扮风格，那么这里要表达的是儿童在游戏中是偏向装扮还是偏向构型。往往在对待同一种材料上，有的儿童偏向于用材料进行装扮，有的却偏向于用材料进行构型。这种游戏的风格早在儿童 1 岁时就已经有所表露了，例如，同样是小碗小勺，一个倾向于用碗和勺喂娃娃，另一个喜欢用碗和勺进行排队，到两岁时这种差异就比较明显和稳定。心理学家邓斯克认为，装扮是影响发散思维的重要因素。他将游戏中是否具有爱装扮特征的指标定为，如果一个孩子在被观察的时间里，25%的时间玩象征性游戏，即为爱装扮者，如只有5%以下的时间玩象征性游戏，即为不爱装扮者。为了考察装扮和发散思维的关系，他做了如下实验：把儿童随机分为 3 组，一组是自由游戏组（可以自由使用材料），一组是模仿组（模仿实验者的样子使用材料），一组是辐合问题解决组（用镶嵌板拼图），每一组都有爱装扮者和不爱装扮者。10 分钟后进行创造性测验，要求儿童说出餐巾纸、杯子、螺丝刀和金属衣架（实验时未出现过）尽可能多的用途。结果，游戏组的爱装扮者的得分高于同组的不爱装扮者，也高于另两组的爱装扮者。由此可见，倾向于装扮的游戏风格有助于发散思维的形成，同时，对装扮的鼓励也有助于促进发散思维。

另外据报告，有较高装扮性倾向的儿童，更能安然度过强迫性的等待或活动的延长，因此，这些儿童不易干扰他人，能自己进行某种想象游戏，或以想象自娱。这表明，高度想象与控制冲动及延迟满足的能力相关。

4. 爱探索和不爱探索

儿童之间的好奇心和探究欲也有很大差异，这种差异明显地表现在儿童的游戏中。英国发展心理学家科琳·亨特在 1966 年至 1970 年进行了一系列关于幼儿好奇心和探究欲的研究。他为 3～5 岁儿童设计了一种新玩具：一个金属的红箱子，上有一杠杆，杠杆顶部有一蓝色木球，杠杆运动的方向由箱子上的 4 个计数器控制。

根据孩子们对此玩具的反应，可以分为 3 种类型，一种是无探究精神者，他们只看不探究；一种是探究者，他们只探究，但不玩；一种是创造性探究者，他们不仅探究，而且用各种具有想象力的方法使用玩具。其中，无探究者大多是女孩，创造性探究者大多是男孩。

4 年后，又对这些孩子进行了创造性测验，以了解当年孩子的游戏风格与后来发展状况的关系。结果，创造性探究者的得分大大高于另两组，而探究者又高于无探究者。从家长的反映来看，无探究的男孩平时不爱玩，缺乏好奇心和冒险精神；无探究的女孩，在社交场合更紧张，往往手足无措。

可见，游戏的兴趣大大促进了儿童的好奇心和探究欲，从而有助于创造性思维的发展。从小就鼓励儿童游戏，诱导儿童探索，是极其重要的。

三、残障儿童

1. 智力迟缓

智力正常的儿童与智力迟缓的儿童在认知领域显然是有差异的，但他们的游戏活动是否有差异呢？研究者观察了两类儿童的自由游戏，并对迟智儿童的游戏进行了干预。

首先，发现两类儿童在对待游戏材料的偏好上有所不同。智力正常的儿童更偏好无限制的自然材料和多功能材料，而这些材料主要把他们引向象征性的活动。智力迟缓的儿童更喜欢智力玩具和结构材料，这些材料能把他们引向具有固定模式的建造活动，比如拼图、镶嵌、套叠等。由于智力上的差异，迟智儿童不合群，不善于与人交往。

其次，发现在具体操作材料时，比起智力正常的儿童来，迟智儿童不善于组合玩具。

另外，在游戏中智力迟缓的儿童还有一种求助感和从属感，依赖他人的组织和指导。他们不像正常儿童那样会抓住机会积极探索，也许他们那种虽对结构玩具有偏好但又不能用灵活的方法组织这些玩具的现象，正是这种恐惧，孤立的心理的结果。

有人对智力迟缓的儿童进行了游戏干预的研究，即用游戏治疗来弥补他们发展上的缺损，方法是通过塑造他们的游戏行为，使其在游戏的社会性方面有所改善。但由于缺少适当的控制组，结论是有局限的。

2. 情绪障碍

比较明显的儿童情绪障碍，较多的表现就是孤独症。关于孤独症患者的游戏特征，引起了广大研究者的关注。他们发现，孤独症儿童不用象征性的方式使用玩具，而是常常用一种刻板的重复的方法摆弄物体，即使操作的是结构材料，他们也只是强迫性地用玩具重复着操作程序，只是重复地转动或快速旋转玩具的各个部件，很少将材料组合起来，更不会用有意义的方法使用它们。比如同样是一辆玩具汽车，正常儿童或迟智儿童会沿着地板驾驶这辆车，或把积木当货来装运，而孤独症儿童则很可能用他们的双手重复转动车轮。

孤独症儿童在游戏中的这种表现特征，其根本原因在于象征性功能在器官上的根本损害。因为游戏水平和儿童所获得的语言技能之间有一个密切的相关，由于他们缺少有意义的语言，因而便阻碍了象征能力的获得，所以孤独症儿童没有象征性游戏。另外，孤独症儿童还缺乏这样一种能力，即把现实的物体与他们游戏中用以活动的物体区别开来，而这种技能对象征性游戏的充分表现以及象征意义的复杂化来说也是关键的。

但是孤独症只是情绪障碍中的一种，有些孤独症患者本身是智力迟缓的，所以有时低智商的孤独症患者和智力迟缓者是很难区分的。另外，高智商的孤独症患者由于语言能力并未丧失，只是不表达出来，所以也难以与精神分裂症儿童区分。童年期的孤独症与精神分裂症之间的差别，许多年来一直是一个有争论的问题，据说，区分两类儿童的一个特征就是儿童思维的幻想内容。鲁特（Rutter）指出，患有孤独症的儿童，其思维是呆板、具体的，几乎不显示幻想，而精神分裂症儿童则展示出绚丽多彩的幻想和错觉系统，这两种特点也许对于现实的无常表现出不同的反应，对游戏也一样。当一个儿童对他的知识中什么是“真的”很有把握时，那么就能自如地玩什么“不是真的”。但当“真的”和“不是真的”之间的界线不清楚时，对待装扮性游戏就呈现出两种形式：要么受到活动的惊吓，要么可能被引入并陶醉于游戏的幻想中。而正常儿童在幼儿时期就已经能清楚幻想与现实的区别了。也许游戏治疗从这里作为突破口会有一定的意义。

3. 身体障碍

身体障碍是指身体某个部位有残疾的儿童。由于他们的智力和心理上是正常的，所以他们与正常儿童一样具有对游戏的需要。而且就游戏的性质而言，是一种不受外在目的控制的活动，没有来自他人强迫要求的任何压力，能满足儿童自身的需要，所以对残疾儿童来说游戏就更为重要。因为现实生活和学习对于取得成功和“最终结果”的要求过高，而且压力太大，常使残疾儿童遭到失败；只有游戏，其目的不在于结果，失败了也无关紧要，因此会使他们有勇气失败后再试。

然而，他们身体上的残疾又使他们不能与正常儿童一样获得游戏的正常发展，其游戏发展的速度比其他儿童慢，因为儿童最初两年发展起来的一些最重要的能力（包括与人和物的接触、轮流、合作；模仿声音、姿态、举止；物体的永久性、人的永久性；物体的因果关系；空间关系；象征能力等）都是通过各种感官与外界接触而获得的，而残疾儿童由于某个器官上的障碍，便不能顺利地以正常速度掌握这些能力。

比如聋哑儿童缺少的是听力语言，象征能力便不能顺利获得，因此他们的象征性游戏的频率明显低于正常儿童。但并不是说他们没有进行象征性游戏的能力，只是较少表现。他们的语言表达和符号象征通过其他途径得以弥补，但这一过程将是艰难的。

对于盲童游戏问题的研究发现，盲童对游戏的兴趣不大，他们对游戏的强烈性和个人参与性比明眼儿童少，他们只是在游戏中通过使用重复的方法，运用物体去寻找触觉刺激。辛格和斯特雷纳发现，8~12 岁盲童的幻想游戏趋于更具体，缺乏明眼儿童游戏所具有的丰富性、变化性和灵活性。泰特也发现，4~9 岁盲童比同龄明童，较多操作性的游戏，较少装扮性的游戏，但并非没有，只是比例上少于明童。调查发现，仍有三分之二的盲童玩象征性游戏。

身体障碍的状况，不仅剥夺了个体某些特殊形式的感觉信息或刺激，而且它们也使儿童对父母、同伴和其他人有更大的依赖关系。尽管失明、失聪或其他障碍的儿童各自有着非常不同的状况，但他们在处理来自他们周围世界的障碍和挑战时，却有着同样的孤立无援的体验，并由此导致依从性在婴儿和童年期的成长阶段尤其强烈。这种状况就给双亲和教师以更大的要求，即创设安全的环境，提供专门类型的刺激经验，鼓励障碍儿童开展游戏，以弥补感觉缺损所造成的心理体验。总之，游戏可以为障碍儿童提供机会，去体验丰富的刺激、成功和愉快。

思考与实训

一、思考题

1. 影响幼儿游戏的因素主要有哪些？
2. 请列举可以促进幼儿游戏发展的因素。

二、案例分析

华华正在搭积木，可是他搭了很久，每次搭得稍微高一点，积木就会轰然倒塌。华华试了两次还是不成功。这时候，华华妈妈刚好观察到了这一幕，发现华华显得有点不耐烦，还有点委屈得想哭的样子。华华妈妈给了华华一个微笑，并坐到了华华的身旁。华华有点信心了，他再次搭了起来。这次，他成功了，他高兴得手舞足蹈。

问题：请结合本节内容，谈谈你对华华妈妈行为的看法。

三、章节实训

1. 实训要求

设计一个游戏，说说该如何为这个游戏创设游戏环境。

2. 实训过程

自己设计一个游戏，并思考该为这个游戏创设怎样的游戏环境，又该如何去创设。

3. 实训反思

（1）所创设的游戏环境能够促进幼儿游戏的开展吗？

（2）在幼儿游戏的过程中，最关键的环境因素是什么？

第三章　幼儿园游戏环境的创设

引入案例

家的后面有一个很大的园，相传叫作百草园。现在是早已并屋子一起卖给朱文公的子孙了，连那最末次的相见也已经隔了七八年，其中似乎确凿只有一些野草；但那时却是我的乐园。

不必说碧绿的菜畦，光滑的石井栏，高大的皂荚树，紫红的桑椹；也不必说鸣蝉在树叶里长吟，肥胖的黄蜂伏在菜花上，轻捷的叫天子（云雀）忽然从草间直窜向云霄里去了。单是周围的短短的泥墙根一带，就有无限趣味。油蛉在这里低唱，蟋蟀们在这里弹琴。翻开断砖来，有时会遇见蜈蚣；还有斑蝥，倘若用手指按住它的脊梁，便会拍的一声，从后窍喷出一阵烟雾。何首乌藤和木莲藤缠络着，木莲有莲房一般的果实，何首乌有臃肿的根。有人说，何首乌根是有像人形的，吃了便可以成仙，我于是常常拔它起来，牵连不断地拔起来，也曾因此弄坏了泥墙，却从来没有见过有一块根像人样。如果不怕刺，还可以摘到覆盆子，像小珊瑚珠攒成的小球，又酸又甜，色味都比桑椹要好得远。

……

我不知道为什么家里的人要将我送进书塾里去了，而且还是全城中称为最严厉的书塾。也许是因为拔何首乌毁了泥墙罢，也许是因为将砖头抛到间壁的梁家去了罢，也许是因为站在石井栏上跳下来罢……都无从知道。总而言之：我将不能常到百草园了。Ade，我的蟋蟀们！Ade，我的覆盆子们和木莲们！

出门向东，不上半里，走过一道石桥，便是我的先生的家了。从一扇黑油的竹门进去，第三间是书房。中间挂着一块匾道：三味书屋；匾下面是一幅画，画着一只很肥大的梅花鹿伏在古树下。没有孔子牌位，我们便对着那匾和鹿行礼。第一次算是拜孔子，第二次算是拜先生。

……

三味书屋后面也有一个园。虽然小，但在那里也可以爬上花坛去折腊梅花，在地上或桂花树上寻蝉蜕。最好的工作是捉了苍蝇喂蚂蚁，静悄悄地没有声音。然而同窗们到园里的太多，太久，可就不行了，先生在书房里便大叫起来：

“人都到哪里去了！”

人们便一个一个陆续走回去；一同回去，也不行的。他有一条戒尺，但是不常用，也有罚跪的规则，但也不常用，普通总不过瞪几眼，大声道：

“读书！”

于是大家放开喉咙读一阵书，真是人声鼎沸。有念“仁远乎哉我欲仁斯仁至矣”的，有念“笑人齿缺口狗窦大开”的，有念“上九潜龙勿用”的，有念”厥土下上上错厥贡苞茅橘柚”的……先生自己也念书。后来，我们的声音便低下去，静下去了，只有他还大声朗读着……

——摘自鲁迅《从百草园到三味书屋》

问题　为什么鲁迅称百草园是自己儿时的乐园？三味书屋为什么无法吸引童年的鲁迅？作为成

人我们应该给孩子提供怎样的游戏环境？孩子喜欢在什么样的环境中游戏？在本章的学习中，我们将一一解答这些问题。

本章学习目标

1. 了解幼儿园游戏环境的特点及分类。
2. 学会幼儿园游戏环境（物理环境和心理环境）创设的方法。
3. 知道如何评价幼儿园的游戏环境。

《幼儿园教育指导纲要》明确指出，“环境是重要的教育资源，应通过环境的创设和利用，有效地促进幼儿的发展。”还指出，幼儿园的教育要“以游戏为基本活动，寓教育于各项活动之中”。陈鹤琴先生说过：“游戏是儿童的心理特征，游戏是儿童的工作，游戏是儿童的生命。”从某种意义上说，幼儿的各种能力是在游戏中获得的。要使游戏能深入、高质量地开展起来，使幼儿的创造力、思维能力、语言表达能力、合作能力等各方面素质在游戏中得到全面的锻炼和提高，幼儿园应根据本园的实际情况，考虑幼儿的身心发展特点，从幼儿对游戏的需要出发，努力为幼儿创造良好的游戏条件，充分利用一切室内外可利用的环境，灵活地安排幼儿的游戏场地，努力为幼儿创造适宜他们自主活动和自我表现的游戏环境。

第一节　幼儿园游戏环境概述

一、规划幼儿园游戏环境的意义

《幼儿园工作规程》第二十五条指出：“游戏是对幼儿进行全面发展教育的重要形式。应根据幼儿的年龄特点选择和指导游戏。应因地制宜地为幼儿创设游戏条件（时间、空间材料），游戏材料应强调多功能和可变性。”可以说，幼儿在幼儿园中的大部分时间进行的都是游戏活动，游戏在幼儿园教育中占有重要地位，因此，规划好幼儿园的游戏环境是幼儿园管理者和幼儿教师的一项重要工作，它对于孩子的成长具有重要的意义。

（一）为教师在一日活动中安排和开展游戏活动提供保障

游戏环境的规划应纳入幼儿园的整体规划中，它是幼儿园环境创设的重要组成部分。然而有些幼儿园环境设计简单，教室内只供孩子学习、教室外游戏设施单一，使教师无法组织幼儿开展多种多样的游戏活动，限制了孩子的发展。要真正使游戏成为幼儿园孩子的基本活动，应该为教师组织幼儿开展游戏活动提供必要的物质保障，要精心规划室内和室外游戏的空间，在其中提供丰富的、多种多样的、适合大中小不同年龄段孩子的游戏玩具和材料。

（二）能满足幼儿爱玩的天性，促进幼儿各方面的发展

玩游戏是幼儿的天性，游戏能够满足儿童的多重需要，幼儿就是在游戏中一天天成长和进步的，游戏和童年、幼儿始终是无法分割的整体。无法想象没有游戏的童年是怎样的。研究儿童游戏的专

家指出："游戏是儿童与环境相互作用的形式，因此影响儿童游戏的因素必然与游戏环境紧密相关。"在一个多元的、自由探索的、弹性可变的和开放的游戏环境中，孩子会主动与其产生互动，在这样的环境中快乐地游戏，满足他们探索、认识周围世界的需要，从而促进他们的身体、智力、社会性、情感等各方面的和谐发展。

二、幼儿园游戏环境的概念及其分类

（一）幼儿园游戏环境的概念

1. 幼儿园环境

幼儿园环境是一种特殊的环境，即教育环境。广义的幼儿园环境是指幼儿园的教育赖以进行的一切条件的总和，包括幼儿园内部小环境及与幼儿园教育相关的家庭、社区等外部大环境。狭义的幼儿园环境是指在幼儿园中对幼儿身心发展产生影响的一切因素的总和，包括物质环境和精神环境两个方面。一般我们谈到幼儿园环境时，都是指狭义的幼儿园环境。

2. 幼儿园游戏环境

幼儿园的游戏环境是幼儿园环境的重要组成部分，它主要指在幼儿园中影响幼儿游戏活动的物质因素和精神因素的总和。物质因素如游戏空间、游戏材料、玩具、游戏时间等，精神因素如游戏氛围、师幼关系、同伴关系等。幼儿园的游戏环境是针对幼儿的年龄特征和发展水平设计的，不同的年龄段的游戏环境具有不同的特点。

（二）幼儿园游戏环境的分类

1. 游戏的物理环境和心理环境

从幼儿游戏环境中构成内容的特质性差异来分，幼儿园游戏环境可分为物理环境和心理环境两大类。物理环境也称为"物质环境"，指幼儿园的各种人工或非人工的游戏空间和场地、游戏材料、游戏时间等；它又可以分为自然物质环境和社会物质环境两部分，两者共同构成了幼儿园开展游戏活动的物质条件和基础。幼儿游戏的自然物质环境指幼儿园中各种自然条件的总和，如花草、树木、石头等；幼儿游戏的社会物质环境主要包括幼儿的活动室、专门的游戏室、户外游戏场、各种游戏设备和材料等。心理环境也称为"精神环境"，指环境中的人际关系及心理气氛，包括师幼关系以及儿童与儿童之间的同伴关系、宽松自由的游戏氛围等。

与游戏的物理环境相比，精神环境是无形的、更为复杂与难以把握的。精神环境对幼儿认知、情感与个性品质的形成和发展具有重要作用。一所幼儿园能否真正成为孩子游戏的乐园，主要取决于幼儿园游戏的精神环境。但在现实中，有许多幼儿园重视幼儿游戏的物质环境的创设，而轻视幼儿游戏的精神环境的营造。其实这两者应该是相辅相成、相得益彰的，不可轻视任何一方。

2. 室内游戏环境和室外游戏环境

幼儿园的游戏环境还可以按照空间的不同，简单地分为室外游戏环境和室内游戏环境。如果要满足幼儿每天户外活动时间不低于两个小时的要求，满足幼儿户外奔跑追逐游戏的天性，就必须认真考虑户外游戏环境的规划，使其尽可能满足幼儿多样性游戏的需要。室内是幼儿主要的活动场所，所以室内环境规划在满足生活和课程需要的同时，一定要考虑幼儿的活动，尤其是游戏的需要，应该宽敞、明亮、富于变化，玩具、材料丰富，适合各个年龄段幼儿的游戏活动需要。

第二节　幼儿园游戏环境的创设

创设幼儿园游戏环境是开展幼儿园游戏的重要环节，需要根据幼儿发展的共性和个性特点，为整个幼儿园的室内外环境进行精心规划。下面根据游戏环境的分类从物理环境和心理环境两个方面来谈幼儿园室内外游戏环境的布置。

一、物理环境的创设

（一）室内游戏的物理环境的创设

幼儿一日生活的大部分时间是在室内度过的，所以室内游戏环境的创设尤为重要。如果室内游戏环境设置合理、材料投放丰富、氛围宽松和谐，就可以激发幼儿生动多样、富有创造性的游戏行为。目前，我国幼儿园室内游戏环境存在着室内空间密度过低、拥挤现象突出、室内空间设计单调、玩具和游戏材料单一、更新补充不及时等问题。要解决这些问题，就应对室内游戏空间进行合理的安排和布局，重点是要创设适宜的室内区角游戏环境，并设计规划好专门的幼儿游戏室。

1. 室内游戏空间的规划布局

（1）室内空间的密度

空间密度是指游戏环境中可供每个幼儿使用的空间大小，是室内拥挤程度的指标；数值低表示环境拥挤，数值高表示环境不太拥挤。很多研究表明，空间密度会影响幼儿的游戏和游戏中的交往行为，如果空间密度过低，就会增加幼儿的攻击性行为，减少团体游戏。因此在幼儿园中，室内游戏环境尤其要注重空间密度的大小。按照我国的幼儿园空间标准，室内人均不少于 2 平方米，户外人均不少于 4 平方米。幼儿园在招生的时候，要根据自己的空间合理确定招生数量，保证室内有足够的游戏空间，以满足幼儿天性的需要。

当前，我国幼儿园的室内游戏环境的空间密度都普遍偏低，而在这样的现状下，就很容易出现幼儿为争抢游戏材料而出现攻击行为。为了减少这种情况的发生，可以通过采用分组活动或进行户内户外活动相结合的模式来增加幼儿的活动空间，以使室内游戏环境不会太过拥挤。

（2）室内游戏环境规划的范围和内容

规划室内游戏空间，主要是对室内空间机构进行合理安排。室内游戏环境规划的主要范围一般包括幼儿游戏室、班级活动室、班级附近的走廊、楼道和公共区域。室内游戏环境规划的内容包括空间利用、游戏区的划分、墙面及顶面规划、走廊空间及地面的规划。空间的利用主要指教师依据幼儿发展目标，因地制宜规划幼儿活动室的立体空间。空间规划好以后，就是具体的各个游戏区角的布置，以及与游戏区相关的墙面、顶面走廊、地面的设计和装饰。

（3）室内空间安排指南

不同的幼儿园、不同的班级，应该有不同的空间设计。幼儿年龄不同，对于空间大小、空间布置、玩具和材料的要求应该有所区别。

首先，应根据幼儿的年龄特点，设计幼儿需要的、富有情趣的、活泼的室内游戏环境。比如，小班的室内环境应该更多地像个“家”，有家的装饰，有家的氛围，多一些温馨、柔软的空间设计；同样的玩具要多一些。“娃娃家”也可以是不一样的设计，可以用帐篷、大纸箱等给孩子制造一个半封闭的“安全岛”，以满足孩子和好朋友说悄悄话的需要。

其次，充分发挥室内空间的实际效用，做到“地尽其利，物尽其用”，如睡眠室、储藏室等均可适当设置一些活动区，如睡眠室里可设“娃娃家”、阅读区等区域。

再次，注意室内空间的开放与区隔。室内空间的开放是指室内游戏区要按幼儿的需要和愿望布置，随时可以变化，在游戏区幼儿可以自由选择、取放玩具和材料。教师在布置室内游戏空间时不能将空间安排得过满，要适度留白，供幼儿创造，给幼儿必需的开放空间，供幼儿自己选择和管理。空间的区隔是指教师可以用玩具柜、布帘、地毯、推拉门等间隔物把大的开放空间分隔开来，使游戏区之间有清晰的边界，以促进幼儿在适当区域使用器材，保障幼儿对游戏活动的专注与投入。

最后，依据“同质互惠、异质相离”的原则进行游戏空间的配置。一个班可以容纳的游戏区为 3～6 个，在布局上将倡导探索、思考性质的在一起，交流互动多的在一起。如益智区与阅读区可以安排在一起，“娃娃家”和建构区可以在一起。

扫一扫
扫一扫——室内游戏空间利用的图片

2. 室内区角游戏环境的创设

现阶段幼儿园室内游戏环境的规划，基本上是以区域即各种区角活动的形式呈现的。区角游戏环境是室内游戏环境的最主要的组成部分，因此，教师在进行室内游戏环境的创设时，除了考虑室内空间的总体规划和布局，还要考虑各个具体的区角游戏区如何创设。

（1）室内区角游戏环境的概念

区角游戏环境是幼儿园班级教育环境的重要组成部分，由教师和幼儿共同创设的幼儿自主参与下的游戏环境，适宜的区角游戏环境能满足幼儿多方面发展的需要，能有效地促进幼儿在快乐自由的游戏活动中自我学习、自我探索、自我发现、自我完善。室内区角游戏环境是指在活动室内教师为幼儿专门设置的供幼儿进行自主游戏的各种区域。幼儿教师一般都会在教室内规划出幼儿游戏的各个区域，通过投放游戏材料、创设区角墙饰，给幼儿搭建自主游戏的平台。

（2）室内区角游戏环境设置应遵循的原则与方法

第一，空间组织与安排的合理性。

首先，要保持活动室设计简易化，不应盲目设置所有的区角，应根据班级幼儿的情况分阶段设置；其次，教室入口和各个区角入口要留有较宽敞的空间，方便幼儿自由走动，以减少拥挤；再次，在设置区角时要考虑区域之间的相关性，相关的区域靠在一起，安静区应远离嘈杂区。比如，“娃娃家”可以和图书区相邻，在“娃娃家”扮演“妈妈”的幼儿到图书区拿书来给“宝宝”读；而读书区不能与音乐区相邻，因为音乐区的嘈杂声会影响读书区的孩子的阅读活动。最后，区角的游戏材料应该放置在幼儿视线高度的开放性的玩具架上，以方便幼儿拿取。

第二，适宜性。

适宜性是指区角游戏环境的创设要适合不同年龄幼儿身心发展的需要。当环境适应幼儿的特点和需要时，幼儿才会积极主动地去探索环境，在与环境的交互作用中获得发展。随着幼儿经验的丰富，环境也要相应地变化，以激发幼儿的探索欲望。同样是阅读区的创设，小班适合创设游戏化的阅读环境，中班适合创设互动式的阅读环境，大班适合创设探究式的阅读环境。游戏环境最好不要超出幼儿的经验范围，如，小班幼儿还不具备良好的社会交往的能力和技能，因而“商店”“银行”等游戏环境和内容就不适合他们。

第三，游戏材料的丰富多样性。

游戏材料的丰富多样性是指区角游戏材料数量充足而且种类多样。

从游戏材料的数量上来说，每个区角内要有足够的游戏材料，才能让许多幼儿同时在区角内游戏。例如，要有足够多的大型积木，才可能让多个幼儿一起搭建建筑物；只要有可能，每样操作材料至少要有两个以上，这样才能为尽可能多的幼儿提供学习机会，并避免幼儿之间不必要的冲突。

从游戏材料的种类上来说，不仅要提供一些高结构的游戏材料，如各种成品玩具（娃娃、小车、各种水果模型等），还要提供一些低结构（石头、木块、线绳）和无结构（沙、水）的游戏材料。既要提供各种感官参与的建构材料、探索材料、手工制作材料，还要提供玩角色游戏、规则游戏的各种真实材料。

（3）室内区角游戏环境的创设思路

第一，区角游戏环境与主题活动的整合。

在主题活动开展的过程中，教师可以根据幼儿的兴趣及发展的需要，通过在区角创设与主题相关的游戏环境，继续延伸主题活动的内容，使幼儿通过区角游戏进一步理解和掌握主题活动内容。例如，在以“多彩的秋天”为主题的教育活动中，教师把与幼儿一起收集到的树叶标本和图片放在美工区，可以让幼儿在美工区开展制作树叶贴画的活动。

区角游戏与主题活动内容的整合，不仅使幼儿参与的主题活动具有“可持续发展性”，满足了幼儿对某一个活动内容想继续探究的欲望，帮助幼儿拓宽了思考问题的广度与深度，同时也使区角游戏活动更加丰富多彩。

第二，创设利于幼儿探索发现的区角游戏环境。

教师在进行区角游戏环境的创设时，可以根据幼儿的兴趣和爱好，给幼儿搭建解决问题的活动空间，引导幼儿发现问题，并通过探索找到解决问题的好办法。例如，对于小蝌蚪怎样变成青蛙的问题，教师可以在动物角放置小蝌蚪，引导幼儿自己观察小蝌蚪的生长过程，从而帮助幼儿解答关于小蝌蚪变青蛙的问题。

第三，针对幼儿发展中的弱势创设区角游戏环境。

区角游戏环境的创设主要针对本班幼儿，教师作为幼儿的引导者，要在把握幼儿的整体发展水平和了解幼儿五大领域的发展状况的基础上，分析幼儿的优势和不足，针对班上幼儿发展中的弱势创设游戏环境，引导幼儿主动挑战较为弱势方面的活动。比如，当教师发现本班幼儿在音乐方面的能力较弱时，可以针对这一问题规划活动室的某个空间作为音乐表演区，投放丰富的表演材料，使幼儿在音乐区进行唱歌、跳舞等表演活动，发展幼儿的音乐智能。

第四，分层次循序渐进地投放区角游戏材料。

有些教师在学期的开始就将所有的材料一股脑儿都堆放到游戏区。但随着时间的推移，原有的游戏材料对幼儿的吸引力减少，幼儿对游戏区的兴趣也大减，这时教师往往不知道该怎么办。其实教师在进行区角游戏材料的投放时，应根据幼儿的兴趣、能力和需要，渐进式地投放游戏材料，在原有材料的基础上不断增加新的游戏材料或及时更换材料。例如，在小班益智区，一开始教师投放的串珠材料是洞较大的珠子和较硬的电线；等幼儿玩了一段时间后，教师发现幼儿已基本学会将珠子串到电线上，这时教师又投放了新的串珠材料：洞较小的珠子和较软的线，从而增加了串珠的难度，维持了幼儿的兴趣，激发了幼儿的探索欲望，进一步锻炼了幼儿的手部小肌肉动作技能。

扫一扫

扫一扫——区角游戏环境的图片

3. 幼儿园游戏室的设计

对幼儿而言，室内学习环境除班级活动室之外，最重要的应属游戏室。室内游戏室是幼儿进行游戏的重要场所。对幼儿园来说，在为幼儿创设良好的班级室内游戏环境的同时，应该提供场所创设一个专门的公共游戏室，向所有的幼儿开放，可以采取轮流制让教师带领幼儿到游戏室活动。

（1）幼儿游戏室的功能

目前，对于幼儿游戏室的功能和作用，教育者们看法不一。台湾地区的教育者认为游戏室主要有三种用途：第一，是供全园幼儿进行韵律游戏的场所；第二，是作为幼儿园开学及毕业典礼、家长会之场所；第三，下雨时可代替运动场。

游戏室的设置是为了弥补幼儿活动室中大肌肉活动的不足。有些幼儿园因用地空间不足而未设置游戏室。区角游戏兴起后，有些幼儿园的室内游戏的部分大多被活动室的角落所取代。但事实上幼儿仍需要游戏室空间，以供他们进行体能活动、大积木建构活动以及音乐律动活动。幼儿游戏室的活动规模一般较大，可进行各项韵律活动、音乐活动及自由游戏，下雨天可兼代室外游戏场，还可供园内举办各种大型活动之用。

（2）游戏室设置的原则

首先，游戏室的设置要遵循安全性的原则，幼儿游戏室的设计与规划应充分考虑幼儿的安全与需求，并应随时减少噪声与潜在的危险因素。

其次，游戏室的设置要遵循舒适性的原则，应该布置得像家一样温馨与舒适，这样不仅可稳定幼儿的情绪，也可使幼儿感染家庭形式的凝聚力，增强幼儿情绪情感的稳定性。

再次，游戏室的设置要遵循近便性原则，幼儿游戏室的各项主题游戏规划以及各种摆设，应充分考虑幼儿的使用功能，方便幼儿随手拿取。

最后，游戏室要具有教育性。幼儿园环境的本质是教育性的，其游戏室空间的规划应能充分支持幼儿园课程的需要，并能满足各种教学和游戏活动的进行。

（3）游戏室设置的要点

首先，要考虑游戏室的空间位置和面积。由于游戏室是公用空间，最好设置于活动室的中间，或者通道等易会集处，要与活动室相邻而非分开，以利教学或相关活动的使用。游戏室的空间密度要适当，Hildebrand 建议，一间长方形的游戏室，通常以每位幼儿拥有 4.6 平方米的面积为宜。

其次，关于游戏室的舞台设置。学者汤志民认为，幼儿游戏室应设置舞台，其规格为宽度 8 米 ×

深度 4 米 × 高度 0.5 米。传统舞台的规模大又太正式，缺少舞台与观众的交流。我们在设置游戏室的舞台时，可以将地板做一或两阶的高低差，这样在使用上较实用，人数少时够用，大家可以融洽在一起；平常也可使用，没有高低的分别。

最后是游戏室的墙板设置。游戏室的墙壁和天花板，要采用吸音材质，以免幼儿们群聚游戏时产生太多的回音。墙壁若是玻璃面的，需要木头格子等保护装置。此外，有较大的墙面比较方便，假如墙面有高低、较高的墙壁的一面很长的话，可于活动时作为舞台的背景或装饰。

（二）室外游戏物理环境的创设

对于幼小的孩子来说，户外总是充满了诱惑和刺激。由于户外活动空间宽广，意味着更多的自由和快乐。户外游戏是幼儿生活中不可或缺的重要内容。我国明确规定，幼儿园的幼儿每天户外活动的时间不能低于 2 个小时，寄宿制幼儿园不能低于 3 个小时。室外游戏环境是室内游戏环境的延伸，从潜在课程的角度来看，室外游戏场提供“寓教于乐”的潜隐性空间。在室外游戏，幼儿能够与大自然亲密接触，能够与教师有效互动，能够与同伴积极互动和交往。如果室外游戏场设计得好，它将成为孩子们快乐的源泉。

1. 室外游戏场的发展

20 世纪初，美国开展了一场“儿童游戏场地运动”。1887 年，纽约市通过了建造含有儿童游戏场地设备的小型公园的立法。波士顿、纽约和芝加哥是美国最早给儿童提供室外游戏场地的城市。在幼托机构内建造游戏场地也始于 20 世纪初。不久，由生产厂家制造的各种游戏设备，如滑梯、秋千、攀登架等也出现在幼托机构的游戏场地上。在过去的 100 多年间，美国的室外儿童游戏场地在数量上迅速发展，不论在幼托机构和小学的室外，还是在城市和郊区的社区活动场地或街头公园，随处可见；其种类与功能也越来越丰富。随着有关游戏与游戏环境的信息不断更新，人们开始考虑设计更加安全、更具挑战性以及与儿童的发展更加适应的游戏环境。美国的室外儿童游戏场地大致可分为四类，它们各有自己的典型特征，并在不同的历史时期得到了发展。

（1）传统游戏场

传统的游戏场地模式是在第一次世界大战之前形成的，这种游戏场地在许多日托中心、幼儿园及公共儿童游乐场上都可以看到。

传统游戏场是一种正式的游戏场，由金属或钢具结构的设备组成，并零星地散布或成排地固定在平坦的水泥或柏油地面上，较单调而无趣。典型的设备包括秋千、滑梯、跷跷板、攀登架、立体方格铁架和旋转装置，皆为运动游戏和大肌肉游戏而设计。目前其仍然是较常见的类型。

这种传统的游戏场，最大的好处是不需要太多保养，同时也提供了大空间以及设备，让儿童做大肌肉的活动。但许多学者对这种游戏场地提出了批评，认为传统游戏场有许多缺陷。首先，传统游戏场提供的活动设备功能太单一、使用方法有限，只能用于一些特定种类的游戏，无法满足儿童的个别需要，孩子们常常玩了几次后就不再玩了。其次，传统游戏场仅能鼓励孩子做大肌肉活动，美国的研究者调查发现，在传统游戏场开展的游戏几乎有 60%都是非社会性的游戏。最后是安全问题，传统游戏场坚硬的地面及金属设施很容易对儿童造成伤害。

正是因为以上的缺陷，导致人们对传统游戏场的不满，从而刺激了现代化及具有探险性的游戏场的发展。

（2）现代游戏场

从 20 世纪 50 年代开始，美国城市改造运动推动了有关游戏场地新观念的形成。这一时期的游戏环境的设计受到了艺术家、建筑设计师、娱乐行家、教育家及游戏设备制造商等多方的影响。现代游戏场地自此出现。它的历史意义在于，游戏场地的设计人员开始把游戏场地作为一种环境以及总体环境的一部分来考虑。他们想的是如何利用自然环境以及人为建造的环境为儿童提供更好的游戏场所。现代游戏场地一般由专业的设计人员设计，他们喜欢运用沙、水泥制品、鹅卵石和原木来建造雕塑、土丘、隧道、斜坡等。

（3）冒险性游戏场

冒险性游戏场也称“奇遇式游戏场”，于“二战”时在丹麦首次出现。1943 年，一位名为索伦森的风景设计师在哥本哈根郊外设计建造了世界上第一个冒险性游戏场地，占地 6000 平方米。此后这种游戏场地被欧洲其他国家仿效，美国也引进了这种设计理念。这种游戏场地看上去很不正规，一般是用篱笆围起来的。场地上有各种建筑材料以及废旧工业设备和材料，并用一间小屋储存各种工具。在这种场地上一般有专职人员带领孩子们开展各种自然活动，如建造小屋子、垒城堡、砌墙、种植、爬树、挖洞、挖水沟、饲养小动物等。他们鼓励儿童根据自己的兴趣对游戏场地进行重新规划。倡导者认为，这种游戏场地有几个长处：可以根据需要不断地变化，比较灵活；有助于通过自选活动促进儿童的身体、社会与认知的发展；鼓励儿童想象与创造；注重儿童的动手能力与解决问题能力的发展；鼓励不同群体的交往与合作。这种游戏场地给儿童提供了许多可移动的器具、材料或半成品材料。儿童喜欢这些松散的部件，因为他们可以对此进行控制，能改变这些东西，能进行创造和想象。儿童能通过改变环境来满足自己的需要，而不是仅仅去适应环境与设施。这种游戏场地还给儿童提供了各种接触自然材料的机会，这对生活在当今远离自然的城市环境中的儿童来说尤为可贵。尽管孩子们很喜欢这种游戏场地，但由于它看上去不太整齐和美观，有许多地区不愿意采用。

（4）创造性游戏场

创造性游戏场地是正规的人造游戏环境与“废旧物品”场地之间的折中，因而具有半正规性质。这种游戏场地大约产生于 20 世纪 60 年代以后。在 20 世纪 70 年代与 80 年代初，许多游戏设备厂商为这种游戏场地专门设计了多种游戏设施，它们一般由厂家生产的游戏设备与一些废旧材料结合而成，如电线杆、枕木、轮胎及电缆木盘等。创造性游戏场地在很大程度上体现了传统的、现代的以及奇遇式游戏场地的特征。设立这种游戏场地的主要目的在于以最低的代价给儿童提供尽可能多的游戏内容。它一般在游戏专家的指导下，由家长、教师与儿童自己规划与建造。它外观漂亮，很安全，造价低，给儿童提供了多种游戏的选择。创造性游戏场地被认为是美国取代传统游戏场地的最佳选择。

2. 室外游戏场创设的基本原则

室外游戏场创设的好坏，直接影响到幼儿园功能的完善和环境质量的提高。室外游戏场的设计是幼儿园建筑设计中不可缺少的组成部分。室外游戏场就像是一系列的户外教室，幼儿在室外游戏场上有充足的时间、空间和器材进行活动。室外游戏场与室内活动室一样需要仔细地规划。要创设一个好的室外游戏场，幼儿园应遵循以下这些原则。

（1）安全性原则

幼儿的安全意识往往薄弱，因此在规划幼儿园的室外游戏场时，应保证游戏场及周围环境是安全、舒适的，如道路、铺地、水体、山石及植物等都应确保其安全性。游戏场内的设施应选择符合有关安全标准的器械。器材应多使用木制、塑料制或玻璃钢制的，这样能减少危险的发生。器材之间的距离应是安全的，对游戏器材应定期检查维护。室外游戏场的地面应能防止幼儿跌倒或摔伤，如，尽量是草地或塑胶跑道，或者沙土地。

（2）自然性原则

幼儿园的室外游戏环境绝不只是放置游戏活动器械的场地，更应是一个场所，一个自然的、充满情趣的活动空间。幼儿园的室外最好是有草地、有树、有水的自然环境优美的地方。正如鲁迅先生所描述的他小时候喜欢的百草园一样，孩子们可以在其中获得无穷的乐趣和自然丰富的表象，培养热爱自然、热爱生命的情操。幼儿园的户外游戏场，应种植各种树木和鲜花，还可以建立专门的种植园、牧场、池塘或小溪。在种植园中种植一些易成活的蔬菜、水果和鲜花，在牧场养一些儿童喜欢的小兔、小狗、小猫等动物，在小溪中养一些鱼，幼儿可以在溪中戏水和钓鱼。这些都与大自然相融合，幼儿可以在这些地方找到各种乐趣，同时也能激发儿童对各种植物、动物的兴趣和求知欲。

（3）开放性、创造性原则

幼儿园室外游戏环境中应提供一些开放性的、创造性的、自然的游戏材料。除了有固定在地面的游戏设施外，还应安放一些可移动的设施和器械，比如小推车、可移动的平衡木、可滚动的塑料轮胎等。游乐场还可以提供如火车头、马背、潜水艇、宇宙飞船、城堡、飞机、恐龙等的模型。这些可移动的设施和各种模型可以引发幼儿的多种假装游戏，激发儿童的想象力和创造力。游乐场还应为儿童提供自然材料，有研究者指出："自然界随时可觅得一切（石子、树叶、贝壳、木片、果核等），以及日常生活中的废旧物品（线轴、塑料小瓶、废纸盒等），这一切在孩子们眼中都可以成为他们最心爱的游戏材料。"这些自然材料对儿童来说既安全又实用，他们能从这些材料中得到自由的体验，创造乐趣并获得发展。

（4）适宜性原则

在室外应根据儿童的年龄特点和喜好设置各种幼儿游戏区。儿童都喜欢玩泥、沙子、石子、水、木头，可以设置专门的玩沙区、玩泥区、戏水区和建筑区。有研究者指出："儿童喜欢躲在一些小的洞穴般的地方。"可在游乐场创设植物迷宫、树房子、躲避处、从篱笆上偷看的小洞等躲藏和探险的区域。有些儿童喜欢玩"娃娃家"的游戏，游乐场内可建一些小木屋，木屋中放置一些厨具和家具，让儿童在更真实的场景中玩角色扮演游戏。游乐场还可设置一些树荫下的野餐地、蔓藤覆盖的围场、用来取暖或烹调的火坑、用来阅读的隐蔽的角落等区域。所有这些游戏区都会使儿童停下脚步沉思，并体验所有的奇幻意境，儿童可以做很多他们在拥挤的市区中无法做的事情。

（5）挑战性原则

扫一扫

扫一扫——室外游戏环境的图片

幼儿园室外游戏环境的创设还应充分考虑不同年龄儿童的不同需求以及他们所处的发展阶段。早期的儿童喜欢玩像"娃娃家"一类的假装游戏，而进入小学以后的儿童，公开的假装游戏在不断减少，而更多地开始玩一些规则性游戏，比如追赶游戏、各种球类游戏、跳跃游戏以及棋类游戏等。儿童游乐场应为从幼儿到年长一些的儿童提供不同种类的游戏材料，比如平衡木、爬隧道、爬轮胎、荡秋千和各种进行假装游戏的道具等，对年幼的儿童比较有吸引力；而高的单杠、攀岩、跳绳、毽子、呼拉圈以及各种球类运动场和下棋的场所为年长的儿童提供了更有趣、更新鲜的挑战。

3. 室外游戏场设计的要点

（1）室外游戏场的空间设计

第一是游戏场空间的大小问题。一般而言，游戏空间越大越好，只要能有足够多的成人督导。美国的许多州和机构要求每名幼儿的平均室外空间为 6.9～23 平方米。根据我国《托儿所、幼儿园建筑设计规范》第九条的规定，幼儿园、托儿所必须设置各班专用的室外游戏场地，每班的游戏场地面积不应小于 60 平方米；各游戏场地之间宜采取分隔措施；应有全园共用的室外游戏场地，其面积不宜小于下式计算值：室外共用游戏场地面积（m^2）=180+20（N−1）（注：1、180、20、1为常数、N为班数）。

第二是游戏场空间的分区问题。有专家认为，游戏场分区有助于空间的组织。一般根据活动性质，可以把游戏场分为动态游戏区和静态游戏区，动态游戏区如攀爬、摆荡、奔跑、骑乘等，静态游戏区如园艺、沙池、阅读等；根据游戏材料的不同可分为器具游戏区、沙游戏区、水游戏区、装扮游戏区和规则游戏区；根据使用人数可区分为大团体区、小团体区和独处区。

第三是在游戏场各个游戏区游戏设备的周围要设置跳落区。跳落区是游戏设备底下及四周可供儿童落下或跳下地面的无障碍区域。美国消费者产品安全顾问委员会建议，学前和学步幼儿的游戏设备高度在 51 厘米以上，都需要有一个无阻碍的跳落区，跳落区从游戏设备周围的每一个方向至少延伸 1.8 米。

第四是在游戏场的游戏区之间要有适度的转换空间，即要设置转换区，例如座椅、小凉亭等休息站，帮助害羞、年纪小的孩子在场外观察，以便他们进入另一个场所，加入另一场游戏。

此外，游戏空间的界定方式应是通透的，以增加游憩性并利于监督和指导幼儿游戏，例如矮树丛、高高低低的木桩等，而不是用高墙或密实的围篱将游戏场所隔离。较大的设施要放在游戏空间的后方，才不会挡住其他设施而减少视觉的通透性。

（2）室外游戏场的构成

室外游戏场由运动器械区、集体运动区、攀爬区、长廊、种植养殖区、玩沙玩水区、涂涂画画区、户外游戏小屋、草坪、小树林、山坡等构成。

运动器械区主要是指攀登架、滑梯这样的大型组合玩具和秋千、跷跷板、转椅这样的中型玩具区。如果户外空间较大，可以设立在任一空间，相互之间要有距离，并在幼儿出口和着地处铺设软垫；如果幼儿园户外空间不足，可以考虑把几种功能的玩具集于一体，并与沙池组合在一起，以节省空间和成本。

集体运动区是指一块较宽敞的、平坦的区域，供幼儿在一起开展一些集体游戏，如玩沙包、玩飞碟、走莲花桩、玩轮胎、玩球等。此外，我国的幼儿园幼儿都有开展晨间运动和做早操的习惯，还有上体育课的传统，因此，幼儿园都需要这样的户外场地。这样的游戏场的地面，经济条件较好的幼儿园可以对其全部软化，铺设塑胶地面或人造草坪，也可以有部分自然草坪；没有条件的幼儿园就保留土质地面，不要用水泥和砖块硬化。

攀爬区是指给孩子提供攀爬的场所，比如在墙面设计横向攀岩，在绿色长廊设计软索爬梯，在草坪上设计轮胎爬墙、软索爬墙等。小孩子都喜欢攀爬，尤其是中大班的幼儿，所以应该尽可能地为幼儿设计 1～3 个攀爬区。

长廊作为转换区，可以连接室内与户外，也可以连接户外多个游戏区；可以变成夏季绿荫长廊，供幼儿嬉戏；也可以在长廊设计爬索、吊挂幼儿跳高摸的物品；还可以在长廊设计休闲长椅、石桌等。

孩子们都非常喜欢种植花花草草和养殖小兔子、小金鱼、小乌龟等小动物。有条件的幼儿园应为每个班的幼儿开辟一块种植区和养殖区，应距离自己的班级较近，并有班级标牌，由幼儿自己管理；没有条件的幼儿园也应该利用现有场地，哪怕利用盆盆罐罐进行种植养殖活动也行，它也是幼儿的游戏活动，是每个幼儿的乐趣所在。

幼儿都喜欢玩沙玩水，因为沙子和水是无结构的游戏材料，幼儿百玩不厌。现在室外游戏场都会设置玩沙玩水区。幼儿园应该根据人数的多少，设计几个不同规格的沙池，边缘可以用轮胎进行软化处理，轮胎还可以提供给幼儿一个走平衡的好场所。沙池四周最好有高大的树木，夏季提供树荫。玩水区一般和玩沙区相邻。条件较好的幼儿园可以设计游泳池、喷泉、鱼池等不同的玩水区；条件一般的幼儿园可以设计简单的长条形玩水池，紧邻玩沙区，既可以为沙池供水，也方便幼儿玩沙后洗手。

户外涂涂画画，不同于室内桌面上的绘画活动，对于小孩子更有吸引力。幼儿园可以利用户外墙面为幼儿设计一面自由墙，可以用水彩笔涂画，可以用粉笔涂画，也可以用毛笔或其他大刷子等工具和材料涂画。墙面当然必须是可以擦掉、重复使用的。

幼儿园可以在户外设计一座童话式小城堡或小木屋，也可以利用农作物的秸秆或草席、稻草之类的自然材料设计一座自然风貌的小屋，还可以简单地利用帐篷为幼儿设计几个“悄悄话小屋”。这些都会让幼儿在户外游戏时充满趣味，并增加幼儿社会性交往的机会。

有条件的幼儿园可以设计开阔的大面积的草坪，不是观赏草坪，应该允许幼儿上去滚爬戏耍；若幼儿园的户外空间充足，还可设计一个小树林，栽种各种树木，包括果木、花木等，在小树林里吊挂秋千、摇椅等设施，保留树林的土质地面。此外，每个小孩子都喜欢爬土坡并享受从土坡上滑下的乐趣，如果幼儿园有条件还可设计一个小山坡，并可在土坡下挖一个地道，形成一个神秘的小山洞，那就更好玩了。

（3）室外游戏场的设施设备

幼儿园室外游戏场的游戏设备应该类型多样，不能单一；既要有锻炼幼儿大肌肉的传统大型运动器械，如攀登架、秋千、滑梯、跷跷板等，还要有能给幼儿提供多种经验的现代设备，如吊桥、平衡木、滑轮、可推拉的带轮玩具等；同时还要尽可能为幼儿提供激发和培养其创造力的游戏设备和器材，如沙坑、洗手池、贮水深度不超过 0.3 米的戏水池、木头、轮胎、废弃水管、电线及供幼儿进行角色扮演用的材料。

扫一扫

扫一扫——室外游戏场设备的图片

小思考

幼儿园的沙池应该如何设置与管理？为什么？

二、心理环境的创设

（一）心理环境的内涵

何为心理环境？人都生活在极其广阔的生活空间中，周围现实的各种要素在形成人的心理品质上都起着特殊的作用。客观环境中的各种事物不以人的意志为转移而客观存在，但只有在它们为人所感受和体验时，才能对人的心理与行为产生影响。这些对人的心理产生了实际影响的环境因素，即被反映到心理世界中、在人的头脑中形成的环境映象，我们称为“心理环境”，它是指对人的心理发挥着实际影响的社会生活环境，包括对人产生影响的一切人、事、物。幼儿园作为群体式的保育和教育机构，其心理环境包括了幼儿生活、学习和游戏的全部空间，特别是幼儿的学习、活动及生活的气氛，幼儿园的人际关系及风气等，对幼儿的身心发展起着潜移默化的影响作用。

幼儿园的精神环境虽是一种无形的环境，但却对幼儿的发展，特别是幼儿情绪、社会性、个性品质的形成、发展具有十分重要的作用。从某种程度上来说，心理环境比物质环境的创设更为重要，其任务也更艰巨。幼儿在游戏过程中，教师除了给幼儿提供游戏的场地、游戏的材料外，还要给幼儿创设安全、温馨、有益的游戏氛围，在这样的心理环境中，幼儿可以通过游戏产生积极的情感体验，能激励幼儿良好游戏行为的形成，从而达到通过游戏促进孩子各方面的发展的目的。

（二）心理环境创设的原则

教师既要给幼儿创设游戏的物质环境，同时还要注意给幼儿提供利于游戏的心理氛围，如果要营造一种良好的游戏的心理环境，我们应遵循以下一些原则。

1. 关注游戏中的幼儿

幼儿特别喜欢被人关注，为得到关注甚至不惜挨批评。有些幼儿喜欢搞恶作剧，究其原因很大程度上是为了引起老师的注意。而批评确实也是教师对幼儿的一种关注，但这是一种消极的关注。作为教师应该更多给幼儿积极的关注。“皮格马利翁效应”就是积极关注所产生的神奇效果。在游戏活动中，教师的一个眼神、一个拥抱、一句赞赏的话、一个微笑都是对幼儿积极关注的方式。这些言语、表情、动作等都传达着教师对幼儿的重视、认可、接纳、支持等信息，是在游戏活动中建立良好的师幼互动模式的基础。

首先，教师要多关注幼儿在游戏过程中的表现。许多教师往往局限于将游戏看成一种重要的教育手段，忽略了游戏本身的价值，只关注幼儿从游戏中学到了什么，即只关注孩子游戏的结果，而很少关注幼儿在游戏过程中的表现。比如，幼儿对游戏感不感兴趣，幼儿在游戏时是不是心情愉悦的，幼儿在游戏中是否在其原有的基础上获得了进步。

教师只有更多地关注幼儿游戏的过程，才能真正在过程中通过幼儿的表现来反思所设计的游戏活动是否合适，了解幼儿的游戏发展水平，更好地评价幼儿，为下一次游戏活动的设计提供参考。

其次，教师要关注游戏中的所有幼儿，不仅仅关注少数幼儿。有些教师在幼儿游戏活动中往往只观察游戏能力较弱的幼儿，或者游戏能力较强的幼儿，多数幼儿被教师忽视，这明显不利于幼儿游戏活动的进一步开展。教师通过关注游戏中的每一位幼儿，可以发现幼儿的兴趣、需要等，为今后游戏活动的设计和开展提供依据和素材，还可以发现幼儿在游戏中的个别差异，针对这些差异为幼儿提供不同层次的游戏材料。

知识拓展

皮格马利翁效应

希腊神话中有这样一则故事：塞浦路斯一位王子皮格马利翁用象牙雕刻了一位美女，雕刻时他倾注了自己的全部心血和感情，雕成后每天捧在手中，用深情的目光注视着她，时间久了，有一天这女子竟然有了生命。受这个故事的启发，1968 年，美国心理学家罗伯·罗森塔尔和雷诺尔·贾可布森进行了一项著名的实验，取得了出乎意料的效应。他们把这种效应称为“皮格马利翁效应”，人们也称为“罗森塔尔效应”。在实验中，他们随意抽取一组一年级学生，而后告诉这些学生的老师，这些学生经过特别的测验被鉴定为“新近开的花朵”，具有在不久的将来产生“学业冲刺”的无穷潜力。以后，师生们在各方面对他们另眼相看，他们也不知不觉受到感染，自尊心、自信心倍增，分外努力。结果发现，当教师期待这些学生表现出较高水平的智慧进步时，他们果然在一段时间后取得比对照组学生高得多的智商分数。

研究者解释说：这些学生的进步，主要是师生期待的结果，即该效应就是由对教育对象的尊重、信任、热爱和对其更高的人际期待而产生的神奇功能。

网址：http: //www.sxsygz.com/Article/ShowArticle.asp? ArticleID=5017

2. 尊重幼儿在游戏中的主体地位

在游戏中幼儿是游戏的主体，幼儿在游戏过程中应拥有绝对的权利，玩什么、扮演什么角色、怎样进行游戏等，都应由幼儿自行决定，教师只能是给幼儿建议，使得他们的游戏活动更加完善，而不能强加干涉。只有当幼儿在游戏中成为主人，拥有主体地位时，他们才能真正体验到快乐。因此，教师要尊重幼儿在游戏中的主体地位。教师在游戏过程中要充分考虑幼儿身心发展及兴趣的需要，尊重幼儿及其独立的人格，保护他们的自尊心。所以，教师更应该注意让幼儿根据自己的主观愿望和需要，用自己喜欢的方式，主动积极地参与游戏，获取成功感。但这种尊重和需要不是无原则的迁就和放任自流，对游戏活动中出现的不良行为，要通过慎重的观察和判断，利用幼儿自身的积极因素去克服，在保护他们自尊心的同时，设法帮助他们克服缺点。

3. 多肯定幼儿在游戏中的表现

教育家陶行知先生曾经指出：“教育孩子的全部秘密在于相信孩子和理解孩子”。而相信孩子、理解孩子首先要多肯定和赏识孩子。在幼儿游戏的过程中，教师应对幼儿在游戏中的言行、情感等多给予正面的评价、积极的引导，少一些否定的评价和消极的惩罚。无论是成人还是孩子都喜欢或容易接受肯定的正面的引导和评价。教师可采用积极的语言和鼓掌、点头、微笑、抚摸等多种行为对幼儿在游戏中的好的表现进行肯定。对于幼儿在游戏中的错误行为，尽量少用否定语言和行为对幼儿进行批评和惩罚，而应用肯定的语言和方式对幼儿的错误行为进行矫正，例如“这句话如果这样说就更好了”。

4. 在幼儿游戏过程中给予必要的帮助和支持

教师应在共同游戏中对幼儿的自主活动给予鼓励、帮助、推进。在充满欢乐的共同游戏氛围中，教师的态度、语言，会对幼儿产生很大的影响，因此，教师可以用启发式的语言、动作，提醒幼儿注意规则，学习为他人着想，给予支持性的鼓励，使幼儿感受成功，充满信心。当幼儿在游戏中流露出胆怯、退缩情绪时，盲目地只是说：“大胆一点就行了！”这会适得其反。也许我们试着调整活动环境和材料，给予幼儿逐步递进的方法，使他克服紧张情绪，体验成功的喜悦，他会更乐于尝试新活动。

5. 在幼儿游戏过程中多给幼儿自由、少干预

在实际工作中，教师应克服教师的权威，多组织一些氛围比较宽松、幼儿交往机会比较多的游戏活动，真正做到尊重幼儿、关心幼儿，重视幼儿的情感需要，充分发挥幼儿的主体性地位，同时，在游戏中以赏识的目光看待每个幼儿，学会等待，相信幼儿，善于发现每个幼儿身上的优点。从而在游戏中建立真正的民主、平等、亲密、可信赖、相互尊重的新型师幼互动方式，为幼儿营造开放、和谐、温暖、宽松的心理环境。

（三）心理环境创设的方法

1. 树立正确的游戏教育观

游戏的心理环境中最核心的是游戏中的师幼关系，师幼关系的好坏首先取决于教师对幼儿游戏的理解和看法。教师只有树立正确的游戏教育观才能真正在游戏中与幼儿建立起积极的师幼关系，营造出适宜的游戏心理环境。正确的游戏观主要包括以下三个方面。

（1）游戏是儿童的正当权利

幼儿在生理上发育还很不成熟，他们以游戏为生命，游戏是他们生活的方式、学习和工作的方法。因而，有游戏生活的儿童才能称得上是真正的儿童，也只有在游戏生活中成长的儿童才会是身心健康的儿童。游戏是儿童的正当权利。

（2）爱玩、会玩是评价幼儿发展的标准之一

由于幼儿游戏水平反映着他们的身心水平，因此，会玩的儿童总是聪明能干的、身体健壮的、善于交往合作的。在评价儿童的时候，教师应该把游戏能力也当作一项重要的指标。

（3）游戏是幼儿最自然、最有效的学习

游戏是早期教育的最佳方式。游戏恰好能够激发幼儿的兴趣，促使幼儿情绪兴奋，充分发挥幼儿积极主动性在早期教育中的作用。由于游戏为他们提供了一个轻松愉快、具有丰富刺激的、能鼓励自己学习的良好环境，使他们获得安全感、自尊和自信，获得对学习的持久热情，从而终身受益。一些家长和老师力图让幼儿提早进入读、写、算的学科学习，其结果可能适得其反。因此，游戏是促进幼儿身心全面发展的重要手段，应充分发挥它的教育作用。

2. 建构积极有效的师幼互动

前面提到在游戏的心理环境中最核心的是师幼关系，而在游戏中建构积极有效的师幼互动是创建和谐师幼关系的重要途径。

游戏中积极有效的师幼互动需要教师善于转变角色。在游戏活动中，每个幼儿都是一个独特的个体，这就决定了我们必须因时、因地扮演不同的角色来与之互动。例如，在走彩虹桥的游戏中，钧钧是个动作能力发展较弱的孩子，他走到彩虹桥前，缓缓地用两手以的爬的方式爬上拱桥。这时，教师跑上前，给予他最大的支持与帮助，并且边用激励的语言鼓励他，边用自己的臂膀做出保护他的样子，使他获得一种安全感。当幼儿在游戏中遇到困难时，教师以“协助者”的角色激励幼儿，并以激趣式、鼓励式的语言加以引导。当幼儿对游戏的参与积极性很高时，教师以“鼓励者”“参与者”的角色再次激发幼儿参与游戏的积极性；当幼儿对游戏的兴趣不大、积极性不高时，教师以玩

伴出现，提高幼儿游戏的积极性和愉悦性，发展幼儿的自主学习能力。只有不断地转换自己的角色，才能使教师对幼儿的影响保持最佳状态并以积极的态度回应幼儿的互动，以积极的方式引导幼儿的呼应。

游戏中积极有效的师幼互动需要教师引导幼儿主动与游戏环境及投放的材料间的互动。游戏的实质是幼儿与环境、材料及同伴自由互动。在游戏中，教师要根据幼儿对新奇事物特别感兴趣的特点，提供多样化运动材料供幼儿自主选择活动。材料、环境因素为师幼间积极的隐形互动创造了更好的条件。在游戏中教师不仅要与众多幼儿发生互动行为，又要避免因忽视或无法顾及个别幼儿等引起的消极互动，就要充分重视游戏环境的创设与材料的投放，让个别幼儿主动与环境、材料互动，从而去影响其他幼儿引发幼儿间的互动，这就为教师与幼儿间的关系增加积极色彩。

第三节　玩具和游戏材料

玩具是指专门给幼儿游戏的物品和材料，玩具是每个儿童探索世界必不可少的工具。一提到游戏，自然而然会想到玩具，它与幼儿的游戏浑然一体。据统计，一个健康的 6 岁以下儿童，约有 1.5 万小时是同玩具一起度过的，这说明玩具是儿童生活中的亲密玩伴。

在幼儿园，幼儿用来游戏的材料既有购买来的现成玩具，如积木、娃娃、小汽车、皮球等，也有各种自然物、废旧物品材料，如纸盒、纸杯、牛奶罐、叶子、沙、石头、水等，所有这些都可以称为游戏材料。

一、玩具的种类

幼儿的玩具材料的品种多，角度不同，种类就不同。按玩具制作所用材料的不同，可以分为以下几类：第一类是布绒玩具，几乎自然界所有的动物都可以设计成布绒玩具，原先的布绒玩具都是供观赏的，现在很多布绒玩具会走、会动、会说话、会唱歌。第二类是塑料玩具，塑料材质较轻，现在很多幼儿玩具都是用塑料制成的；第三类是金属材料玩具，如铁制玩具、锌合金玩具、铜制玩具；第四类是竹木玩具，顾名思义就是用竹子或木材制成的玩具，比如积木、木马、七巧板等，由于竹木玩具都是用竹子和木材加工的，无毒无味，而且还摔不坏，安全实用很受欢迎。第五类是纸制玩具，纸制玩具是把一张张普通的纸，甚至“废纸”，变成活泼生动的小动物、小阿童木等，方便易行而又妙趣横生，深得幼儿们的喜爱。第六类是陶瓷玩具，陶瓷是容易碎的，不适宜给太小（0~5 岁）的孩童做玩具使用，大一点的儿童（10 岁以上的）可以在大人们的看护下进行玩耍。

从玩具功能特点上看，可大致划分为以下几类：第一类是形象玩具，主要有玩具娃娃、玩具动物、交通玩具、医院玩具、模拟日常用品的玩具等。第二类是智力玩具，主要有拼图、拼板、魔方、套塔、套碗、棋类玩具、纸板等。第三类是结构造型玩具，主要指积木、积塑、橡皮泥、沙、雪等各种结构造型材料，既有人为的，也有天然的。第四类是体育玩具，主要指在体育活动中所使用的各种设备、器械、材料等。第五类是音乐玩具，主要指各种能发出悦耳声响的玩具。第六类是娱乐玩具，主要指一些小动物或人物的滑稽造型，如“不倒翁”“小鸭游水”“小猴打鼓”“小鸡吃米”等。第七类是某些日常物品（往往是废旧的）或天然材料及自制玩具，如小椅子、纸张、小木块、纸盒子、小瓶子、旧轮胎、树枝、树叶等。

从玩具的结构来分，可以把玩具分成高结构的玩具材料、低结构的玩具材料和无结构的玩具材料。高结构材料是指有固定形状结构的成型玩具，如各种娃娃、小汽车、飞机、手枪、玩具电话等；低结构的材料是指结构较简单、可变性较强的玩具材料，如木材、线、绳等；无结构的材料是指没有固定形状的游戏材料，如沙、土、水等。高结构的游戏材料由于结构复杂或功能比较单一、固定，一件玩具可能只有一种用途。这类玩具不管是成型玩具还是自制玩具，其逼真的外形很容易限定幼儿游戏的情节和玩法。低结构和无结构的游戏材料功能多元、可变性大、可操作性强，可以不断激发和保持幼儿探究的兴趣，满足幼儿采用多种玩法的需要，它们就像陈鹤琴所说的是“活”玩具。

二、玩具在幼儿游戏中的作用

玩具以其鲜艳的颜色，优美、奇异的造型，灵巧的活动，悦耳的声响等吸引着孩子的好奇心和注意力。玩具是具体的实际物体，近似实物的形象，可以满足幼儿动手动脑、操纵摆弄物体的愿望，激发幼儿游戏的欲望，丰富幼儿的游戏，没有玩具，很多游戏便无法进行，玩具在幼儿游戏中起着非常重要的作用。

（一）玩具能激发幼儿游戏的动机

玩具是幼儿游戏的物质基础，在幼儿很多游戏中都要用到玩具，玩具能激发幼儿游戏的动机。心理学研究表明，学前儿童正处于动作思维或直观思维阶段，他们是“行动派”，停止了对外界物体的动作就停止了对该物体的思考。因此，幼儿只有通过对玩具的感知、触摸和摆弄，才会引起相应的心理活动和体验，为游戏活动的发生与开展准备各种心理条件。例如，幼儿看见“洋娃娃”，就想玩“过家家”的游戏；看见玩具“小汽车”，就想成为“司机”，这都是玩具所引发的幼儿游戏活动的心理动力。不同的玩具可以激发幼儿不同的游戏动机。如娃娃家的游戏组合道具、各种交通运输工具等容易激发幼儿集体结伴游戏，而建构玩具如穿珠、拼图、积木等容易引起单独、平行的游戏。

（二）玩具能丰富幼儿游戏的内容

玩具在游戏过程中发挥了重要作用，它丰富游戏的内容，支持游戏的进程，尤其在象征性游戏中，玩具充当了“信号物”的作用，是幼儿产生联想的“引子”，幼儿将头脑中已有的事件、经验、知识及意向等在游戏中展现出来，幼儿在游戏中的行为基本都是通过玩具表现出来的，玩具是幼儿表现自我的媒介和工具，尤其是形象玩具，使幼儿游戏更丰富、更生动、更充实，游戏的价值也就更能充分地实现。可以说，游戏的内容以玩具为支撑，玩具决定游戏的内容或主题。

扫一扫

扫一扫——各种玩具的图片

（三）玩具的种类和特点影响幼儿游戏的内容

每一种类型的玩具都有各自的特点，有其独特的发展价值，并且都有相应类型的游戏活动与之相适应。比如，形象玩具会引发幼儿做角色游戏，有布娃娃，幼儿就想扮演“妈妈”的角色。智力玩具一般在智力游戏中较为常见。结构造型玩具的玩法一般比较固定，幼儿在建构活动中，运用的主要是这类玩具。音乐玩具与娱乐玩具常引发表演游戏。日常生活中的废旧材料、天然材料及其自制玩具，这类材料结构性较低，一般会引发幼儿的创造性游戏。

总之，游戏的本体价值和教学价值的实现都离不开玩具的支撑，玩具是游戏活动的物质支柱。

三、玩具和材料的选择与投放

很多老师都知道应该为幼儿投放玩具和游戏材料，但在什么班级、什么时候应该投放什么玩具，如何随幼儿发展做出调整，什么样的玩具和材料可以促进幼儿认知发展，什么样的玩具和材料能促进幼儿情绪情感的发展，什么样的玩具和材料能促进幼儿的社会性交往等一系列问题上的认识却很模糊。一般幼儿园为班级配备什么玩具就让幼儿玩什么，或者能找到什么材料就投放什么材料。至于这些玩具和材料是否适合本班幼儿、是否能够吸引幼儿、是否具有操作性和挑战性、是否能引发幼儿的主动活动等，很少有老师进行认真思考。教师们应该像准备教具那样严肃认真地对待玩具和材料的准备和投放。

（一）玩具的选择

无论是家庭还是幼儿园，都应该尽可能为幼儿选择适合其年龄和能力、安全、坚固耐用、能满足幼儿兴趣、数量充足的玩具材料。具体来说应遵循以下几个原则：

1. 计划性

给幼儿选择玩具时，作为一个幼儿园要统筹安排，按班级规模和班额配置各阶段必备的玩具，然后再有计划地进行未成型玩具的收集和添置。在为幼儿和班级选择玩具时不是越多越好。玩具过多会使幼儿容易养成注意力不集中、不稳定以及喜新厌旧等不良行为，还会使幼儿养成不知爱惜玩具，为了玩新玩具随意把旧玩具弄坏的坏习惯。

2. 适宜性

在选择玩具时，首先要考虑到适合孩子的年龄特征。因为不同年龄孩子的理解能力、动手能力不同，所适合玩具的类型就不同。一般来说，首先年龄较小的婴幼儿的玩具应当色彩鲜艳，容易抓握，以锻炼其感官的知觉能力和手眼的协调性，还要注意应轻柔，无容易掉落的小零件，以免造成伤害；其次还要考虑到性别特征。孩子的性别不同，他们对玩具的喜好也有差异，比如女孩喜欢玩布娃娃、仙女棒等，男孩喜欢玩手枪、汽车等。

3. 趣味性

玩具作用的发挥要以孩子对它的兴趣和好奇为前提。因此，在选择玩具时，还要考虑到孩子本身的兴趣和愿望。在选择玩具时照顾孩子的兴趣，并不等于一切都听孩子的，而是在考虑孩子的兴趣基础上进行引导，这样才能充分发挥玩具的作用。年龄较小的幼儿容易一下子被玩具的颜色、声音、运动等吸引，实际上这并不是真正兴趣的表现，只是一时的好奇心使然；有的玩具，特别是电子游戏类的玩具，由于它们本身的互动性、新奇性等特点，容易使孩子沉缅其中而不能自拔，不利于孩子身体和心理的健康发展，对这种“兴趣”当然也不能放纵。

4. 节俭性

近年来，市面上的玩具有越来越趋向高档化、名牌化、进口化的特点。几元钱的玩具已不多见，代之以几十元、上百元甚至几百元的高价，有的进口电动玩具更可高达上千元。购买价格如此昂贵的玩具弊大于利，因为玩具的功能的发挥主要在于玩具本身的特点和对孩子的适合性、兴趣性，并不是价格越高，孩子就越喜欢。自然物如叶子、石头、沙子、木块等往往是幼儿们爱不释手的玩具材料。现在许多幼儿园都鼓励教师、家长和幼儿一起利用废旧物品自制玩具，这不仅可以节省成本，而且可以培养孩子的想象能力、创造能力和动手操作能力。

5. 安全性

任何时候玩具的安全性应该是首先要考虑的问题，因为幼儿探索世界的方式和大人是不一样的，除了去玩去看去听，他还会去闻一闻，甚至还经常把玩具放到嘴里咬一咬，使劲敲打一下，这就要求我们所选择的玩具应符合国家标准，设计合理、制作精良、无毒无味、油漆色彩不脱落、不沾染，特别要防止爆炸、射击伤人，防止一切有隐含意外伤害事故发生的不安全因素。此外，玩具还应便于清洗消毒。各种致病细菌和病毒都可以通过玩具传染给幼儿，长毛的和口吹的玩具不太卫生；带响的玩具，声音要和谐，避免噪音。凡是不易洗刷、烫泡和曝晒的玩具最好不用。

知识拓展

常见的玩具安全问题

（1）某些特定形状和尺寸的玩具（如小球、毛球等）、玩具拆卸后的小零件以及玩具在不合理使用时脱落的部件，如果体积尺寸太小，容易被孩子吞入或吸入。

（2）有些玩具带有锐利的边缘、锐利的尖端或突出物，容易造成孩子割伤、刮伤、刺伤等。

（3）玩具和玩具包装上的绳索和弹性绳等有造成缠绕、勒住孩子的可能，在玩时要注意。比如童床或游戏围栏上的悬挂玩具、童床上的健身类玩具、18 个月以下孩子玩具上的绳索和弹性绳、飞行玩具的绳线、玩具袋上的绳等。

（4）未充气或破裂的气球，可能对 8 岁以下儿童产生窒息危险，需在成人监护下使用，将未充气的气球远离儿童，破裂的气球应立即丢弃。

（5）水上玩具应该在成人监督下在浅水中使用，此类产品不是救生用品，可有些家长却当救生用品使用。

网址：http: //www.yaolan.com/zhishi/wanjuanquan/

6. 创造性

富有创造性的玩具是灵活多变，用途多样，容易激起儿童的好奇心去主动运用感官、动作探索、尝试，任意组合，随意建构的玩具。它们可以满足儿童好奇、好动、喜爱变化的特点，也为儿童积极主动的创造性思维的发展提供条件。

（二）玩具与游戏材料的投放

玩具和游戏材料是幼儿选择、发展游戏主题的前提条件，也是游戏顺利开展的物质基础。

幼儿园教师已越来越重视游戏材料的添置，但教师在投放玩具和游戏材料时存在一些问题，如随意性较大或者照搬他人做法；对幼儿参与游戏活动的兴趣及需要考虑较少，很多游戏材料仅是为了完成和实现教学任务及教学目标要求；游戏环境创设不合理，造成游戏材料的摆放无规律等。教师要解决这些问题，学会正确地投放玩具和游戏材料，可以从以下几个方面入手：

1. 根据年龄特点提供玩具和游戏材料

在投放这些游戏材料时，要考虑到幼儿的接受能力和发展水平，在数量和层次上体现出幼儿年龄发展的特点。

一般来说，小班幼儿认知水平有限，知识经验缺乏，形象的主题、熟悉的玩具对他们最有吸引力，因此，游戏材料、玩具的体积要大些，颜色要鲜艳些，同种类玩具的数量要稍多些，现成的玩具可多些；中班幼儿积累了一定的生活经验，游戏主题有了扩展，幼儿愿意根据游戏情节的发展，加工使用替代物，这时，教师应提供半成品的替代物，使他们在力所能及的范围内完成制作，感受成功的喜悦；大班的幼儿有着丰富的想象力和创造力，以物代物的能力更强，对于替代物的逼真化要求更高，这时，教师应为他们提供更多的自然材料或废旧材料，使他们充分发挥想象力和创造力。

2. 给幼儿选择并投放生活化的玩具和游戏材料

幼儿的生活经验有限，在为幼儿创设的游戏环境中，应尽可能融入幼儿经历过的生活素材，通过生活化游戏材料的操作，幼儿可以理解他们自己所扮演的角色以及控制他们自己行为的规则，而且也能理解他人的角色和行为规则。比如，娃娃家游戏材料，医院游戏的材料等就具有这种作用。同时，教师应按照日常生活场景投放游戏材料，将材料和玩具分门别类，摆放在低矮的、开放的、不拥挤的架子上，并且贴上图示或标签，让幼儿自由拿取。

3. 挖掘游戏材料的功能

游戏材料只是游戏的一个必要条件。只有在幼儿的操作下，探索其特点，才能实现游戏材料的相应价值。幼儿的生活经验贫乏，对于提供的游戏材料最初只是摆弄，玩法较单一，兴趣最多保持2～3次。因此，每提供一种游戏材料，教师应分析其特点，探索材料的多种玩法，这样在观察幼儿对材料操作的基础上，及时指导幼儿游戏，引发幼儿对游戏材料的持续兴趣。

4. 选择合适时机，适时增添或更换玩具和游戏材料

新旧材料的数量会影响幼儿的创造性发展，教师投放材料要适时，以免导致新旧材料比例失调，从而难以引发幼儿的认知兴趣和动机。游戏中适度地更换或增添游戏材料，不仅能使幼儿产生新鲜感，激发游戏兴趣，而且容易使幼儿产生新的游戏主题，如摆几束野花，引发一个“花店”游戏，放几把“枪”，引发“打仗”游戏等。当然，投放新玩具、新材料时，要注意量的控制。每次增添材料的种类和数量不能太多，以 2～3 种为宜。投放新玩具、新材料的同时，要收回部分旧的和幼儿开始不感兴趣的材料，以保持玩具材料的适当流通，让幼儿在新的玩具、材料中寻找游戏的新主题、新内容，充分发挥幼儿的主体性。

5. 多提供开放性的玩具和游戏材料

孩子们对成品玩具或教师自制的玩具只有短暂的兴趣，为此，我们将要制作成成品玩具的材料，如纸、泡沫塑料、海绵块、小竹竿、鹅卵石等分放在活动室，鼓励幼儿寻找自己需要的材料，大胆想象、创造，自由取放。如在“食品店”游戏中，幼儿把扁石想象成“饼干”；在“娃娃家”游戏中，幼儿把鹅卵石想象成“睡娃娃、蛋”等，而在“工艺石”游戏中，幼儿把鹅卵石想象成“不倒翁”。另外，还把泡沫塑料想象成“豆腐、床、切菜板、小板凳”等，把饮料瓶想象成“话筒、花瓶、手榴弹”等，通过想象，激发了幼儿一物多用的能力，拓展了游戏内容，丰富了游戏情节。

6. **分层次循序渐进地投放游戏材料**

游戏材料的投放千万不能“一刀切”，应该通过观察、评估每一个幼儿的发展状况，为不同发展水平的幼儿提供不同层次的材料。同一班级幼儿水平参差不齐，教师就要对不同层次的幼儿提出不同要求，提供不同的材料。所以，在设计一种游戏材料时，我们考虑的较多的是：这种材料可以有几种玩法？怎样适合班级内的不同层次的幼儿操作？比如，老师可在活动前出示层次提示牌，告诉幼儿各筐中的玩具的操作方法难易程度不同，建议幼儿在能够完成 C 层的材料后，可再去找 B 层的提示牌操作难度较高的材料，进而去玩难度更高的 A 层提示牌的材料，从而培养幼儿自我选择的能力，在循序渐进的游戏中得到发展。

第四节　幼儿园游戏环境的管理与评价

一、幼儿园游戏环境的管理

（一）幼儿园室内游戏环境的管理

室内游戏的物理环境布置好以后，教师还需要制定一些规则来管理游戏环境，包括游戏过程中的基本规则、游戏材料的使用规则以及区角游戏的人数控制。游戏环境的管理和规则的制定是影响游戏的物质环境效用的重要方面。游戏是孩子们自己的游戏，他们是游戏环境的主人，因此，教师应鼓励幼儿参与管理游戏环境。只有让幼儿充分参与到游戏环境的管理和规则的制定上来，幼儿的主体性才能充分体现和真正彰显。

1. **游戏规则的制定**

为了让幼儿参与到游戏环境的管理中来，教师不能一开始就将游戏规则制定好，而应与幼儿在玩游戏的过程中根据实际情况一起讨论制定游戏的规则，教师要秉持一个原则即游戏规则的制定是为了方便幼儿更好地开展游戏，并要让幼儿明白游戏规则制定的目的，这样制定出来的游戏规则幼儿才会主动去遵守。

教师应观察和带领幼儿的游戏，随着游戏的组织与开展，教师会发现游戏规则也会随之不断地深入和细化。而游戏规则的深入发展，正是通过游戏环境的不断改变来贯彻实施的。只有跟随幼儿的游戏，深入了解幼儿的需要，才能生成满足幼儿需要的游戏规则，也会更好地促进幼儿各方面协同发展。如图书角游戏的开展，在刚开始时，图书角一般由教师提供书籍，按照图书种类、大小等整齐排放在书架上。孩子们在两餐一点之后或者课间休息时间可自由选择喜爱的图书进行阅读。不过，如果有幼儿都喜爱的书或有新书到架时，有些幼儿为了让自己看到喜欢的书，经常一口气拿了好几本，可能导致其他小朋友无书可看。如果口头规定每人每次只能拿一本书，看完再换。在没有人强制规定时，这种规则是无法自觉达成的。怎么办呢？可以通过让每个幼儿每人自制一张精美的借书卡，上面贴上孩子的照片、姓名及绘画以及自己喜欢的图案，在图书架每本书后增加一个插借书卡的位置，孩子们拿哪本书，就把自己的借阅卡片插在那个位置。谁拿了书，书在哪个位置，一目了然。不用费任何口舌，规则自然形成。但过一段时间后，会发现现有的图书不再吸引幼儿的兴趣，随着各种各样新的刺激，孩子们会流行起一些新书并悄悄地带到幼儿园，他们私下里交换着图书，幼儿园书角的书渐渐失去吸引力，图书卡也就失去了它的意义。怎么办呢？不如顺水推舟，教师就需要及时增开书架，在书架上贴上每个孩子的名字，将孩子自己带来的图书做好标记后放在名字的相应位置上。让幼儿将借阅别人的书作为游戏的内容，既分享了新图书，又延续和深化了游戏规则。随着书的丰富和借阅机会的增多，大部分图书出现破损，怎样更好地管理图书，及时做好修补图书的工作呢？实行图书管理员制度。需要借书的孩子们凭借阅卡到柜台前借书，告诉管理员要借哪本，管理员就将借书卡放置在那本书的位置上，再将书借给他。每次一本，不论借或还，都需排队。在图书馆增加胶水、钉书机、胶带纸、双面胶等修补图书的材料，空余的时间里，图书管理员及时修补图书。更有利的是，孩子谁借书没有返回，谁借的书破损了，图书管理员可了如指掌。他能准确地找到需要沟通的幼儿，进行督促或提醒。由于增加了一个图书管理员的角色，有了很多角色动作的参与，游戏变得异常有序、有趣。

2. 区角游戏人数的控制

室内每个区角游戏的空间和材料有限，如果游戏区人数过多，幼儿之间很容易造成摩擦碰撞，而且游戏材料不够，很容易造成幼儿之间的争抢。针对这种情况，教师要对游戏区的人数进行合理的管理和安排。

要让幼儿自愿自主、自由地选择并进行区角游戏活动，又要控制每个区角的人数，教师可以采用“进区卡”这一形式。教师可根据幼儿的人数和游戏区的空间大小，为每个游戏区准备好进区卡，并在每个游戏区的门口设置一定数量的标志袋，或在门口放上一定数量的挂钩用来放置或悬挂进区卡。进区卡可以是贴有幼儿照片的卡片，也可以是贴有幼儿学号的小花、小星星等，每个幼儿活动前教师让他们先去领取进区卡，拿到进区卡后自己想玩什么区角游戏时就把卡放到该区的标志袋中。比如益智区只设置了五个挂钩或标志袋，五个挂钩上已经分别挂了五张进区卡，那么第六个幼儿就知道游戏区已经满人了，该幼儿只能选择去其他他感兴趣的游戏区玩。

3. 利用环境暗示游戏材料的使用规则

在一些幼儿园可以看到一些这样的现象：有些幼儿到了某个游戏区比较茫然，不知道如何正确使用某些游戏材料，有时在玩的过程中有些幼儿会敲打或争抢游戏材料，导致游戏材料被损坏，还有些幼儿在游戏结束后游戏材料堆在一起，不放回原处。因此，幼儿进行区角游戏时，教师要经常在旁边指导幼儿如何正确使用游戏材料，例如材料使用过程中材料要放在哪个颜色的盒子中等。

然而，教师的精力有限，不可能同时指导所有游戏区的幼儿，教师要善于让环境说话，用活动区的环境来暗示游戏材料的使用规则。例如，在积木区，在箱子上贴上积木的标签，幼儿就知道要将积木放在这个箱子里。在益智区，可以把益智区中的一些材料的使用方法用图示的方式贴在益智区的墙壁上，孩子看到图示一目了然，很快学会了使用这些游戏材料。还可以将禁止幼儿争抢、敲打玩具的图片贴在游戏区内，随时提醒幼儿爱惜玩具。

（二）幼儿园室外游戏环境的管理

1. 室外游戏环境的制度管理

为了让幼儿能够安全、愉快地在室外进行游戏，首先，应根据室外游戏活动环境的具体情况，制定详细的《突发安全事故应急预案》，以及室外活动安全管理制度、室外场地安全使用制度、室外环境及设备设施检查制度等。完善的制度，得力的管理措施，才是最根本的保障。此外，还应提高保教人员的安全意识，经常组织保教人员进行有关室外游戏安全方面的学习和培训，并在对保教人员的考核中向他们提出要求：组织室外游戏活动，幼儿应在教师视线范围内，提出安全要求，做好切实的保护和指导工作。

2. 室外游戏环境的安全管理

（1）调整室外游戏时间，减少室外游戏人数

为防止因户外活动空间密度过大造成幼儿之间相互碰撞而发生危险，教师应根据幼儿的班数，室外场地的大小，幼儿的年龄特点，对户外活动作息时间进行整体调整、统一安排、分别活动。这样，同一段时间内的活动人数减少，幼儿有充足的空间进行室外游戏活动。教师可以组织形式多样的小型体育活动，进行各种体能锻炼，增加幼儿的活动量，有效地促进幼儿身心和谐发展。

（2）合理安排室外游戏场地

教师应根据年龄特点，运动量的大小，合理划分各班的户外游戏活动场地。大班的幼儿活动项目多，活动量大，内容丰富，可根据班级的人数，提供面积大的游戏活动场地；中小班可以适当减少。同时，设立园舍安全员，每天对户外场地、活动器械进行安全晨检，消除不安全隐患，保证幼儿户外活动的正常开展。通过调整作息时间、合理安排场地，使幼儿拥有充足的时间与空间活动。幼儿的活动时间长了，活动量大了，促使进食量增加，睡眠质量提高了，促进了幼儿身体正常发育。

（3）对幼儿进行安全和规则教育

教师重视对幼儿室外游戏活动中的安全和规则教育，培养幼儿的自我保护意识和能力，才能避免和减少幼儿室外游戏活动中的不安全行为，防止事故的发生。在组织室外游戏活动时，教师、保育员等都应成为安全教育员，时时抓住机会对幼儿进行安全教育。比如，教师在组织幼儿出活动室前要告诉幼儿整理好衣冠、鞋带，上下楼梯要靠右走。在到达游戏场地开展游戏之前，指导幼儿室外游戏怎样玩，运动器械怎样玩儿，怎样取放运动器械，什么动作不能玩儿，后果如何等；教师在组织幼儿开展室外游戏活动时，应事先讲明游戏的规则，教师可以将游戏规则编成安全儿歌，让幼儿通过学唱安全儿歌的方式，记住这些规则，这样既培养幼儿的规则意识，又能充分保证在有序的环境下充分活动，保证幼儿活动的安全；此外，当室外游戏活动中出现不安全因素时，教师应及时提醒幼儿给予纠正并加以保护。

3. 让家长参与室外游戏环境的管理

由于幼儿园的室外游戏场地都是开放式的，家长们在接送孩子时，特别是离园时，这些地方就成了大家喜欢光顾的热闹场所，而这时室外游戏环境管理的主动权应交给家长。家园合作对室外游戏环境进行管理，才能更有成效。我国著名的教育家陈鹤琴先生说过：“幼稚教育是一种很复杂的事情，不是家庭一方面可以单独胜任的，也不是幼稚园一方面能单独胜任的，必定要两方面共同合作方能得到充分的功效。”通过召开家长会、开辟家园栏、网络互动、日常交谈、亲子活动、发放《致家长的一封信》等形式与活动，与家长沟通交流，告知家长带孩子进行室外游戏时的注意事项，让家长主动地参与到室外游戏环境的管理中来。正如《纲要》中指出：“家庭是幼儿园重要的合作伙伴。”在幼儿园室外游戏环境的管理中，得到家长的帮助和支持，搭建家园共育之桥，建立起合作、和谐、一致、互补的关系，才能共同创造促进幼儿健康成长的安全温馨的室外游戏环境。

二、幼儿园游戏环境的评价

对幼儿园游戏环境进行评价，是反思游戏环境创设是否适宜、提高游戏环境质量的重要手段。教师可以在评价游戏环境的过程中，对游戏环境不断进行改进以满足幼儿进行各种游戏活动的需要，使幼儿能在更加适宜的环境中快乐健康的游戏。在评价游戏环境时，可以从评价游戏的物理环境和心理环境两个方面入手，评价指标要尽可能详细、具体，便于操作。

（一）幼儿游戏的物理环境的评价

1. 对室内游戏环境的评价

对幼儿园室内游戏环境的评价，主要是对室内游戏区角的环境进行评价，一般可以从游戏区的空间、游戏区之间的间隔、游戏区的适宜性、游戏区的管理、游戏材料的种类和数量、游戏材料的摆放等方面来进行评价。我国很多幼儿园越来越重视游戏环境的创设，会制定班级游戏环境创设评价表，定期利用评价表来对班级教师的室内游戏环境创设水平进行评价，并把考核成绩作为教师业务能力考核的一部分，以督促教师为幼儿创设出更好的游戏环境。

表 3-1 就列出了主要的评价项目和评价指标，教师可利用该表来进行室内游戏环境创设的评价。

表 3-1　室内游戏区环境评价表

（在每项相应位置打“√”）

班级：　　　　幼儿人数：　　　　评价时间：　　　　评价者：

序号	评价项目	评价指标	评价等级		
			符合（5分）	较符合（3分）	不符合（0分）
1	游戏区的空间位置	游戏区位置设置合理，环境温馨，采光好			
2	游戏区空间密度	根据室内空间大小设置游戏区，空间密度适宜，游戏区数量一般在 4～7 个之间			
3	游戏区之间的间隔	游戏区之间有明显的间隔物，且间隔物高度恰当（应低于多数儿童的水平视线）			
4	游戏区的适宜性	游戏区的整体环境符合本班幼儿年龄特点，游戏材料适合该年龄幼儿			
5	游戏区的管理	游戏区有进区卡、区角标识及区域活动规则示意图			
6	游戏材料的投放	材料分类摆放在玩具架上，使孩子能独立取放和使用，并考虑到不同能力幼儿的操作水平分层次投放材料			
7	游戏材料的种类	游戏材料数量充足，种类多样，一个游戏区至少有 3 种及以上材料			
8	游戏材料的选择	游戏材料安全、耐用，既有成品玩具又有自制玩具或天然游戏材料			
9	总分				

2. 对室外游戏环境的评价

一所幼儿园室外游戏环境的好坏无疑对幼儿的身心发展有重要影响。研究表明，高质量的室外游戏环境可以增加幼儿的游戏强度，鼓励各种游戏行为，从而促进幼儿各方面的发展。那么，我们怎么来判断一所幼儿园的室外游戏环境是否是一个科学合理、有利于幼儿成长的、高质量的游戏环境呢？下面介绍一个较简便的幼儿园户外游戏场评价表（注：该表选自《学前教育评价——理论·方法·实践》人民教育出版社 1994 年版，第 340 页，做了适当修改），便于教师更快捷地评判室外环境设置的情况（见表 3-2）。

表 3-2 幼儿园户外游戏场地评价表

评价项目	评价标准	得分
场地面积	达标	3
	未达标，但已采取有效变通措施未达标	2
	未达标，尚无有效变通措施	1
	无游戏场地	0
地面质量	沙土、土地、塑胶地面并有一定草坪	2
	沙土、土地、塑胶地面占 60%以上	1
	全部为水泥地、煤渣地或瓷砖地	0
设备器械	达标	2
	数量适宜	1
	数量极少或无	0
结构安排	有不同游戏区域的划分	1
	各游戏区安排合理	1
	各游戏区之间有过渡	1
	能满足儿童不同需要	1
安全	地面上无危险物	1
	器械安装牢固	1
	设备功能完善	1
	设备适合幼儿身体和运动能力	1
其他	有绿化带	1
	绿化带安排合理	1
	有防雨棚或其他防雨设施	1

从表 3-2 中我们可以了解到要评价室外游戏环境，主要从场地面积、地面质量、游戏设备和器械、结构安排、安全性等方面来进行评价。此表内容相对简单，便于教师对幼儿园室外游戏环境进行一个总体的评判。如果要进行更加准确的评价，每个评价项目还可以再细分，比如室外游戏环境的安全性这个评价项目，我们可以进一步细分，美国消费品安全委员会和美国材料与试验协会在相关文件中就列出了多项室外游戏场的安全标准（请看知识拓展），我们可以参照这些安全标准来更准确地评价幼儿园室外游戏环境的安全。

知识拓展

室外游戏场的安全标准

根据美国 CPSC 和 ASTM 的文件，适用于为 18 个月到 12 岁儿童设计的室外游戏场的安全性要满足以下条件：

所有设施下铺设有吸力的地面。

避免使用会挤压手指的部件。

避免有大小在 3.5~9 厘米之间的开 以免幼儿的头部被卡住。

所有“S”形钩子必须予以封闭。

避免重金属、木制或硬塑料秋千。

任何秋千器材中的秋千数不能超过两台。

所有滑梯的各边都必须有 4 厘米宽，有一个出口平行于地面。

不能有露出来的螺丝、钉子、螺杆、金属块，或突出的管子，特别是在滑梯的入口不能有这些外露物体。

所有混凝土基脚必须低于地面。

除进出口之外，所有比地面高出 20 厘米以上的地面都必须有扶栏。

避免设施之间使用电缆、电丝和绳子，或用电缆、电丝和绳子支撑树木，如果使用了绳索，两端都必须系紧，以免缠住儿童的脖子造成窒息。

避免在炎热的天气使用金属滑梯。

儿童光顾的交通区域要设有足够大的安全区。

秋千不要和其他设施如平台连在一起。

游戏场只能为其设计对象大小相当的儿童使用。儿童年龄太小会在玩耍中发生严重事故，而儿童年龄太大，又可能会不恰当地使用设备，导致受伤。

经常维护和修理。

另外，游戏场的遮荫问题也很重要。建议游戏场内应该安装遮阳篷，种植一些树木以减少阳光的直接暴晒，降低皮肤癌风险。

（二）幼儿游戏的心理环境的评价

幼儿游戏的心理环境的好坏主要可以通过观察教师与幼儿在游戏中的互动情况、幼儿与幼儿在游戏中的互动情况来判断。具体来说可以从整个游戏过程中幼儿对游戏活动是否感兴趣、幼儿是否开心、幼儿是否积极主动进行游戏、幼儿在游戏中是否处于主体地位、教师对待幼儿的态度是否亲切和蔼、教师是否尊重幼儿的游戏经验、教师是否关注游戏中的每一位幼儿、教师是否肯定幼儿在游戏中的表现以及幼儿在游戏中遇到困难时教师是否给予引导与帮助、幼儿游戏的氛围是否轻松愉悦这些方面来评价幼儿游戏的心理环境。因此，与评价幼儿游戏的物理环境不同，对幼儿游戏的心理环境的评价是一种过程性评价，需要观察幼儿平时游戏的整个过程，通过观察甚至参与整个过程才能真正了解和感受幼儿游戏的心理氛围。

思考与实训

一、思考题

1. 游戏的物理环境和心理环境你认为哪个更重要，为什么？

2. 运用什么方法可以较好地控制区角游戏的人数？

3. 传统游戏场、现代游戏场、冒险性游戏场以及创造性游戏场，你认为哪个游戏场更有利于幼儿的发展，为什么？

4. 如何分层次循序渐进地投放玩具和游戏材料，请举例说明。

5. 幼儿游戏的心理环境的评价为什么是一种过程性评价？

二、案例分析

下午在活动室让小朋友们搭雪花片，玩耍中笑笑小朋友把几片雪花片抛到地上，边抛边说："下雨咯！下雨咯！"，紧接着小朋友们一阵哄笑，竞相模仿。这一切发生在短短的几秒钟里，教室里已经到处是雪花片。我在惊愕之余问到："扔玩具好玩吗？"孩子们偷瞄着我不做声，"那你们想扔吗？""想"，一个大胆的孩子回答我，我点点头，"那好吧，请你们尽情地扔吧。"教室里顿时炸开了锅，孩子们的叫声和玩具的碰撞声淹没了一切，十几分钟后，满屋一片狼藉，孩子们红扑扑的脸上透着意犹未尽的喜悦。我镇定而舒缓地说："好了，我们该捡玩具了。"孩子们看着满地的玩具不知所措，我笑了笑，"没关系，老师和你们一起捡。"时间一分分地过去，玩具一个个地进了篓子，汗珠也一滴滴地从孩子们的头上冒出来，当最后一个雪花片放进篓子的时候，大家都往地上一躺，"好累呀，终于捡完了。""那你们喜欢扔玩具还是捡玩具呢？""当然是扔玩具。""为什么？""因为扔玩具很开心，捡玩具太累了。""那谁来捡呢？""谁扔的谁捡。""最好大家都别扔。""对，那就没有人累了。"……

问：在上述案例中教师的做法合适吗？为什么？教师应如何营造良好的心理环境，帮助和支持幼儿进行玩雪花片的游戏？

三、章节实训

1. 实训要求

请你设计并创设小班班级的室内游戏区的物质环境，并对自己的设计做出评价。

2. 实训过程

（1）7~8 名学生组成一个小组。

（2）分工合作，共同设计一个小班室内游戏区的物质环境，写出详细的设计方案。

（3）请小组根据设计方案制作成 PPT，组长通过展示 PPT 向教师汇报自己组的设计方案，教师对学生设计方案进行点评。

3. 实训反思

（1）设计方案是否符合小班幼儿的年龄特点。

（2）设计方案是否思路清晰、条理清楚。

（3）设计方案是否科学合理。

（4）设计方案是否富于新意，与众不同。

（5）设计方案是否具有可操作性，能否在具体的幼儿园实施。

第四章 角色游戏的组织与指导

引入案例

两个小女孩在教室的某个区角，她们穿着白色的衣服，摆弄着一个娃娃和各种各样的“医疗器械”，并且给彼此“你去把针筒准备好”这样的指令，提出“它现在可以吃东西吗”这样的问题，而且给出“我来喂药”这样的陈述。

问题 这两个小女孩是在做游戏吗？她们在做什么游戏呢？在这个场景中，需不需要教师做某些指导或干预呢？要回答这些问题，让我们进入本章的学习。

本章学习要点

1. 了解角色游戏的概念和特征。
2. 掌握指导角色游戏的方法和原则。
3. 学会评价幼儿的角色游戏。

角色游戏是幼儿最主要的游戏活动类型。如何发挥角色游戏对幼儿学习和发展的作用，使角色游戏对幼儿的教育和发展价值获得充分的实现，是幼儿教师应该关注的一个问题。

为了了解当前幼儿园角色游戏的开展情况，探讨幼儿园角色游戏的组织和指导的适宜模式，首先应澄清角色游戏的概念、特点以及角色游戏训练和角色游戏的发展价值等有关角色游戏的基本理论问题，然后再对幼儿游戏的组织、指导及评价问题展开讨论。

第一节 角色游戏的概念、结构及价值

澄清角色游戏的概念和特点是讨论幼儿角色游戏组织、指导以及评价问题的前提和基础。

一、角色游戏的概念

角色游戏是幼儿按照自己的意愿，借助于真实或替代的材料，通过对语言、动作、表情的模仿和想象来扮演角色，创造性地再现其生活体验的一种游戏。角色游戏是幼儿最喜欢的游戏之一，具有很强的自发性。

游戏内容反映社会生活的“社会性”以及游戏过程的“社会性扮演”是角色游戏的重要标志。

有学者认为，幼儿的角色游戏是“一种发展了的活动形式，幼儿（学前儿童）在这种活动中充当成年人的角色（职能），并在专门设置的游戏条件下概括地再现成人的活动和他们之间的关系。”幼儿在角色游戏中通过使用“假装的”物品或工具，模仿自己所想扮演的某种社会角色的动作、语

言、表情等，来反映一定的社会生活的内容。“主题”“角色”“动作”和“规则”是角色游戏的基本结构要素。在这些结构要素中，“主题”是一个核心要素，它统率着其他的结构要素。所谓“主题”就是“幼儿在游戏中反映的周围人们的生活与活动中的一定动作、事件和相互关系”，它包括任务、角色、情境、动作和物品等。幼儿扮演角色的所有行动都服从于游戏的“主题”“角色”“动作”和“规则”等要素都围绕着“主题”组织起来而构成角色游戏的基本框架。所以，有“主题”是角色游戏的一个重要特点，正是“主题”决定着角色游戏的“社会性”。

在角色游戏中，幼儿根据自己的感受和体验，把现在不在眼前的、以前经历过的事物、活动作为“表象”回忆起来，并且以一种“假装的”方式进行“社会性的扮演”。它包括“情景”“物”和“人”三种“象征”。也就是说，在角色游戏中，幼儿运用心理表征假装一物为另一物，或者是扮演着“某个想象中”的社会角色，这使得“社会性扮演”成为角色游戏的一个重要标志。

有学者认为，角色游戏是一种社会性扮演游戏。在角色游戏中，幼儿渐渐地表现出对周围环境的认识，有意识地进行社会性互动，在互动的过程中，通过象征性的代替，积极地体验着人际关系。与其他游戏不同，角色游戏中必然包含互动、交流与合作。

一般说来，判断一个游戏是否是角色游戏，可以观察其是否包含以下要素。

（1）角色模仿：幼儿扮演假装的角色，而且用模仿的行为和语言表达它。

（2）和玩具有关的假装：肢体动作、语言声明以及用来替代真实物体的材料和玩具。

（3）和行为与情境有关的语言假装：与行为或情境相一致的言语互动。

二、角色游戏的结构

角色游戏的结构是指角色游戏包含的各种基本要素，即角色游戏所共有的一些因素或成分，包括角色游戏中的人、物、情节以及内在规则。

（一）角色游戏中的人

幼儿在角色游戏中扮演一个或多个假装的角色。这些角色通常是他们自认为重要的、经常接触的、熟悉的或者能引起强烈情感的人物，如爸爸、妈妈、孩子、司机、乘客、服务员、客人、导游、游客等。幼儿借助语言、表情、动作等重新组合头脑中已有的人物表象，创造新形象，展现自己对社会角色的认识与体验。这些角色一般可分为技能型角色、互补性角色和想象性角色三类。所谓技能型角色是指幼儿通过模仿对象的典型动作来进行角色扮演，如通过转动方向盘的动作来扮演司机，通过挥动手臂来扮演交通警察；所谓互补性角色是指幼儿所扮演的角色是以角色关系中另一方的存在为条件，如，扮演医生是以病人的存在为前提条件，扮演老师则是以学生的存在为前提条件；想象性角色中的角色不是现实生活中的人物，而是来源于幼儿的想象，如小花猫、小白兔等。幼儿对于角色的扮演是多样性的，也是有“选择性”的。通常，幼儿根据自己的情感取向对扮演的角色有很强的选择性。有三种角色幼儿比较喜欢扮演：第一种是幼儿比较崇拜和尊敬的人，如教师、父母等；第二种是让幼儿感到害怕的人或动物，如医生、警察和老虎等；第三种是与自己身份不同或低于自己身份的角色，如小婴儿、小动物等。男孩更爱扮演父亲、叔叔、司机、警察等具有明显男性特征的角色。女孩更爱扮演妈妈、医生、护士等。另有研究表明：住院的孩子比不住院的孩子更倾向玩医生看病、打针等游戏。

（二）角色游戏中的物

角色游戏中的物是指游戏中的材料和物品。角色游戏离不开游戏材料的辅助和支持，特别是幼儿对游戏材料和物品的假想。对物品的选择、假想，是由幼儿的思维发展水平决定的。例如，在娃娃家的游戏中，把石头当成面包，把树叶当成菜，把枕头当成娃娃。由于不同的幼儿对同一物品会有不同的想象，因此，他们要想共同游戏，就需要通过交流，对游戏中材料和物品的假想达成统一，使别的幼儿能够理解与接受。例如，指着积木说“这是饼干”，指着沙子说“这是米”。这样，个人的表征就变成游戏的表征。在游戏中，积木和沙子是代替物，而饼干和米则是被代替物。代替物和被代替物在幼儿思维中出现的顺序有两种情况。一种情况是由代替物引发的想象活动：这个东西可以用来当什么呢？如看到一把椅子，便想象用它来当马；另一种情况是由被代替物引发的想象活动：什么东西可以用来“当它”呢？如医院游戏中幼儿想要一个注射器，他便会依照头脑中已有的注射器的表象来寻找相似的替代物，比如一支笔。游戏中的动作，不是具体某人、某一动作的翻版，而是概括的、压缩的动作。如为病人看病、妈妈抱娃娃、喂娃娃等是医生、母亲动作的概括。由于动作、情景带有概括性，为幼儿发挥想象提供了广阔的天空，也为幼儿的集体合作游戏提供了可能性，有不同经验的幼儿都可以参与到同一主题的游戏中来，促使游戏得到进一步发展。

（三）角色游戏中的情节

角色游戏中的情节是指幼儿对游戏动作和情境的假想。对游戏动作和情境的假想是角色游戏非常重要的创造性心智活动。在角色游戏中，幼儿通常借助操作游戏材料来假想游戏情节，如用玩具电话给妈妈打电话；用玩具听诊器给病人看病；用自制的羊肉串、烤箱给客人烧烤食物等。游戏情节与一定的情境密不可分，而对游戏情节的假想又会衍生出相关的情境。如给妈妈打电话时，妈妈在哪儿，可能在做什么；医生看病时是在医院里还是在救护车上，是站在病床边还是坐在椅子上，周围还有些什么设施等。随着幼儿年龄的增长，其生活经验在不断丰富，幼儿对事物和场景的想象能力不断增强，从而对角色游戏中的情节也在不断地丰富和发展，如可以使自己的游戏和他人的游戏相互联系起来，娃娃家的父母给宝宝打扮好以后，带宝宝去小餐厅吃饭、去书店买书、去医院看病、去电影院看电影等。

（四）角色游戏中的规则

角色游戏中的规则表现为：正确地表现现实生活中每个人物应有的动作及其先后顺序，人们的态度以及相互间的关系等，如幼儿在游戏中经常会说，“不是这样的，医生应该是给病人先检查，才能开药，先用酒精消毒，才能打针”等。角色游戏中的规则有别于其他游戏中的规则，其他游戏的规则是为了保证游戏的顺利实施而由大家规定的，如捉迷藏中准备去抓别人的幼儿不能睁眼偷看，神秘袋只能用手摸不能用眼睛看等。这些规则既可以预设，也可以在游戏中生成，不具有必然性。这些规则经过参与者的同意也是可以进行改动的，即规则是外在的。而角色游戏中的规则是受角色制约的，扮演哪种角色就必须按照相应的角色行为以及人物之间的社会关系来展开游戏情节，不可以随意改动，即规则是内在的。它是幼儿为了真实表现社会生活中的特色而设定的，如妈妈如何照顾孩子、医生如何给病人看病、服务员如何给客人提供服务等。幼儿虽然知道自己是在游戏，是假装的，但他们总是试图尽可能准确地再现他们所观察和体验到的现实生活中的情境。

三、角色游戏对幼儿发展的价值

作为幼儿游戏中最“引人注目”的一种游戏类型，角色游戏活动有益于幼儿各方面的发展。有研究表明，幼儿自发的想象游戏的数量和类型等事实上受到家庭文化背景等各种因素的影响，因此可以通过“训练”而获得提高。因此，从20世纪60年代以后，人们进行了大量的角色游戏训练研究。研究表明，角色游戏训练不仅可以提高和丰富幼儿的想象力，而且也可以促进幼儿的读写能力、故事理解和创编能力、社会互动和观点采择能力、问题解决能力等的发展。

（一）角色游戏和幼儿的社会性发展

幼儿在角色游戏中结成了两种社会性关系：真实的同伴关系和想象的角色关系。这两种关系在理论上被认为是有利于幼儿社会性发展的重要因素。大量的实证研究考察了这两种社会性关系对于幼儿的社会互动和观点采择能力、人际问题解决能力和同伴友谊等的影响。角色游戏为幼儿提供了充分的同伴互动机会。在与同伴互动的过程中，幼儿认识到他人会有与自己不同的看法和态度，能够学会协调不同的观念，解决人际间的问题与冲突，改善同伴关系。

在角色游戏中，幼儿通过扮演角色体会所扮演角色在态度、行为等方面的特点从而使自己对于这些角色有进一步的认识，进而建构自己对周围社会生活的理解。最初，幼儿只能对有限的几个他人进行想象和模仿。随着年龄的增长，幼儿能够进行自我想象的“他人”的数量不断增加，角色领会的能力也在不断提高。“角色领会的直接后果在于，个体能够通过对自己所做反应进行完全演习而实现控制”。如果个体不能领会这些社会性角色并对这些社会性角色进行想象性的预演，就无法协调行动，达成一致。因此，角色游戏有助于幼儿发展恰当的自我意识，摆脱自我中心化。在与同伴不断互动的游戏过程中，幼儿能够发展出他们的交往技能，促进同伴关系的发展，并且，角色游戏为幼儿提供了学习社会规则、进行社会实践的机会，在游戏中，幼儿逐渐学会处理生活和一系列复杂的社会问题，如失败、孤独和失望。

（二）角色游戏和幼儿的认知发展

在角色游戏中，幼儿扮演自己熟悉的角色，并通过自己的表情、动作、语言等来表现对这些角色的认识和体验，这一过程充满了想象。幼儿在游戏中以物代物，同一种物品因时间、环境不同可替代多种真实的物品。（布娃娃当自己的宝宝、放在玩具店里就成了玩具。小拖车在家代替床，外出就成了带宝宝工具。幼儿还在游戏中假象游戏情节，并通过变换动作转换游戏情节。带着宝宝去超市购物，回来后把宝宝放在床上，坐在宝宝身边，一边拍宝宝睡觉，一边哼着摇篮曲。）这一切都说明，角色游戏是基于真实体验基础上的想象活动，是真实性与虚构性巧妙结合的游戏形式。

皮亚杰用同化和顺应的概念考察了角色游戏。他认为，在角色游戏中，游戏中的想象要素可以被同化到特殊图式中。游戏的内容虽然是幼儿的想象，但因为这些内容在真实生活曾经真实地发生过，所以，即使是出自于幼儿的想象，同化的过程也依然会发生。例如，幼儿编一个去旅行的游戏，他们在已有的旅行知识的基础上创造了新的假装情境。这些情境包含了幼儿原有经验中的大量看似没有联系的要素。其中，想象充当了整合经验、知识和理解的方式，帮助幼儿发现个体之间的联系。参加关于太空旅行的角色游戏的幼儿将会有选择地把关于“太空”和“旅行”的成分联合起来，他们将会考虑旅行会像什么，怎样准备等问题。在角色游戏的整个过程中蕴含着幼儿现有知识、技能和对外部世界的理解，这样的理解是同化在他们现有的图式中的，或者创造出新的相互联系。

（三）角色游戏和幼儿的语言发展

在角色游戏中，幼儿通过对情景、物品和动作的想象与假装以及对角色的模仿来推动情节的开展，从而将角色扮演与“故事”或“脚本”的“编写”联系在一起。在这个过程中，幼儿经历了从动作中分化出“意义”到超越自己的动作和经验进行“假装”和对“符号”的操作的转变。人类的语言本身就是一种符号系统，幼儿在角色游戏中可以接触到丰富的语言刺激，有较多的模仿、运用和创造语言符号的机会，使想象和言语表达联合活动。大量的研究表明，角色游戏具有促进幼儿语言发展的作用。

众所周知，语言不是凭空而来的，它是相关意义的重组。正如有些学者所指出的那样，只注重语言，而不注重语言表达的内容是毫无意义的。成人作为幼儿语言学习的推动者，应注重语言的另一个主要特征，即在有旁人引导的前提下，加之幼儿天生对游戏的渴望，尤其是与他人一起游戏的时候，幼儿可以在这一过程中调节自己口语的发展。因为，游戏情境，特别是角色游戏情境，可以在认知和情感两个领域，为幼儿语言的发展提供一个适宜的环境。

第二节 角色游戏的组织与指导

游戏又是幼儿园的重要教育手段，要实现游戏的教育作用，并使游戏和其他活动结合起来，必须有教师的指导。怎样指导幼儿的角色游戏呢？可以说，角色游戏指导的中心问题是如何使教师的指导同幼儿在游戏中的主动性结合起来，也就是在保证幼儿发挥主动性的前提下，进行指导。

角色游戏的训练研究表明，幼儿的游戏需要成人的指导。成人的参与和指导不仅可以提高幼儿角色游戏数量和能力，也可以更好地促进角色游戏的发展价值的实现。

一、幼儿园角色游戏中常见的问题

（一）角色游戏的主题单一

教师为幼儿创设的角色游戏区中多为“娃娃家”。虽然，“娃娃家”反映的是幼儿自己的生活内容，“娃娃家”游戏能有幼儿更多的经验支持。但是，角色游戏的主题不仅仅只有“娃娃家”。角色游戏是幼儿生活经验和体验的反映。随着幼儿年龄的增长和经验的日渐丰富，他们感兴趣的事物已不再仅仅局限于家庭生活范围，他们渴望在角色游戏中扮演更多的成人角色，表现他们对于周围生活的认识和理解。因此，角色游戏的环境创设也应当反映幼儿的“成长”。教师应当帮助幼儿扩展角色游戏的主题，如邮局、医院等，并帮助幼儿丰富相关的社会生活经验。但是，我们在幼儿园看到的是，不同年龄班的角色游戏区往往千篇一律都是“娃娃家”。有一些大班教师发现“大班的幼儿并不喜欢玩‘娃娃家’，进而推测认为大班幼儿不喜欢角色游戏”。我们认为，“大班的幼儿并不喜欢玩‘娃娃家’”游戏正是幼儿园角色游戏在环境创设上的主题单一性和“长期不变性”的弊端表现，当角色游戏的主题不能随着幼儿的“成长”而逐渐扩展和丰富时，幼儿的游戏兴趣也会逐渐淡化。

（二）游戏材料投放不科学

当前幼儿园角色游戏材料投放方面存在的主要问题是，在游戏区虽然配有各种形象逼真的小家具等，但是，真正可供幼儿拿在手里玩的玩具或游戏材料却从种类到数量都很少，尤其缺乏可供幼儿用作象征物的非结构性材料。

例如，“娃娃家”里，一个小姑娘翻炒着锅里的塑料玩具，炒好的“菜”太大根本装不进碗里。她环顾四周，没有发现老师的身影。她随即把塑料玩具扔在脚底下，竭尽全力把塑料玩具踩成碎片。然后，把这些碎片重新放进锅里，翻炒了一会儿，倒进碗里。老师并没有发现她的小动作，她的脸上洋溢着成功的快乐。

如果老师看到幼儿的这种行为，会怎么想呢？一般会把她的这种行为归结为“不爱惜玩具”并加以纠正。但是，如果细想想，幼儿之所以这么做问题正在于教师所提供的游戏材料不能满足幼儿游戏的需要。完全逼真的成品玩具并不能为幼儿游戏提供充分的支持。所以，幼儿只能通过这种“经过思考的破坏”来实现自己的目的。有研究指出，“如果教师想在‘娃娃家’里激发幼儿更高水平的假装行为，就应该将幼儿熟悉的真实玩具换成积木、橡皮泥等需要幼儿进行更高水平的认知转换的材料。”成品玩具虽然逼真，但是结构性较强，为幼儿留下的自由想象和创造的空间较小，幼儿不容易根据自己的需要和想象对它们进行象征性的改造。因此，在幼儿园的角色游戏中，教师应当多为幼儿准备具有开放性的非成品玩具或游戏材料。

角色游戏区里的玩具或游戏材料长期得不到更换也是一个明显的问题。幼儿的游戏需要依靠玩具和游戏材料的支持，幼儿对玩具材料的运用很容易受到材料本身所预示的固定功能的限制。玩具或游戏材料的长期不变，容易导致幼儿游戏兴趣低下，游戏水平在原有水平上停滞不前。实际上，幼儿园应该根据幼儿年龄段的差异有针对性地从小班到大班逐渐增加游戏材料的种类或更换游戏材料，为多种主题的角色游戏的开展提供多种材料，拓展游戏的社会经验范围。

（三）教师忽视角色游戏

目前，虽然游戏在幼儿园活动中的地位以纲要的形式得以确立，但在实际工作中，教师依然存在重视结构性强的教学活动而忽视游戏的现象。而与建构游戏、表演游戏、体育游戏等游戏相比较，教师对于角色游戏的价值认识更是不清，认为建构游戏、表演游戏等游戏还有一些技能、知识练习的作用，且结果较为外显，如表演游戏可以在一些展演中展示给领导、家长和同行，而角色游戏是“纯粹的玩”，“玩多玩少”都没关系。这种情况可以从幼儿园的日常活动安排中看出端倪。

目前，我国大部分城市幼儿园采取活动区活动与集体教学活动相结合的教学模式。活动区活动、集体教学活动以及生活活动构成了幼儿园室内活动的主要内容。这三种活动在一天活动的安排中所占时间各自大约为 30～40 分钟。但是，从教师的预先准备情况以及活动过程中指导的目的性、计划性来分析，教师对活动区活动、集体教学活动这两种活动的重视程度有明显差异。在教师的一周活动计划中，通常只有分科的集体教学活动计划。为了上好一节课，教师每天要花费大量的精力去设计课的流程、收集材料和制作教具。一些教师甚至以放弃对晨间活动区活动的指导为代价去为下面的课做准备。集体教学活动所体现出的教师的目的性和计划性是相当强的。活动区活动因为往往是幼儿的自由活动，因此教师通常对活动区活动毫无计划与准备，在幼儿活动时也很少去仔细观察，了解幼儿的需要和问题，对于各活动区存在的问题往往不清楚。在指导时，教师也往往是“走马观花”或“一时兴起”。

对教师不同活动区活动的指导情况的研究表明，建构区、美工区、益智区等活动区活动由于容易见到实际成果、也可以进行技能指导，因而教师关注、指导较多，而角色游戏区由于不能呈现“有形的结果”，在指导上也较难把握，所以教师关注较少。

（四）教师干预不科学

对于幼儿的角色游戏，教师更多的时候采取的是“放任自流”的态度。教师偶尔也会对幼儿的角色游戏进行干预，但是这种干预多半是“武断的”“不切题的”，不是以观察为基础的科学指导。

在角色游戏过程的师幼互动中，教师更多地是以“教师”这一真实身份而不是以“游戏者”的身份直接介入幼儿的游戏。从教师介入幼儿游戏的目的来看，教师的干预行为可以分为：评价幼儿的行为表现；信息性询问；直接建议某种行为；制止身体冲突；参与幼儿的游戏等。其中，以“直接建议某种行为”居多，而这种指导往往不能引起幼儿的任何反应。

从“幼儿向教师主动发起的互动”情况看，幼儿主动发起的与教师的互动主要以“求助”和“寻求注意”行为居多：请教师帮助解决同伴冲突。当幼儿因角色分配或玩具使用等问题与同伴发生冲突时，尤其是升级为身体攻击时，幼儿会主动寻求教师的帮助；主动寻求教师的表扬或吸引教师的注意。

也就是说，在幼儿的角色游戏中，教师往往是以“权威”身份与幼儿交往互动，向幼儿提出“建议”，帮助幼儿克服解决冲突的困难。而幼儿则主动寻求“教师权威”的认可与帮助。除了解决争端以外，教师基本上对幼儿的角色游戏采取“放任自流”的态度，也很少能够在观察的基础上进行适合幼儿游戏需要的科学的指导。

（五）游戏评价以教师评价和结果评价为主

在角色游戏活动结束之后的总结评价中，教师占据“绝对主导”的地位。

从评价活动时发生在师幼之间的“问答”情况来看，存在着以下两种“问答”方式：教师提问，个别幼儿作答；教师提问，幼儿集体作答。在这种互动的“问答”中，教师是“提问者”，幼儿很少有“发问”的机会。作为游戏活动主体的幼儿本来对于自己的游戏活动最有发言权，但是在现实中，他们主动发言的机会最少。

从评价的内容来看，教师的评价更多地指向美工活动和建构活动，因为这些活动能够出“看得见、摸得着”的“有形的”成果。由于教师不重视角色游戏，较少认真观察幼儿的游戏活动，所以不清楚幼儿在角色游戏活动过程中的具体表现。因此，往往对角色游戏的评价是“蜻蜓点水、一掠而过”。而且评价大多针对幼儿的行为是否符合纪律要求而不是指向幼儿在角色游戏过程中表现出来的想象力、创造性。例如，“小君收玩具又快又好”、“小辉在游戏时大声吵闹影响了别的小朋友”等。由于没有认识到角色游戏的本质和幼儿游戏的主体地位，因此，教师的这种“指导”并不能产生积极效果。这种消极经验进一步强化了教师对角色游戏指导的消极态度。使得幼儿在角色游戏开展过程中遇到困难时很难得到教师适时恰当的指导，游戏水平自然无法提高，无法感受到角色游戏所带来的挑战和挑战成功所带来的喜悦，很多幼儿难以全身心地投入到游戏中去，新鲜劲一过就不感兴趣了。

幼儿园角色游戏开展过程中常见的问题表明，由于受传统的教学观念的影响，教师往往把上课当作主要的教学手段和途径，把知识技能的传授当作教学的主要目标，因此，教师在教育实践中并不真正重视幼儿的角色游戏，既缺乏关注角色游戏的兴趣，也缺乏适宜的组织和指导幼儿角色游戏的技能。教师在偶尔为之的干预中往往不尊重幼儿作为游戏主体的“主体性”，幼儿在角色游戏中产生的需要和兴趣得不到教师的关注，幼儿开展角色游戏所需要的经验也得不到及时的扩展，幼儿园角色游戏的“教育性”不能得到恰当的体现。因此，应该注意角色游戏的科学组织和指导。

二、角色游戏组织与指导的基本原则

正确认识和处理角色游戏中的师幼关系、对师幼双方在角色游戏中的“角色”进行准确的定位，是合理组织和指导幼儿园角色游戏、使幼儿园角色游戏实现其兼具“自然性”和“教育性”的特性的基本前提。

幼儿是角色游戏活动的自然主体。但是，把幼儿看作角色游戏的主体，并不意味着教师仅仅作为“客体”或无所作为的“旁观者”而存在于幼儿的游戏活动之中。教师可以被看作是幼儿在游戏活动中与之相互作用的“对象”或“客体”，但是，教师作为具有主观意志和能动性的“人”，首先在本质上不同于玩具或游戏材料那种物质的“客体”，教师虽然往往会以“游戏者的身份”介入幼儿的游戏，然而教师作为“教育者”的根本属性使教师即使作为“游戏者”参与幼儿的游戏活动时也不同于作为纯粹的“游戏者”的幼儿。教师作为教育工作者的主体和幼儿园游戏活动的“教育性”特质，决定了教师应当成为角色游戏指导的主体，而不应当成为幼儿游戏活动中无所作为的“旁观者”。

教师作为“角色游戏指导的主体”，要使自己的“主体性”在对幼儿的角色游戏活动的组织和指导中得到合理的实现，必须以尊重和发挥幼儿游戏的主体性为基本前提。教师应当在尊重“幼儿游戏的兴趣和需要”的前提下去考虑和计划“教师的指导”，围绕幼儿游戏的兴趣和需要来丰富幼儿的经验，从而使角色游戏和幼儿园课程、教学得到有机的整合。因此，角色游戏的组织和指导应当遵循以下基本原则。

（一）主体性原则

在角色游戏的组织和指导中，尊重幼儿的主体性，首先要尊重幼儿游戏的兴趣和需要。角色游戏是幼儿表现和表达自己对现实生活的认识、理解、体验和感受的重要手段。通过角色游戏，幼儿表达着自己对于生活的想法、兴趣、需要、困惑、理解、愿望和期盼。因此，教师应当理解幼儿和他的游戏之间的这种关系，尊重幼儿游戏的意愿和兴趣，不要把自己的兴趣、计划强加给幼儿。当幼儿要玩的游戏不同于教师的“设计”或“计划”时，教师应当尊重幼儿的兴趣和想法，并积极帮助幼儿实现他们的想法和愿望。以往在幼儿园角色游戏的开展中，在角色游戏主题的确立、环境的布置等问题上，往往会看到“一切由教师说了算”的现象。如果教师想让幼儿开个餐厅，教师必定会引导幼儿实现自己的计划。在组织幼儿讨论主题的活动过程中，教师往往只对符合自己计划的幼儿的提议做出积极反馈，而对其他幼儿的想法置若罔闻。如前所述，教师在游戏中，至多只能充当游戏“脚本”的“改写者”的角色而不是游戏“脚本”的编写者。教师不能把自己的意志和想法强加给幼儿。即便是“改写”幼儿游戏的“脚本”也应当体现对幼儿游戏兴趣和愿望的尊重。

由于幼儿发展的年龄水平的限制，幼儿游戏的“脚本”往往不是在游戏之前就完全“编写”好或计划得非常周全。他们往往是在游戏的过程中展开自己的“脚本”，而且具有“非连贯性”的特点。因此，教师应当给幼儿时间去思考、去探索和想象，允许他们按照自己的想法和节奏来游戏，甚至允许他们中途调整游戏内容和主题。所以，尊重幼儿的主体性，应当尊重幼儿游戏活动的年龄特点。

尊重幼儿的主体性，还应当尊重每一个幼儿游戏的兴趣和方式方法。虽然游戏是每个幼儿的基本需要，但每一个幼儿在游戏兴趣、方式和方法上是存在着个体差异的。教师无需要求幼儿在同一时间内、以同样的方式玩同一种游戏，并达到相同的水平，而是应当为幼儿创设在游戏材料、游戏内容和游戏方式方法上都具有“可选择性”的自由游戏的环境。

在角色游戏的组织和指导的每一个环节中，教师都应当充分尊重和发挥幼儿作为游戏主体的主体性，使幼儿的主体性、独立性和创造性都能够在游戏过程中获得充分的表现，满足幼儿游戏的需要和愿望，使幼儿获得游戏性体验。

（二）开放性原则

尊重幼儿游戏的兴趣和需要是实践“主体性”原则的基本要求。尊重幼儿游戏的兴趣和需要决定了在角色游戏的开展过程中，教师的指导必定是“开放的”而不是拘泥于固定的、既定的计划和实施程序的。

在角色游戏的开展过程中，在幼儿与同伴、材料的互动中，幼儿会产生新的兴趣与需要。这种新的兴趣与需要未必符合教师预先的设想。教师应当在尊重幼儿兴趣和需求的前提下，积极地理解幼儿的想法，敏感地发现其中的“意义”或“价值”，并及时地调整自己的计划，帮助幼儿实现他们的想法。例如，在“小商店”游戏开始之初，教师们曾经在一起讨论了可能开展的相关活动。但是，后来幼儿提出的“银行”“制作广告”等想法都是教师在计划中没有涉及的。

教师不仅应尊重幼儿的主体性而接纳幼儿的想法并调整自己预先的“计划”，还应当尊重并相信幼儿的能力，给幼儿以自主探索和尝试错误的机会。也就是说，在幼儿角色游戏的组织与指导过程中，教师应遵循幼儿身心发展的特点，从幼儿的兴趣出发，依据幼儿角色游戏的特点，最大限度地依靠幼儿、发展幼儿。

（三）随机性原则

有些教师认为，游戏的目的就是让幼儿玩，成人不要随便进行干预和指导，因为成人的指导会影响孩子游戏的正常开展。这种想法不完全正确。游戏作为幼儿的一种自由自主的活动，教师少干预是不错的，但少干预并不是说不要教师的适当指导。教师观察了解幼儿在游戏中的表现，对幼儿进行随机指导，不但不会影响幼儿游戏的开展，反而更能激发幼儿参与游戏的兴趣。如，教师以角色的形式参与到幼儿的游戏中，可以丰富幼儿角色游戏的内容和情节；教师参与到年龄小、能力弱、胆子小的幼儿的角色游戏中，能帮助这些幼儿增强角色意识，使他们在游戏中更能获得成功的体验和游戏的乐趣。这里要说明的是，教师的介入和指导应把握好时机和分寸，以不干扰幼儿游戏为前提。由于幼儿的自我调节能力较差，他们在角色游戏时往往长时间地充当同一个角色。如当“运输工人”的幼儿老是重复装运玩具的活动，累得满头大汗也不知休息。教师发现这种情况，应及时调整角色，如可建议幼儿去当“医生”，坐在医院里为病人看病开药。由于幼儿的年龄小，分辨是非的能力较弱，因此，教师为幼儿提供可供选择的游戏内容应是健康的，有益于幼儿身心发展的。幼儿在游戏过程中有时会出现一些不文明、不健康的内容，如模仿吵架、打架、打麻将等行为，这会强化他们对生活中一些不良现象的印象。发现此类情况，教师必须马上制止，及时介入，帮助幼儿树立是非观念。总之，教师应做有心人，细心观察了解幼儿各方面的发展水平和内心世界，充分发挥教师的指导作用，尊重幼儿的兴趣和愿望，用幼儿的眼光来看世界，充分发挥幼儿的自主性、创造性，并创造有利条件来满足幼儿游戏的实际需要。

三、角色游戏的组织与指导

（一）游戏前的指导

1. 关键经验准备：针对游戏主题，丰富幼儿的相关经验

角色游戏是幼儿对现实生活的反映，幼儿的生活内容越丰富，游戏内容就越充实、新颖，游戏的水平也就越高。值得注意的是，幼儿在角色游戏中所反映的内容，并不是周围生活的直接再现，而是经过意识和情感的酝酿，在适当的游戏情境下的再现。为了不断丰富幼儿角色游戏的主题，维持和提高幼儿游戏的兴趣，教师应努力丰富幼儿的相关经验。

扫一扫

扫一扫——中班角色视频

（1）利用参观、教学的方式。例如，参观医院回来要组织幼儿谈话。人为什么要去医院？医院有哪些科室？医生看病时会问些什么？病人怎样回答？了解看病的基本程序：挂号—看医生—药房取药。

（2）利用幼儿、家长、社区资源的方式。例如，常见病的基本处置方法。

（3）重点提示：丰富幼儿关键经验要引导幼儿重点关注环境中的人是怎样活动的，而不是关注环境，因为幼儿重点模仿的是环境中的人的动作行为，他需要通过人的互动来反映现实。

2. 游戏材料准备：游戏区域应提供哪些材料；游戏环境的布置等

场所、玩具和游戏材料是幼儿进行角色游戏的物质条件，能激发幼儿游戏的愿望和兴趣，会使幼儿产生遐想，从而萌发他们做游戏的愿望。

（1）以“区角”作为游戏准备工作的切入点。有条件的幼儿园可以设置专门的游戏室，场地有限的可以采用固定的游戏区与临时搭建相结合的方法，尽可能满足幼儿的游戏需要。例如，美发店有固定洗、剪、吹的区域，顾客排队或休闲的地方就可以让幼儿临时利用桌椅、建构物搭建，充分利用阳台、走道提供宽敞的场地。

（2）提供丰富多样的游戏材料。教师可提供部分逼真的玩具，如新娘、新郎的服装、听诊器、餐具、化妆品等。中班、大班的幼儿可以和教师一起自制游戏需要的材料，这样做，既可以及时地更新游戏材料，又可以调动幼儿的积极性、主动性和创造性，提高幼儿的自信心。

（3）新增材料：根据游戏情节的发展决定在下次游戏时是否需要新增材料，为幼儿提供充足的材料。

（4）准备游戏材料时应注意的问题如下。

① 注意年龄层次性。

小班：提供种类少，但同一种类数量较多的成型玩具，避免幼儿因相互模仿而争抢玩具。

中班：提供丰富且富有变化的材料，鼓励幼儿不断丰富游戏主题。

大班：提供可变性较高、种类多、数量相对少的各种游戏材料，并与老师一起自制需要的游戏材料，满足幼儿与同伴交往中快乐的需求。

② 游戏材料是可以自由支配的。

游戏材料对幼儿游戏活动的支持作用不言而喻，幼儿正是借助着材料的帮助，游戏才能够得以顺畅地进行。所以，为幼儿提供的游戏材料必须是幼儿可以自由支配的。

（5）时间准备。

游戏主题的讨论、游戏角色的分配、游戏场地的摆放、游戏情节的展开、游戏结束后的分享都需要较长的时间，教师要提供给幼儿充足的游戏时间，保障游戏顺利、深入、自主地开展。

（二）游戏中的指导（现场指导）

1. 鼓励和协助幼儿按照自己的意愿提出游戏的主题

“自主游戏”研究理论认为：游戏是幼儿有机体的内在需要，是内发而非外力强加。因此游戏必须是幼儿自由选择的，是以游戏活动本身为目的的愉快活动。经过幼儿自由选择的游戏才能真正成为自主自发的、对幼儿产生具大教育影响价值的儿童游戏。反之，成人教师自上而下的、外力支配控制的就不是幼儿的游戏，而只能是其他或者是走了样的“游戏”。

角色游戏作为一种自主游戏，它同样是“幼儿在一定的游戏环境中根据自己的兴趣和需要，以快乐和满足为目的，自由选择、自主展开、自发交流的积极主动的活动过程”。在这一过程中，幼儿行使成人权利、享有成人自由的满足感，带给幼儿极大的快乐是其他活动无法比拟的；在这一过程中，幼儿的天性自然流露，主动性、独立性、创造性得以充分发挥。这也正是角色游戏最根本的价值所在。教师如何能达到这一要求呢？这就需要教师相信幼儿、尊重幼儿、放手让幼儿主动活动。

2. 指导幼儿选择和分配角色

幼儿玩角色游戏最关心的是自己扮演什么角色，但是在刚开始玩角色游戏时，幼儿往往只热衷于模仿某一角色的动作或活动，并不太会扮演角色，这就需要我们教师丰富其社会生活经验，并在游戏中给予启发与指导。

幼儿玩角色游戏最为关心是自己扮演什么角色，但往往只考虑个人的愿望而不善于分配角色，有时也会发生争执，所以教师应该交给幼儿一些分配角色的方法，如自己报名、推选、轮流等。

3. 在游戏中善于观察幼儿的表现，适时地教育

通过观察了解幼儿在游戏中的表现以获得指导信息。《幼儿园教育指导纲要》指出：“教师是指导者，又是游戏伙伴，更重要的是教师是一个观察者。”通过观察教师可以获得来自幼儿的多方面信息，发现幼儿在游戏中的行为偏差、特别需要、突出表现、精彩瞬间。在角色游戏中观察、倾听，为教师指导的准备工作提供基础，也是教师的准备工作和介入游戏这两者之间的桥梁。教师通过对游戏的细致观察，可以发现何时需要增加游戏时间、地点、材料和经验，可以了解幼儿游戏的现状，使教师能更好地介入幼儿的游戏。

教师在游戏中应该作为观察者、引导者，给予孩子更多的自主权，让孩子有权选择材料、空间、伙伴；更有权选择自己的方式进行游戏，相信孩子有自己能力做好事情，教师不要太多地干涉，应及时地引退，培养孩子独立动脑，解决问题的习惯。

教师参与游戏，通过扮演角色促进幼儿游戏情节的发展，是在实践中较为常见和较为有效的一种方法。那么教师应以什么身份、在什么情况下参与进来呢？

A：当游戏内容贫乏时，需要老师画龙点睛地启发、诱导，使幼儿创造出丰富多彩地活动。

B：当角色之间有冲突时，老师要及时调节，使游戏有条不紊的进行。

C：当幼儿对游戏失去兴趣时，老师要及时帮助幼儿拓展思路，深化游戏主题，提高幼儿对做游戏的积极性。

D：当教师需要进一步了解情况时，可以选择担任某一角色，在游戏情境中了解需要进一步掌握的情况。

（三）游戏后的指导

和游戏的准备阶段一样，游戏的结束阶段也需要科学而合理的设计和实施。对于角色游戏而言，游戏结束阶段主要有两个方面的情况需要教师予以重视。

1. 让幼儿愉快地结束游戏，培养幼儿对游戏的兴趣

① 当游戏情节开展得比较顺利时，应在幼儿情绪尚未低落时结束游戏。这样，可以保持幼儿对游戏的高涨的热情，从而维持他们对下次游戏的期待。

② 游戏情节已告一段落，再发展下去有困难时，教师应果断地结束游戏，以保护幼儿游戏的积极性。

2. 教育、鼓励、督促幼儿收拾玩具场地，培养幼儿良好的习惯

在游戏结束后，教师应教育、鼓励、督促幼儿收拾玩具场地，使幼儿养成良好的收、放习惯，在游戏中培养和发展幼儿的责任意识。

3. 组织幼儿评价、总结游戏

游戏后的评价是游戏的升华阶段，幼儿能否在游戏中有所体验、有所成长，关键都在游戏后的评价。因为评价有导向和激励的功能。例如，为了激发幼儿在游戏中多关注主题的丰富性，教师就可以在游戏后组织幼儿对刚刚结束的游戏的情节进行评价，通过询问、引导，帮助幼儿发展出新的游戏主题；在幼儿游戏兴致未低落时，及时给予评价，使幼儿知道应该怎样玩游戏。如，在“点心店”游戏中，教师组织幼儿互相评价，幼儿举手说：“东东的营业员做得很好，他没有换地方，一直在工作。”当然教师还可以引导幼儿讨论谁在游戏中会动脑筋、会克服困难、以后该怎么玩、还需要什么材料等。

四、各年龄班角色游戏的特点与指导

（一）小班角色游戏的特点与指导

1. 小班角色游戏的特点

幼儿处于独自游戏、平行游戏的高峰期主要与游戏材料发生作用，与同伴之间交往少；角色意

识不强，对操作游戏材料或模仿成人动作较感兴趣，重复操作材料，游戏主体单一，情节简单。

（1）小班幼儿的游戏主要直接依赖玩具，通常是面前有什么玩具就玩什么游戏，离开了玩具，游戏也就停止了。

（2）小班的幼儿处于平行游戏的高峰期，喜欢和同伴玩相同或相似的游戏，

2. 小班角色游戏的指导

（1）教师应为幼儿提供种类少、数量多，而且形状相似的成型玩具，以免幼儿间的争吵。

（2）教师应以角色的身份参与到游戏当中，帮助幼儿明确主题，确定角色。

（二）中班角色游戏的特点与指导

幼儿处于联合游戏阶段，游戏主题丰富，但不稳定，幼儿会经常更换；希望与人交往，但欠缺交往技能，常与同伴发生纠纷；角色意识较强，能够按照自己选定的角色开展游戏。

1. 中班角色游戏的特点

（1）中班幼儿的游戏主题还不确定，经常出现半路换场的现象，游戏情节也比较简单。

（2）中班幼儿有了较强的角色意识，会根据经验去做这个角色分内的事。

2. 中班角色游戏的指导

（1）教师应根据游戏主题的需要在提供成型玩具的基础上，增加半成品以及废旧物品材料的提供，以满足和促进幼儿想象力和创造力的发展。

（2）引导幼儿拓展游戏主题，设计游戏情节，加深对角色的理解。

（三）大班角色游戏的特点与指导

大班的幼儿，其游戏经验十分丰富，主题新颖，内容丰富，游戏中所反映的人际关系较为复杂；处于合作游戏阶段；能按自己的愿望主动选择主题，并有计划地开展游戏；独立解决问题的能力增强。

1. 大班角色游戏的特点

（1）大班角色游戏内容丰富，主题新颖多样，角色增多并能反映较为复杂的人际关系。

（2）大班游戏处于合作游戏阶段，幼儿喜欢并善于和同伴一起游戏。

2. 大班角色游戏的指导

（1）应着重培养幼儿独立开展游戏的能力。

（2）更加关注幼儿的合作程度，引导幼儿在游戏中展开更多、更深入的沟通交流。

五、组织角色游戏应注意的问题

（一）根据幼儿气质特点组织适当的角色游戏

气质是个人生来就具有的心理活动的动力特征。首先，幼儿在活动上存在着差异。有的幼儿不停地活动，喜欢高强度、富有竞争性和刺激的游戏，注意力不易集中。这类幼儿即使被要求从事安静的活动也很难安静得下来，反而会弄坏玩具，影响游戏进行。相反，另一些儿童则喜欢从事一些较为安静的活动，在从事大运动量的活动时往往因疲惫而不能长时间坚持下去。所以，角色游戏中

应该既有动态活动，又有静态活动。让多血质、好动的幼儿扮演警察、小偷、建筑工人等大体力、富有刺激性和挑战性的角色；让黏液质、喜欢安静的幼儿从事服务员、医生和教师等角色。同时，教师在选择游戏时，应注意情节的生动有趣，特别要吸引不太喜欢这一游戏的幼儿也参加进来。例如，音乐游戏一般爱静的幼儿较感兴趣，这时，教师就应把重点放在好动的幼儿身上，可以在游戏中使用头饰，安排狐狸捉兔子、猎人打大灰狼等有战斗性的情节，使其也能积极参与。

其次，幼儿在内外向上的区别。外向的幼儿喜欢言谈，说话较多，爱和他人交往，情绪和内心的想法常表现在脸上；相反，内向的幼儿不喜欢和人交流，很少将自己的情绪表露在外，较敏感，教师的言行往往对其有很大的影响。因此，在对角色游戏进行指导和总结时，要采取适当的批评和交流方式。对于外向的幼儿，可以用有说服力的批评来触动他，让他清楚地意识到所犯错误的严重性；和内向的幼儿交流则一定要真诚、亲切，与之建立良好的信任关系，尊重、理解他们的内心感受，当教育他们时，要给其充分的时间去认识到问题所在。

最后，改变心理定势，关注那些容易被忽略的儿童，建立良好的师生关系。幼儿的气质特点会影响他和其他人的人际互动。教师要认真观察每一个孩子的特点，对粘液质幼儿多加关注，不要因为他们安静，不出乱子就一味地认为他们不需要老师的关怀；要有意识地和不太招人喜欢的胆汁质、抑郁质幼儿培养感情；也许正是这种感情可以使胆汁质幼儿对自己的行为进行控制，使抑郁质幼儿向老师敞开心胸。教师应在游戏的过程中，对不同气质类型的幼儿进行积极的关注，采取不同的指导和交流方式。

当然，角色游戏也给幼儿提供了机会、场所和榜样，让幼儿去体验不同的角色和情感，认识周围的世界，帮助其明确角色定位。让他们知道哪些是女孩子做的事，哪些是男孩子做的事。并且，可以通过角色扮演，发挥男女幼儿的互补作用。如，让男孩子扮演“兔妈妈”，让女孩子扮演“猎人”，使他们各自有不同的情感体验，发展双性化气质。气质是相对稳定的，但也不是不可变的。教师可以在游戏中通过适当的指导，让幼儿体验某一角色的优缺点，帮助幼儿发展积极的气质以改变其原有的消极气质。如对冲动、马虎的幼儿可以让其扮演一些需要有耐心、细心的角色，如纺织工、侦查员等，侧重对其的细致性、深刻性的教育，鼓励他们对外界环境做深刻、细致的观察思考，加强对自身行为的控制；对内向、安静的幼儿，可以鼓励其扮演诸如律师、主持人、运动员之类的角色，让他们更多地表达自己，展现自己，而不只是自己一个人抱着娃娃玩而忽视了与他人的交往。不过，这个“度”一定要把握好，否则幼儿会因不知所措而体验到失败与无助。

（二）丰富幼儿的生活经验，提供和角色游戏主题有关的知识

即使有些角色游戏的主题幼儿已经相当熟悉了，但对其中一些角色，如餐馆洗碗工、厨师、药剂师等，却不一定很了解，因此教师要注重幼儿生活经验的积累。可以常带幼儿出去走走，有计划、有目的地组织幼儿参观，实地观察成人的劳动获得直接经验。如，可以到药房去，看看摆放整齐的物品，了解他们是怎样分类的；通过和店主、会计、药剂师的谈话，知道他们各自的职责，并观察店员是如何接待顾客的。另外，也可请专职人员来班上直接向幼儿传授经验，如请医生到班上给某个幼儿看病，幼儿在边看边问中就获得了经验。

（三）提供尽量多的游戏材料

游戏材料可以帮助幼儿进入角色，把现实生活和想象中的角色联系到一起。一只听诊器可以使

他们承担起“医生”和“病人”的不同角色；一条围裙和一把勺子能把另一组孩子变成“冰淇淋售货员”和“顾客”。

游戏材料不要求价格昂贵，应当是简单的，尽量真实和耐用的。用泡沫橡胶的下脚料制成的“蛋糕”，厚纸板和透明塑料片制成的“饼干”，都很受幼儿的欢迎和喜爱。

要注意的是在游戏活动中，不要一开始就把所有的材料都呈现出来，而应该在游戏的发展过程中，给幼儿一定的时间去寻找、发现和获取新的游戏材料，以保持他们对游戏的积极性和探索性。角色游戏往往是一个相当长的过程，教师应有足够的耐心，不要急于求成。

（四）教师可介入游戏中，成为幼儿当中的一员，更好地发挥指导作用

教师的指导应该是“参与”，而不是“干涉”。如果教师纯粹以“教育者”的身份出现在幼儿的游戏中，幼儿会感到有点紧张、压抑。一旦教师以角色的身份参与了他们的活动，师生共同的“角色感”驱使幼儿与教师的关系更为密切，孩子们会说“妈妈，谢谢您”“阿姨，您走好，欢迎下次光临”之类的话，而且能较好地遵守游戏规则，礼貌待人，共同协作。同时，教师的角色身份有利于向幼儿提供新信息和新情境。例如，在“娃娃家”中，教师以客人的身份去做客，带去了礼物“蛋糕”，幼儿为娃娃过起了生日，唱生日歌，说祝贺语。当幼儿冷落娃娃时，教师又以听到娃娃哭声，吸引幼儿了解其原因。通过请家庭医生使幼儿知道怎样更好地喂养自己的孩子。教师有的放矢地引导游戏发展情节，培养幼儿的交往意识，提高其语言水平、表现能力等。家长应在家中为幼儿提供进行角色游戏的场所、情境，帮助幼儿一起设计角色，指导幼儿游戏，在家庭中起到教师的作用，使幼儿园教育和家庭教育协调一致，为幼儿的全面发展提供良好的家庭环境。

第三节　角色游戏的评价

当角色游戏结束时，幼儿还会兴致勃勃地谈论游戏，教师作为游戏的引导者，应适时地抓住机会，让幼儿把游戏中开心的、好玩的或具有创造性的、与众不同的地方说出来与大家分享、共勉。从某种意义上说，评价是教师对幼儿游戏的一种间接指导，开展角色游戏的评价工作，能有效地促使教师深入到游戏中去观察、了解游戏情况，改进指导方法，提高幼儿游戏水平。而当前角色游戏的评价往往被教师忽略，或由于时间不够而草草收兵，起不到指导游戏发展的效果。其原因有两个：一是幼儿方面：作为幼儿，往往在表述中只注重评价别人坏的、不足的地方，对于别人的闪光点却发现不了，评价漫无边际。二是教师方面：一直以来，教师都在游戏评价中充当着主人的角色，没有把幼儿视为游戏的主人，没有给幼儿以适时总结、归纳的机会。事实上，一个好的角色游戏，不但要有一个精心的设计也要有个高质量的评价。高质量的评价，不仅可以帮助教师更好地组织幼儿的角色游戏，还可以促进幼儿游戏水平的全面提升。

角色游戏是幼儿反映现实生活的一种形式，是孩子们根据自己的生活经验，自己确定游戏主题、构思内容、分配角色和制定规则，创造性反映周围现实生活。对角色游戏进行评价，是教师和幼儿一起分享游戏经验、提升游戏水平的重要过程。

一、评价的形式

游戏结束进入评价环节，幼儿要从游戏兴奋状态平静下来，需要有一个过程。教师可采用不同的集中信号，让孩子意识到游戏结束，并根据信号的不同建立起一定的讲评常规。

（一）集中评价式

1. 舒缓轻柔的音乐响起，暗示幼儿整理游戏材料并回到活动室固定集中的位置坐好，与教师相向而坐，开始师幼互动评价。这种形式易集中幼儿的注意力，而且，评价后可以很快进入下一活动环节，但不易模仿或再现游戏情景。因此，教师可录下观察到的游戏片段，运用视频回放的方式再现游戏情景，引导幼儿互动评价。

2. 暂停的节奏性信号响起，暗示幼儿保留材料暂停游戏，然后在舒缓的音乐中回到座位进入评价活动。把游戏材料保留在各个区角，方便幼儿看到自己的游戏情景，在评价中也可以随时再现游戏，一般适用于新游戏的互动交流。

（二）原位暂停式

暂停的信号响起，暗示幼儿停下游戏，在游戏的原位坐下。这种评价形式一般在游戏出现突发情况时使用，评价时间不宜过长，游戏范围不宜过大，评价后幼儿可继续游戏。

（三）随机流动式

这种评价方式最大的优势是非常灵活，一般在某一游戏现场进行，比较适合幼儿分组游戏时使用。

二、评价中的师幼互动

师幼互动的频率和效度决定了游戏评价的效果，因此，教师必须掌握“抛接球”的互动技巧，采用多种互动形式，帮助幼儿在游戏评价中积累游戏经验，提升幼儿的游戏水平。

（一）师生互补式交流

这种方式较适合在小班游戏中使用，在鼓励孩子用自己的语言和动作表达自己想法的同时，教师适当做补充说明，帮助他们完整表达。如，小米在介绍自己喂宝宝吃药的做法时，把“药”放进碗里，先假装倒水，再用调羹搅拌，边做动作边说：“我是这样的。”教师在旁边说：“哦，你先用水把药溶化，接着再做什么？”小米用调羹舀了一下送到娃娃嘴边：“我还这样了。”教师接着补充：“哦，你用调羹一口一口地喂娃娃吃药，真是个称职的好爸爸！”

（二）流动式示范介绍

这种方式多用于游戏现场的交流评价，可以借助具体的情况进行直观介绍，让大家获得感性的认知。如，菲菲在游戏中向大家发出邀请：“老师，我想请大家看看我设计的新发型。”于是，大家来到“理发店”门口，边看菲菲手中的发型书，边听菲菲介绍：“这就是我设计的桃柳发型。”菲菲用手指着旁边茉茉的头发：“看，这细细长长的，就像柳树一样。”随后又拿起五颜六色的发夹，往发梢上夹："这就是一朵朵的桃花，美吧？"听完菲菲的介绍，小涵马上说："老师，请大家到我的饮料店去！"孩子们随着小涵的指引把视线转向饮料店门口的饮料图样："你想喝什么口味的饮料，告诉我就行了，我会帮你现榨的。"说着，小涵拿出一个大大的罐子，朝里面倒了点绿色的绉纹纸代表的果珍，就拼命地摇晃起来。过了一会儿，小涵取出空杯子递到大家手里："好了！西瓜味的，请品尝吧！"围观的小朋友都被她精彩的表演和介绍吸引住了，禁不住拍起手来……

（三）问答式互动讨论

这种方式一般在中大班游戏中使用，幼儿通过互问互答展开你呼我应的讨论，教师可从中发现幼儿游戏需求和遇到的困难，及时为孩子提供帮助。

如"小吃店"里，诺诺正热情地向大家介绍新增添的美食——粽子。突然，小宇冒出一个问题："我不喜欢吃肉粽子，我喜欢吃蜜枣粽子，你怎么知道拿哪个给我？"小朋友们由此开始讨论粽子的不同口味。诺诺不慌不忙，指着粽子上的线说："粽子上系着不同颜色的线，绿线系的是肉粽，黄线系的是蜜枣粽，红线系的是红豆粽子……""那你有没有优惠活动？"小宇又有了新问题。"你想要什么样的优惠？"孩子们随即展开了新的讨论。这种问答式的互动讨论，往往能引发新的游戏行为，促进幼儿游戏的纵深发展。

（四）体验式同伴交流

这种方式能够引起幼儿的情感共鸣，促使他们通过同伴学习拓展游戏内容。如，小妍介绍了娃娃家过生日的庆祝情况，在小妍的带领下，大家一起为"小寿星"唱起了生日歌。梓仪说："我姐姐过生日的时候还去唱卡拉 OK 的，还在电视台点歌呢。"于是，老师提议："我们一起集体点歌吧！"孩子们引吭高歌，随即又开发了送花、送礼物、吃蛋糕、去公园玩、打电话请朋友来等一系列游戏情节。体验式的同伴交流可以引发孩子们模仿某个具体的游戏行为，并通过讨论激发新的玩法。

（五）回放式情境互动

这种方式一般适用于由教师主导的集体讲评活动。教师在幼儿游戏过程中拍摄下某些有代表性的游戏情境，在评价时用电视回放的方式再现出来，还可以根据需要定格画面组织幼儿讨论。这样既有利于孩子们分享游戏经验，也有利于孩子们通过比较建立一定的游戏规则，提升游戏水平。

三、评价的内容与要求

游戏评价的时间有限，不可能面面俱到，这需要教师有敏锐的洞察力与价值判断能力，才能有重点地引导幼儿整理与分享经验，解决游戏中存在的具体问题。

（一）以发展能力为导向

将新出现的创意及成功的体验提供给幼儿分享，鼓励幼儿的创造性思维，注重幼儿发现问题能力的培养。幼儿是评价的主人，教师在引导幼儿进行游戏评价时要注意以幼儿为主，帮助幼儿将外在经验内化为自身的经验，多问几个"为什么""怎么办"，而不要急于替幼儿回答或直接将答案及解决问题的方法告诉幼儿。

（二）以解决问题为导向

将存在的问题，特别是矛盾的焦点，提供给幼儿讨论，鼓励幼儿以自己的方式解决问题，注重幼儿解决问题能力的培养。游戏本身没有好与不好之分。每个幼儿都是站在自己已有经验基础上表达他们对生活的理解，表达的侧面可能不同，但不能用游戏开展得好与不好来评判幼儿游戏的水平。

（三）以游戏内容为导向

角色游戏以角色扮演和再现生活经验为特征，所以，在对角色游戏的内容进行评价时，应特别注意对这两个方面的考察。

1. 评价幼儿是否能正确反映生活经验

幼儿往往会把现实生活中的内容照搬进角色游戏中，这就需要教师通过评价，有意识地将游戏向健康的方向引导。还有的时候，孩子所反映的事物和现实生活不相符，加入了他们自己的想象。例如，在某次角色游戏中出现了小医院里负责打吊针的孩子说：“我是专门打大人针的，他是专门打小人针的。”这种情况，在评价游戏时，教师就可以提出问题说，“小朋友去医院打针，医生是不是这样分的？”然后引导幼儿指出，在真正的医院里，大人和小孩打吊针都在输液室，只是针头有粗细之分、吊瓶有大小之分，医生是不分的。这样的评价，既可以培养幼儿分析问题的能力，也可以帮助幼儿丰富必要的生活经验。

2. 评价幼儿的角色意识

在游戏中，幼儿只有按照角色的身份行事才会被同伴接受。例如，一次，青颖在图书馆当管理员，之凡跑过去说：“请借给我一本《葫芦金刚》。”青颖从书架上抽出另一本书说：“看这本吧，《葫芦金刚》不借，我还要看呢。”游戏讲评时，教师可以就这件事展开讨论，“青颖像不像名管理员呢？”“管理员可不可以上班时间看书呢？”这样的评价，可以帮助幼儿确认角色身份，提醒幼儿在游戏中按角色的要求去做，有助于游戏的顺利开展。

（四）评价幼儿在游戏中使用材料的水平

幼儿只有学会创造性地使用游戏材料，游戏的内容才会丰富，在游戏中幼儿喜欢用形状和功能相似的物品替代不在眼前的物品。如，两根小棍子既可当筷子，又可当插在生日蛋糕上的蜡烛；一块积木既可当罐装饮料、肥皂，也可当电话、对讲机等。教师讲评时，对这些以物代物的现象要加以肯定，促使幼儿的游戏插上想象的翅膀。

（五）评价幼儿的交往能力和解决问题的能力

幼儿的主动性是角色游戏的灵魂，任何创造性游戏都是以交往为基础的，它给幼儿提供了锻炼社交技能的机会。幼儿在游戏中只有不断主动与同伴发生交往，才能保持游戏的兴趣。有一次，楠楠和家辉在超市当营业员，可是迟迟没人光顾。最后，楠楠提出：“我们可以问问理发店的服务员，他们需要什么……”，这是幼儿成功交往的事例，教师可以在讲评中给予赞赏和肯定。

（六）评价幼儿的品德和行为习惯

角色游戏为幼儿提供了实践社会道德行为的机会。幼儿在游戏中由于受角色的约束，对自己有一定的控制能力，但有时也会出现一些行为问题。如，角色分配不公，争夺游戏材料，不注意卫生习惯或忘记整理玩具等。以角色分配为例，我们分别介绍了划拳、轮流、竞选等方法，并不一味强调谦让。在讲评时教师常常选择游戏中的一两个现象进行分析，大家说一说谁对、谁错，怎样做更好，让幼儿在合作中学会自主，在交往中学会互助，在矛盾中学会谦让。这样，可以帮助幼儿确立正确的是非观，提高幼儿的道德判断力。

（七）评价幼儿纵向发展的状况

幼儿的先天素质不同，家庭环境不同，个性存在差异。而幼儿又往往是借助他人的评价来认识自己的。对幼儿做纵向的比较，有利于对能力强的幼儿提出更高的要求，帮助能力弱的幼儿树立自信心。例如，某班的玲玲性格有些内向，刚开始介入游戏时表现比较被动，往往要等别人来邀请她。一次，教师发现她在理发店里耐心地给顾客介绍发型，就在讲评时表扬了她。以后，她做理发员更积极了，还邀请教师去理发呢，整个人都显得开朗、活泼起来。

四、评价的创新与发展

（一）保持新情境进行评价

在角色游戏中，教师应注重培养幼儿的创造性，对于游戏过程中出现的一些富有创新的行为、结果，通常采用保留现场进行评价的方法。如，在娃娃家的橱窗摆设上，刚开始幼儿都把一些灶、碗、瓢、盆放在上面，既零乱又不符合常理。可有一次，一个小朋友却把从商店买来的小狗玩具和电视机摆在了橱窗上，两个娃娃家形成了鲜明的对比。于是在收玩具时，教师让幼儿保留了这一现场。通过对比讨论，肯定了橱窗装饰的结果。幼儿的积极性被调动起来了，不断地想出各种方法，让娃娃家变得温馨些。如“我买一篮花放在格子上”“我把我的玩具带来！”“我买一盘水果！”“我们做一台 VCD 放在电视旁边！”教师抓住了这一小小的创新，启发了幼儿的积极思维，丰富了游戏情节，使幼儿在一种直观、积极、愉快的情绪下参与评议，从而收到事半功倍的效果。

（二）抓住新创意进行过程中评议

在游戏过程中，教师不可能完美地设计角色游戏的全过程，很大程度上是以一定的角色身份同幼儿一起玩，在玩中指导。因此，教师要善于运用随机评议的方法，特别要灵活地抓住游戏中有意义的小事，及时地加以肯定。如，在玩肯德基游戏时，“经理”听到一名幼儿说：“我刚才坐公共汽车来吃，那司机也很想来吃肯德基，可惜没空，等会儿我给他送去算了！”一句话启发了“经理”，他马上成立了一个送货上门“热线电话”，只要打电话，不论多远都送，还主动为幼儿园的小朋友送去可爱的小礼物，“生意”也因此“红火”起来。我把这件事告诉大家，引起了小朋友们的极大关注。这件本来是一个孩子游戏中的事，经过评议成了大家的事。娃娃商店的小朋友也说：“我们也要送货上门！”“我们要买一送一”“我们要免费为医院的病人送水果”。幼儿从这个游戏中学会了如何把“生意”做好，如何关心别人，积极动脑筋就会使一些问题迎刃而解等良好的品质，并能在以后的游戏中得到发扬。这种过程中的随机评价，变点滴小事为有意义的事，闪光点转眼变成闪光片、闪光面，给全体幼儿以良好影响。

（三）以发散性问题促进幼儿自主评价

幼儿随着年龄增长，逐渐变得有主见，是非观念也逐渐明确和增强，可引导他们开展讨论，在讨论中寻找答案，解决游戏中出现的问题，从而又进一步发挥自己的主动性和积极性。例如，某幼儿园在幼儿小班的角色游戏中没有出现医院游戏，到了中班才有医院，结果“医生”给每一位来访的“病人”不问缘由就打针。针对这种情况，教师让幼儿讨论到底应该怎样给病人看病，幼儿纷纷发表了自己的看法，有的说：“要先问哪不舒服？”“要用听诊器先听！”“要先挂号”“可以吃药，不用打针”“如果针打错了，会死人的！”幼儿各持己见，最后达成比较一致的看法。这样的评价，不但产生了新的玩法，发展、提高了游戏水平，而且增强了幼儿的是非观念，也找出了解决问题的办法。可见，讨论也是一种评议游戏的有效方法。

总之，角色游戏的评价要注意针对性与科学性的结合，注意对游戏过程的评价，注重能力与品德并重，注意发挥幼儿的积极因素，以正面引导为主，促进幼儿角色游戏的深入发展。

思考与实训

一、思考题

1. 角色游戏有什么特点？
2. 角色游戏对幼儿社会性发展的作用体现在哪些方面？
3. 在游戏中教师应如何针对大、中、小班幼儿的特点进行指导？

二、案例分析

早晨的自选游戏，几个孩子想玩“娃娃家”游戏，其中一个小姑娘对其他孩子说：“今天我们不玩娃娃家了，我们玩死人。”她领着小伙伴，把娃娃当死人，哭啊、拜啊的，玩起了“死人”游戏。

问题：如果你是这个班的带班老师，遇到这种情况，你会怎么做？

三、章节实训

1. 实训要求

学习填写角色游戏观察记录表。

2. 实训过程

入园观察幼儿的角色游戏，根据实际观察填写表 4-1 角色游戏观察记录表。

表 4-1　角色游戏观察记录表

游戏名称：________　班级：________　指导教师：________

观察者：________　观察日期：________　观察时间：________

幼儿姓名 / 观察线索提示	
1. 主题材料确定	

续表

观察线索提示 \ 幼儿姓名	
2. 材料的运用	
3. 游戏技能	
4. 新颖性与创造性	
5. 游戏常规的执行	
6. 社会参与水平、与伙伴合作和交往的行为	
7. 游戏持续时间	
8. 独立自主性（自定主题，自选伙伴，主动交流，协调关系等）	
游戏材料的提供 教师的指导或影响	
游戏评价	

3. 实训反思

（1）所观察的情况是真实客观的吗？

（2）还可以注意对哪些方面的观察？

第五章　表演游戏的组织与指导

引入案例

表演游戏《老虎的遭遇》扮演“青蛙”的幼儿对饥肠辘辘的“老虎”说：“我有一个主意，我们比赛跳远，要是我跳得比你远，你今天就不能吃我，”　“老虎”同意了，于是“青蛙”悄悄地咬住了“老虎”的尾巴，和它一起跳了起来。突然，一个幼儿发现了问题：“不对，青蛙跳得没有老虎远！不信，你量量！”旁边演“大树”的孩子也说：“就是，青蛙的脚都落在了老虎后面，它应该跳到前面才对。”“青蛙”看看自己的脚和“老虎”的脚，没有说话。几个小朋友开始七嘴八舌地议论起来。然而，一直在一旁观看的教师介入了：“演到哪里了？下面该谁讲话了？别吵别吵，我们接着演。”

问题 在这个表演游戏中，几名幼儿对距离远近及其测量问题产生了疑问和兴趣。站在旁边的教师打断了孩子对距离的讨论，让孩子继续根据故事的情节进行表演，这种做法合适吗？要回答这个问题，让我们进入本章的学习。

本章学习目标

1. 能正确理解表演游戏的内涵。
2. 掌握组织和指导幼儿进行表演游戏的方法。
3. 学会设计各年龄段幼儿的表演游戏。
4. 知道如何对幼儿的表演游戏进行评价。

表演游戏是幼儿非常喜爱的游戏活动类型。幼儿通过对话、动作、表情来再现文学作品，可以丰富幼儿的想象力和创造力，加深幼儿对故事的理解和兴趣，发展幼儿的口语表达能力，并能培养幼儿活泼的性格，促进幼儿集体观念的形成。在幼儿园开展表演游戏是十分有益和必要的。那么，如何指导幼儿开展表演游戏，促进幼儿的全面发展呢？这是我们广大幼儿教育工作者特别是幼儿教师应该思考和研究的问题。

为了了解当前幼儿园表演游戏的开展情况，探讨幼儿园表演游戏的组织和指导的适宜模式，首先应澄清表演游戏的概念、特点等有关表演游戏的基本理论问题，然后再对幼儿表演游戏的组织、指导和评价等问题展开讨论。

第一节　表演游戏的概念、分类及特点

一、表演游戏的概念

对于表演游戏的概念，我国幼教界与西方幼教界的理解有一定的差异。我国幼教界关于表演游

戏的分类和概念理解受原苏联学前教育学的影响较大。在原苏联学前教育学中认为表演游戏是以“通过教养员的词（故事、朗读、谈话及看插图）所获得的观念为源泉的游戏”。根据这个定义，我们可以看到表演游戏在苏联学前教育学理论中的两个内在规定性：（1）幼儿表演游戏的想法和内容来源于故事、朗读、谈话及插图等活动；（2）教师的语言是幼儿获得这些故事、朗读、谈话及插图内容的主要途径。由此我国学前教育学对表演游戏做了进一步的概括：“表演游戏是幼儿按照童话、故事中角色、情节和语言，进行创造性表演的游戏。”

而西方幼教界所说的“Dramatic Play”，我们把它翻译成戏剧表演游戏，它包括角色游戏和表演游戏两种游戏。尽管我国幼教界与西方幼教界对于表演游戏的定义有一些差异，但是以上相关的概念界定中，我们可以概括出人们对于表演游戏的两个共识：（1）相对于幼儿的自由游戏而言，表演游戏具有一定的结构性。这种结构性既来自于“故事”为游戏提供的框架，也来自于教师的指导；（2）所谓“故事”，不仅可以指儿童文学作品，也可以是幼儿自己创编的故事以及他们经历过的事件。

扫一扫

扫一扫——大班表演游戏《老鼠嫁女儿》

简而言之，表演游戏是幼儿以故事（自己创编的或来自于文学作品的）为线索展开的游戏活动，是幼儿根据文艺作品（童话、故事）中的情节、内容和角色，通过语言、表情和动作进行创造性表演的一种自娱自乐的游戏活动。表演游戏的“表演性”要求幼儿以自身为媒介，运用包括语言、表情、动作姿势等在内的手段来再现特定的故事，这种再现的过程本身对于幼儿来说是多种能力的学习和锻炼的过程，也是幼儿获得各种有益的学习经验的过程。幼儿按自己的理解来表现故事。所谓“自己的理解”，可以理解为幼儿个体的，也可以理解为游戏小组经过讨论协商后对作品达成一致的理解。因此，表演游戏属于创造性游戏，在表演游戏中，幼儿是按自己的“脚本”在游戏。他们对故事的表现是相对自由的，可以用日常对话的方式，也可以用嬉戏、夸张的方式来表现。这些表现方式没有对错、好坏之分，表现的标准是由幼儿自己规定的。

二、表演游戏的分类

从表演素材的来源不同，表演游戏可分为作品表演游戏和创作表演游戏两大类，作品表演游戏是我们平日里现成的文学作品，我们可利用这些作品让幼儿在表演游戏中共同思考并掌握作品的主题和情节，共同制作道具，布置情景，共同协商角色进行表演，充分体现交流、合作的乐趣。而创作表演游戏是指没有现成作品，幼儿根据已有的经验和丰富的想象创作作品并加以表演的游戏。

从角色扮演形式的不同，表演游戏可以分为自身表演、桌面表演、影子戏和木偶戏四种类型。

（一）自身表演

自身表演即幼儿自己扮演角色进行表演的游戏活动。以故事、诗歌、童话等作品为蓝本，按自己对作品的理解，在游戏中自编自导自演，每一遍演出都可能不一样。比如，在幼儿园的音乐表演区，幼儿利用教师提供的各种表演道具经常进行这样的表演游戏活动。

（二）桌面表演

桌面表演，是指在桌面上以各种玩具或游戏材料替代作品中的角色，幼儿以口头独白、对白和操纵玩具角色的动作，来再现作品的内容。桌面表演对幼儿讲故事的语言声调有一定要求，要求他们在理解故事情节和体会角色情感的基础上，能用不同声调来表现角色的性格特征和情节的发展变化。

在桌面游戏中，幼儿需要用语言来表达角色的对话和情节发展，幼儿不再是玩平行的个人游戏，而是增加了许多交往的机会，在这些交往和互动中，幼儿的口语表达能力和交往能力都可得到一定程度的提高。

（三）影子戏

影子戏是在灯光作用下，靠物体侧影的活动来表演文艺作品内容的一种游戏。影子戏离奇有趣，变化多端，形象夸张，深得幼儿喜爱。幼儿玩的影子戏有头影、手影和皮影戏等，其中以手影戏居多。

1. 手影游戏

手影游戏十分简便，且历史悠久。手影戏不要复杂设备，只要一烛或一灯，甚至一轮明月，就可以展开巧思，通过手势的变化，创造出各种生动有趣的造型，因手影主要做给儿童看，儿童喜爱动物，于是兔子、狗、猫等就成了手影主要表现对象。手影戏是令无数孩子着迷的游戏，一双手在光线照耀下千变万化，孩子们觉得既神奇又有趣。

2. 皮影戏

皮影戏又称“灯影戏”，是一种民间艺术，利用灯光把兽皮或纸板做成的人物剪影照射在白色的影幕上，以表演故事的戏剧。演皮影的屏幕，是用一块 1 平方米大小的白纱布做成的。白纱布经过鱼油打磨后，变得透亮。演出时，皮影紧贴屏幕活动，人影小巧玲珑、夸张生动，五彩缤纷的颜色真切动人，这种视觉表现形式易被小朋友们接受和喜爱。

传统的皮影戏中的皮影偶人制作工艺复杂，一般由专门的艺人用皮革精雕细刻而成，幼儿皮影戏的取材和制作不必像传统的专业皮影戏那样用皮革精心雕刻，而是可以就地取材，选用现彩色的硬卡纸等材料代替，用剪纸和刻花的方法制作影人。演出的白色影幕可用一块白纱布制成。幼儿表演时一边操纵影人，一边配词拟声，还可用鼓、锣等幼儿熟悉的乐器进行配乐，就能演出一台皮影戏啦。

（四）木偶戏

木偶是指用木头制作的偶人。现代人把用瓶、盒子、蛋壳、泥等各种材料制成的偶人都称为木偶。木偶的造型一般形象生动、造型美丽，既是艺术品又是幼儿喜爱的玩具。幼儿用木偶唱歌跳舞、讲故事，创造性地再现文艺作品中的内容，从而形成了各种木偶表演游戏。木偶有布袋木偶、手指木偶、杖头木偶和提线木偶等几种类型，还有一种重要的表演形式就是人偶同演，即演员化装与木偶同时登台合演，演员擎仗头木偶化装登台，互为一体，合扮同一角色，人偶交叉表演。

一般在幼儿园常见的是布袋木偶和手指木偶，因为这两种木偶操作比较简单，幼儿园既可以在市场购置布袋木偶和手指木偶，也可以引导幼儿在教师指导下自己制作木偶。布袋木偶是幼儿通过将手指、手掌伸入木偶中进行操作表演；手指木偶是在幼儿手指上套上一个简单小动物或小人的头饰来进行表演。

知识拓展

木偶戏的相关知识

木偶戏在中国古代又称傀儡戏。中国木偶戏历史悠久，三国时已有偶人可进行杂技表演，隋代则开始用偶人表演故事。新中国成立以后，木偶戏的表演更加丰富多彩。除了演出传统的戏曲节目外，还表演话剧、歌舞剧、连续剧，甚至出演广告等。与此同时，木偶戏也面临着与其他艺术形式的激烈竞争。传统的木偶戏蕴藏着各地、各民族人民的思想、道德和审美意识，应加以扶持和保护。2006年5月20日，木偶戏经国务院批准列入第一批国家级非物质文化遗产名录。

根据木偶的结构和演员操纵方式等方面的差异，又可分为不同的种类。

托棍木偶又称杖头木偶，在木偶头部及双手部位各装操纵杆，头部为主杆，双手为侧杆，演员操纵时左手持主杆，右手持侧杆，举起木偶操纵其动作。手套木偶，又称掌中木偶、布袋戏等，偶人身高 0.27 米或 0.40 米，头部中空，颈下缝合布内袋连缀四肢，外着服装，演员的手掌伸入布内袋作为偶人躯干，五指分别撑起头部及左右臂，相互协调操纵偶人作各种动作，偶人双脚可用另一手拨动，或任其自然摆动。

杖头木偶遍布中国大地的南北东西。各地木偶高差很大，从8寸至人高不等。杖头木偶由表演者操纵一根命杆（与头相连）和两根手杆（与从8寸至人高不等 。杖头木偶由表演者操纵一根命杆（与头相连）和两根手杆（与手相连）进行表演，有的为三根杆或“托偶”，依手杆位置有内、外操纵之分。头以木雕，内藏机关，使嘴、眼可动；命杆为木、竹制，各派长、短不同，手杆与手、肘相接。“内操纵”者多演传统戏曲剧目，宽袍大袖，便于表演戏曲程式，动作灵活，栩栩如生。“外操纵”多弯把式命杆，负担减轻，表现力增加；纸制偶头转向灵巧，便于控制，机关多样，动作丰富；因手杆在外，身体塑形自由，整体感增强，突破了传统造型的局限，更合人物与时代需要。

提线木偶也叫悬丝木偶。古称“悬丝傀儡”，由偶头、笼腹、四肢、提线和勾牌组成，高约两尺。偶头以樟、椴或柳木雕成，内设机关，五官表情丰富；竹制胸腹，手有文、武之分，舞枪弄棒，笔走龙蛇，把盏挥扇，妙趣横生；脚分赤、靴、旦3种，勾牌与关节间有长约3尺的提线。木偶舞台演出区域扩展，泉州木偶剧团提线表演占据整个舞台空间，提线可达6尺，难度大，但表现力大增。提线一般为16条，据木偶动作需要取舍，合阳线戏基本提线5条，做特技时可增加到30余条，演来细腻传神，技巧高超。自古及今，倍受称赞。

铁枝木偶流传于粤东、闽西，据说源自皮影戏，潮汕人称“纸影戏”。偶高 1～1.5 尺，彩塑泥头，桐木躯干，纸手木足；操纵杆俗称“铁枝”，一主二侧，铁丝竹柄。表演者或坐或立，于偶后操纵，形象规整，结构独特。几年来，又加高了偶身，调整扦位，使其出现了新的转机。

布袋木偶又称“掌中木偶”，以福建漳州、泉州最盛。偶高尺余，由头、中肢和服装组成。它以樟木雕头，机关控制表情和肌肉运动；手分拳、掌，食指入头颈，中指、拇指操纵双手，动作敏捷，准确丰富，构成布袋木偶的主体；有时表演者以一小竹签插入偶袖捻动，丰富了手臂动作，而且他们可以凭借精湛技艺，做出开扇、换衣、舞剑、搏杀、跃窗等高难动作，令人叫绝。布袋木偶剧目丰富，传统、现代、神话、童话，题材众多，新型工艺结构，不胜枚举。

三、表演游戏的特点

（一）游戏性

有些幼儿园教师将表演游戏与戏剧表演（包括儿童剧）混为一谈，为了追求生动逼真的表演结果，教师在指导方式上倾向于采用示范、旁白、手把手地教等方式，师幼关系演变成为一种导演和被导演、指挥控制和被动执行的关系。从而让表演游戏失去了作为游戏的本来面貌和原有价值。

表演游戏与戏剧表演是有本质区别的，其根本区别在于，表演游戏是幼儿自己“自娱自乐”的活动，幼儿只是因为“有趣好玩”而在“玩”，他们并不为了演给别人看的。事实上，他们心中并没有“观众”，他们也根本不在乎有没有“观众”。我们知道“目的在于自身”并“专注于自身”是游戏活动的本质特点。在幼儿的表演游戏中很明显地体现了游戏的本质特点，促使幼儿持续进行表演游戏的原因正是“好玩的”游戏过程本身，而不是来自外部的命令、要求或奖赏，因此，表演游戏在本质上是“自由游戏”而不是“戏剧表演”。

案例链接

是幼儿游戏还是游戏幼儿

案例片段：在一次语言活动中“七只猴子去旅行”的基础上组织幼儿进行表演游戏，“小朋友，我们刚才听了故事《七只猴子去旅行》，现在，你们想不想表演这个故事？表演这个故事需要什么东西呢？”幼儿回答后我逐一出示道具，我问：“谁愿意上来表演。”哗，小手一下全举了起来，我请了七个坐得最好的孩子上来表演。孩子们一上来就摆弄道具忘记表演，我不停提醒“不要动”“说话呀”“到你了”“快点呀”……

（二）表演性和结构性

表演游戏以“故事”为依据的特点决定了表演游戏的“表演性”和“结构性”。从选择和确定所要表演的故事或作品的那一刻起，表演游戏就已经有了一个规范游戏者的框架结构。在游戏的过程中，幼儿会自发地在头脑中将自己的言行与故事情节、人物联系起来。正是基于故事或作品的“再现”要求构成了表演游戏“表演性”和“结构性”的基础，而且也正是这种“表演性”和“结构性”构成了表演游戏区别于其他类型游戏的根本特征。比如，表演游戏和角色游戏就有许多类似的地方，它们都属于象征性游戏或想象游戏，并且都是幼儿自己创造的游戏。那么两者的区别在哪里呢？其中一点就是在角色游戏中，幼儿可以自由选择和切换游戏主题，自由决定和改变游戏内容，游戏内容是随着游戏过程的开展而丰富和发展的，之前并没有一个约定俗成的框架结构。而表演游戏要受到“故事”框架的规范，它的结构性更强，而且“故事”作为表演游戏的“脚本”，需要所有游戏者的“认同”或“约定俗成”。

第二节 表演游戏的组织与指导

幼儿的表演游戏融想象、创造于一体，对幼儿创造能力的培养与发展起着不可低估的作用，表演游戏还能锻炼幼儿的人际交往能力，促进幼儿集体观念的发展和幼儿良好个性品质的形成。为了使幼儿能更好地进行表演游戏并能在游戏中得到发展，教师应对表演游戏进行正确的组织与指导。

一、表演游戏的组织与指导原则

根据刘焱等学者的研究，他总结出在组织和指导幼儿开展表演游戏的过程中，教师应当遵循以下原则。

（一）“游戏性”先于“表演性”

在幼儿园表演游戏中存在着“重表演、轻游戏”的倾向，教师为了让幼儿能够逼真地将故事表演出来，往往采取立即示范或手把手教等指导策略，片面追求表演游戏的“表演性”，而忽视了表演游戏的本质特点是“游戏性”，使幼儿感觉自己不是在快乐地游戏而是为了达到教师的要求不停地在痛苦地表演。

游戏性体验是幼儿游戏活动的不可或缺的重要心理成分和构成因素。教师在组织和指导幼儿开展表演游戏时，首先需要认识到表演游戏的本质特征是游戏性，要遵循 “游戏性”先于“表演性”的原则。教师应当保证幼儿拥有自由选择和自主决定的权利；对作品或故事的理解和表现以及表现的方式方法，幼儿应当拥有自己的自由，而不是听从教师或由教师规定。同时，教师的指导不能剥夺幼儿的“游戏性”体验。

教师在组织表演游戏时要真正贯彻“游戏性”先于“表演性”的原则，在游戏过程中应努力与幼儿建立一种民主、平等的合作关系，教师要认识到自己是游戏的组织者和支持者，而不是指挥者和领导者。教师应为幼儿营造一种宽松自由的游戏氛围，给他们充分的自主权，让他们自己商量、探讨如何开展表演游戏，在他们遇到困难的时候及时给予引导和帮助。

（二）“游戏性”与“表演性”的统一

前面已经提到表演游戏兼具“表演性”和“游戏性”两个特点，这两个特点并不是互不相容的，“游戏性”是最基本的，它体现在整个活动过程中，“表演性”则是在活动过程中逐渐提高完善的。表演游戏的“表演性”并不像有些教师做的那样要以牺牲表演游戏的“游戏性”为代价，如果教师组织引导得好，可以将表演游戏的“游戏性”与“表演性”两大特点很好地融合在一起。教师需要有耐心，学会“等待”，幼儿的表演水平是通过教师指导幼儿一次次的“重复”游戏活动过程和幼儿相互之间的评议，逐渐由一般性表现向着生动性表现水平发展。当然这种“重复”不是简单重复游戏，而是在维持幼儿兴趣的基础上，在每次重复时都有所提升，都有新的发现。

二、表演游戏的组织与指导方法

教师对幼儿表演游戏的指导要避免两个极端：一是过度“指导”，将游戏全部纳入教师的要求与计划之内，由教师一手包办代替；二是过度“放手”，教师以尊重幼儿的选择与自愿为借口而对游戏放任不管。教师在指导幼儿表演游戏时，可以按照如下的步骤和方法进行指导。

（一）师幼一起生成合适的表演主题

表演主题的选择是表演游戏中的一个必要环节，教材内容是否适合幼儿的年龄、心理特点、直接影响幼儿参与游戏的积极性。

幼儿表演，是以故事、诗歌等文艺作品为蓝本。蓝本的选择，应考虑三个方面：第一，思想性。用于表演游戏的文艺作品，都要有一定积极的思想意义，能说明一两个道理，以达到思想教育的目的。如，故事《三只羊》是告诉幼儿团结起来力量大的道理，《小红花找朋友》则教育幼儿爱护公物，做事要有始有终。把这些内容作为表演游戏来进行，幼儿可以受到生动形象的教育。第二，情节性。作为表演游戏的故事、童话、寓言等，必须生动有趣，情节发展要快，起伏要明显，中心情节简单而有曲折，线索不能太多，内容可以根据大、中、小班幼儿的年龄特点进行增删取舍后再进行表演。第三，动作性。幼儿表演游戏的动作性要强，不能大段地对话，动作要明显，幅度要大些、夸张些。如《拔萝卜》中“拔”的动作既真实又夸张，幼儿易学易表演，看后印象很深，表演效果很好。

简而言之，凡是幼儿熟悉并喜欢的故事、童话、诗歌等儿童文学作品及幼儿周围生活中有趣味，有意义的人和事都是幼儿表演的基本素材，同时故事中的角色要个性鲜明、情节简单，拥有趣味。动作性强，对话多次重复、语言朗朗上口，要易于为幼儿掌握和表演，有集中的场景，易于布置。道具要简单，可以利用现成的桌椅、积木及实物等。如故事《小熊请客》，故事场景中的房子可用桌椅与积木搭成，扮演小熊、狐狸和小花狗的小朋友带上相应的头饰即可。又如《小鹿历险记》中有幼儿熟悉并使人们憎恶的“大灰狼”，还有性格特征明显的“黄鼠狼”“花狐狸”的“小青蛙”等动物，故事情节简单，角色对话多次重复，如“小壁虎！救救我！大灰狼在追我！”“不行，不行太疼了，我还是继续跑吧！”，特别适合幼儿的语言特点，如“别急，别急，我来帮你，你可以学我把尾巴拉断掉，大灰狼就抓不到你了！”“别急，别急，我来帮你，你可以学我放个臭屁，大灰狼就抓不到你了！”等，各种动物的动作性强，适合幼儿爱动的特点，又易于表演，深受幼儿喜爱。

（二）为幼儿表演游戏提供物质环境

俗话说“巧媳妇难为无米之炊”，表演游戏也一样，不能缺少道具、服装和场景。幼儿表演游戏要顺利开展，需要教师给幼儿提供游戏的场地、游戏的背景、游戏过程中需要的演出服装和表演所要用的一些道具等一系列物质条件。道具、服装和场景的提供要做到有量、有质，量要充足，质要力求逼真、形象。玩表演游戏有些道具可以物代物，有些却是需要形象、逼真的。比如，表演《金鸡冠的公鸡》时，公鸡的形象一定要凸显其特点，这样幼儿一装扮，马上能感受到自己俨然就是一只神气、骄傲的公鸡，其模样也就随之体现出来，而镰刀和斧头则可以物代物。

1．场所和布景

日常进行的表演游戏，只要有个地方可供幼儿活动即可，可以在平地上或活动室中，也可以用专门设置的小舞台，可以用小椅子、小桌子或大的积木围起来，布景应该是简单方便的，避免过大过重过繁，更不能妨碍表演，布景只要能起到烘托情境、渲染气氛的作用就可以了。例如，《小熊请客》中有一棵背景树，由两块 pvc 板合成，表演时打开，狐狸可以躺在树下睡大觉，表演结束直接可以合起来放好，非常简单方便。

2. 角色造型、服饰和道具

角色造型、服饰和道具在表演游戏中是很重要的，它不仅能激起幼儿进行表演游戏的愿望，而且还直接影响着游戏的趣味性、戏曲性和象征性。角色造型、服饰和道具都应以简单、实用为主，不要过分复杂，更不能因为角色造型、服饰和道具的累赘而束缚和妨碍幼儿的游戏。在这方面教师不要包办，应该大胆鼓励幼儿自己构思、自己商量、自己准备、自己做道具，这样更容易激起他们游戏的兴趣。如，他们用泡沫板拼出小河、用饮料瓶当“话筒”、用皱纸做“小虫”……这些原始材料都可以为幼儿的探究提供更多的机会和可能性，同时制作道具过程本身就是一个可以给幼儿带来快乐、蕴含着丰富的学习机会的一种活动。

为了更好地表现角色的外形特征和个性特点，教师还可以引导幼儿在表演游戏时，根据作品的要求进行适当的角色造型。例如，幼儿在进行《乡下老鼠和城市老鼠》的表演游戏前，商议怎么进行角色造型，幼儿会按角色各自挑选头饰，教师要想办法支持幼儿游戏的开展，可帮他们在服饰上作简要的点缀性装饰，为乡下老鼠头上扎一条头巾，为城市老鼠戴上一条领带。在道具上给乡下老鼠准备一只小篮子，给城市老鼠准备一只小挎包，两张小椅子并排一起就算是老鼠家的大门。这样简单的造型与服饰，对幼儿参加表演游戏的激励作用很大，能使游戏顺利开展下去。

这里要注意的是幼儿的表演游戏是灵活自由的，不受场所、时间与道具的限制，准备的道具不必追求齐全、逼真，稍有象征性即可。幼儿在表演游戏中最为关心的是自己能以角色的身份谈话、做动作，道具的不足往往可用动作去表现。教师尽量为幼儿提供半成品或一物多用的游戏材料，在游戏过程中启发幼儿扩充和改进游戏材料。在环境的布置和材料的投放上，可通过师生共同商议的方式进行，吸引幼儿一起准备玩具、头饰、服饰、布景等，鼓励幼儿想办法，出主意，增强幼儿的主动性和创造性。

案例链接

让游戏规则看得见[1]

案例实录：

小舞台的游戏开始了，陶燕宁、张雪凝等一行五人来到了“小兔乖乖”的演出剧场，他们每人拿了一个兔子手偶。

陶燕宁说：“我要当兔妈妈”。

张雪凝说：“我要当长耳朵”。

叶子僖说：“我要当短尾巴”。

陈曦说：“我要当红眼睛”。

戴文杰说：“那我当大灰狼吧”。

角色选定后，几个小朋友就开始按故事中的情节顺序展开了表演，当他们演到大灰狼学着兔子

[1] 网址：http：//njyjxyey.9ye.com/school/article a view-39714 sn_id 33630.html

妈妈的声音唱“小兔子乖乖，把门儿开开……”时，表演角来了两位小观众，一位是娃娃家的田雨然“妈妈”带着她兔宝宝来看表演，一位是理发店的李嘉怡发型师，她说她要休息一下，想来看看表演。表演角的几个小朋友很高兴，演得更带劲了。突然田雨然问了一句：“你们谁是红眼睛？谁是长耳朵？谁是短尾巴？张雪凝、叶子僖、陈曦争着说，“我是长耳朵”“我是红眼睛”“我是短尾巴”，田雨然捂着耳朵喊道：“别吵了，我都听不清了，你们一个一个说。”结果他们三人又一个一个自我介绍了一番，田雨然这才弄明白，表演又继续进行，直至结束。

案例分析：

在表演角的道具手偶是小朋友在美工区自己制作的，由于当时并没有考虑到角色与角色之间的不同，所以大家制作出来的手偶几乎是一样的，当这些手偶被用作童话剧表演时，就无法给角色的分配带来帮助，表演角的孩子们也没有意识到道具所带来的不便，他们只是相互间口头进行了分工，虽然这种口头分工并没有对他们的表演造成影响，可对于表演角以外的小朋友来说，他们是无法一下分清小演员的各个角色，这样一来就为观看表演带来了障碍。从孩子在游戏中的表现来看，他们此时需要的是共同探讨该如何进行角色分配，该如何让角色的扮演易于让他人辨别。

（三）让幼儿自主选择和分配表演角色

幼儿选择了自己喜欢的头饰、材料，并能按自己对作品的理解，选择自己喜欢的角色，能大大提高他们参与游戏的积极性。由于幼儿的能力、性格、爱好不同，在角色分配活动过程中，教师要以建议、启发的口气给予帮助，让幼儿自由组合、共同商定，找到合理的分配方法。如，出现担任角色任务过多或过少的问题，教师可启发幼儿多方考虑，可采取一个人扮演多个角色或一个角色多人扮演的方法解决问题。如在《白雪公主》表演游戏中，可由同一个人扮演“猎人”和“王子”，“白雪公主”可由多个人扮演。同时，在表演活动中还会发现幼儿扮演角色的性别差异，女孩偏爱温柔型的角色，男孩爱扮演力量型的角色，教师要针对幼儿的这些特点因材施教，给幼儿留出更多的创造空间，让幼儿知道女孩不仅适合扮演温柔的小兔子，还可以扮演老虎、大象等。

（四）培养幼儿的表演能力和水平

幼儿在表演中虽然从全身心的投入中感到满足，不在乎有无观众来欣赏，但并不是说幼儿的表演技能就不重要。因为文艺作品中的内容和情节需要凭借幼儿一定的表现技能而得以再现和展示。完成表演游戏的一个重要前提是培养幼儿的表演能力和水平。

1. 引导幼儿观察、表现和交流

幼儿由于缺乏丰富的感性经验，在表演中常常不能很好地表现出角色的主要特征。教师要积极引导幼儿进行观察、表现和交流。比如，让幼儿表演小兔子之前，教师可以通过引导幼儿观察实物小兔子，让幼儿观看小兔子的动画片以及绘画、捏塑小兔子等一系列经验准备活动，让幼儿对小兔子有一个更感性的认识和了解，然后再让幼儿来表演小兔子。

2. 教师示范表演

教师的示范表演是对孩子的重要指导。教师的示范表演，不仅可以激发孩子们表演的欲望，还可以帮助他们积累丰富的表演素材，学习各种表演技巧。教师的示范表演可以在全园的娱乐活动和节日活动中进行，比如在全园活动中，教师一起合演童话剧，也可以在班上日常游戏活动中进行，

班上的几个教师可以一起商量选择某个孩子感兴趣的故事进行表演游戏，孩子们当观众，演完后让孩子们来评价，通过这种方式让孩子逐渐学习到一些表演技巧。

3. 教师与幼儿共同表演

教师应常常参加幼儿的表演游戏，在游戏中担任某一角色，和幼儿们一起演出。教师和幼儿一起表演，有两方面的作用，一是有了教师的加入，教师可以给幼儿提供具体的表演示范，这种示范往往给幼儿以启示，让幼儿跟着学习模仿，由幼儿试着表演，逐步过渡到自己进行表演；二是教师可以利用自己的角色身份推动整个表演游戏的进程，当幼儿在表演过程中遇到困难时，教师可以用提问、建议的方法，组织幼儿讨论，以启发、帮助幼儿理解作品内容，让他们顺利地完成整个表演。

4. 对幼儿进行表演技能训练

表演技能指表演中要运用的语言表达、歌唱表演、形体与表情动作以及木偶和皮影的操作等技能，这些技能是幼儿进行表演游戏的基础。教师应在平时的游戏过程中，善于引导幼儿逐步提高这些技能。

（1）口头语言的表达技能训练

在幼儿表演游戏中，大部分的角色都是通过语言来表现的，语言表演技巧表现在对语调的处理上，即通过声音的轻重、快慢、高低、停顿等变化去表现所扮演的角色的情感。教师要分步要求与指导，首先要让幼儿能大胆地把角色的语言表达出来；其次要让幼儿能较清晰、流畅地用普通话表演；最后要让幼儿知道运用自己的语调来表达所扮演的角色的情感。让幼儿在理解领会作品的前提下，通过具体的练习和实际操作，逐步提高口头语言的表达技能。

（2）唱歌表演技能训练

歌唱表演技能包括用自然好听的声音歌唱，不大声喊叫，音调准确，吐字清晰。能根据乐曲的快慢、强弱等变化有表情地演唱。

在表演游戏中，教师指导幼儿唱歌应吐字清楚，旋律曲调要准确，快慢音量要适度，表情要符合角色的要求。例如，《小兔乖乖》中的兔妈妈唱的歌与大灰狼唱的歌虽然内容一样，但他们的语气、声调、表演是绝对不同的。只有具备较好的唱歌表演技能，才能将文艺作品的内容生动形象地展现出来。

（3）形体与表情动作表演技能训练

在进行表演游戏时，幼儿除了要运用口头语言、唱歌来表现作品的故事情节的发展，还要通过脸部表情和各种动作来表现故事，并且表演游戏需要幼儿的表情、步态、手势、动作比日常生活中的要夸张一些，要有表演的舞台效果。幼儿在表演游戏中要恰当而准确地把握每个角色的特点，并用稍夸张的表情和动作表现出来。例如，《下雨的时候》中有三个角色，小白兔上场用“兔跳”，小鸡上场用“点头踏点步”，小猫上场用“交替步”和双手“捋胡子”的动作。在指导幼儿表演时，教师可以要求他们动作幅度稍大些，并带点夸张，以充分表现出各自的角色特点。

（五）游戏初期提示幼儿故事发展的线索

表演游戏的初始阶段，幼儿可能对游戏的串联有些困难，常常会因为忘记词而产生脱节和游戏中断的现象。此时教师可以充当旁白的角色或者请能力强的幼儿担当，提示幼儿故事发展的线索或相关情节，幼儿可以根据旁白的提示做出相应的肢体动作并进行对白。

（六）游戏中期观察并引导幼儿进行表演

1. 教师观察幼儿的表现，及时给予指导

表演游戏进行了一段时间后，幼儿对情节的发展和对白已经熟悉，表演自如了许多，不再需要教师进行旁白。但由于幼儿受生活经验和表现能力等因素的限制，导致他们常常不能把握好角色特点，出现表演不适当的情况。这一阶段教师应深入进行观察，了解幼儿的游戏水平和需要并给予适宜的指导。如，在故事表演游戏《小鹿历险记》中，教师发现幼儿不知应如何表现小鹿的形象，此时教师就引导幼儿观察小鹿跑的形态，分析小鹿害怕的心理活动，孩子们互相讨论、切磋，对着镜子表演小鹿形象，最终表现出小鹿害怕寻求帮助的心理特点。又如，当教师发现幼儿表演的动作和表情与角色特点不符时，也应及时地给予帮助。在“神气的公鸡”的表演游戏中，表演“白马哥哥”的幼儿没有表现出驮着东西的感觉，教师轻声提示说：“白马是哥哥而且驮着东西，说话的声音和动作应该怎样呢？”孩子听了，很快纠正过来。有些孩子也会想出一些不符合实际或错误的动作、情节。这时，教师要启发诱导，将游戏转入正常。在游戏过程中，幼儿也会出现遗忘故事中的部分情节或对话不流畅，教师可悄悄地用语言或动作提醒，不要指责幼儿，影响其游戏的情绪。

2. 鼓励幼儿进行创造性表演

表演游戏也离不开创造，同样一个作品，一个角色，几个孩子，每次游戏的表演都有不同的效果，幼儿可以创造性地运用动作和表情、增减情节与角色、删改对话、替换词语等。作为教师要善于发现和保护这种创造性萌芽，鼓励和指导幼儿进行合理的创新，要能很好地接着幼儿在游戏过程中抛过来的“球”，充分挖掘潜在的教育价值，让幼儿顺利由作品表演向创作表演过渡。

比如，在玩“小白兔和大灰狼”的游戏时，孩子们改变了故事原有的套路，提出“小兔子很勇敢不怕大灰狼”，但这样的观点在成人看来有点不合常理，而这正是游戏的魅力所在，也是儿童文化独特性的体现。孩子们的思维灵活，想象丰富，敢于表现，他们不再甘心只当一只慌忙躲避毫无办法的“小兔子”。面对“凶狠”的“大灰狼”，他们不满足自己在游戏中的从属地位，从试探到反抗，以一种积极主动的态度投入到游戏中。教师不妨灵活机动地抓住这个机会，鼓励幼儿与“大灰狼”展开较量，斗智斗勇，使游戏能更好地满足幼儿的发展需要。可让幼儿说说为什么不怕“大灰狼”，于是可能就会出现许多“意见”，而扮演“大灰狼”的老师则可灵机一动做出逃跑状：“我好怕哟！赶快逃！”。“小兔子”纷纷来追打，逮到“大灰狼”后欢呼雀跃。那种高兴劲儿会让幼儿真正体验到游戏的快乐，同时也让幼儿感受到勇敢的力量。因此，教师在游戏过程中，要始终表现出支持和关心的态度，灵活地解决孩子在游戏中的困难，并给予及时的指导。

（七）游戏后期对幼儿的表演游戏进行正确评价

教师需提高对表演游戏的评价能力。不同的幼儿对于每个游戏都有不一样的体验，因为幼儿在表演游戏时都会自我表现，跟周围的同伴进行对照，从游戏中认识自我、他人和周围世界，从个人发展角度来看活动中取得的体验意义是重大的。因此，老师不能只建立在对同一目标为依据的评估。同样，每个幼儿在表演游戏时都是原有水平基础的表现，而且是幼儿在近期发展区里的一个活动，幼儿的游戏行为总是同自己的发展水平相一致，并在自己的发展范围内小步发展。游戏中教师应更多地进行纵向评价，应关心幼儿与以前相比是否进步，最好不要将幼儿与其他幼儿进行横向的比较。

教师要认识到表演游戏的评价是一种过程性评价，教师应通过观察幼儿在整个表演游戏过程中

的表现，来评价和指导幼儿。在评价幼儿时，教师不应扮演“裁判”的角色来评定幼儿表现的“好坏”，也不应扮演答案的提供者来告诉幼儿应该如何做。教师要把评价的权力交给幼儿，让幼儿进行自评和互评。比如在表演游戏结束后，组织幼儿一起探讨你们觉得哪位小朋友表演得好，为什么？教师应不断激发幼儿思考，让他们自己发现存在的问题，提出解决问题的方法。当发现幼儿在游戏中缺乏有关的知识经验时，教师可以通过提问使幼儿产生有关“问题”的意识，让幼儿带着问题在游戏活动以外去寻找相关的信息而不是当场告诉幼儿答案。

三、各年龄段幼儿表演游戏的特点及指导重点

（一）小班幼儿表演游戏的指导

1. 小班幼儿表演游戏的年龄特点

（1）组织能力弱，整个表演游戏要依存于教师的指导

小班幼儿的游戏组织能力较弱，再加上他们初步接触表演游戏，对表演游戏的整个流程不是特别熟悉，在进行表演游戏前，需要教师为幼儿准备好服装和道具，并根据幼儿的特点参与角色分配，帮助幼儿分配好角色，在游戏过程中需要教师提醒幼儿什么时候出场表演，表演时应该说什么，他们在表演游戏中的角色行为表现较被动。

（2）角色意识差，合作意识不强

小班幼儿的角色意识较差，具体表现为：有的幼儿连轮到自己出场了还不知道；有的幼儿演着演着就忘了自己演的是谁，往往看到别人在做什么，只要自己感兴趣，不管自己的角色是不是该这么做，就会跟着做；有的幼儿表演时不能坚守岗位，会到处去玩玩等。此外，小班幼儿的合作意识也较弱，大多数幼儿都喜欢独自游戏，在进行表演游戏时，很难与同伴一起合作进行表演，表演的往往只是自己感兴趣的某一个片段，比如模仿小兔子摔跤的动作、红太狼打灰太狼的动作等，很少有与同伴之间的互动表演。

（3）语言表达能力有限，喜欢用动作来进行表演

语言表达能力方面，小班幼儿虽已能讲述自己生活中的事情，但由于词汇贫乏，表达显得不流畅，常常带有一些多余的口头语，还有少数幼儿甚至显得口吃。同时，他们在集体（如班级）面前讲话往往不大胆、不自然。正因为如此他们在进行表演游戏时喜欢用动作来表现，往往较少运用语言。

2. 小班幼儿表演游戏的指导重点

（1）选择适合小班幼儿的故事

小班幼儿动作发展先于语言，这就要求我们老师选材时应注意故事中的语言对白应简练，且重复多，动作表现性强。《小兔乖乖》是小朋友们非常喜爱的故事，它语言的简洁通俗和动作表现的起伏、童谣式的歌曲使孩子们乐此不疲，而《三只羊》在动作表现上相对来说就不够理想，有许多孩子不爱扮演“狼”这个角色，就是因为“狼”始终躲在山洞里。如果教师能把故事内容适当改编一下，把山洞里的狼“放出来”，还给大灰狼“自由”，让它神气活现地来回走一走，我想孩子们一定会表演得更加投入。所以，当表演游戏作品不利于激发幼儿表演兴趣时，教师应该对表演游戏作品

加以改编，使之有利于调动幼儿表演的积极性，进而发挥其潜力。

（2）让幼儿充分理解故事内容

幼儿只有真正熟悉、理解了故事内容，才能把故事表演表现出来。比如，小班故事《小铃挡》中有小猫、小狗、小羊和小兔四个主要人物，通过小猫有漂亮的铃铛引出分享的主题。情节简单易懂，可是要想让孩子们真正理解故事内容，就需要老师适当的引导。教师可以先参与到孩子们的游戏中，一边游戏一边惟妙惟肖地讲述故事，引领孩子们融入故事的氛围中。当讲到小花猫得到了朋友的帮助，终于肯拿出自己的好东西和大家分享时，教师可以用疑问的口气问幼儿："为什么小花猫一开始不肯把小铃铛给小动物戴，而现在又肯了呢？"这时孩子们的心思已经全在故事里了，自然而然地说出了："他怕小动物们给他弄坏了。""因为小朋友们帮助他了。"再进一步帮助幼儿分析，孩子们终于理解了故事的内容，懂得了好东西要和大家一起分享。

（3）丰富幼儿的表演经验

这里所说的丰富表演经验并不是教给幼儿怎样说、如何做，也不是让幼儿呆板教条地模仿，而是要让小班的幼儿逐渐学会大胆、自然地与人交往。小班幼儿的语言表达能力较弱，他们大多不敢大胆自然地在集体面前讲话，表演游戏首先要让幼儿学会大方地讲话，幼儿敢说敢讲是开展表演游戏的基础。教师需要给他们创造尽可能多的说话机会，创设形式多样的"说"的情景。教师应在生活经验的讲述、表演上下工夫，让孩子们表演"我上幼儿园""我的家"，让他们自己做妈妈、做孩子，来模仿和表演生活中最常见的一些事情，从而逐渐丰富他们的表演经验，使他们在集体面前学会大胆讲话。

（4）给幼儿做示范表演

爱模仿是小班幼儿突出的年龄特征，他们喜欢模仿老师、家长和伙伴。他们正处在模仿中学习、成长的阶段，模仿可以成为他们的学习动机，也可以成为他们学习他人经验的过程。

小班的表演游戏很大程度上都是以模仿为主，需要教师有感情地讲述故事，用不同的语调表现不同的说话声，并伴有栩栩如生的动作，表情丰富的为幼儿做示范表演。比如，教师要组织幼儿玩表演游戏《拔萝卜》，教师游戏前准备好一个纸质"萝卜"，然后教师先开始拔"萝卜"，做拔萝卜的动作，边做边呼唤旁边的幼儿："小朋友们，开来看呀，老爷爷种了一个大萝卜，我一个人拔不动呀，谁来帮我一起拔萝卜"！一旁的幼儿听见了，于是跑到教师身后加入进来，也模仿拔萝卜的动作，教师又喊"老爷爷的萝卜太大了，小花猫，快来帮我们拔萝卜"……游戏就这样开始了。

（二）中班幼儿表演游戏的指导

1. 中班幼儿表演游戏的年龄特点

（1）能独立完成角色分配任务，但角色更换意识不强

在有头饰的情况下，中班幼儿能较顺利地完成角色分配任务。他们能正确地挑拿头饰，在戴好头饰后，先要经过一段无所事事或者嬉戏打闹的过程，然后才渐渐进入游戏的计划、协商阶段。他们的角色更换意识不强，比如，某个幼儿如果第一次表演时扮演的是厨师，那么在他后续的表演活动中总会选择这个角色继续进行游戏。

（2）中班幼儿以愉悦为游戏目的，任务意识不强

在表演游戏中根据幼儿行为目的程度的不同，可将幼儿角色行为分为目的性角色行为与嬉戏性

角色行为。目的性角色行为是指幼儿围绕故事内容扮演角色，认真再现故事。嬉戏性角色行为是指幼儿按自己的兴趣扮演角色，嬉戏打闹，他们玩的内容可能与故事内容有关也可能无关。观察中班幼儿的表演游戏，我们发现，中班幼儿的角色任务意识不强，他们在游戏中的嬉戏性角色行为多于目的性角色行为。比如，他们会因布置场地和装扮自己而忘记了“表演”。

在中班幼儿进行表演游戏的最初阶段，他们关注故事情节及角色的特点、对话等，因而目的性角色行为较多。随着游戏时间的延续，幼儿对故事有了自己的理解和想法，感兴趣的东西逐渐增多，嬉戏角色行为也随之增多。比如，他们不满足于原来的故事情节，而对情节进行任意的发挥和改编，如，在《三只小猪》中猪老大不满被大灰狼吹倒房子，就变成了“奥特曼”追打大灰狼，接着猪老二和猪小弟也都变成了奥特曼不断地追打大灰狼，最后游戏变成了打架。

（3）角色扮演以一般性表现为主，以动作为主要表现手段

幼儿的目的性角色行为分为三种：被动性表现（幼儿需要他人的提示、告知才能扮演角色）、一般性表现（幼儿说话语气平淡，表情单调）、生动性表现（幼儿能够逼真形象地扮演角色，他们能用夸张但适宜的语气、语调、动作、表情等去表现角色）。而中班幼儿的表演游戏以一般性表现为主，在角色对话中感觉像是在背对白，动作、表情、语气都显得很生硬，角色间没有真正的交流。这一方面是因为中班幼儿的角色扮演意识不强，还不能很好地区分日常行为与扮演行为；另一方面中班幼儿的语言、移情能力等也限制他们的角色扮演能力。

此外，中班幼儿在再现故事内容、扮演角色时所运用的表现手段，包括语言、动作、表情、混合手段（指动作、语言、表情的综合运用）等方式，中班幼儿主要以动作为表现手段。之所以如此，一方面可能是受其言语表达能力的限制；另一方面，他们对动作更有兴趣。

2. 中班幼儿表演游戏的指导重点

（1）与幼儿共同商量选择故事，引导幼儿进行角色分配

对于中班幼儿而言，教师可以给他们更多的自主权，和他们一起商量并选择进行表演游戏的故事。确定了所要表演的故事后，接下来就轮到了角色的划定和角色的分配。教师要关注幼儿游戏的角色分配，引导幼儿一起商量，想办法解决角色分配中的问题，比如，引导幼儿在小组内进行自主的讨论：“这个游戏需要几个人来演？我们有几个人？人多了怎么办？人少了怎么办？还有什么好办法？

（2）营造开放式的游戏氛围

中班幼儿的表演能力相对小班有所提高，他们对游戏的内容、情节、角色已经有了浓厚的兴趣，但他们往往是边游戏边构思，游戏情节简单，还会随时变更内容和角色。对于实物、形象玩具、半成品、废旧物品和替代物品等游戏材料，他们还不能充分利用。虽已有交往意识，但语言交流简单，不会用角色语言进行交流和发展情节。因此，教师要正视中班幼儿的游戏水平，努力营造开放式的游戏氛围，提供可操作性的游戏材料以鼓励幼儿自主选择，让幼儿有充分时间和自由进行表演，心理无压力和负担。

（3）适时参与表演，提供适当的示范

对于中班的幼儿而言，他们的角色意识较强，能够按照自己选定的角色开展游戏。在游戏一开始，不需要教师进行示范，教师的示范表演可适当减少，当他们在表演过程中困惑为难时，教师可以参与到表演游戏中，为他们提供恰当示范，但要注意语言的讲解和提示，不是手把手地教，而是

用夸张的语气、动作给幼儿做示范启发带动幼儿继续进行表演。但要注意教师参与角色的指导不宜过多，当孩子建立起表演意识、角色互换的意识时，就应该用鼓励的方式来强化。

（4）组织幼儿自主讨论，提升幼儿游戏经验

在游戏结束后，教师可以组织中班幼儿自主讨论评价自己在游戏中的表现，比如“你们觉得谁演得好啊？”“为什么他演得好？”“怎么样演才能更好？”“大老虎的牙被拔掉了，大老虎会这样算了吗？如果你是大老虎，你会怎么做？”允许并鼓励幼儿想象创造，改编故事。通过让幼儿自评、互评以及教师评价等多种形式，让幼儿在分享评价中开拓思路，丰富游戏内容，提升游戏水平，指导幼儿逐渐掌握游戏规则和表演技能，逐渐学会独立解决问题。比如，当孩子用自己想出的方法，满以为会骗取灰太狼的信任时，偏偏被灰太狼识破，让孩子从计策的严密性、表现的逼真性上再做文章，想办法成功骗取灰太狼的信任。

（三）大班幼儿表演游戏的指导

1. 大班幼儿表演游戏的年龄特点

（1）有较强的任务意识，游戏的目的性、计划性较强

与中班幼儿相比，大班幼儿能独立完成角色分配任务。在投放头饰后，大班幼儿会积极地争抢头饰。戴上头饰后能迅速形成角色认同，进入游戏协商、计划阶段。大班幼儿更为关注同伴的行为和游戏的发展，较少游离于游戏之外。大班幼儿在游戏开始前能就游戏的规则、情节、出场顺序进行协商；进入游戏后的伙伴交往内容则集中在动作和对白方面，并且能够相互小声地、悄悄地提示或告知。在一轮游戏之后会通过协商更换角色。整个游戏过程呈现出计划、协商、合作表现故事，再计划、协商的鲜明的阶段性特征。

（2）有较强的角色扮演意识和角色更换意识

大班幼儿能独立完成角色分配任务，角色扮演意识较强，他们能够自觉地等待着自己“上场”时候的到来，而且在扮演角色时能注意语气、语调与日常言语动作的区别。还有很强的角色更换意识，在一轮游戏之后会通过协商的方式更换角色。

（3）具备一定的表现技巧，能灵活运用多种表现手段

大班幼儿已经不只是简单地再现故事，而是能够根据自己的理解塑造角色，调整对白与动作。他们能根据具体情况灵活运用动作、语言、表情等各种手段来再现故事内容，具有较高的表现能力。大班幼儿对故事的理解能力和驾驭语言、动作、表情等的表现能力的提高有助于他们的角色扮演。尽管大班幼儿相对于中班幼儿而言，具有一定的表演意识，表演能力更强，但他们的表演技巧和表现水平还有待进一步提高。

2. 大班幼儿表演游戏的指导重点

（1）让幼儿自己商量确定故事和分配角色

大班幼儿有较强的角色扮演意识，能独立完成角色分配任务，教师应充分正视大班幼儿的游戏水平，给他们更多的自主权，让他们自己商量确定他们想要表演的故事，确定故事后教师可以与他们一起制作游戏道具、布置游戏环境。然后让他们自己沟通、协商进行角色分配。大班幼儿也不再需要教师提示“谁要上场了”，他们在游戏开始前能就游戏的规则、情节、出场顺序进行协商，游戏中会相互小声地提示，完玩一轮游戏后，他们会主动自己协商更换角色。

（2）及时给幼儿提供反馈

随着大班幼儿表演游戏的展开，教师可以不用再像指导中班幼儿那样参与到游戏中，进行示范表演，教师可以在旁边观察他们的游戏进展情况，及时给他们提供反馈，提高他们表现故事、塑造角色的能力。对大班幼儿来说，反馈的侧重点应放在如何塑造角色上。要帮助幼儿注意运用语气、语调、夸张的动作、生动的表情来塑造角色，将丰富游戏情节与提高幼儿表现能力同步进行。

（3）启发幼儿改编故事，鼓励幼儿在表演中创新

在大班表演游戏中，大班幼儿会根据自己对作品的理解，运用已有的知识经验，创造性地进行表演，教师要善于发现和保护这种萌芽，鼓励和指导幼儿在不违背原有作品的基础上进行合理的创新。例如，在表演《小熊请客》活动中，幼儿改变了用石头砸大灰狼的方法，而是在食物中放了毒药以后扔出去让大灰狼吃，从而毒死了大灰狼。有的幼儿则准备了手枪，打开门把手枪对准大灰狼……幼儿大胆地创造、改编，沉浸在创作的乐趣中。

教师要及时发现和捕捉幼儿的这些闪光点，及时地给予较好的评价，激励幼儿发挥创造性。教师还可为大班幼儿提供各种类型的表演游戏材料以鼓励幼儿进行多样化的表演探索。在幼儿表演完后，还可以让幼儿相互评价，有意识地引导幼儿从创造性方面进行重点评价。这样幼儿在思想中就会有这样的意识：我把自己的想法说出来，演出来，老师就会表扬我，说我爱动脑筋，表演得好。通过这种方式让幼儿在游戏中产生创造意识，这样幼儿的创造能力在表演游戏中将得到充分地发挥、发展。

第三节　表演游戏的设计与评价

一、表演游戏的设计实例

（一）小班表演游戏的设计

表演游戏与其他游戏有一个很大的不同，就是表演游戏是从故事开始进入游戏的。教师在设计小班表演游戏时，应首先根据小班幼儿的年龄特点选择适合小班幼儿的故事，小班幼儿初次接触表演游戏，教师可以先设计一个活动，让小班幼儿观看大班幼儿表演该故事的视频，通过大班的示范表演，让幼儿对整个故事表演有一个完整的印象，引发幼儿表演的兴趣；接着教师可以组织第二次活动，引导幼儿学习角色对话，和幼儿一起表演故事；第三次活动，幼儿在教师辅导下学演故事的内容，学演每个角色的语言、动作和表情；最后一次活动，教师指导幼儿分组独立表演故事内容。下面我们以故事《拔萝卜》为例介绍小班表演游戏设计的具体步骤。

1. 第一次活动：让幼儿观看表演游戏《拔萝卜》

（1）活动要求

① 在多次观看、感受表演游戏《拔萝卜》的基础上，知道名称，熟悉情节，理解内容，对表演游戏有一个完整良好的印象，引起学习的兴趣和愿望。

② 培养幼儿观看表演的好习惯：用心听、专心看、看好后有礼貌地鼓掌。

③ 在观看表演的过程中，让幼儿逐步知道人多力量大的道理，并体验获得成功的欢快情感。

(2) 活动准备

首先是知识准备，让幼儿认识萝卜，知道萝卜是长在地下的；并初步了解萝卜的生长过程：种下萝卜籽、浇水，用锄头锄地、锄草、施肥……，萝卜才能长好、长大。

其次是道具方面的准备，教师做好大萝卜、服装、头饰等道具。

(3) 活动过程

① 交代任务，引发兴趣。

小朋友快看，谁来了？（一位教师扮演老公公扛着锄头，手拿水壶随着音乐上场）一起问："老公公好！"老公公："小朋友好！我要去拔萝卜。"（随音乐下场）

下面请看表演"拔萝卜"。

② 让幼儿观看表演视频，帮助幼儿掌握表演的内容。

小朋友看看表演里有谁？是谁来帮老公公拔萝卜的？给幼儿播放大班幼儿的表演视频，看完后提问。老师和幼儿一起小结：表演里有老公公、老婆婆、小弟弟、小妹妹、小狗和小猫。

让幼儿看表演视频第二遍，掌握角色出场顺序。

哥哥姐姐表演得真好，小朋友一边看时一边要想想：表演里讲了一件什么事？谁最先出来拔萝卜？谁是第二、第三？第四个出来帮忙拔萝卜的是谁？最后是谁出来帮助拔萝卜？

观看后教师提问：

表演里讲了一件什么事？（拔萝卜的事）

谁先出来拔萝卜？（老公公）

老公公一个人拔动了吗？（没有）又叫谁来帮助拔萝卜？（老婆婆）

老公公、老婆婆两个人拔动萝卜了吗？（没有）又叫谁来帮忙拔萝卜？（小弟弟）

老公公、老婆婆、小弟弟拔动萝卜了吗？（没有）又叫谁来帮忙拔萝卜？（小妹妹）还叫了谁？（小黄狗）最后又叫了谁？（小花猫）

都是谁帮忙拔萝卜？

幼儿按角色出场顺序说出角色的名称（重复两遍）。

让幼儿观看表演视频第三遍。

小朋友，我们再看哥哥姐姐表演一遍，看看他们是怎样拔萝卜的？观看后提问。幼儿回答后小结：他们是用力拔萝卜的。怎么用力拔萝卜的？我们学学看。（幼儿站起，边唱边做拔萝卜的动作）

(4) 活动结束

教师出示道具，全班幼儿一起边唱拔萝卜的歌曲，边做拔萝卜的动作，老师边拍手，边和幼儿一起跳跃说：呀！大萝卜拔出来了，大萝卜拔出来了！真开心！真开心！

2. 第二次活动：师生合演《拔萝卜》

(1) 活动要求

① 在多次感受的基础上，初步学会重复句，较牢固地掌握角色出场的顺序。

② 咬准字音：长、拔萝卜、婆婆、妹妹、快来帮忙。

③ 激发幼儿想表演的愿望。

④ 让幼儿懂得团结起来力量大的道理，并体验获得成功的欢快情感。

（2）活动准备

做好大萝卜、服装、头饰、布偶玩具等道具。

（3）活动过程

① 引发兴趣，交代任务。

小朋友这是什么？（出示道具大萝卜）一个人能拔动吗？（拔不动）我们请谁帮忙拔萝卜？（老师和幼儿一起按角色出场顺序叫每个角色的名字）“老公公！老公公！快来帮忙拔萝卜”（老公公出场）“老婆婆！老婆婆！快来帮忙拔萝卜”……。（依次叫出小弟弟、小妹妹、小黄狗、小花猫等布偶道具）

② 幼儿学习。

让幼儿观看视频的示范表演：我们看表演时要记住谁拉着谁？他们是怎么说的？看后提问：拔萝卜时，老公公拉着谁？（萝卜叶子）谁拉着老公公？（老婆婆）谁拉着老婆婆？（小弟弟）谁拉着小弟弟？（小妹妹）谁拉着小妹妹？（小黄狗）谁拉着小黄狗？（小花猫）

③ 师生合演，学对话。

第一步：老师扮演老公公，幼儿扮演老婆婆。

师：老婆婆！老婆婆！快来帮忙拔萝卜。

幼儿：哎！来了！来了！

师生一起边做拔萝卜的动作边唱“拔萝卜、拔萝卜……”。

第二步：请女孩子扮演老婆婆、小妹妹，男孩子扮演老公公、小弟弟，老师扮演小黄狗、小花猫，练习对话和表演。

④ 教师出示毛绒玩具表演，幼儿配音。

小朋友们都学会了对话，请布偶玩具出来表演，我们当配音演员好吗？最后拔萝卜时，我们站起来，在位子边一起帮忙拔萝卜，看谁拔得最用力。

（4）活动结束：激发幼儿高兴的情感

师：大萝卜拔出来了，高兴吗？怎么说？

幼儿一起说：萝卜拔出来了！萝卜拔出来了！

师：怎么样表演，让人家一看就知道你是最高兴的？

让幼儿边讨论边做动作。（拍手、跺脚、跳跃、声音大、脸上笑嘻嘻的……）

师：我们用最高兴的动作告诉别人，大萝卜拔出来了，好吗？（幼儿一起高兴地说一遍）小朋友快来！我们一起把大萝卜抬回家。（幼儿一起做抬大萝卜的动作，边听音乐边按节拍走动下场）

3. 第三次活动：幼儿在教师辅导下学演《拔萝卜》

（1）活动要求

① 在多次感受和学习的基础上，要求幼儿初步学会表演。

② 激发幼儿的表演愿望和自信心，要求声音较响亮，语言较清楚。

③ 基本上能掌握语言表现手段和非语言表现手段，重点练习老公公的动作，激发欢快的情感。

④ 让幼儿懂得团结起来力量大的道理，并体验获得成功的欢快情感。

（2）活动准备

知识准备：幼儿学会粘、画老公公和小花猫的胡须。

物质准备：萝卜道具、绒布教具、老婆婆的头帽、小姑娘的蝴蝶头结、小黄狗、小花猫的头饰。

（3）活动过程

① 引发兴趣，交代任务。

拿出萝卜道具，小朋友这是什么？“萝卜”；

今天我们又要学演拔萝卜了，高兴吗？

② 幼儿学演“拔萝卜”。

老师给你们表演一遍“拔萝卜”（出示绒布教具），小朋友要仔细看看萝卜是怎样拔出来的？

看后提问。小结：大萝卜是大家一起用力拔出来的。

分段练习表演：老师带幼儿扮演每一个角色，按着表演的顺序，学演每个角色的语言、动作、表情。

第一，学演老公公的动作、语言（语速慢、语调低）。

学习老公公的出场动作。（听音乐，按音乐节拍学老公公走路）

学习种萝卜的动作，用锄头锄地，撒种，盖土，浇水，观看。

学习萝卜长大的动作及老公公看萝卜长出来时高兴的动作与表情。

第二，学演老婆婆的动作、语言、表情。（走路的动作、语速慢、语调低）

第三，学演小弟弟、小妹妹的动作、语言、表情。（蹦蹦跳跳走路，语调高）

第四，学演小黄狗、小花猫的动作、语言、表情。（律动、叫声）

③ 全班幼儿一起表演一次。

小朋友，你们看这是什么？出示老公公的胡须、老婆婆的头帽、小姑娘的蝴蝶头结、小黄狗、小花猫的头饰。（边出示边戴在头上）

这些道具是老师为小朋友准备的，每个角色请四个幼儿扮演，共分四大组。（请能力强的幼儿当老公公）

要求：戴头饰和化妆时要互相帮助。每一组的老公公拉着一个萝卜的叶子。

④ 老师边辅导边演一遍，演后讲评。

教师表扬表演认真、动作形象、声音响亮的幼儿。表扬化妆认真并互相帮助的幼儿。

（4）活动小结

大萝卜的营养可大了，吃了萝卜，身体好。老师念儿歌：萝卜好，萝卜好，又脆又嫩味道好，红烧萝卜香又香，小朋友吃了营养好。

我们一起把大萝卜送到厨房间，烧菜给大家吃好吗？（幼儿一起做抬萝卜的动作下场）

4. 第四次活动：幼儿分组独立表演《拔萝卜》

（1）活动要求

① 在多次感受，边感受边学会表演的基础上，初步做到人人会表演。

② 具备表演愿望和自信心，初步做到声音较响亮，较大胆地进行表演。

③ 懂得团结起来力量大的道理，并体验获得成功的欢快情感。

（2）活动准备

准备六组表演道具，对能力差的幼儿在游戏前适当进行辅导。

（3）活动过程

① 引发兴趣，交代任务。

小朋友！今天老师为你们准备了许多大萝卜，数数看是几个？（六个）对，是六个大萝卜。我知道每个小朋友都会演！所以，今天我们分六组，每个小朋友都参加表演好吗？为了演得更好，我们一起再练习练习。

② 幼儿练习和表演。

第一，请能力强的幼儿演一遍。谁愿意先到台上来演？（有意识请六个能力强的幼儿）小朋友看看他们谁演的好？表演后提问：你们觉得谁演得好？为什么？请幼儿讲清楚演的好的人及好的地方。教师根据情况给予肯定。

第二，练习难点。

首先，练习老公公的动作和语言。

练习老公公走路、种萝卜的过程及用较慢、低沉、粗的声音、语调讲话。

其次，练习拔萝卜的不同表情。

“哎！还是拔不动。”讲这句时，两手要摊开，皱着眉头，用发愁的语调讲出。

“萝卜有点动了，我们再用力拔呀！”讲这句时，眼睛要看着萝卜，表现高兴的神情。

“萝卜拔出来了！”讲这句时语调提高，并要拍手蹦跳欢呼。

③ 幼儿分成六组表演。

老师念出六组名单，并向幼儿提出表演要求，第一，幼儿互相商量，自报公议，分配角色。第二，互相化妆，共同布置场景。第三，每人搬自己的小椅子，在自己组坐好，用心看，轮到自己出场时再上场。第四，演完放好自己的椅子和道具。两位老师巡回指导幼儿表演。

（4）活动结束

我们小朋友的本领又大了，又学会了一个表演，可以每天到“小小电视台”去表演。提醒幼儿整理好道具，结束。

（二）中班表演游戏的设计

教师应从中班幼儿的兴趣特点出发，选择设计符合他们年龄特点和能力水平的表演游戏。下面我们以故事《小羊和狼》为例介绍中班表演游戏设计的具体步骤。

1. 第一次活动设计：教师讲述故事，让幼儿理解故事内容

（1）活动要求

让幼儿理解故事内容，对故事中重复次数较多的句子进行复述。

（2）活动准备

根据故事内容绘制背景图和故事中动物形象的图片。

活动前组织幼儿讨论、通过动作的模仿和语言的描述，了解小花猫、小黄狗、白马、大象以及小羊等不同动物动作的特点。

（3）活动过程

① 引起幼儿听故事的兴趣，介绍故事名称。

调动幼儿经验，大灰狼是什么样的？出示小羊的图片，提问：“这是谁？老狼想要吃小羊，你

们猜小羊被老狼吃掉了吗？”鼓励幼儿大胆说自己的想法。

② 教师边操作教具边完整地讲故事，感受扣人心弦、引人入胜的故事情节。

教师提问：“故事中有哪些小动物？讲了一件什么事？”“再仔细听一听，小动物们对小羊说了什么？是用什么方法帮助小羊的？”教师再一次讲故事，来进一步熟悉故事情节。

④ 了解在帮助小羊的过程中小动物不同的动作特点。

引导幼儿讨论：“当知道大灰狼要吃掉小羊的时候，小羊是什么心情？它又怎么做的？小动物对小羊说了什么？小动物是怎样商量的，又是怎样做的？”鼓励幼儿用语言和肢体表现进一步了解小动物不同的动作特点。

⑤ 引导幼儿初步学会概括故事的主题。

提问：“为什么小羊那么害怕？”丰富凶狠、霸道等词汇。“老狼那么凶狠，小动物为什么还能战胜它？”

（4）活动结束

教师小结：只有大家一起想办法动脑筋、一起合作，共同努力，就能战胜困难。

2．第二次活动设计：教师通过示范表演引导幼儿试演

（1）活动要求

① 感受游戏的愉悦性，懂得团结起来力量大，同伴间要互相帮助。

② 练习表演能力，发挥其想象力和创造力。

（2）活动准备

首先是场景布置，小羊家，家附近有大树，有条小河，在小羊家里有一只火炉。树可用一张绑了几根树枝的高椅子代替，小河用粉笔画出来。小羊家门用两张小椅子代替，火炉则用一张小桌子代替。其次是小羊、老狼、小猫、小狗、白马、大象的图片或头饰若干个。

（3）活动过程

① 活动导入。

首先以提问“小朋友还记得昨天讲的小羊和狼的故事吗？”的方式导入到活动主题，然后和小朋友们一起回忆故事，掌握故事情节和角色对话。

② 示范表演。

出示小羊、老狼、小猫、小狗、白马、大象的图片或头饰，让孩子们了解故事中的角色。

通过图片或头饰来示范表演情节的第一部分：狼要吃小羊，小动物们来安慰小羊，掌握故事中角色的对话。

③ 幼儿自由试演，教师指导。

将班上孩子每八个人一组扮演一个角色（小羊、小猫、小狗、白马、大象），然后找一个幼儿扮演老狼（如果没有人扮演，就由老师来演）。

幼儿通过故事语言、动作把故事中的角色表演出来，在表演过程中教师加以指导。

④ 观摩表演。

每一个角色请一个小朋友来扮演，其他小朋友欣赏他们的表演。

（4）收拾材料，游戏总结

教师总结：刚才我们一起帮助小羊，没有让他被老狼吃掉，小朋友是不是很高兴。

3. 第三次活动设计：教师引导幼儿分组合作表演

（1）活动要求

① 会利用游戏材料和替代品布置简单的游戏场景。

② 较为连贯地进行角色对话、动作，愉快地合作表演。

（2）活动准备

自制房子、树、小河等道具。

（3）活动过程

① 请个别幼儿示范表演不同角色性格特征。

② 集体练习狼出场时的语气、动作，小羊害怕、伤心地哭的声音、表情。

③ 提出本次游戏的要求。

④ 幼儿分组游戏，重点鼓励幼儿用夸张的动作来表现大灰狼和小羊。

（4）游戏评价

游戏结束后，教师组织幼儿一起讨论，请幼儿自己评价一下谁表演得好？为什么？

4. 第四次活动设计：教师引导幼儿有创意的表演

（1）活动要求

① 大胆想象故事情节，有创意地进行表演。

② 能安静倾听老师和同伴对游戏的评价。

③ 爱惜玩具材料，如有条理地整理玩具并放回原位。

（2）活动准备

事先排练好故事表演《小羊和狼》，游戏所需要的各种材料。

（3）活动过程

① 请一组幼儿示范表演故事《小羊和狼》，其他幼儿安静观看。

② 你有不一样的表演吗？

③ 提出游戏要求：愿意有创意的表演故事情节。小组幼儿合作布置场景，遇到困难协商解决。

④ 幼儿分组表演。

（4）游戏评价

重点表扬游戏常规好的小组，以及会进行创意表演的幼儿。

（三）大班表演游戏的设计

大班的幼儿相对于小中班的幼儿而言，他们的理解能力、表演能力都更强，教师可以选择一些情节相对复杂些的和富有寓意的故事让幼儿进行表演。下面我们以故事《金鸡冠的公鸡》为例介绍大班表演游戏设计的具体步骤。

1. 第一次活动设计：教师通过讲述、提问让幼儿理解故事

（1）活动目标

① 通过反复地听故事，使幼儿能记住故事的名称、角色，理解其内容，对故事有个完整良好的印象，引起学习的兴趣和愿望。

② 在听故事的过程中，能找出故事中优美的语句，并能初步理解其词意。

③ 在边听、边议故事的过程中，使幼儿知道公鸡因为贪吃，又爱听恭维的话才上当受骗。

（2）活动准备

《金鸡冠的公鸡》的故事图片和录音，公鸡木偶。

（3）活动过程

① 导入活动。

出示公鸡木偶，激发幼儿学习的兴趣。

教师：小朋友，你们看谁来了？（公鸡）它不是一只普通的公鸡，它是一只“金鸡冠”的公鸡。

教师介绍故事名称：今天老师就给小朋友讲讲它的故事，故事的名字叫《金鸡冠的公鸡》，仔细听听故事里有谁？

本环节教师以出示木偶公鸡的形式引题，符合幼儿的具体形象性特点，为后面活动的开展做了铺垫。同时，向幼儿抛出问题，为此，小朋友们最想知道的是这个故事讲了什么？故事里有谁？

② 听故事。

教师结合图片讲故事一遍后提问：“故事的名字叫什么？故事里有谁？（猫、公鸡、画眉鸟、狐狸）”

③ 教师再讲一遍故事。

教师讲完后提问：“请小朋友想想公鸡被狐狸捉走几次？狐狸每次是怎样骗公鸡的？狐狸每次骗公鸡说的话一样吗？”

教师示范狐狸第一次骗公鸡和第二次骗公鸡的语言，让幼儿讨论有什么不一样？

教师示范狐狸第三次骗公鸡的语言，请小朋友讨论和第一次、第二次有什么不一样？为什么？

幼儿讨论后小结：狐狸很狡猾，为了把公鸡骗出来，所以三次说的话都不一样。

教师提问：“公鸡为什么会被狐狸捉走那么多次？公鸡有没有缺点呢？”

幼儿讨论后小结：公鸡有缺点，因为贪玩，爱听好话，所以才受骗的。

教师提问：这个故事很好听，里面有许多优美的句子，找出来好吗？（听故事录音）听后组织幼儿讨论：画眉鸟、猫叮嘱公鸡什么？什么叫叮嘱？（“叮嘱”就是告诉一遍又一遍，告诉一遍又一遍。画眉鸟、猫再三告诉公鸡要听话，不要上狐狸的当，受狐狸骗。）公鸡为什么忍不住？什么叫忍不住？（因为贪吃，听狐狸说不给他吃小豆，就赶紧把头伸出了窗口说：“干什么不给我吃！”）

教师提问：狐狸把公鸡捉走，走过了什么地方？什么是黑幽幽的森林？（就是一大片很偏僻、很安静，光线很暗的森林。）什么叫急腾腾的河？（就是水流很急，水的浪花像跳起来一样。）什么是高耸耸的山顶？（就是山很高很高，很陡很直，很难爬上去。）画眉鸟和猫去救公鸡时，在狐狸洞前唱了什么？

本环节通过教师的语言示范，引导幼儿在讨论的基础上理解故事的内容和主要情节。幼儿很快地明白狐狸为什么对公鸡的三次对话都不一样，知道公鸡因为贪玩，爱听好话，所以才上当受骗。

（4）活动总结

今天我们听了三遍故事，你们想不想表演这个故事？下次我们就来表演吧。

2. 第二次活动设计：组织讨论启发幼儿学习表演角色

（1）活动目标

① 在初步熟悉故事情节的基础上，学习狐狸和公鸡的对话以及猫和画眉鸟的语言，并尝试学习旁白。

② 初步学会用表情、动作、语调的变化进行表演，并大胆地参与表演。

（2）活动准备

狐狸、公鸡、猫、画眉鸟等动物头饰。

（3）活动过程

① 交代任务。

老师知道小朋友都想上台为大家表演，老师也很想表演，现在老师来表演，谁来帮老师讲旁白。

② 老师表演一遍，幼儿分析、讨论学习。

教师提问：狐狸用什么样的语言、动作骗公鸡的？（狡猾的声音）怎样才能表现出狐狸狡猾的样子呢？

引导幼儿分析讨论后小结：狐狸的声音要尖尖的，声音要拉长，身体要扭来扭去，眼珠子要转来转去。

公鸡被狐狸捉走后，心里怎样想的？用什么样的声音来向猫和画眉鸟求救？

幼儿讨论后小结：公鸡很着急、很害怕，声音要喊的越来越大，猫和画眉鸟才听得见。公鸡不听话，一次一次地被狐狸捉走，猫和画眉鸟怎么想的？怎么做的？

幼儿讨论后，学习猫、画眉鸟和公鸡的对话。

反思：此环节充分体现了幼儿启发性和创造性原则，启发幼儿进行思考，启发鼓励幼儿创造性的表现狐狸、公鸡的语言和动作。运用分析、讨论法引导幼儿积极地参与讨论，表达自己的观点，使幼儿的语言表达能力得到锻炼。

③ 请个别幼儿带上头饰表演，幼儿集体配旁白。

（4）活动延伸

今天小朋友们观看了表演，你们喜欢表演吗？如果大家都来表演，我们的道具又不够，怎么办呢？（小朋友讨论）小朋友们你一句我一句议论开了，于是，生成了第三次活动。

3. 第三次活动设计：教师引导幼儿制作表演道具

（1）活动目标

① 学习用废旧材料表现头饰、服装等表演工具。

② 运用基本元素的发散性联想：寻求相同的表现方式进行学习表现。

③ 操作完毕后，将桌面、地面收拾干净。

（2）活动准备

① 各种废旧材料（如：塑料袋、编织绳、碎布、纸袋、挂历纸、卡纸、纸盒等）

② 剪刀、双面胶、透明胶、胶水、油画棒、牛筋等。

（3）活动过程

① 教师提问：小朋友们你们想表演《金鸡冠的公鸡》吗？那么，你们想自己做表演道具吗？今天，老师给小朋友准备了许多材料，我们一起来看看吧。

② 教师引导幼儿观察老师提供的操作材料，让幼儿思考这些材料可以做什么。

这一环节，运用直观性原则，让幼儿观察老师为他们准备的材料，并根据材料激发幼儿想象的空间，引导幼儿结合自己已有的经验进行想像，为后面的制作活动打下基础。

③ 让幼儿自己选择材料来做自己喜欢的道具，幼儿操作，老师巡回指导，帮助幼儿解决制作中遇到的问题。

（4）活动总结

展示幼儿作品，引导幼儿进行评价。

4. 第四次活动设计：让幼儿协商分配角色，合作表演

（1）活动目标

① 在反复感受，主动学演的基础上，要求幼儿自由结合，协商分配角色，合作表演。

② 表演前，布置场景、准备道具，共同商量决策。表演时，声音响亮，让人听明白。

③ 积极愉快的表演角色。

（2）活动准备

① 为幼儿提供琴、山、树片、篮子等物品的小图片。

② 幼儿在活动中制作的部分道具。

③ 家长为幼儿制作的道具。

（3）活动过程

① 谈话引出活动。

教师提问：你们想表演《金鸡冠的公鸡》吗？如果想表演，你们可以怎样表演？

教师组织大家讨论：在分配角色时因该怎么分比较好？（大家互相协商）

② 教师组织幼儿商量分配角色。

教师先请几位组织能力强的幼儿担任每组的组长，其他小朋友自由组合，分好组的幼儿一起商量、分配角色。然后教师提出表演的要求。

③ 分组表演，教师观察指导。

活动中教师不要给幼儿太多的指导和暗示，目的在于让幼儿根据自己的需要进行协商，分配角色所需的道具，以此来培养幼儿的合作意识。如果在游戏中出现个别幼儿争角色和抢表演道具现象，发现后，教师应及时进行处理，让幼儿自己说应该怎么办？让幼儿明白：大家不相互合作是不能表演好的。

（4）游戏评价

① 幼儿自评和互评。

教师请幼儿说说他们表演的好吗？你觉得谁表演的好？为什么？

② 教师评价。

教师从幼儿角色分配情况、道具的使用情况以及表演中幼儿语言、动作的表现上进行分析、肯定。

二、表演游戏的评价

游戏评价作为表演游戏的一个重要环节，可以使幼儿在评价的过程中获得大量的反馈信息，也能推动表演游戏的内容和情节的发展。有效的游戏评价是推进幼儿发展、游戏深入的催化剂。因此，在表演游戏中，教师对幼儿在游戏中的表现进行评价是必不可少的。下面我们将探讨一下表演游戏评价的内容和方式。

（一）表演游戏评价的内容

要全面评价表演游戏，可以从评价表演游戏的主题、表演游戏的环境、教师在表演游戏中的指导情况、幼儿在表演游戏中的表现这些方面着手。

1. 对表演游戏主题的评价

我们要判断表演游戏的故事主题是否科学合理，可以从以下三个方面考虑：首先，表演游戏的故事必须要遵从所教幼儿的身心特点和年龄特征；其次，教师所选择的故事应该是幼儿感兴趣的故事；最后，故事内容的选择上要兼顾最强幼儿所需以及最弱幼儿所需，即内容选择要面对整体，要适合于班上所有的孩子。

2. 对表演游戏环境的评价

表演游戏要顺利开展，教师在组织幼儿开展表演游戏之前，一般要为幼儿准备好开展表演游戏所需的场地、道具和服装，这是表演游戏顺利开展的物质保障。

我们可以从表演游戏场地的空间大小是否适宜，表演舞台背景是否与故事场景想契合，表演游戏所需的各种道具是否形象逼真、为幼儿所喜爱，与幼儿经验水平、发展能力相适应，表演游戏的服装是否有助于幼儿塑造游戏中的角色。通过对表演游戏环境的评价可以促使教师进一步改进表演游戏的舞台背景、制作适宜的游戏服装和道具，从而有利于表演游戏的进一步开展。

3. 对教师观察与指导的评价

一个表演游戏开展的好不好，与教师的观察和指导是密切相关的。教师在幼儿玩表演游戏过程中是否会仔细观察幼儿的表现，幼儿遇到困难时教师是否会及时提醒或给予帮助，教师一般采用什么样的方式来指导幼儿的表演，游戏结束后教师是否会对幼儿的表现进行讲评等，我们可以从以上这些方面来评价教师在表演游戏中的观察和指导行为，以帮助教师反思自己的观察与指导行为从而进一步促使教师更好地组织幼儿开展表演游戏。

4. 对幼儿在游戏中的表现的评价

很多幼儿园教师对幼儿在表演游戏中的表现进行评价时，较多的关注的是幼儿的表演技能，即幼儿演得像不像？而对于幼儿在表演游戏过程中的其他方面的表现则不够重视。教师评价幼儿时，不能简单地用成人的标准来评价幼儿演得好与不好，而更多应该站在幼儿的角度，不仅关注幼儿在游戏活动中的表演水平的发展，还应关注幼儿在表演游戏中的积极性、主动性、持久性、愉悦性、社会交往能力的发展、解决问题的能力和想象、创造性的发挥等。

如果幼儿按照教师的要求表演角色，但自己在游戏中却不主动、不积极甚至不开心，那就与游戏的本质背道而驰。幼儿的表演游戏融想象、创造于一体，对幼儿创造能力的培养与发展起着不可低估的作用，教师还应多尊重幼儿在表演游戏中所表现出来的想象和创造能力，在评价幼儿演得好不好的同时，还应评价哪些幼儿演得有创意。此外，教师还应关注在表演游戏中幼儿与幼儿之间是否会协商分配角色、通过角色对话合作表演，遇到问题，幼儿是否会积极想办法解决。

（二）表演游戏评价的方式

传统的游戏评价常常是在游戏结束时教师集中幼儿进行讲评，这种评价在很大的程度上较难引起幼儿的兴趣，久而久之变成了教师的单人戏。试想一个幼儿不参与的评价怎么能发现游戏中存在的问题并解决问题呢？要避免机械式的以教师主观为主的评价，教师可采用多种多样的评价形式：集体评价、小组评价、也可个别评价；可以在游戏过程中随机评价，也可以在游戏结束时评价。

1．教师以角色身份参与评价

教师对幼儿在表演游戏中的表现进行评价，可以在游戏过程中进行也可以在游戏结束后进行。教师通过扮演游戏中的某个角色参与到幼儿的表演游戏中，这是一种过程性评价，这种评价能更好地观察到幼儿在游戏中的表现，适时对幼儿的表现给予评价和引导。比如在《拔萝卜》的表演游戏中有一位幼儿能很好地将拔萝卜的表情、动作表现出来，演老婆婆的教师这时可以适时给予鼓励和评价，“大家注意看，这位‘老公公’在多努力地拔萝卜啊，其他小朋友也要尽量像这位‘老公公’一样把拔萝卜时的动作、表情表现出来哦？”

此外，教师发现幼儿表演中存在的问题时，也可以予以及时的评价，提醒幼儿更好地进行表演。比如，某个幼儿在表演狐狸时表情比较呆板，没有把狐狸动坏脑筋时眼睛骨碌碌不停地转的表情表现出来，教师这时可以提醒幼儿：“这位狐狸小朋友，想一想，狐狸想坏主意的时候脸上有没有表情，表情是什么样的呢？”

2．集体评价、小组评价与个别评价相结合

集体评议是教师在游戏过程中运用得较多的一种评价方式，舒缓轻柔的音乐响起，暗示幼儿整理好游戏材料回到小椅子上坐好，与教师面向而坐，教师组织幼儿一起集体评价游戏中幼儿的表现。这种形式易集中幼儿的注意力，但不易模仿和再现幼儿的游戏情景。

教师在组织幼儿进行表演游戏时，很多时候采用分小组的形式进行，教师在组织游戏讲评时也可以分小组进行，让每个小组就自己组的表演展开讨论和评价。这种形式针对性较强，教师可以根据每个组的表演情况进行有针对性的指导和评价。

教师还可以采用个别评价的方式，对表演游戏中个别幼儿的表现进行单独的评价和指导，这种评价方式一般在游戏过程中进行，教师通过观察游戏中幼儿的表演，根据幼儿的具体表现有针对性的进行评价，这种评价方式比较利于教师根据具体幼儿的特点因材施教。

教师可以根据实际情况将这三种评价方式相互结合运用。

3．幼儿自评和互评相结合

教师要为幼儿创设一种宽松、平等、自由、支持的评价环境，鼓励幼儿积极参与游戏的评价，让幼儿成为评价的主人。在游戏讲评过程中，教师可以组织幼儿讨论，先请幼儿自己评价自己的表演，然后再请幼儿评价他人的表演，在幼儿自评与互评的过程中，教师可以进行适当地引导，引导幼儿从表演的动作、表情、语言以及表演的创造性等方面评价自己和他人的表演，引导幼儿先评价他人表演的优点，然后再说说他人表演中的不足，还可以有意识地提问幼儿让幼儿提出自己在游戏中的困惑与困难之处，并与幼儿共同商讨如何解决，这样不仅使幼儿参与评价的积极性提高，而且能够让他们学会正确的评价自己与他人的表演。

思考与实训

一、思考题

1. 什么是表演游戏？它有什么样的特点？
2. 对幼儿的表演游戏进行指导应遵循哪些原则？
3. 对幼儿的表演游戏进行指导的具体方法有哪些？
4. 请简单阐述一下中班幼儿表演游戏的指导重点。
5. 如何对幼儿的表演游戏进行评价？

二、案例分析题

小班表演游戏“拔萝卜”进入第四课时，孩子们大多能掌握角色的出场顺序及对话，完整地表演故事。瞧，一组幼儿正在表演区有序地表演着，突然，含含大声地喊了起来：“小姑娘，小姑娘哪去了，该你了！”游戏中断了，小演员们四处找“小姑娘”。戴着小姑娘头饰的慧慧匆匆忙忙从美工区过来，手里还拿着捏了一半的泥工，含含一把抓住她的手说：“你去哪了？轮到你了，快点呀！”慧慧不好意思地笑笑，看了一眼“拔萝卜”的队伍，上前拽住“老奶奶”的衣服：“哎哟，拔不动……”

问：案例中的慧慧对“拔萝卜”的游戏兴趣不高，令她游离于游戏之外的主要原因是什么？请结合本章所学相关的知识进行分析。

三、章节实训

1. 实训要求

请你选择一个年龄段的幼儿，设计一个符合该年龄段幼儿特点的表演游戏，并对自己的设计做出评价。

2. 实训过程

（1）7～8 人组成一个小组。

（2）分工合作，共同设计一个完整的表演游戏，并写出相关的游戏活动设计。

（3）请组长将设计好的表演游戏以 PPT 的形式展示出来，向教师汇报自己组设计的表演游戏，教师对学生设计的表演游戏进行点评。

3. 实训反思

（1）表演游戏的目标是否准确、合适？

（2）表演游戏中的表演材料是否科学合理？

（3）表演游戏的过程是否清晰、有条理并循序渐进？

（4）表演游戏是否设有评价环节，评价环节的设计是否合适？

（5）表演游戏是否具有可操作性，是否能在具体的幼儿园实施。

第六章 建构游戏的组织与指导

引入案例

姚诸悦、唐佳琪、丁星彧三人自主结成合作小组，姚诸悦为组长。通过商量决定继续搭上次没完成的旋转木马。具体分工为：姚诸悦搭旋转木马的第二层，丁星彧负责拿积木，唐佳琪负责搭夜间照明的灯。

姚：丁星彧你去拿绿色和黄色的百变积木，等会儿我们要用的。

丁星彧将积木拿来后就开始无事可做，直到教师介入。唐佳琪不一会儿就把灯搭好了，东张西望了一会儿就开始用蓝色百变积木搭另外一样东西。

师：姚诸悦，唐佳琪在搭什么呀？

姚：他说他要搭机器人，但这不是我让他搭的。

师：唐佳琪你搭的机器人是放在哪里的？有什么作用呢？唐佳琪低头不语。

丁：我们也不知道有什么用，是他自己搭着好玩的吧！

问题 案例中的幼儿在做什么游戏呢？他们遇到了什么问题？作为教师应该怎么办呢？带着以上问题，我们一起进入本章的学习。

本章学习目标

1. 了解建构游戏的概念和价值。
2. 掌握组织与指导建构游戏的方法和原则。
3. 学会设计与评价幼儿的建构游戏。

建构游戏是创造性游戏的一种，对幼儿的肌肉运动、数学、语言、社会性等方面有积极的影响作用。如何发挥建构游戏对幼儿学习和发展的作用，使建构游戏对幼儿的教育和发展价值获得充分的实现，是幼儿教师应该关注的一个问题。要解决这个问题，首先要充分认识建构游戏的概念及其对于幼儿成长的价值意义所在，进而再对设计、组织实施、指导评价幼儿建构游戏等技能的培养进行探讨。

第一节 建构游戏的概念、特点及分类

一、建构游戏的概念

建构游戏又叫“结构游戏”，是指幼儿通过意愿构思，利用建构玩具或者建构材料，进行建筑、构造物体的一种游戏。游戏作品通常再现了现实社会生活中各种物品及建筑物。建构游戏是创造性

游戏的一种，对幼儿动作技能训练和思维能力发展有十分积极的作用。

二、建构游戏的特点

在众多游戏中，建构游戏以它独具的魅力深受不同年龄阶段的幼儿的青睐。建构游戏是以表征思维为基础，以“建构物”为主要表征手段的象征性游戏活动。建构游戏最明显的特征是幼儿通过建造“建构物”来反映他们对周围世界的印象。总的来说，建构游戏具备以下三大特点：创造性、操作性、艺术性。由于建构材料的丰富多样，玩法也不受限制，启发性大，联想空间广，所以幼儿在进行建构游戏时，选择什么材料、拼搭什么物体的造型、如何进行布局、设置何种场景等都需要发挥创造性思维进行思考；丰富多彩的建构材料是建构游戏的基础，拼插、搭建、构造是建构游戏的基本活动。进行建构游戏时，幼儿必须通过直接动手操作，运用各种建构技能来完成建构作品，反映自身对周围社会生活的印象及感受，动手操作始终贯穿于建构游戏的始末；幼儿在进行建构游戏时，需要考虑到建构物体的形状、颜色、布局、结构、比例等，各方面均体现着建构的艺术所在。

三、建构游戏的分类

（一）按建构方式分类

按建构方式进行分类，可将建构游戏分为单元建构和主题建构，单元建构的形式主要在小班，幼儿年龄小，相对而言对周围建筑物的观察及了解少，建构经验不足，所以小班幼儿通常只会搭建房子、火车、围栏、花坛等单一的建构物，从中掌握基本的搭建技能（见图 6-1）。

图 6-1　单元建构

主题建构是指幼儿围绕一定的主题，利用各种不同的建构材料，经过手的创作来反映现实生活的游戏活动，适合在中、大班开展（见图 6-2）。

图 6-2　主题建构

（二）按建构材料分类

建构游戏的材料十分丰富，有专门的建构材料如积木、拼图、插塑等，也有自然的建构材料，如沙、水、泥、石等，还可以利用瓶子、纸箱、废纸等废旧物品进行建构游戏。根据建构材料的不同，可以将我国幼儿园中的建构游戏分为以下几种。

① 积木游戏：积木是指木制的建构材料，积木游戏是用各种积木或其他代用品作为游戏材料进行的结构游戏。积木的样式很多，按大小来分，可分为小型的桌面积木、中型和大型积木。大型积木一般做成中空型以减轻积木重量，方便幼儿取放。积木可以有多种颜色，但以原木色为佳。积木游戏在幼儿园开展较早，也较为普遍。

② 积竹游戏：积竹游戏是指将竹子制成各种大小、长短的竹片、竹筒等，然后用它们进行构造物体的游戏。积竹是一种结构玩具，趣味性强，比较适合幼儿形象思维的特点，可以满足幼儿的好奇心，发展他们的想象能力、创造能力和对美的感受能力。积竹可构造“坦克、火车、飞机”，还可建“桥梁、公园”，构造出的物体同样栩栩如生，富有情趣。我国南方盛产竹子，积竹游戏前景广阔，大有可为。

扫一扫

扫一扫——积竹游戏介绍

③ 积塑游戏：积塑游戏为用塑料制作的各种形状的片、块、粒、棒等部件，通过接插、镶嵌组成各种物体或建筑物模型。一般随着幼儿年龄的增长，积塑的片数或块数也随之增多。积塑的可组合性非常强，有不同的接插方式（如拼插型、磁铁型、螺丝接插型等），可建构的范围非常广。大小不同、接插方式不同的积塑适合于不同年龄、操作能力不同的幼儿选择使用。积塑轻便耐用，便于清洁。

④ 金属构造游戏：以带孔眼的金属片为主要的结构元件，螺丝与螺帽为主体，用螺丝与螺帽通过旋转连接的方式将金属片连成一个整体，建造成各种车辆及建筑物的模型。

⑤ 拼棒游戏：用火柴杆、塑料管、冰棒棍或用糖纸搓成纸棍等作为游戏材料，拼出各种图形的一种游戏。

⑥ 拼图游戏：用木板、纸板、塑料或其他材料制成不同形状的薄片并按规定方法进行拼摆的一种游戏，如可拼摆动物的房屋、故事情节等画面。传统的七巧板就属于这类游戏。

⑦ 玩沙玩水玩雪的游戏：沙土是一种不定型的结构材料，幼儿可以随意操作，幼儿也可利用水、雪玩划船、堆雪人、打雪仗等游戏。玩沙、玩水、玩雪都是一种简便易行的结构游戏，在城市、

农村都可以广泛开展。

四、建构游戏与幼儿发展

建构游戏因其材料和活动的特殊性，对丰富幼儿经验、发展想象力、培养合作性、激发创造力，促进幼儿全面发展有着独特的价值与意义。

（一）建构游戏和幼儿的客体认知发展

在影响儿童的认知发展方面，较之主导社会认知的角色游戏，建构游戏对儿童关于客体认知发展的作用较大，主要体现在帮助幼儿建构关于数学概念和科学概念的最基本的理解。

幼儿在建构游戏过程中，可以体验到数量关系、形状、长度、面积、体积、空间等数学概念，例如，在建构活动中幼儿会看到圆柱体积木可以滚动，而正方形或长方形积木只能“被移动”而不能自身滚动。这种感知有助于幼儿理解不同的形状在实际生活中的运用规律；幼儿用积木围成一圈（围合）就形成了一定的空间，由此产生了“里面”和“外面”的区别，即在围合的过程中幼儿可以体验到空间的大小和围合的关系。建构游戏还涉及丰富的“科学”概念，蕴含着丰富的科学教育的机会和因素，如感知物体的轻重，通过对材料进行分类、比较、测量、匹配来认识物体的性质、物体间的相互关系、力的相互作用等科学概念。

（二）建构游戏和幼儿的身体素质发展

幼儿在建构游戏中不停地操作，为儿童发展感知运动技能提供了充分的机会。幼儿在对小型结构材料不停地抓握、堆积、放置、拼接以及整理的过程中锻炼了小肌肉，发展手眼协调能力，在对大型的结构材料的搬运、搭建中，促进大肌肉运动的协调发展，同时也有利于幼儿平衡感的形成。

（三）建构游戏和幼儿的社会性发展

建构游戏中存在着大量让幼儿获得社会性发展的机会。首先，建构游戏的游戏作品通常再现了现实社会生活中各种物品及建筑，是幼儿按照自己的想法建造起来的“世界”，利用建构活动的辅助材料，如木制小人、交通工具等，幼儿可以创造自己想象中的“生活”，体验各种社会角色以及角色关系，整合自己对于社会生活的理解和体验，有助于丰富和加深幼儿对周围社会生活的认识；其次，建构游戏过程中也蕴含着丰富的幼儿学习社会生活规则的机会，例如，有研究显示在积木数量充足的情况下，儿童在积木区很少出现攻击行为，在遇到问题时儿童会和同伴一起协商解决，在搭建较为复杂的结构时，儿童常常需要与同伴合作，社会能力较强的儿童与社会能力较弱的儿童在同一组进行游戏时，社会能力较弱的儿童将有更多的机会通过观察与实践获得社会性发展。

（四）建构游戏和幼儿的审美能力的发展

建构游戏过程也是幼儿的艺术创造活动过程。建构游戏中的艺术内容主要体现在作品的结构色彩及装饰的美感上，在这个游戏过程中，幼儿表现着自己独特的审美观点，也在模仿着成人世界的审美传统。例如，在积木游戏中，幼儿会有意识地比较自己和同伴的作品谁的更好看，也会想方设法让自己的作品变得更美观些；在雪花片游戏中，幼儿可能会对雪花片的颜色有特殊偏好，并在拼插过程中表现出对对称美和平衡美等美感的追求。

第二节　建构游戏的组织与指导

一、一般性建构游戏的组织与指导策略

幼儿对于世界的认识和理解是他们主动建构的而非来自于外部信息的输入和复制。在建构游戏中，幼儿拥有大量的机会，可以直接运用具体的物质材料来表达自己内心的观点和想法，建构自己的内心世界。建构游戏巨大的教育功能主要体现在其教学潜能的实现上，其关键在于教师对建构游戏的指导。而建构游戏中儿童建构经验获得的“直接性”和“直觉性”特点又决定了教师应该采取适当的指导方式。那么教师如何平衡好建构游戏中幼儿自由表达与教师恰当介入引导之间的关系呢？在游戏中，教师的角色一般定位在以下三个方面：提供游戏资源；观察游戏；支持性和回应性地参与游戏。接下来就从以上三个方面对建构游戏的组织与指导给出可供教师参考的策略（约翰逊，2006）。

（一）建构游戏资源的提供

1. 提供游戏时间、空间

建构游戏是幼儿喜爱的游戏活动，教师在幼儿一日生活安排中，要保证幼儿的游戏时间，除了专门的建构游戏时间，还可在幼儿自由游戏时间内允许、鼓励幼儿进行建构游戏。

建构游戏需要较大的空间。有条件的幼儿园，可开设专门的建构游戏室，如活动空间有限，也要为幼儿提供专门的建构游戏区域。建构区一般占活动室的约三分之一的地面空间，在考虑整个活动区的空间安排时，应当首先确定建构区的所在地。应注意的是，建构区应该避开临近大门或厕所进出口这些人来人往的地方，可以将建构区安排在和角色游戏区相邻的地方，以促进这两个区域的幼儿合作开展象征性游戏。

2. 提供游戏材料

建构游戏材料是建构游戏的物质基础，其配备与使用直接影响建构游戏的开展。对于幼儿来说，游戏材料是引发他们主动建构对周围世界认识的中介和桥梁；对教师来说，游戏材料是教育目标和教育内容的物化，教师可以通过准备好的材料，对幼儿实施间接的、隐性的指导。

首先，教师应充分利用现有的游戏条件，有针对性地为不同年龄阶段的幼儿提供不同的游戏材料。小班幼儿的建构活动往往是无意识、无目的的，处于独自游戏、平行游戏的高峰期。教师应为小班幼儿提供数量多、种类少、体积较大、类型相似或一致的建构材料。中大班幼儿已具有一定的建构水平，游戏中的合作性增强，建构水平由单一的延展向整体布局过渡。教师可为中大班提供丰富有变化的游戏材料，并让幼儿参与材料的收集、设计和制作，还可提供一些辅助材料，如人偶、小汽车模型、花草树木模型等，这样既能丰富游戏主题，又能发挥幼儿的主动性和创造性。

其次，在同一年龄阶段的区角活动中开展自由式或主题式建构游戏时，教师应该围绕幼儿搭建主题的需要分层投放建构材料，满足幼儿搭建的需要。材料投放的层次性体现在为幼儿准备的材料，

是随着幼儿操作、探索过程的发展而变化的。具体表现为以下几方面。

（1）材料的逐渐增加。教师可定期在建构区投放新的材料，形成新的刺激点，吸引幼儿参与到游戏中去。同时，教师投放材料时不能只投不取，未拿走的破旧材料，会导致材料变化不明显，难以引发幼儿的认知兴趣和操作动机。但也不可过于频繁地更换材料，以免幼儿将过多的时间用在熟悉新材料的过程中。

（2）材料的数量要适宜。许多幼儿园对材料提出了量化的要求，但并不能片面认为材料越多越好，游戏应发挥其促进幼儿社会性发展的作用，过多的材料不仅难以发挥应有的效益，还会干扰幼儿的游戏，影响幼儿在交往、创造等方面的发展。但过少的材料又导致幼儿争抢材料甚至攻击行为，因此材料的数量要适宜。

（3）新旧材料之间应保持一定的比例。研究发现，如果新旧材料数量相等，幼儿互相交换材料的现象较多，创造性行为不多；如果新材料比旧材料多一倍，幼儿就会忽视旧材料，而将兴趣放在了对新材料的摆弄、操作上；如果新旧材料比例在 1：10 以上，幼儿容易产生争抢或忽视新材料的现象；当新旧材料比例在 1：2 或 1：3 时，材料的使用效益最大，幼儿容易创造性地使用新材料。

小思考

建构角的故事

周彤璘在搭建好的房子边上走来走去，然后小心翼翼地把手上的积木放进房子和房子的中间，一根接一根，然后又拿了一根细细长长的长方体积木，在上面滑行，嘴里还发出了开汽车的声音。交流分享时，我请周彤璘来介绍她搭建的是什么，周彤璘说我家边上有马路，有大卡车。

分析上述案例，并思考可以采取什么措施推进案例中幼儿的建构游戏？

3. 提供经验准备，丰富并加深幼儿对物体的印象

建构游戏是一种以现实生活物体为原型依托的再创造的游戏。只有让幼儿对生活中的物体进行细致地观察，深入地了解，并形成丰富深刻的印象，这样孩子们才会有建构物体的愿望，有放手建构的能力。丰富幼儿的感性经验、增加幼儿对建筑物的表象感知是建构游戏的关键。教师要从丰富幼儿感性经验入手，来挖掘幼儿内在的创造潜能，如，引导幼儿观察日常生活中各种不同的物体和建筑物的形状、颜色、结构以及空间位置关系，丰富幼儿头脑中造型的印象，在引导幼儿进行观察时，在观察方法上，可根据幼儿观察无序的特点，启发幼儿按照一定的方法有序观察，比如，按照物体从上到下、从左到右或从中间到四周等顺序进行观察。除此之外，教师还可引导幼儿向同伴介绍自己的作品，带领幼儿欣赏别班幼儿的作品。当幼儿有了丰富的感性经验，建构时就能心中有物，物有所指。

（二）建构游戏的现场指导

1. 激发幼儿参与游戏的兴趣

在建构游戏中，幼儿面对花花绿绿、各式各样的材料，常常是想玩，但又不会玩，有时甚至出现材料投放数周幼儿却没接触过的状况。可见，激发起幼儿参与游戏的兴趣是打开幼儿建构游戏探索大门的钥匙。

材料是建构游戏的物质基础，所以在建构游戏初期，教师应首先向幼儿介绍各种材料的名称、主要用途、玩法。如，以集体活动的形式示范讲解基本的建构技能，如排列、组合、平铺、围合等，与幼儿讨论并共同建立材料的使用、归放规则。

教师还可通过创设游戏情景、提供结构材料及使用一定的导入方式，来引发幼儿的游戏愿望，促使幼儿较快地进入游戏状态。如，在结构活动区，教师布置了两个布娃娃分别在雪花片滑梯和百变积木滑梯上玩的情境，许多孩子被吸引。教师说："你们想和娃娃一起滑滑梯，是吗?"幼儿说："是的。"教师说："现在只有两架滑梯，怎么办?"幼儿说："我们自己来造。"教师又问："你想造什么样的滑梯呢?"这时，有的幼儿说想造大象滑梯，有的幼儿说想造螺旋形滑梯……这种导入方式激发了幼儿的游戏动机，促使幼儿较快地进入游戏状态。

2. 建立必要的游戏规则

建构游戏是创造性游戏，也需要一定的游戏规则来保证游戏的顺利进行。教师可组织幼儿通过讨论的方式一起制定建构游戏的规则，如，积木用多少拿多少；搭建寻找空地方，尽量不妨碍其他小朋友拿取材料；拿取材料时不乱跑；不用积木打闹；不在积木上行走；不碰倒别人搭建过程中的作品，不小心碰倒要道歉，并共同找出解决办法；游戏结束后要自觉整理材料；拿别人的建构材料要得到他人的允许。

3. 观察游戏，了解幼儿游戏水平

观察是教师"干预"的基础和基本的指导方法。通过巡回观察，教师可较全面地了解幼儿的游戏状况，准确判断幼儿的游戏需求，适时把握介人的时机。教师可从以下几个方面来对幼儿的建构游戏进行观察。

（1）有意识地观察幼儿使用建构材料的情况。看看幼儿是如何使用建构材料的，用它做了什么，特别对新出现材料的使用是否有争抢打闹的现象。

（2）观察幼儿是否能用熟悉的技能或新的技能搭建物体。如，幼儿使用积木搭建的房子有几种，幼儿给哪些动物搭建了家?

（3）观察幼儿与同伴合作的情况。在建构游戏过程中，应观察幼儿之间是否有目光的接触、语言交流或动作交流。

（4）观察幼儿是如何使用增添的辅助材料。在建构游戏中增加合适的辅助材料能提高游戏的复杂程度，还能引发后续的戏剧游戏，对幼儿的建构游戏具有促进作用。但添加了辅助材料有可能会使儿童热衷于建构简单物体进行戏剧游戏而降低建构物的复杂程度，所以教师应仔细观察添加部分辅助材料后儿童的游戏效果（(例如，建构作品的复杂程度、儿童之间的合作水平、儿童的游戏愉悦程度等指标是否有变化），再对此后添加辅助材料的数量和种类做出科学的调整。

4. 适时适当地介入指导游戏

在仔细观察游戏过程之后，教师应立即进行思维加工，判断哪些情形需教师立即介入点拨，哪些则需教师暂缓介入，用什么方式介入等，这样才能满足幼儿游戏过程中的真正需求，使教师的指导无牵强之意。

教师应多采用平行介入法和交叉式介入法。平行介入法是指教师在幼儿旁边，与幼儿玩相同或不同材料和情节的游戏，目的在于引导幼儿模仿，教师起到暗示指导的作用。教师介入幼儿游戏的过程中，伴随语言的启示、问题的启发，能使幼儿从中受到积极影响。如，教师有意识地用长方形

的积木一块接一块整齐地平铺“一条路”，可边玩边说：“我用长方形的积木铺了一条长长的路。”交叉式介入法是指当幼儿有教师参与的需要或教师认为有指导的必要时，由幼儿邀请教师作为游戏中的某一角色或教师自己扮演一个角色进入幼儿的游戏，通过教师与幼儿、角色与角色间的互动，起到指导幼儿游戏的作用。教师深入到幼儿中间与他们一起游戏，引发幼儿借鉴并观察、学习经验，例如，当幼儿在搭建房子时，没有意识到加盖屋顶，教师可以合作者的身份参与到幼儿游戏中说：“我来给它盖顶吧，这样动物待在里面就不会淋雨了”，以此来影响幼儿的游戏。

案例链接

小班老师发现了孩子们在玩插塑玩具时将插片撒得满桌子都是，就问孩子为什么？孩子说：“我插了一只小鸭子，可是没有水，就把蓝色的插片撒在桌子上当水，让鸭子游泳。”老师马上表扬幼儿的行为，并拍下照片。

点评：教师在指导幼儿游戏时，不要急于介入，要注意观察，了解幼儿的行为动机，及时肯定幼儿的大胆创意与想象力。

5. 引导幼儿结束游戏

对于幼儿来说，从处于专注的游戏状态到结束游戏，需要一定的时间转换，教师要尊重幼儿的这种心理需要，给幼儿一定的时间过渡。在大班可用沙漏、计时器控制游戏时间，也可以用时钟控制时间，还可以采取提前告知的办法。

6. 注重引导幼儿分享游戏经验，对幼儿作品进行展示和评价

教师应重视建构游戏后的分享讲评阶段。在建构游戏结束后，教师可利用过渡环节时间，通过有效的提问，围绕幼儿在建构作品、游戏规则、产生的创意和成功的体验，协商合作能力等方面展开论述，让幼儿向同伴分享自己在游戏过程中遇到的困难，获得的成功等。如“上次游戏中的……问题解决了吗？用什么方法解决的？你们小组的搭建任务完成得怎样？与同伴合作搭建时遇到了什么困难？是怎样解决的？”等，同时，教师应认真倾听幼儿的交流，适时为幼儿陈述递词，补充不完整的表达，帮助幼儿提炼出有用的游戏经验，以此提升幼儿游戏水平，推动游戏情节的发展。

创造性游戏具有连续性的特点，一个主题往往需要在多次游戏中不断地推进和完善。建构游戏的作品往往具有象征性，与角色游戏联系紧密，因此，单次游戏结束后，在幼儿分享交流游戏中成功经验的基础上，教师可以启发幼儿讨论：对下次游戏你有什么好的建议？还需要增加哪些材料？帮助幼儿拓宽思路，逐渐丰富游戏的场景、材料、主题、情节，使幼儿对下次游戏充满期待。

教师应审慎对待幼儿的建构作品。游戏结束后，有时幼儿会强烈要求保留作品，此时，教师应具体情况具体分析地采取相应的措施。一般来说，幼儿要求保留作品主要有三方面的原因：一是因为幼儿今天没搭完，明天想接着搭下去。二是因为幼儿还想围绕建构物进一步开展象征性游戏。三是幼儿只是想把自己的建构物保留下来。对待前两种情况，可想办法保留作品，第三种情况可用相机拍一张照片或建议孩子自己把建构物画下来，这些做法都可以表达成人对他们游戏成果的尊重和欣赏；让幼儿观察作品中搭建出色的地方，相互学习借鉴，以此激发幼儿的思维创新，开阔思路。

案例链接

区域活动到了结束时间，建构区的孩子们迟迟没有收拾整理材料，教师走过去一看，原来他们搭建了一个大型的恐龙乐园。这时，乐乐对老师说："老师，今天能不能不整理材料呀，我们好不容易搭好的恐龙乐园。"老师说："那你们明天还想继续在恐龙乐园里玩耍吗？"郭纯说："当然想啦，恐龙乐园里可好玩了！"其他孩子也纷纷表示不想拆掉恐龙乐园。于是老师说："那我帮你们写一块警示牌吧，这样其他小朋友也知道你们要把恐龙乐园保留下来，就不会去破坏它了。"孩子们都高兴地拍手称好。

点评：建构活动结束后，经常会有幼儿想保留自己的游戏作品，面对这种情况，教师要充分考虑到作品的客观情况和幼儿的心理意愿，如果确定作品还有再利用的价值，则应和孩子一起保留下建构作品，如果作品较小型、较易建构，教师则可以利用拍照或者请幼儿绘画的方式来保留下幼儿的作品成果。

二、针对各年龄班建构游戏的组织指导策略

（一）小班建构游戏组织指导策略

1. 小班幼儿建构游戏特点

小班幼儿的建构游戏形式多为独自游戏及平行游戏，在游戏过程中只对搭的动作感兴趣，大部分是在无计划地摆弄结构元件。常常喜欢把建构材料垒高然后推到，不断重复，从中体会乐趣，而不在乎搭出什么。即建构游戏嬉戏性较强。其活动往往是无意识、无目的的，所以小班幼儿的建构游戏主题不稳定，表现为在建构游戏中常常更换建构作品的名称，或是等建构完成后再根据建构物的某一外部特征来给作品命名，但他们一般不能明确解释作品的细节。在成人的指导和示范下能初步完成作品，作品结构较为简单，但由于幼儿手指力量不够，最终的作品牢固性差，对颜色的选择也较随意，尤其是对大型作品缺乏耐心。

2. 教师相应的组织指导策略

（1）游戏前，先引导幼儿认识建构材料，带领幼儿参观中大班幼儿的建构活动，引起幼儿运用材料进行建构游戏的兴趣。

（2）鼓励幼儿在操作中探索学习建构技法，并有意识地搭简单的物体示范给幼儿看，为幼儿提供模仿学习的机会，使幼儿能独立地建构形状简单的物体，并能表现其主要特征，如搭建门、桌子、床等。

（3）指导幼儿学习简单的建构技能，如连接、延长、围合、加宽、垒高等，搭建简单的三维物体。如，让小班幼儿在建构区搭建马路、围墙等简单物体。

（4）教师引导幼儿建立建构游戏的规则，教给幼儿整理和保管玩具的简单方法，如轻拿轻放、不乱扔、玩后要收拾整理等，并学习收拾整理材料的方法。

（二）中班建构游戏组织指导策略

1. 中班幼儿建构游戏特点

中班幼儿已具有一定的建构水平，手部小肌肉动作逐渐发展，思维、想象、生活经验等更加丰

富，建构的目的性增强，并且能初步了解结构游戏的计划，建构的坚持性也在增加；对建构过程有浓厚的兴趣，关心建构成果；能围绕建构作品开展游戏，会按主题进行构建，能初步利用材料美化建构物，建构水平由单一的延展向整体布局过渡。例如，搭建楼房和小区。中班幼儿已能运用已有经验对物体进行再现和创作，但是建构作品大部分不讲究对称和平衡。

2. 教师相应的组织指导策略

（1）丰富幼儿的生活经验，增加中班幼儿造型方面的知识和训练，例如，引导幼儿学会选择高低、宽窄、厚薄、长短不一的材料搭建不同的物体。

（2）在小班搭建经验的基础上，采用示范、讲解相结合的方法，引导幼儿学习架空、覆盖、桥式和塔式等建构技能，形成里外空间的概念。例如，中班幼儿可以学习搭高楼、架大桥等。

（3）尝试提供作品构造图，引导幼儿学习看图纸搭建，要求中班幼儿有目的、有计划、有顺序地搭建。

（4）组织建构活动小组（3～4 人）进行集体建构活动，引导幼儿共同讨论、制定方案，进行分工，学习与同伴合作，共同完成一个物体的搭建。例如，三名幼儿合作搭建公园、停车场等。

（5）组织幼儿评议建构成果，鼓励幼儿独立、主动地发表意见，促进幼儿语言表达能力和创造性思维的发展。

（三）大班建构游戏组织指导策略

1. 大班幼儿建构游戏特点

大班幼儿建构游戏的目的性、计划性、持久性增强了；掌握了一定的搭建技巧，已经具有一定的独立建造能力；使用材料增多，会使用辅助材料；能合作选取丰富多样的材料，通过分工、合作围绕主题大胆动手，完成一件较为复杂的建构作品；大班幼儿能够搭建出有场景、有情节的较高水平的建筑群且其建构作品多为立体结构，讲究对称和平衡，追求结构的逼真和完美。

2. 教师相应的组织指导策略

（1）丰富幼儿的建构造型知识和生活印象，引导幼儿为建构游戏收集素材。

（2）指导幼儿在建构活动中表现物体的细节和特征，引导幼儿掌握整齐对称、平衡的构造，尝试整体布局，学习选择使用辅助材料。例如，在公园里搭建相呼应的前门和后门，在住宅区里搭建左右对称的凉亭、路边的花草等。

（3）在中班搭建的基础上，引导幼儿学习转向、穿过、平式联结和交叉联结等建构技能，搭建复杂的三维物体。例如，搭建立交桥、拱形门等。

（4）引导大班幼儿在搭建前学习商讨、分工，进行一定的设想和规划，通过分工、合作完成一件较为复杂的工程。例如，经过商讨后大家分工，有的搭建楼房，有的搭建停车场，有的搭建花园，有的搭建游泳池，有的搭建围墙，形成一个完整的住宅区。

（5）引导幼儿建造有一定主题和情节发展的、结构复杂、装饰精巧的建筑群。例如，让幼儿根据绘本《母鸡萝丝去散步》主题情节的发展，搭建池塘、磨坊、鸡舍、篱笆以及蜜蜂房等，有了生动的故事作为依托，幼儿的兴趣往往会更加浓厚，有助于幼儿搭建出结构更为复杂的建筑群。

（6）教育幼儿重视建构作品，欣赏自己及同伴的作品，发展评价的能力。

（7）引导幼儿开展参加人数多、持续时间长的大型建构活动，在活动过程中，教师不断鼓励幼儿进行创造性的思维并为他们提供材料，教师也可参与到幼儿的游戏中去，与幼儿共同完成建构任务。

知识拓展

各年龄班幼儿应掌握的建构技能

一、小班应掌握的建构技能

1. 堆高、平铺和重复

堆高、平铺和重复是幼儿早期建构活动的突出特征。这种简单的建构活动在很长的时期内吸引着幼儿。观察表明，2~3 岁幼儿在接触积木一个月之后，就能“堆高”和“平铺”。

2. 围合

“围合”是用三块或四块积木形成一个包围圈，把一块空间完全的包围在里面。“围合”对幼儿来说并不是一个简单的任务，它需要幼儿有空间意识。“围合”技能的掌握可以让幼儿的许多建构活动变得丰富、复杂起来。他们往往会往被包围的空间里放进“娃娃”或“动物”代表“娃娃的家”或“动物园”。

3. 加宽

4. 延长

二、中大班幼儿应掌握的建构技能

1. 架空

“架空”是用一块积木盖在相互之间有一定距离的两块积木上。

2. 插接、镶嵌

“插接”顾名思义就是将一块积木的一端插入另一块积木中，使之连接在一起，成为一个整体。“镶嵌”是把一个物体嵌入另一个物体内。建构游戏中搭建台阶、滑梯、长城等经常用到这两种建构技能。

3. 排列、组合

4. 模式

中大班幼儿可以将材料按一定的方式排放在一起，开始探索多种建构的方法或“模式”，例如，在一块红积木之后接着放两块黄积木，然后重复这种组合。“红一黄一黄”就构成了一种颜色模式。在建构游戏中出现“模式”建构技能标示着幼儿对事物之间关系的发现。

5. 表征（替代物）

幼儿开始利用建构物开始象征性游戏，开始出现有意识的给建构物命名的倾向。4~5 岁幼儿往往是在建构前就宣布所要建构的建构物的名字，表明幼儿建构的目的性、计划性的提高。

6. 编织、黏合

大班幼儿可利用这些技能建构较复杂、精细、匀称的物体形象。

第三节　建构游戏的设计与评价

一、建构游戏的设计

依据建构作品、建构物的不同，可将建构游戏分为模拟建构活动、主题建构活动和自由建构活动，接下来分别针对以上三种建构游戏的设计进行探讨。

（一）模拟建构活动

模拟建构是指模仿建构实例的构造活动，是建构游戏的基本指导形式。通过让幼儿看平面结构物体或实际物体，从中学习建构技能和造型技能。模拟建构作为一种模拟结构实例或图纸进行构造的活动。从幼儿结构活动的构建过程来看，它的出现晚于任意构建。模拟建构的指导重点要选择合适的模拟建构对象，让幼儿知道对什么东西进行模仿。按照建构模拟对象的不同，模拟建构方式可分为以下四种。

1. 对建构物的模拟

结构物是一种立体结构造型的范例，幼儿模仿范例，再现范例，并在操作中掌握技能。

对建构物的模拟建构活动适宜低年龄段幼儿。教师通过出示范例、示范讲解建构方法，引导幼儿模仿构造物体主要特征、让幼儿学习掌握基本的建构技能。此类建构游戏中，幼儿的创造性成分较少，可在颜色上鼓励幼儿自由搭配。

2. 对建构图纸的模拟

这种模拟要求幼儿首先观察图纸中的结构造型，然后将其变为立体结构造型。对建构图纸的模拟构造活动的重点是培养幼儿看图构物的能力，通过引导幼儿观察建构图纸，结合教师的讲解示范，让幼儿了解构造物的主要特征，有利于幼儿创造性和空间思维的发展（见图 6-3）。

图 6-3　对建构图纸的模拟

3. 对实物、玩具等形象的模拟

实物、玩具这种范例只有主题形象的造型，而无结构造型，要求幼儿根据观察实物玩具的主题形象进行造型活动，所以，幼儿在模拟时要进行结构造型的创造。对幼儿的要求较高。

4. 对物体形象图的模拟

对物体形象图的模拟（如图片、画等）不仅要求幼儿将图中的形象变为结构造型，还要将平面造型变为立体造型。

这四种模拟构造的结构技能难度逐渐加深，即对结构物的模拟方式是最基础的活动，对物体形象图的模拟是模拟建构中难度最大的活动。

小班模拟建构游戏 ：头饰和手镯

一、活动目的

（1）在模拟中继续学习各种基本建构技能。

（2）学会建构物体的基本特征和某些细微部分。

（3）培养幼儿造型能力和动手操作能力。

二、活动准备

准备玩具娃娃、胶粒、花片。

三、活动过程

（1）以娃娃过生日为题，把手镯送给娃娃作生日礼物，引起幼儿拼插的兴趣。

（2）教师示范用围合的方法连接出各种宽窄不同的圆环。使用单孔胶粒、双孔胶粒或多孔胶粒整体连接，连接到自己所需要的长度后再将连接的胶粒两端“头”与“孔”直接围合连接；也可用花片示范拼插圆环的方法。

（3）幼儿分组拼插圆环，教师检查，重点帮助幼儿把连接的地方插牢，要求幼儿检查自己连接的圆环是否牢固。

（4）结束后，可让幼儿拿着自己拼插的物体到娃娃面前说一句话：我送一个××给娃娃作生日礼物。

（二）主题建构的指导方法（命题）

主题建构活动是指幼儿围绕一定的主题，利用各种不同的结构材料，经过手的创作来反映周围现实生活的一种创造性游戏。主题建构活动除具备游戏所共有的对象性、社会性、主体性特征外，因其可以创造儿童的最近发展区，还具有明显的探究性和发展性。

“当幼儿的内心具有明确的目的与构想时，其行动就十分认真且有效率。” 可见，明确建构主题、明确建构构想是幼儿进行主题建构游戏的前提，有利于幼儿围绕主题有目的、有计划地进行建构游戏。《纲要》中提出“任何活动都要以幼儿的兴趣为出发点。”兴趣是最好的老师，在兴趣的驱动下，幼儿的潜能才能得到最大的发挥。因此，在确定主题建构的主题时，教师要了解幼儿的想法，根据幼儿的兴趣，与幼儿一起讨论确立建构的主题。建构主题的产生，起源于对周围生活环境的观察和丰富的社会生活经验。主要通过参观——讨论——结构等形式，帮助幼儿确立合理的建构主题。

在主题建构游戏开始的交流讨论主题内容和主题构想环节，可改变原来幼儿说、教师小结的单一讨论方式，在讨论过程中教师要善于记录下幼儿的想法，为幼儿有目的的建构提供支持。如，随着建构主题“美丽的公园”的产生，“建什么”成为讨论内容，教师引导幼儿围绕主题进行建构构想的讨论，幼儿根据自己的生活经验表达建构意愿，这时候教师不仅是倾听者、引导者，也是记录者，用简单图示把幼儿的想法逐一记录在主题 “公园图片”的四周，将想法具体化、形象化，有图可依避免幼儿想法的重复表达，做记录的同时也对幼儿的想法进行类别归纳，如滑滑梯、跷跷板、秋千、小火车、摩天轮、船放在一起；小河、小桥、亭子、回廊放在一起；小花、小草放在一起，等等。帮助幼儿整理凌乱、零散的想法，在说说、画画的双向互动中，教师有条不紊地记录可最终呈现幼儿共同讨论的公园主题建构方案，明确公园可以有游乐园、公园景物、公园绿化等内容，对公园的建构全局进一步清晰。讨论中教师的记录可增强建构目的性，有利于幼儿稳定建筑主题，有利于自主地完成建构作品。

在主题建构游戏中，建构技能是幼儿进行建构的必备条件，幼儿要实现自己的建构意愿，推进主题建构游戏的发展，必须依赖建构技能的掌握。因此，根据幼儿的建构表现力，给予适宜的建构技能支持是非常必要的。教师可用平行示范、参与介入、图式分解等方法给予幼儿建构技能支持。其中，以图示帮助幼儿了解建构物的基本构成，以图示展示建构物的建构顺序、步骤与方法，帮助幼儿直观了解建构方法，在看图建构中自然习得建构技能，实现建构技能提升，有利于幼儿运用新技能去实现自己的构想。合理巧妙地为幼儿提供建构技能的支持，能够促进幼儿主题建构游戏的进一步发展，有效地提高幼儿建构游戏的水平。培养幼儿自主学习和合作学习的能力。

“经验的共有与快乐的共感，不仅可以加深发现与感动，而且还可以诱发和扩展新的发现与感动。”主题建构游戏的过程是幼儿已有经验的表现过程，也是幼儿不断自我挑战已有水平的过程。因此，在这个过程中将会出现由不同建构经验所表现的各种作品，如果这些零散的建构经验通过归纳和梳理，由个体经验变成幼儿共有的经验，那么就能让幼儿的建构经验得到扩展，从而诱发新的建构经验，促进主题建构游戏的不断发展。在主题建构游戏结束阶段，教师可将幼儿作品进行整理，用作品照片直观呈现建构方法和技能，从材料、技能、造型等方面进行归纳、梳理，帮助幼儿获得有效经验，让个体经验成为共有经验，实现建构经验的有效拓展及共享，为幼儿建构经验的拓展提供支持。

中班主题建构活动“船”

设计意图

中一班下学期我们开展了园本课程主题活动“马尾造船厂”，孩子们参观了马尾造船厂，对船的制作过程产生了很大的兴趣，在晨间区域活动中，孩子们对搭建船很感兴趣，基于此，我决定开展结构游戏《船》。

游戏总目标

（1）能积极地参与结构游戏活动，发展幼儿动手操作能力。

（2）学会按简单的命题和围绕主题进行有目的的构造。

（3）在小组、集体构造活动中，学习互相合作的初步技能。

（4）能欣赏和评价自己和别人的作品，与同伴共同分享成功的喜悦。

游戏准备

1. 知识技能准备

（1）带幼儿参观马尾造船厂，观察了船的模型、了解船的结构特征。

（2）幼儿与家长共同收集船的资料图片和照片。

2. 物质准备

（1）大炮弹插塑、小炮弹插塑；大宝石花、中号雪花片、大号雪花片积塑材料。

（2）各种塑料饮料瓶、泡沫塑料、各色皱纹纸、橡皮泥、小旗、蜡光纸。

活动过程

第一阶段游戏目标。

（1）能积极地参与结构游戏活动。

（2）在游戏活动中能积极动手动脑，搭建想象中的船。

（3）养成良好的游戏习惯。

游戏准备

1. 知识技能准备

（1）带幼儿参观马尾造船厂，观察了船的模型、了解船的结构特征。

（2）幼儿与家长共同收集船的资料图片和照片。

2. 物质准备

大炮弹插塑、小炮弹插塑；大宝石花、中号雪花片、大号雪花片积塑材料等。

游戏过程

（1）谈话引入，引导幼儿说说你今天想用什么材料拼插什么样的船？

（2）幼儿分组建构，教师重点指导幼儿将各种材料拼插牢固。

（3）作品展示，游戏评价。请幼儿说一说你今天用什么材料拼插了什么船？

（4）指导幼儿收拾结构材料。

反思

幼儿对拼插船很感兴趣，在拼插建构过程中还拼插不牢固。幼儿听信号收拾玩具还需要加强，个别幼儿拼插材料不够时会去寻找适合的材料，不爱惜建构材料。

第二阶段游戏目标

（1）学会按简单的命题和围绕主题进行有目的的构造。

（2）学会看船的结构图，拼插出船的基本结构。

游戏准备

（1）幼儿画的自己喜欢的船。

（2）大炮弹插塑、小炮弹插塑；大宝石花、中号雪花片、大号雪花片积塑材料等。

（3）各种塑料饮料瓶、泡沫塑料、各色皱纹纸、橡皮泥、小旗、蜡光纸。

游戏过程

（1）展示上次活动照片，让幼儿说一说上次游戏中的不足之处。

（2）启发幼儿根据自己设计的船的造型选择适合结构的材料进行搭配，然后再根据物体结构造型特点进行构造。（提醒幼儿注意颜色搭配）

（3）观摩评价建构作品。你今天拼插了什么船，船上都有些什么？

反思

在第一次建构中，幼儿只是简单地建构出船的基本的结构，在第二次活动前我让孩子再仔细地观察了解了客船、货船和特种船的不同及它们的基本特征如船身、船舱、甲板、尾楼、桅杆等，孩子们通过自己的观察和想象，用绘画形式设计出自己的船，再在建构活动中拼插出来，孩子们积极性非常高。从活动过程看，教师的作用不是机械地教技巧而是要启发、引导和帮助孩子。

第三阶段游戏目标

（1）在小组、集体构造活动中，学习互相合作的初步技能。

（2）能大胆建构，体验游戏的快乐。

游戏准备

1. 知识经验准备

了解船的基本结构。

2. 物质准备

大炮弹插塑、小炮弹插塑；大宝石花、中号雪花片、大号雪花片积塑材料等。

游戏过程

（1）导入活动，激发兴趣。

师：今天请小朋友用各种材料来拼插船，小朋友可以一个人拼插船，也可以和其他小朋友一起合作拼插，我们比一比，哪一艘船拼插的最好。

（2）指导幼儿合作拼插船，重点指导幼儿合作时学会商量搭建什么船、怎么搭，鼓励幼儿使用辅助材料。

（3）观摩评价建构作品。

引导幼儿讨论：合作拼插的船与独立拼插的船有什么不同？为什么？

反思

这次结构活动，虽然有小部分幼儿在合作建构，但有时局限在好朋友中，对其他幼儿的介入拒而远之。因此，教师在评价他们作品时，要多多表扬多人合作后的不同成果，让幼儿愿意接受合作后的集体喜悦和荣耀，相互模仿学习到同伴游戏时的玩法与经验，体验分工合作，分享结果的喜悦，但辅助材料的使用并不好—使用辅助材料后，收拾材料的难度加大，时间要更多。

第四阶段游戏目标

（1）能围绕主题合理利用辅助材料进行拼插，自由选择游戏材料。

（2）能大胆地发挥想象力和创造，能与同伴合作。

（3）爱惜自己和同伴的作品。

游戏准备

（1）知识经验：课前带幼儿参观马尾造船厂的船，欣赏过一些船的图片了解有关船的基本结构。

（2）物质准备：船图片若干；船成型范例若干；大炮弹插塑、小炮弹插塑；大宝石花、中号雪花片、大号雪花片积塑材料等。

（3）各种塑料饮料瓶、泡沫塑料、各色皱纹纸、橡皮泥、小旗、蜡光纸。

游戏过程

（1）出示幼儿和家长共同制作的作品，让幼儿观察各个作品制作使用的材料。

（2）幼儿分组建构，鼓励幼儿大胆想象，搭建出自己最喜欢的船，并大胆运用辅助材料进行建构。

游戏前交代：A. 收拾材料时，应先把辅助材料拆掉整理清楚，再整理结构材料。B. 两人商量好谁收拾什么材料。

（3）游戏结束，教师组织幼儿相互观赏作品，并针对幼儿建构情况进行评价。充分肯定幼儿的想象力、创造力和建构能力。

（4）请幼儿在放学后，邀请爸爸妈妈一起来观赏作品。

反思

在游戏中孩子们使用辅助材料方面还不够大胆，在今后的游戏中应培养幼儿大胆利用废旧材料当替代物，且应继续发展孩子的手指动作，在剪、贴、折这些方面的能力应有所加强，继续发展创造性思维。

我认为在今后的结构游戏中还应侧重引导每个幼儿发现自己的能力，建立起大胆创造的信心，把自己潜在的创造力充分表现出来，而教师更应该充分肯定孩子的每一个闪光点，让每个孩子都在游戏中充分体验到游戏的乐趣和建构成功的喜悦。只有这样，才能让每个孩子在轻松愉快的游戏氛围中获得发展！

（三）自由建构的指导方法

在幼儿掌握一定建构技能的基础上，幼儿根据自己的意愿、兴趣自由地选择建构主题和建构物体。老师在旁边给予适当的随机指导，引导幼儿分享成果及构造经验。自由建构游戏创造成分多，能充分体现幼儿的创造力和想象力。

自由建构的指导重点在于了解幼儿的建构意图，并鼓励幼儿进行独立的创造性建构活动，结合巡回观察，对幼儿的具体建构给予有针对性的指导和帮助，启发幼儿的大胆想象，推进游戏的创造进程，使幼儿能达成建构目的，由此产生成功的喜悦，满足动手操作及表现自我的需要。同时引导幼儿分享成果及建构经验，发挥幼儿的独立性、想象力与创造性。

大班幼儿自由建构活动

活动目标

（1）喜欢玩沙，感受玩沙时的快乐。

（2）在活动中能够与同伴互相合作，用各种材料建构自己喜欢东西。

（3）巩固幼儿在沙池里用沙子建构的技能。

活动材料

沙、各种玩沙工具

活动过程

（1）幼儿相互讲讲自己在假期里见过或遇到过什么有趣的东西。

（2）幼儿找自己喜欢的工具在沙池里进行自由建构。

指导重点

（1）提示幼儿不用脏手揉眼睛，不乱拨沙。

（2）提示幼儿活动结束后要做好收拾工作。

（3）鼓励幼儿大胆的想象。

二、建构游戏的评价

《幼儿园指导纲要》提出：“教育评价是幼儿园教育工作的主要组成部分，是了解教育的适宜性、有效性，调整和改进工作，促进每个幼儿发展，提高教育质量的必要手段。”教师对幼儿游戏的评价应该从幼儿的角度和游戏的本身价值是否得以发挥的角度出发。而且教师对于幼儿游戏的评价一定要慎之又慎，游戏评价的适当与否将会直接影响到幼儿以后的游戏行为。目前，我国幼儿园中教师对幼儿建构游戏的评价存在着以下的误区。

（1）评价方式不适宜

对幼儿的建构游戏进行评价时，要让幼儿知其所以然。即教师通过细致的观察，以幼儿在建构游戏中展现的创造性行为表现为依据，在灵活采取激励式评价时教师的语言要真实具体，说清好在哪里，为什么好，避免让夸奖成为教师的口头禅。避免出现评价形式单一，讲评内容较泛，并且只是点到即止，不够深入，这样的评价流于形式，抓不住重点，缺乏评价价值。如，中班建构游戏“我们喜欢的地方”。评价时，老师请每个小组的组长都来介绍本小组的作品。第一组组长说：“我们小组建了马路，马路上有各种汽车，马路两边有许多楼房。”教师说：“嗯，真棒！”第二组组长说：“我们小组建了小湖，湖上有小船，还有凉亭。”教师说：“你们也很能干！”……此案例中教师在讲评的时候面面俱到，每个小组都请组长进行介绍，让幼儿尽情地说，但教师没有适时地引领，讲评的内容没有针对每个小组存在的问题进行引导，幼儿无法通过教师的评价清楚自己获得老师肯定的原因，这样的评价是流于形式，达不到优化评价、巧评价的效果的，无法提升幼儿的游戏水平。

（2）评价时间过长

幼儿身心发展特点决定了幼儿集中注意力的时间不长，因此，组织评价的时间不宜太长。一般来说，小班不超过 5 分钟，中班不超过 10 分钟，大班 15 分钟较为适宜。在幼儿自我讲述作品时，教师要认真倾听，并为他们陈述递词以补充不完整的描述。例如，“将横向的积木与纵向的积木……紧紧地拼搭在一起”，使他们顺利流畅地表达自己的想法，增强幼儿表达的自信。如果评价的时间过长，幼儿既没有耐心，也不能好好欣赏作品。

教师在对幼儿建构游戏的评价应该从两个角度出发，一是幼儿发展的角度，二是游戏价值体现的角度。教师正确评价幼儿建构游戏也是指导幼儿建构游戏的必不可少的重要环节。

从幼儿的角度来说，评价建构游戏的标准应该是看幼儿在多大程度上实现了自己。教师对建构游戏的评价应关注每个幼儿自身的纵向发展，评价幼儿在游戏中探索的投入程度、发现和解决问题的能力、思维的敏捷性与创造性以及参与游戏的自主性和独立性等方面。

从游戏本身价值体现的角度来看，教师评价建构游戏最应该关注的是每次游戏活动潜在教育价值的发挥程度方面。幼儿通过建构游戏能获得身心发展，那么游戏就是成功的。教师应巧妙应用多元化的评价方式，对幼儿的建构游戏进行科学有效的评价。

1. 以激励式评价贯穿游戏始末，增强幼儿大胆进行创造性建构游戏的信心

激励式评价是教师用表扬、激励的方法肯定幼儿的创造表现，使之获得自信，促进幼儿主动创新的一种评价方式。教师要善于捕捉幼儿在建构游戏中表现出来的创新闪光点，通过合理的激励方式，如一句鼓励的话语“今天你进步了！不光拼出了手枪，还给手枪加了个瞄准器。”一个赞许的眼神，一个竖起的大拇指都会使幼儿感受到进步的喜悦、创造的乐趣。

2. 以启发式评价点燃幼儿创造的火花，锻炼幼儿在游戏中的语言能力、合作能力和思维能力

“幼儿进行创造活动时，由于受到知识的局限性、兴趣的短暂性、注意力的不稳定性等因素的影响，创造意识和创造行为容易产生自生自灭的状态。教师通过启发式评价适度参与调控，可以对幼儿的创新活动有积极的推动作用”。启发式评价是教师根据幼儿在建构过程中的表现随时随地进行引导性评价，用动态的暗示性语言引导他们学习创新的方法，启发幼儿通过改进方法，不断地调整，使建构活动中的创造性行为更加合理、大胆。启发式评价过程强调互动，无论是师幼互动还是幼幼互动，幼儿都能参与对自己先前活动的评价，与教师或伙伴交流自己的想法、观点，并整合自己与他人（包括教师）的观点与经验，从而锻炼语言组织能力及分析思考能力，从中获得经验以此来提高自身的游戏水平。

在建构游戏评价过程中，教师是游戏评价的组织者，应在观察、倾听的基础上把握幼儿的行为表现和活动方向，“以问题为引子”启发引导幼儿发现问题，改进游戏行为。如“还有哪些积木可以铺路？请你们去找一找。”“你把小草、小树、小花种在家的什么地方了？”教师可将自己观察游戏过程所发现的问题有意识地、有针对性地抛出来让幼儿回应。

案例链接

在建构围墙柱子时，钦儿和同伴因为围墙柱子的架空和垒高问题，“怎样把大门柱子搭建的高一些”争论起来，两个人都没有说服对方，于是，钦钦大声询问教师，请求帮助。我听了他们的话、看了看他们旁边的材料，回答道：“看看你们的材料，仔细观察材料的形状、大小，看看能不能商量出解决办法？”，听完我的话，钦儿立即在筐里寻找其他更合适的材料，而同伴则发现了框里的图纸，立即拿起来给钦钦看，钦钦立即仔细观察图纸起来，两个小伙伴结合材料和仔细观察图纸，发现了面和点之间的关系（厚度相同、角度相同而长度不同），一个长度由数个厚度组成的“秘密”，共同解决了“架空、垒高、对称、色彩搭配”等问题，搭建了漂亮的八面菱形架空大门柱子，最后还说了一句：“原来要把最小的方形放平才能让大的方形架空立稳，看图这个办法还有点好”，说完，两人都笑了。

点评：教师对钦儿的建构水平心中有数，观察较为细致，当孩子求助时，采用了“启发式”的指导方式，为孩子提供了思路和方法，留出了思考空间，让孩子丰富了结构经验。教师可继续坚持使用“等待”、“启发”式的引导方法，重建构“过程”带给孩子的教育价值而非一味追求结构“结果”。

3. 以归纳提升式评价帮助幼儿梳理游戏经验，提升游戏水平

游戏结束后的归纳提升式评价主要是教师与幼儿一起评价获得的经验、发现的问题，为下次建构游戏中的创造活动提出新挑战。归纳提升式评价可以采取以下几种方式：

（1）展示作品。面向全体幼儿展示作品。发掘作品中的闪光点，这种评价方式能最大限度地通过幼儿的自我表现、自我展示来达到自我激励的目的，有效地激发幼儿的创造欲。

（2）幼儿间互相参观、评价作品，共同进步。教师创设良好的评价氛围，请幼儿对各自的作品进行自评及互评，教师需适时地对幼儿的评价进行加工、梳理、汇总、推广。如“小朋友发现了今天盖房子时有两种新方法可以让房子更漂亮：可以渐渐减少往上叠积木的数量，使房子变成三角形，造型很特别；也可以在盖房子时，留出门和窗户的位置，房子会又亮又通风。”这种评价方法使游戏成果作为一种有效的媒介，通过互动互学，赏析有新意的细节，促进幼儿的创造力提高。

（3）评价游戏过程中幼儿创造性的体现。教师评价的内容不一定只是针对作品创造性表现，也可以是建构游戏中幼儿的创造性玩法、同伴间的创新合作方式以及幼儿经过合作后出现的创新行为。如，建“马路”这个主题，游戏快结束时，小朋友发现十字路口还没有红绿灯，这时晴晴主动把自己建好的房子拿出来，在上面安装了红黄绿三色的积木，并说：“这是带红绿灯的钟楼。”教师对这种创造性地改造作品功能的行为，就可以用表述事件过程的方式进行评价，肯定其创新思维，让其他孩子说说这样做有什么好处，下次遇见同样的情况还可以如何处理。通过此类评价，幼儿的创造性思维互相补充、互相借鉴，就会有更多、更好地创造性作品出现。

（4）评价讨论游戏中出现的问题。在游戏评价时，教师可抛出问题：“今天你搭建了什么？有没有遇见困难。你是怎样解决的？”当孩子提出问题，大家讨论，这时往往会得到许多创新的答案。如，建构“街道”这个主题时，孩子提议建一座“街心喷泉”，但是他们一直找不到合适的材料，针对这种情况，老师不是直接告诉他们，而是任由他们自由发挥，当游戏结束进行评价时，老师问：“今天在游戏时，你碰到什么困难？”那几个小朋友争先恐后地讲出了难题，于是老师引导全体小朋

友进行讨论。有的说可以用百宝箱中的筷子插在泡沫板上当喷泉；有的说可以用生日蛋糕上的蜡烛架当喷泉；有的说可以在周围立很多圆柱后，在圆柱顶摆花片当喷泉……最后大家讨论确定下次游戏时用各自想到的方法来搭建各种喷泉。此类评价手段能使幼儿自己发现问题、讨论解决问题的方法，使幼儿从原有的游戏经验中找到创造性解决问题的方法，而且使游戏的主题向着幼儿向往的方向进一步发展了。

（5）评价时对下次建构游戏的开展提出创新要求。让游戏评价成为下次游戏进行创造活动的新要求。不但可以由教师提出，也可以让幼儿自己发现问题，自己对下一次的建构活动提出新要求，并寻找相关资料，使接下来的建构活动更趋合理、成熟，为下一次创造性活动的开展做好铺垫、准备工作。教师进行归纳提升式评价时要有重点，不可贪多，最好能与游戏开始时教师提出的目标、要求相整合。如教师提出要求，要对房子的外形进行创新，评价时主要根据幼儿创造性地建构房子外形的情况进行评价。

思考与实训

一、思考题

1. 什么是建构游戏？建构游戏有何特点？
2. 谈谈建构游戏的价值。
3. 如何引导幼儿创造性地进行建构游戏？
4. 分析中班幼儿建构游戏的特点及指导要点。

二、案例分析

中班建构游戏案例分析

——美丽的喷泉

【案例背景】

在中班主题结构游戏《开心乐园》活动中，小朋友们用雪花片、贝旺小当家及多变积塑等多种材料，搭建了大型滑梯、摩天轮、转椅、钻筒、跷跷板还有旋转木马等许多的游戏设施。建构作品色彩鲜艳，造型美观，结构牢固，充分展现了孩子们在组合与造型方面的潜能。在今天的活动中，小朋友提出要在开心乐园里搭建一个喷泉，可是除了用雪花片，还有什么材料比较合适呢？

老师在园长办公室看到几个塑料果盘，晶莹剔透，非常漂亮；班上还有许多空的橡皮泥罐，也是透明色，材质很协调。孩子们能不能用这两种材料搭建出漂亮的喷泉呢？他们在使用材料的过程中会遇到什么新的问题？孩子们能协商合作完成任务吗？

【案例描述】

老师把搭建喷泉的任务交给了规划组的小朋友。有了新的任务和新的材料，规划组的六位小朋友个个跃跃欲试，随后就是一场争抢大战：鑫妍、蓝鸿、子欣分别抢到一个果盘，没有抢到果盘的小朋友抢着把罐子一个个套在一起变成柱子。

梦涵是这个组的小组长，她急得大声喊：“老师，他们抢玩具。”

老师走过去说：“不用抢，这些材料要合在一起用才能搭出喷泉的。你们准备搭建什么造型的喷泉呢？”

梦涵：“老师，我们不会搭。”

老师拿出一张照片：“我觉得这些材料很适合搭建这种造型的喷泉。”——这是一座三层宝塔造型的喷泉。

孩子们争相围过来：“哇，好漂亮的喷泉啊！”

孩子们七手八脚，你一个我一个，把橡皮泥的空罐倒放着，在蓝色地垫的中央围了一圈，基本没什么造型。

梦涵正要往上搭第二层，可是边上的小朋友还在继续往边上摆罐子。

梦涵：“可以了，可以了，你们不要乱放了”。她把边上的罐子拿开，留下 8 个，理出了一个花形。开始搭第二层，还是倒放着罐子，可是两个两个套在一起，高度没有明显的增加。

蓝鸿：“不能让它们套在一起，要这样放。”说着拿起一个罐子，倒放在两个罐子的上面，这次它们没有套在一起。

梦涵拨开蓝鸿的手：“让我来让我来，我知道了。”接着第二个、第三个、第四个罐子也稳稳地叠在上面。第二层一共用了四个罐子。

一直在边上看的鑫妍拿起一个罐子，很准确地放在第二层四个罐子的中间部分，一个宝塔形的三层底座搭好了！孩子们情不自禁地拍手欢笑。

梦涵：“现在可以放盘子了，把盘子拿过来”。子欣把一直抓在手上的果盘递给梦涵。

梦涵：“不是这个，要大点的”。蓝鸿从艺菲手上拿过稍大一点的果盘递给梦涵。梦涵把盘子放上去后，发现第二层有个罐子有点移位，动手想要整理，结果碰倒了整个底座。

老师以为他们会很沮丧，想不到倒塌引来孩子们的一片笑声。没有太多的犹豫和等待，梦涵、鑫妍、蓝鸿马上重新开始搭建。有了第一次的经验，三层的塔形底座很快就搭好了。

蓝鸿正要把一个果盘放上去，梦涵一把抢过来：“我来，要对准中间放才不会倒”。她小心地把一个果盘放在搭好的底座上，稳稳的，鑫妍拿起一个空罐想要放在果盘的中间当柱子，宋梦涵马上阻止：“一个太矮了，要四个在一起才可以。”她拿起罐子，边套边数：“1、2、3、4、可以了。”第二个果盘也很顺利地被放在上面，两层的花瓣造型的喷泉呈现在孩子们的眼前。马上就要成功了。他们又一次的鼓掌欢笑。蓝鸿早准备好了四个叠在一 起的罐子，他跪在地上想要放在第二个果盘的上面，结果盘子和罐子倒了一地。这一次的倒塌，引来其他小朋友的一阵埋怨：“就怪你，本来就要搭好了！”

老师在一旁给他们打气加油：“没关系，再来一次，搭第三层的时候是最难的，待会儿你们要站起来放材料就不容易碰倒了。”

孩子们重新忙活起来。当他们很顺利地把第二个果盘叠上去以后，宋梦涵在一旁提醒：“大家要小心了，不要碰倒了!你们都站起来，不要碰到”。第三个果盘被蓝鸿小心翼翼地放在了上面——好一座美丽的喷泉！孩子们情不自禁地在一旁鼓掌欢笑：耶！成功了！

结合上述案例，分析评价案例中教师对幼儿此次建构活动的指导方法。

三、章节实训

1. 实训要求

请你选择一个班级，设计一个符合该班幼儿特点的建构游戏。

2. 实训过程

（1）根据各年龄班幼儿的特点，制定一份完整的、详细的建构游戏活动方案。

① 活动目标：从幼儿角度提出具体目标，要求目标符合相应年龄班幼儿的特点；目标可操作性强。

② 活动准备：包括知识准备和物质准备。

③ 活动过程：具体教学语言设计，包括活动导入、指导过程、教师语言引导等方面内容。

（2）根据具体活动内容，选择设计结构制作图。

3. 实训反思

项目		评分标准	分值	得分
游戏前	1	目标是否具体、操作性强，内容是否蕴含教育价值	10	
	2	游戏结构是否完整，条理是否清晰	10	
	3	游戏材料的提供是否充分、适宜	10	
游戏中	1	内容是否符合本班幼儿的生活经验和心理发展水平	10	
	2	所创设的情境能否帮助幼儿进入游戏状态	10	
	3	能否体现建构游戏的特点和价值	10	
	4	师幼定位是否准确，教师的指导是否适宜、有效	10	
游戏后	1	结束是否自然、流畅	10	
	2	评价游戏的角度和方法是否适宜、全面	10	
	3	通过游戏，幼儿的综合能力能否得到发展	10	
自我反思				

第七章　体育游戏的组织与指导

引入案例

体育活动时间到了，因人数太多，我把孩子分为四组，在起点与终点之间放置两个纸箱类的障碍物，边说边示范本次游戏比赛规则：游戏中四人边走边拍球，以 S 形绕过纸箱，最后直线回到起点。

游戏开始了，孩子们都很兴奋，可过了一会儿，个别孩子就心不在焉地任球滚到别处也不捡，或是抱着球乱跑，有的则像局外人一样站在场地中间看别人，有的还放弃正在进行中的游戏自己玩起别的来，游戏就这样以失败告终。我认为是孩子们不明白我定的比赛规则和比赛缺乏挑战性所致，接下来，我把拍球的要领示范的形式再强调给孩子们看，并让他们也分组练习以求掌握拍球的要领，还把游戏规则改为：两人合作的形式，一个孩子先从起点 S 形拍到终点，然后把球交给同伴直线拍回来，先到者赢。这样，我们的游戏又开始了，因为是合作的形式，幼儿积极性很高，生怕自己与同伴会输，幼儿跑得很开心，可是新的问题又产生了，有的幼儿为了赢，规则也不管了，直接跑到终点；有的幼儿跑得太快了，摔倒蹭破了皮哇哇大哭起来；有的个别组的其中一员又不想玩了，导致游戏无法继续下去……

问题 上述案例中的幼儿在游戏中出现了哪些问题？作为教师，如何有效地指导幼儿的体育游戏？如何让体育游戏兼具挑战性、趣味性与安全性？如何科学地评价幼儿体育游戏，让后期的游戏在此基础上更好地进行？让我们带着这些问题进入本章的学习。

本章学习目标

1. 了解体育游戏的概念及价值。
2. 掌握体育游戏组织与指导的原则与方法。
3. 学会科学地评价幼儿体育游戏。

体育是幼儿园健康教育的一项重要内容。《幼儿园与工作规程》(以下简称《规程》)指出：“幼儿园的任务是：实行保育与教育相结合的原则，对幼儿实行体、智、德、美诸方面全面发展的教育，促进其身心和谐发展。”其中“体育”被放在了全面发展教育的首要位置，可见体育活动在幼儿阶段的重要性。教育部颁布的《幼儿园教育指导纲要(试行)》中指出：“幼儿园必须把保护幼儿的生命和促进幼儿的健康放在工作的首位。”幼儿园要“开展丰富多彩的户外游戏和体育活动，培养幼儿参加体育活动的兴趣和习惯，增强体质，提高对环境的适应能力”。3~6 岁的幼儿正处于对感知和运动能力发展的关键阶段，在速度、灵敏素质、力量素质、柔韧性和平衡能力上发展迅速，因此这个阶段良好的体育教育犹如促进幼儿身心健康发展的助力剂，是保护和促进幼儿身心健康发展的重要途径和手段，是其他各项智能得到良好发展的前提和保障。

在现今的幼儿园中，体育活动是五大领域之健康领域的重要组成部分，作为一名幼儿教师，要能将体育游戏的教育潜能发挥到良好状态，首先要清楚何为体育游戏，体育游戏的价值所在，然后再对体育游戏的具体实施过程，如怎样组织好幼儿体育游戏，怎样对幼儿体育游戏进行有效的现场指导，怎样科学地评价体育游戏等问题进行深入的探讨。

第一节 体育游戏的概念、特点及价值

一、体育游戏的概念

（一）体育游戏的概念

体育游戏，也被称为活动性游戏或运动性游戏。它是根据一定的体育任务设计的，由身体基本动作、情节、角色和规则组成的一种活动性游戏，是幼儿体育活动的一种主要形式。体育游戏是适合幼儿年龄特征的特殊的体育活动，它具有体育的基本特点，依靠身体的协调运动参与活动；同时也有其显著的特点，是体育与游戏的结合，不是简单的走走、跑跑、跳跳，而是要完成一些规定的情节与相互联系的动作，需要体力活动与智力活动的紧密结合，且易于激发幼儿参与体育活动的兴趣和愿望，也最能有效地促进幼儿身体的发展。

体育游戏一般由游戏动作、游戏情节、活动方式、游戏规则、活动条件等因素组成。

游戏动作包括发展基础运动能力的动作，如走、跑、跳、钻、爬等；一些简单的运动技术，如球类、体操等运动项目的基本技术；体育游戏本身所特有的动作，如夹包、踢毽、跳皮筋等游戏的动作；模拟动作和简单的舞蹈动作，如小动物模仿操中的动作；生活动作，如穿衣、背物等动作。

游戏情节是区别体育游戏与其他体育手段的一个重要结构成分，其实质是以虚构和模拟的形式表现某些生活事件。由于幼儿正处于象征性游戏阶段，虚拟性或非真实性是这一时期幼儿游戏的重要特征，因此，对于幼儿来说，游戏情节是决定体育游戏是否有趣的一个非常重要的因素。体育游戏的情节与角色游戏和表演游戏的情节不同。在角色游戏和表演游戏中，情节是根据游戏主题构思的，是表现游戏主题不可缺少的成分；而体育游戏的情节一般是从调动游戏人的活动积极性出发，根据游戏的动作和活动方式的特点而构思的，在游戏中起着增强趣味性的作用，是个很活跃的结构成分。以“跳”为例，如果单纯枯燥的让幼儿练习双脚跳，幼儿可能跳不了几下，就不感兴趣了。可是如果把“跳”加上情节因素，变成一个“小白兔回家”的体育游戏，幼儿便会兴趣盎然地跳起来，由此可见体育游戏中情节因素的趣味性魅力所在。同一个游戏可以采用多种情节，由某一动作或活动方式所构成的游戏也可以采用多种情节。

体育游戏的活动方式分为两大部分，一是组织活动的方式，二是练习的方法。体育游戏的组织一般包含以下内容：组织游戏队形、分队和分配角色、讲解规则、开始游戏和结束游戏。教师可采用模拟法、竞赛法、条件练习法、综合练习法等方法，依据幼儿实际情况选择同时练习或相继练习的顺序进行相应的练习。

体育游戏的规则是保障体育游戏顺利有效进行的前提条件，教师要根据幼儿的身心发展特点制定科学合理的游戏规则，制定规则时要做到科学性、兴趣性、简易性、创新性相统一。如，小班体育游戏《找朋友》，目标是练习钻的动作，培养幼儿合作、互助的精神，过程是小鸭采来荷叶和小鸡一起躲雨。游戏规则为只允许小鸭“下河”拿荷叶，而小鸡只能在岸上等待，不能“下河”拿荷叶，这一规则既简单又体现了科学性。

活动条件是指体育游戏赖以进行的物质条件，包括玩具、场地、器械等。玩具在体育游戏中具有双重性质，它既是物质条件，又是动作对象。游戏场地是游戏活动的必要条件，它对锻炼身体的效果、动作性质和活动方式都有直接的影响。

（二）体育游戏的分类

按游戏组织形式分类，可将体育游戏分为自由活动游戏和体育教学游戏。自由活动游戏是指幼儿自定活动形式、自选运动器械、自由组合玩伴的自主性游戏活动。体育教学游戏则是以教师为主，为完成一定的教学目标而组织的教学性游戏活动。

按游戏有无情节分类，可将体育游戏分为主题游戏和无主题游戏（见图 7-1 和图 7-2）。主题游戏是以假定的形式反映生活中的一个片断或童话故事中的情节，如“小刺猬背果子”“老虎和猴子”。无主题游戏没有一定的情节和角色，有些包含了幼儿感兴趣的动作内容，有些则包含了竞赛性因素，如接力、捕捉等游戏。

按游戏活动形式分类，可将体育游戏分为接力游戏、追拍游戏、争夺游戏、角力游戏、猜摸游戏等。接力游戏是指以接力的活动形式进行的分组竞赛游戏，追拍游戏是指游戏者追拍其他游戏者或球，训练幼儿奔跑及反应力的竞争游戏，争夺游戏是指幼儿为争夺一定的物品或位置而进行的一种斗智比速游戏，如抢椅子游戏，角力游戏是指游戏者相互比较力量，斗智斗勇的对抗性游戏，猜摸游戏是指游戏组织者蒙住游戏者的眼睛，利用听觉和触觉、平衡觉来进行运动和猜物的游戏，如捉迷藏。

快来活动活动我们的手和脚吧！

小膝盖也要活动呦！

快来“滚草地”！

看，我们滚得很棒吧！

图 7-1　有情节的体育游戏：小刺猬背果子

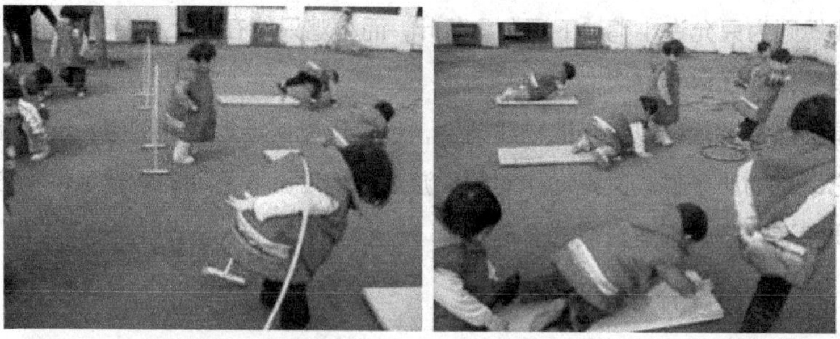

钻过“山洞”，多么有趣呀！　　爬过“小山坡”，我们很勇敢！

还要跳过许多“小荷叶”，最后终于到达了目的地，采取了许多果要过冬了！

图 7-1　有情节的体育游戏：小刺猬背果子（续）

图 7-2　无情节的体育游戏：快乐呼拉圈

按游戏活动内容分类，可将体育游戏分为走跑类、跳跃类、投掷类、攀爬钻类、平衡类等；按发展身体素质的作用分类，体育游戏可分为速度类、力量类、灵敏类、柔韧类、耐力类等；按器械不同分类，幼儿体育游戏有轻器械类和徒手游戏两种；按游戏人数分类，有单人体育游戏、双人体育游戏、集体体育游戏；按场地不同分类，可分为室内体育游戏及户外体育游戏。

二、体育游戏的特点

（一）趣味性

体育游戏是深受幼儿喜爱的趣味体育活动，体育游戏当中的动作丰富多彩、简单易学，幼儿会产生很大的兴趣。幼儿体育游戏的趣味性主要体现在情节性和竞赛性两方面。游戏情节是保证体育游戏趣味性的重要因素。大多数幼儿体育游戏都带有一定的情节和各种不同的角色，这非常符合幼儿爱模仿、好扮演的特点。竞赛这种体育游戏中常见的游戏形式能充分满足幼儿争强好胜的心理，体育游戏中的竞赛项目对性格活泼、争强好胜的幼儿来说有很大的吸引力，尤其适合中大班幼儿进行，激烈的竞争让体育游戏更扣人心弦、趣味横生。此外，一些模仿类型的动作形象生动，模仿情节或者角色能够满足幼儿参与成人活动和幼儿社会性发展的生理需要，因此它有利于激起幼儿参与锻炼的兴趣。

（二）健身性

体育游戏是以发展幼儿基本动作为主的体育活动。它主要是由一些基本的身体动作内容构成，如走、跑、跳、投、爬或者一些竞技运动项目的基础动作，如拍球、踢球、投球等，因此它有利于幼儿基本身体动作的发展。体育游戏将基本动作技能的锻炼寓于趣味性很强的活动之中，幼儿是在游戏中完成各种基本动作。体育游戏还富含改变运动和动作信号的特征，在此过程中锻炼了幼儿的神经系统，同时完善和平衡着幼儿的兴奋和抑制过程。因而体育游戏对于激发幼儿的体育活动兴趣，促进其以体能为主的各方面发展具有独特的作用。

（三）教育性

体育游戏是幼儿园健康教育的重要方式。户外体育活动是幼儿园重要的一日生活环节之一。幼儿园体育工作的“育体”任务是通过两条途径来完成的：一是体育活动（包括早操、体育课以及户外体育活动等常规锻炼方式）；二是体育游戏。如果说体育活动是面向全体、照顾绝大多数幼儿能力水平而进行的泛化健体活动，那么相比之下，体育游戏的设计更能体现出教师的设计理念、因材施教的特点，通过科学合理地制定游戏规则、分配游戏角色，有针对性地锻炼不同幼儿的不同能力。在体育游戏中，幼儿的运动、竞赛、模仿、娱乐、创造、表现、审美、社会交往等多种需要都可以得到满足。幼儿体育游戏在促进幼儿体能、基本动作、智力、品德、习惯等各方面的协调发展具有很大的潜力。体育游戏是一种运动、游戏和教育有机结合为一体的身体练习游戏活动。

三、体育游戏的价值

体育游戏是融体、德、美于一体的有效形式，可以促进幼儿身心的全面发展；能够培养幼儿互相协作、遵守规则的良好习惯，以及机智、勇敢、顽强、克服困难的优秀品质；能够使幼儿习得自然科学知识和社会知识，提高幼儿的思维能力和创造能力等，其价值具体表现在以下几个方面。

（一）体育游戏有利于幼儿身体各机能协调发展

人的智力发展是建立在大脑这个物质基础上，从运动医学方面来说，参加体育活动能促进大脑的发育，而幼儿正处于生长发育的关键时期，通过体育游戏和心理活动，经神经传导刺激大脑发育完全，并且体育游戏能改善幼儿神经的不均衡性，促使大脑皮层的抑制加深，使兴奋和抑制更加集中，有助于促进神经系统的改善。经研究表明，经常参加体育活动与不经常参加体育运动的幼儿相比成年后有 4~7 厘米的身高差距，原因是参加体育活动可以加快血液循环和气体的交换，充分改善消化系统的功能，增强新陈代谢，而且体育活动可以增加儿童的软骨细胞的活性，增强软骨细胞的繁殖能力，促进骨的钙化。体育活动还可以供给大脑提供充分的氧气，加强神经系统的灵敏性。教师经常利用多种多样、丰富多彩的体育游戏，能使幼儿身体各器官、各部位和各种身体素质的锻炼。例如，在“小马运粮”游戏活动中，教学目标是练习跨过“小河”，活动中教师让幼儿尝试探索各种不同的过河方法，河的宽窄不同，过河方式也不同，幼儿可以单脚跳、双脚跳、助跑跨跳等，使幼儿身体运动能力得到全面发展。

（二）体育游戏有助于幼儿认知能力的发展

体育游戏具有很强的趣味性和娱乐性，能使幼儿从游戏中得到乐趣、满足和需要，从而产生强烈的兴趣。兴趣是最好的导师，它是人们获得知识，探究某种事物或参与某种活动的积极倾向，是推动学生学习的有效动力。教师在体育游戏中通过游戏和激趣法创设游戏环境，组织动态、灵活多变的形式，让幼儿置身于生动活泼的情景中，通过气氛的感染，使幼儿自觉地去看、听、练，在游戏中，幼儿积极主动地探索着周围环境，接受着环境带来的丰富感官刺激，不断存储相关的知识技能经验，同时完善着自我的感知观察能力、表现记忆力、思维能力、创新能力等，使幼儿在轻松、活泼、愉快的气氛中愿学、好学，这些都是幼儿认知能力提升的保证。例如“红绿灯”游戏，首先，学习辨别红灯、绿灯的方法及规则；其次，自制红绿两块小圆片做为红灯和绿灯并学习儿歌：“大马路，宽又宽，警察叔叔站中间，红灯亮了停一停，绿灯亮了往前行。”念完以后让幼儿当汽车司机，做扶方向盘开汽车状，并发出“嘀嘀”的声音，一个跟一个向前跑进，一边跑一边看老师手中的红绿灯的变换。在游戏过程中，幼儿的主动性、积极性被充分调动起来，既发展了幼儿的奔跑能力和灵敏素质，又学习了交通规则，对幼儿的认知能力、情感是一次非常好的锻炼。

在体育游戏中，幼儿还可以通过联系测定人和物的远近，发展目测和空间听觉定位能力，理解面对面、一个跟一个、越过、旁边等空间定位和开始、然后、同时等时间定位的概念。此外，游戏的内容、情节和规则还可以培养幼儿对知识的应用能力，对概念的理解以及发展幼儿的注意力、记忆力、观察力、想象力。

（三）体育游戏有利于幼儿的社会化发展

体育游戏对于学前儿童的社会性发展具有很大的促进作用，主要表现在：学前儿童自然的游戏伙伴关系有助于其社会性的发展。学前儿童的体育游戏，如接力赛、跳大绳、儿童足球等体育活动把儿童们组合到一起，孩子们在这种紧张愉快的气氛中既锻炼了身体又逐步树立了团队精神。可以说，经常在这种模式的教育下，儿童慢慢学会充当不同的角色，渐渐积累集体生活的经验和学习做人的规矩，从而学会相互关心、相互谦让、相互协作。比如，大班幼儿体育游戏“毛毛虫回家”，要求 4~8 个幼儿一组，一个接一个蹲着向前进，教师创设相应的情景，让幼儿以竞赛的形式进行游戏，游戏过程中能促进幼儿间交流、合作的能力。在前进过程中，同组的幼儿只有步伐统一，才能有效率地完成任务，这需要幼儿间相互沟通，达成一致意见，齐心协力才能到达终点。

（四）体育游戏有利于培养幼儿良好的个性品质

体育锻炼能够激发幼儿愉快的情绪，促进智力的发展。在体育游戏中，幼儿可以自由表达自己的情绪体验，这能培养幼儿主动积极的社会行为及自信心，消除其孤僻、畏缩行为。在体育游戏中，不同的动作可以使幼儿获得丰富的感官刺激，大大加快大脑髓鞘进化的过程，使神经系统的综合调节能力得到增强，兴奋与抑制过程趋向和谐，从而较好地调节情绪、情感，使儿童形成活泼开朗的性格。例如，轮胎的游戏，虽然是废旧的轮胎，但经过刷新改造后，是很好的游戏材料，并且有很多玩法。可以让小班幼儿从滚轮胎开始，“滚”轮胎这项运动，能发展幼儿机体的协调性（动作协调、手眼协调等）；中班幼儿可以比赛滚轮胎、走轮胎；大班幼儿用竹棒、绳让轮胎“动”起来等。“兴趣是最好的老师”，在感兴趣的基础上，幼儿自由自在地“玩”，体验游戏的乐趣，正如柳布林斯卡娅曾指出的“游戏是使幼儿产生巨大愉快的源泉”。丰富的游戏形式，给幼儿带来了愉悦的心情，良好的心境给幼儿带来活泼、开朗的性格，更有助于幼儿优良品格的形成。

（五）体育游戏有利于培养幼儿的美感

体育游戏大都是基于早期获得的动作技能，体现出动作的准确性、协同一致性和灵活性，不论是内容还是形式，都不失为一种展现美的活动。在游戏中，各种队列要求幼儿姿势优美、精神集中，此为精神面貌上的美感；体育游戏中还会配上富有节奏感、感情色彩鲜明的儿歌及音乐、富有童趣的游戏道具、摆放有序的器材标志、地面上色彩鲜艳的线条图案，这些也大大地丰富了体育游戏的美学特征，在这样的游戏环境中，幼儿的审美情趣能得到“润物细无声”的熏陶和提升。

第二节　体育游戏的组织与指导

一、体育游戏的组织

（一）开展体育游戏的原则

1. 符合幼儿身心发展规律

体育游戏的设计与实施应遵循幼儿的身心发展规律，具体可体现在以下三个方面。

（1）年龄特点—幼龄。年龄越小，体育游戏的情节越要简单，规则越要明确；持续的时间要短一些，竞赛的成分要相应的少些，同一种运动器械要多，最好全班都能担任同一个角色，玩同一种游戏。

（2）心理特点—童心。这时期的幼儿的心理过程都带有具体形象性和不随意性的特点，抽象概括和随意思维处于初步发展阶段，因此在游戏中不能一次交代许多任务，也不能仅用语言交代，而应伴随着具体的示范。选择的游戏内容应贴近幼儿的生活经验，为幼儿所能理解和接受。

（3）生理特点—稚态。这时期幼儿的机体组织和器官都在发育期，比较柔嫩，因此不能让幼儿单纯地重复某一个动作。要使机体各组织各部位都得到发展，幼儿在基本动作锻炼中，走、跑、跳、平衡、钻爬和攀登等各动作技能训练都要兼顾。

2. 渐进性原则

体育游戏和其他教学手段一样，要按循序渐进的原则。在内容上由浅入深；在规则上由少到多；在活动量上根据人体生理机能能力变化规律，要注意使体育游戏的运动量由小到大逐步上升，并在活动结束前逐步下降。如球类活动，可按滚球—抛接球—拍一下—接一下—立定拍球—相互传球—

边走边拍—边跑边拍—有规则的球类比赛这样的顺序来进行。

3. 经常性原则

体育游戏在注重趣味性的同时，还要讲究效果。在体育游戏中，应该使基本动作得到反复的练习（方法可以多变），防止幼儿过多的等待，让幼儿的活动达到一定的“量”。要做到使体育游戏融贯在幼儿的一日生活之中，避免“三天打鱼，两天晒网”的现象。此外，在游戏时，幼儿往往不会掌握“量”，兴趣来了就不知疲劳，老师应注意控制动静的比例。在一般情况下，幼儿体育游戏的活动量是“动稍少于静”。

4. 适量的运动负荷原则

适量的运动负荷原则是指在组织幼儿进行体育游戏时，教师合理安排及调节幼儿在练习时身体和心理所承受的负荷量，保证幼儿在运动后能达到超量恢复的最佳状态。

在生理上，教师要根据幼儿的年龄差异、体育游戏的内容及动作的特点，合理地确定幼儿身体锻炼时的“负荷量”，包括练习的次数、练习的时间长短、间隔时间长短、持续活动的总时间、活动的强度及密度等。一般要求“强度小，密度大，时间短，强调节奏”，以中等强度的有氧代谢为主。

在心理上，教师也要注意合理安排和调节幼儿的心理负荷。在一次体育游戏中要注意新旧内容的合理搭配，活动目标设置合理，以防止不合理的心理意志负荷出现。在安排活动时，前半部分宜安排认识负荷较大的新内容，后半部分宜安排趣味性强、练习密度大、较激烈的活动内容，使幼儿情绪达到兴奋状态。此外，教师要注意以表扬鼓励为主，不恐吓及随便训斥幼儿。

5. 全面发展原则

全面发展原则有两层含义：一是指幼儿园体育游戏应促进幼儿身心全面健康发展，不仅要增强幼儿的体质，还要促进幼儿的认知、情感、社会性等方面的良好发展；二是指在幼儿园体育游戏过程中，应使幼儿的身体各方面机能、各个部位、各种身体运动技能都得到全面均衡的发展，避免在一次活动中身体某部分的运动负荷量过大，其他部分运动量不足，达不到全身锻炼的目的。贯彻这一原则应注意以下几点。

（1）能将体育活动和体育游戏区分开来，避免在体育游戏中出现机械的动作练习和单调的身体素质专项练习，应灵活采取多种方法和组织形式，将体育游戏同其他领域有机地结合起来，帮助幼儿掌握简单的有关身体锻炼的知识和技能，发展相关的身体概念，丰富幼儿的体育安全等认知技能，培养幼儿团结互助、勇敢坚强等优秀品质。

（2）教师不仅要为幼儿提供丰富的活动器材，还要注意根据幼儿的身心发展特点，及时更换游戏材料，并引导幼儿自主选择或更换不同的活动内容及活动材料，避免幼儿长期选择单一的自己喜欢的器材或项目，克服锻炼的片面性。

（二）组织体育游戏

1. 认真设计游戏活动方案

（1）设定明确、弹性化的目标

幼儿体育活动的目标对幼儿身心健康的发展与水平具有预先设定与规范的作用，也是衡量幼儿园体育成效的评价尺度，幼儿园教育指导纲要（试行）在健康领域部分对幼儿体育的总目标做了明确规定，这是幼儿园教师制定体育游戏的具体目标时必须予以参考的重要依据，但也不能简单照搬，必须在分析本班幼儿具体情况，了解本班幼儿具体发展水平的基础上，如幼儿是否刚入园，幼儿哪些动作已经掌握较好，哪些动作还需加强练习等，再设定具体的游戏目标。同时，在体育游戏实施过程中，还要根据幼儿身体机能的适应程度或对动作要领的掌握程度，以及幼儿自身创造性发挥的程度，及时调整预先设定的游戏目标，以使体育游戏更适合幼儿发展的需要与兴趣。

知识拓展

不同年龄阶段幼儿体育活动目标

小班体育活动目标

（1）能上体正直、自然地走和跑，能向指定方向走和跑，能在指定范围内四散跑、追逐跑，能步行一公里，连续跑约半分钟，能一个跟着一个走，走成一个圆，能较轻松地双脚交替跳着走。

（2）能较轻松自然地双脚同时向前跳、向上跳，能从25厘米高处自然地跳下。

（3）能双手用力将球向前、上、后方抛，能单手自然地将沙包等轻物投向前方。

（4）能在平行线（或扎窄道）中间走，能在宽25厘米、高（或斜高）20厘米的平衡木（或斜坡）上走。

（5）能在65～70厘米高的障碍物（如绳子、皮筋、拱型门等）下钻来钻去，能手膝着地（垫）自然协调地向前爬，能倒退爬，能钻爬过低矮障碍物，能在攀登架上爬上爬下，或从网的一侧爬越至另一侧（必要时教师可以帮助）。

（6）初步学会听各种口令和信号并做出相应动作，能边念儿歌或边听音乐做模仿操或简单的徒手操。

（7）会玩滑梯、攀登架、转椅等大型体育活动器械并注意安全，会骑小三轮自行车，会推拉独轮车，会滚球、传球、抛接球和原地拍皮球，会利用球、绳、棒、圈等小型多样的体育器材进行身体锻炼。

（8）喜欢并愿意参加体育活动，初步掌握体育活动的有关知识和规则，团结合作，爱护公物，能合作收拾某些小型体育器材。

中班体育活动目标

（1）能听信号按节奏上下肢协调地走和跑，能听信号变速走、变速跑，能听信号变化方向走，能前脚掌着地走、倒退走，能跨过低障碍物走，能绕过障碍物跑，能快跑20米，走跑交替（或慢跑）200米左右，能在一定范围内四散追逐跑，能步行1.5公里，连续跑约1分钟，能听信号切断分队走、一路纵队走。

（2）能自然摆臂连续纵跳触物（物体离幼儿举手指尖20厘米左右），能双脚熟练地向前跳或双脚在直线两侧行进跳，能立定跳远，跳距不少于30厘米，能双脚站立由高30厘米处往下跳，落地轻，能助跑跨跳平行线，跳距不少于40厘米，能单、双脚轮换跳，单足连续向前跳。

（3）能肩上挥臂投掷轻物，能自抛自接低（高）球，能两人近距离互抛互接大球，能滚球击物，能左右手拍球。

（4）能在宽20厘米、高30厘米的平衡木（或斜坡）上走，能原地自转至少3圈不跌倒，能闭目向前走至少10步。

（5）能熟练协调地在60厘米高的障碍物（如圈、拱形门等）下较灵活地侧钻，能手、脚着地

（垫）协调地向前爬，能手脚熟练协调地在攀登架、攀登网或肋木上爬上爬下，能团身滚。

（6）能较熟练地听各种口令和信号并做出相应的动作，能听信号集合、分散、排成4路纵队（包括切断分队），能随音乐奏较准确地做徒手操和轻器械操。

（7）会玩翘翘板、秋千等各类大型体育活动器械，会骑小三轮车、带辅轮的小自行车，会用球、绳、棒、圈及其他废旧材料（如易拉罐、可乐瓶、报纸等）开展小型多样的体育活动。

（8）具有一定的抵御寒、暑、饥、渴的能力和抵抗疾病的能力。

（9）喜欢并能较积极地参加体育活动，初步养成参加体育活动的习惯，能较自觉地遵守体育活动的规则，互助合作、爱护公物，能及时收拾小型体育器材。

大班体育活动目标

（1）能轻松自如地绕过障碍进行曲线走和跑，能快跑30米或接力跑，能走、跑交替（或慢跑）300米左右，能步行2公里，连续跑约1分半钟，能听信号左右分队走。

（2）能原地蹬地起跳连续纵跳触物（物体离幼儿举手指尖25厘米左右），能双脚熟练地改变方向（前、后、左、右、转身）跳，能从35~40厘米高处自然地跳下，落地轻稳；能立定跳远，跳距不少于40厘米，能助跑跨跳平行线，跳距不少于50厘米，能助跑跳远，跳距不少于40厘米，能助跑屈膝跳过高度约40厘米的垂直障碍，能连续向前跳跃多个高40厘米、宽15厘米的障碍。

（3）能半侧面单手投掷小沙包等轻物约4米远，会肩上挥臂投掷轻物并投准目标（如直径不少于60厘米的标靶，投掷距离约3米），能抛接高球，或两人相距2~4米互抛互接大球。

（4）能在宽15厘米，高40厘米的平衡木上变换手臂动作（叉腰、平举、上举等）或持物走，能两臂侧平举闭目起踵自转至少5圈，不跌倒，能两臂侧平举单足站立不少于5秒钟。

（5）能熟练协调地侧身、缩身钻过50厘米高的障碍物（如拱形门等）；能手脚交替协调熟练地在攀登架或肋木上爬上爬下，能在单杠或其他器械上做短暂的悬垂动作；能在攀登绳（棒）上爬高约15米；能熟练地在垫上前滚翻、侧滚翻。

（6）能熟练地听各种口令和信号并做出相应的动作，能听信号迅速地集合、分散、整齐列队、变化队形，能随音乐节奏有精神地做徒手操和轻器械操，动作有力、到位。

（7）会玩低单杠、秋千脚蹬车或其他大型体育活动器械；会踩高跷、跳绳（50次以上）、跳皮筋，会运球，传接球、用脚踢（带）球，会用球、绳、棒、圈、积木、报纸、轮胎或其他废旧材料开展各种身体锻炼活动。

（8）具有较强的抵御寒、暑、饥、渴的能力和抵抗疾病的能力。

（9）热爱体育活动，有积极参加各种身体锻炼的习惯，能自觉遵守体育活动的规则和要求，爱护公物；有较强的集体观念，敢于克服困难，能独立或合作收拾各种小型体育器材。

（2）选择适宜、富有趣味性的内容与形式

体育游戏的选择、组织应从以下几个方面进行考虑：一是运动负荷量，运动负荷过大容易产生伤害事故等负面影响，运动负荷量过小达不到锻炼的目的；二是趣味性，由于幼儿天性好奇、好动、好模仿，如果只是采取简单、呆板的游戏形式，难以激发幼儿参与的兴趣与热情；三是适宜性，在创编和组织体育游戏时，不仅要遵循幼儿的年龄和身心发展特点，还要保证场地和器材的适宜性，根据季节和场地的实际情况进行游戏的选择，做到因材施教、因时制宜、因地制宜；四是教育性，体育游戏的情节是保证趣味性的前提，游戏情节不仅要符合身体锻炼的要求，而且应符合幼儿的兴趣和认知背景，能够为幼儿留下想象和创造的空间，并具有教育意义。对小班幼儿，就宜选择内容简单、有趣、身体动作技能要求低的游戏，如“蚂蚁运粮食”“小兔种萝卜”，让幼儿模仿蚂蚁爬、小兔跳的动作，可以很好地激发小班幼儿参与体育游戏的兴趣与积极性，对中、大班幼儿，则可选择内容较复杂且有多个情节、动作技能具有一定综合性的游戏，使幼儿能随游戏的故事内容、情节变化而创造性地开展游戏。如“炸碉堡”的游戏即能为幼儿的创造性发挥留下想象的余地，在此游戏中，幼儿扮演解放军爬过“铁丝网”，跳过“小沟”，攀过“围墙”，来到“碉堡”前，当教师扮演的“敌军”出现时，幼儿趴着不动，“敌军”走了，幼儿才能把“炸弹”投向“碉堡”，这就要求幼儿具有敏锐的观察力与快速的反应能力，并能与“敌军”巧妙斡旋，引开“敌军”的视线，找到投“炸弹”的机会。

2. 做好充分的游戏准备工作

充分的游戏准备是游戏能够顺利开展的前提保证，体育游戏的准备工作可从幼儿经验、游戏道具及场地器械等物质条件、幼儿着装、游戏前的准备活动等方面进行。

（1）幼儿经验准备。幼儿园体育游戏中通常会配有相应的儿歌、故事，在进行游戏前，教师可组织幼儿集体熟悉游戏中的儿歌、故事，对于年龄较大的幼儿，教师还可请幼儿参与到游戏道具的制作过程中来，为将开展的体育游戏做好铺垫，一方面使幼儿熟悉游戏情境，另一方面使幼儿对游戏有所期待。

（2）游戏道具及场地器械等物质条件准备。在体育游戏开始前，教师要准备好所需要的道具、玩具及器械等，并检查器械是否清洁、牢固，数量是否充足，以及游戏场地是否平整、干净，是否存在安全隐患。

（3）幼儿着装准备。体育游戏中幼儿的着装宜宽松、易吸汗、方便穿脱，不宜穿紧身衣裤、皮鞋、系带鞋等，在开展体育游戏的前一天，教师应与家长沟通好，请家长为幼儿选择合适的服装，配合体育游戏的开展。

（4）游戏前的准备活动。热身运动是一切体育运动之前必备的环节。热身运动可以活动肢体，滑润关节，促进循环，舒畅肌肉，使身体更好地适应接下来的主要活动。幼儿身体机能不及成人完善，因此对他们来说，热身运动环节更加重要。一般的热身运动包括头部、肩部、臂部、腰部、腿部、胯部、踝关节、腕关节的活动，有时根据需要还可以加入高抬腿、原地小跑步等动作，使幼儿的身体由相对平静的状态逐渐过渡到活动状态。在具体的体育游戏中，幼儿哪个部位的关节使用频率较高、较强，在游戏开始之前就应增加这一部位的热身程度。此外，热身运动最好能配以节奏明显且轻快的音乐，并由教师创编一些与游戏情节和内容相关的简单动作，将能更好地吸引幼儿的积极参与。

扫一扫

扫一扫——游戏前的准备活动视频

案例分析

体育游戏材料的选择与投放

今天的体育活动《白猫警士》，刚开始的时候孩子们很有兴趣，精神状态都很好，每个孩子都学着白猫警士的样子，当接到报案时，警士们都满怀热情地去执行任务。都能按警长的要求钻爬过老鼠洞，但当警士们找到赃物时有几个警士就忍不住在那玩起来了，任凭警长怎么呼叫都无济于事。

究其原因是我们的赃物代替品里面有孩子们最喜欢的小汽车，所以有的警士们就控制不住，忘记自己在执行任务了，干脆就在那玩起来了。

分析：在选择体育活动道具时既要考虑到道具应形象有趣，也要要考虑道具对活动的影响，尽量避免道具对孩子造成注意力分散，影响活动的进行。

3. 科学地组织实施体育游戏

（1）集合

体育游戏常用的集合方法有以下几种：一是用铃声、口哨声或其他声音信号来集合幼儿；二是用生动有趣的儿歌来集合幼儿；三是用过渡性小游戏来集合幼儿。

过渡性小游戏

转转停——发展小班幼儿协调能力

活动目标：能按小铃的节奏转圈，发展身体的协调与控制能力。

活动准备：小铃。

活动方法：小朋友双手侧平举按小铃敲击的节奏自转，教师控制小朋友活动量，教师喊停时小朋友就立即停下，看谁站得稳，避免互相碰撞。

活动要求：

（1）幼儿集体游戏，听小铃的声音，听到小铃敲得快幼儿转得快，小铃敲得慢幼儿转得慢。

（2）听到铃声停止，幼儿停止。

（2）讲解和示范

教师在游戏开始前要用恰当的语言对游戏进行讲解。讲解的内容包括游戏的名字、规则、动作要求等。在教新的包含若干情节与场景的游戏时，教师要重点讲解游戏动作和规则。而对竞赛性、躲闪性、器械类、球类等无主题游戏，教师对动作和规则的讲解则应简短、精炼、准确，并结合动作示范进行，对于复杂的动作可慢动作分解示范。同时，教师的讲解还要充分考虑幼儿的年龄特征与接受能力。如对小班幼儿，教师要用富有感情的语调在游戏进行中讲解，以引导小班幼儿特别注意某一动作和规则；对中大班幼儿，教师应多组织主题游戏和模仿性游戏，教师讲解的语言要生动形象，以能激起幼儿的想像与情感，让他们身临其境，从而能更逼真、有效地做好各种动作，完成游戏的任务。

（3）分组、分角色

体育游戏一般包含着有趣的角色、情节，分角色是游戏开始前的关键一步。玩新游戏时，一般采用教师指定法进行角色分配，在复习游戏时，可灵活采用民主法、随机法、猜拳法和轮流法来进行角色分配。要注意的是，不管使用什么方法，教师都要考虑到教育的公平性，注意不要只让少数能力强的幼儿担任游戏中的主要角色或游戏分配人。在竞赛类体育游戏中，分组（队）是必不可少的，在对幼儿进行分组时，教师要注意搭配得当，各组实力均衡。

（4）游戏中的指导

① 注意提醒幼儿遵守游戏规则。

在游戏练习中，要培养幼儿自觉遵守规则的良好习惯。练习中，幼儿发生错误是难免的，一般多是出于无意，或由于心情迫切，注意力一时分散，动作技术不熟练，被游戏所吸引等造成。对幼儿出现的违规行为，教师可用简单的语言引导幼儿发现问题并改正，也可使用事先规定的一些惩罚（如暂时取消游戏资格、表演节目等）。除较多的幼儿犯规或做错外，一般小的缺点不宜中止游戏，待该轮次游戏结束时，再指出问题和缺点。如果发现在游戏中有大部分的幼儿出现违规现象，教师应反思该游戏规则的制定是否合理，若不合理，应停止游戏修改规则，否则可以暂停游戏重申规则。对中、大班幼儿，教师还可以根据游戏中幼儿表现出来的典型问题，大胆放手，引导幼儿自己思考应该建立怎样的规则，并在游戏中认真执行，互相监督，以有效增强幼儿的自主性和规则意识。

拓展阅读

根据动作要求决定游戏的规则[1]

动作的发展和运动能力的发展是相互联系的。动作的熟练准确与否与运动能力的高低是成正比的，各种运动能力的高低有各自的衡量标准，如走、跑的能力用速度（时间）衡量，跳的能力用距离（力量和速度）衡量，投的能力用距离（力量）和指向目标的准确性衡量。所以确定游戏的规则时不能只从兴趣出发，要注意游戏规则与游戏目的之间的联系。

② 注意幼儿身体姿势的正确性。

正确的身体姿势能够提高动作的质量，达到既定的锻炼目的。但是幼儿往往会因游戏情节的吸引，或者一味地追求速度，而忽略了身体的正确姿势。如果发生此类现象，教师应用语言提示或中止练习，并及时予以纠正，加深幼儿对正确动作的印象。教师的提示宜用亲切、鼓励的口吻，以激发幼儿的兴趣，鼓励幼儿大胆而又细心地完成游戏动作。

③ 把握适当的活动量。

体育锻炼是通过使机体承受一定的运动负荷而达到促进机体机能发展的目的，运动负荷过小，锻炼的较果不好，运动负荷过大，对幼儿正在生长发育的身体不利，所以体育游戏要注意使幼儿获得适宜的运动负荷。影响运动负荷的主要因素有运动强度、运动密度、运动时间，而幼儿园体育运动的负荷特点是“强度较小，密度较大，时间较短，强调节奏”，若在有限的时间内进行强度不大的练习，运动密度成为影响运动负荷很重要的因素。要使体育游戏达到足够的运动密度，主要应尽量减少等待时间，多采用同时练习法、鱼贯练习法、流水练习法，尽量做到人手一件运动用具，变单一方向练习为全方位练习。

此外，体育游戏的合理组织形式应做到合理地强调游戏的生理负荷和心理负荷，调节生理负荷应根据“从逐步上升到相对平稳，然后逐步下降”的生理负荷曲线，做到高低结合、动静结合。调节心理负荷要灵活地调节认识活动的紧张和松弛、情绪活动的兴奋、欢乐和平静以及意志努力程度的变化。

（5）结束游戏

以何种方式在何时结束游戏，对一节好的体育游戏活动课来说也是必要的组成要素，值得教师认真考虑。一般来说，结束游戏的最佳时机为：在全班幼儿情绪较为高涨，还未感到很累的时候。此时结束游戏，能让幼儿回味游戏的过程，期待下次游戏的来临。此外，游戏结束时，教师还应引导幼儿参与器材的收拾与整理，以让幼儿养成有始有终的好习惯。

[1] 摘自：闻乐华.幼儿体育游戏中应注意的几个问题[J]学前教育研究，1994，3.

4. 灵活运用教学方法

幼儿体育游戏的常用方法有：讲解示范法、练习法、竞赛法、语言提示法、信号法等，其中练习法包括重复练习、条件练习、完整练习、分解练习、循环练习等。开展幼儿园体育游戏的方法是多种多样的，应根据幼儿的实际情况、活动的不同内容和组织形式、不同的环境、器材等条件，综合多种方法，灵活运用。

小思考

游戏如何进行下去

活动开始前因人数太多，我把孩子分为四组，在起点与终点之间放置两个纸箱类的障碍物，边说边示范本次游戏比赛规则：游戏中四人边走边拍球，以S形绕过纸箱，最后直线回到起点。游戏开始了，孩子们一开始都很兴奋，可过了一会儿，个别孩子就心不在焉地任球滚到别处也不捡，或是抱着球乱跑，有的则是局外人一样站在场地中间看别人，有的还放弃正在进行中的游戏自己玩起别的来，游戏就这样以失败告终。我认为是孩子们不明白我定的比赛规则和比赛缺乏挑战性，接下来，我把拍球的要领示范的形式再强调给孩子们看，并让他们也分组练习以求掌握拍球的要领，还把游戏规则改为：两人合作的形式，一个孩子先从起点S形拍到终点，然后把球交给同伴直线拍回来，先到者赢。这样，我们的游戏又开始了，因为是合作的形式，幼儿积极性很高，生怕自己与同伴会输，幼儿跑得很开心，可是新的问题又产生了，有的幼儿为了赢，规则也不管了，直接跑到终点；有的幼儿跑得太快了，摔倒蹭破了皮哇哇大哭起来；有的个别组的其中一员又不想玩了，导致游戏没法继续下去……

思考：

1. 如何在体育游戏中保持幼儿的兴趣？如何处理兴趣与规则的关系？
2. 如何处理兴趣与安全问题？
3. 如何平衡群体兴趣与个别兴趣的关系？

http: //res.hersp.com/content/513070.aspx

二、体育游戏与幼儿保护

由于幼儿年龄小，能力和体力十分有限，动作的灵敏性和协调性较差，又缺乏生活经验，在活动中常常不能清楚地预见自己行为的后果，对突发事件不能做出准确的判断，当处于危险之中时，就容易受到伤害。因此，作为幼儿教师，不仅有责任保护幼儿的生命安全，避免让幼儿接触不安全的环境，更应该对幼儿进行初步的、最基本的安全指导和教育。

（一）通过体育游戏，培养幼儿的自我保护意识。

目前我国（尤其是城市）绝大多数幼儿都是独生子女，他们虽然在身高、体重方面较过去有一定的进步，但是其心、肺等内脏的功能却落后于身体的发育水平，由于身体肌肉长期缺乏应有的活动，肌肉组织内储氧量降低，肌肉弹性能力下降，因此幼儿动作的平衡能力、灵活性都达不到自我保护的要求。

为了应对突发事件的发生，教师应给幼儿提供足够的时间和空间，合理地组织有一定强度和密度的、生动有趣的体育游戏活动，将自我保护的安全意识融贯在游戏中，如游戏《小猴摘桃》，就要求幼儿一个个排好队，走过平衡木到河对岸去摘桃，在过桥时不能人挤人，不然就会掉到河里去；游戏《拉小车》要求拉车的人注意车子和车子不能碰撞，过马路时要看清是红灯还是绿灯，红灯停一下，绿灯才能往前拉；游戏《我是小袋鼠》是一个运动量很大的游戏，我们则要求小朋友学会感到累了休息一会儿再玩。幼儿在游戏中兴趣浓、热情高，掌握安全自护本领快、记得牢，这样不仅有利于幼儿骨骼和肌肉以及神经系统的生长发育，增强幼儿对疾病的抵抗能力，而且能够提高幼儿的安全意识，为幼儿安全行为能力的发展奠定基础。

（二）教会幼儿掌握基本动作的方法及自我保护的技能

教会幼儿正确使用各种运动器材，使其具备独立运动的基本能力。

“千般爱护，莫过自护”，幼儿期发展的基本动作有走、跑、跳、投掷、钻、爬、攀登。由于身体发展特点，幼儿头重脚轻，难于掌握好身体的平衡。因此，要教会幼儿掌握基本动作的方法及自我保护的技能。教师在向幼儿讲解活动过程、动作要领及体育器材的使用方法时，应努力做到重点突出、形象具体，并以自身动作示范，帮助幼儿全面理解、掌握有关技能技巧。尤其在向幼儿讲授新动作时，教师的示范要做到层次规范、要点清楚。例如，“踩高跷”这一民间体育游戏深受幼儿喜爱，它在培养幼儿动作协调、敏捷方面有着积极有效的作用，但这项运动难度大，稍有不慎，就会发生危险。在教学时，特别要注意教师自身示范动作的规范，告诉幼儿必须保持正确的操作姿势，要先将高跷放平，然后抓住绳结顶端，踩上高跷时双脚要一前一后，最后将手中所持绳结拉直、抓牢，这样双脚才可以一前一后地向前行进。在亲自示范动作时，让幼儿看清下肢和迈腿动作，帮助幼儿掌握“绳结拉直、双脚一前一后”的动作要领。在幼儿进行具体练习时，及时予以辅导，纠正错误动作，从而有效地防止因动作错误而可能发生的事故。

（三）教师需具备安全意识及一定的安全技巧

幼儿教师需要具备高度的安全意识，能预见和估计活动的安全性而排查游戏活动中的安全隐患。幼儿园应组织教师学习健康教育理论，培训教师学习在一日生活中需要具备的安全意识和安全技能，如拉伤、扭伤、跌伤、碰伤等小损伤的简单处理技能及应对措施。

（四）家园配合，形成合力，共同帮助幼儿形成保护意识

幼儿园的安全教育离不开家长的配合和支持，教师要帮助家长树立在安全育儿方面的理念，树立安全育儿的思想意识。新《纲要》明确要求必须“与家长配合，根据幼儿的需要建立科学的生活常规，培养幼儿良好的饮食、睡眠、盥洗、排泄等生活习惯和生活自理能力。”做好家园沟通工作，使家庭教育与幼儿园教育形成合力是培养幼儿自我保护能力的关键。教师可通过家长会、调查表、家长园地等形式向家长传递科学的幼儿安全教育知识。如在召开家长会时，向家长详细介绍培养幼儿自我保护能力的意义、目标、计划及需要家长配合的事项；向家长发放“幼儿自我保护能力”问卷表，了解幼儿在家里自我保护能力的情况；在“家长园地”上开辟有关“幼儿自我保护能力”的专栏，和家长共同探讨、交流看法。

（五）营造安全的游戏环境

宽敞、安全的活动场地以及各种安全的运动器械和设备，是幼儿体育游戏坚实的物质保障。在

每一个体育活动前，教师都应根据活动内容，选择活动器材、布置活动场地，并检查场地和器材的安全性。做好安全防范工作。此外，开展体育游戏前，划定游戏活动范围及路线，让每一个幼儿的活动过程都能被教师所观察到，也是提高游戏安全系数的方法之一。

案例分析

游戏中的安全与规则[1]

小捷在自由活动时间选择了玩皮球。在用手拍了几次后，开始尝试用脚踢。他先轻轻地踢几脚，继而趁老师不注意，一脚将球用力踢出去，球滚得远远的。他追上皮球又狠狠踢了一脚。有两个男孩见状，放弃了原先的活动，也加入到踢皮球的行列中。皮球不时地滚到别的小朋友脚下，在一片惊诧声中，有更多的小朋友追随着皮球奔跑，争抢着踢皮球。

分析：

小捷是个拍皮球高手，单手拍、双手交替拍、行进中拍球、绕障碍拍球，没有一项能难倒他。拍皮球对于他来说已失去了挑战性，他需要寻求比皮球更具刺激性的活动。于是，快速地奔跑、大力地踢球、与同伴追逐和争抢皮球等行为就自然而然地产生了。

指导：

1. 直接参与。教师注意到了他们，最初只是旁观（关注安全与其他幼儿的参与情况）。当球滚到自己身边时，教师也一脚将球踢了出去。幼儿敏锐地感受到了教师的默许，欢呼着朝球滚动的方向飞奔过去，并不时地把球传到教师脚下。教师积极回应着幼儿，与他们一起追球、抢球、踢球。

2. 转换场地。虽然幼儿园的活动场地较大，但这种“满场飞”的踢球方式，既妨碍了别的幼儿正常活动，也不利踢球游戏的顺利进行。教师建议幼儿换块地方——操场边的过道有 5 米×12 米左右见方，类似于一个微型的足球场；路边上用彩色地砖简单装饰，正好可作球场的界线，而且自由活动时间极少有人通过。于是，场地转移到了这里。随着场地的固定，参与的幼儿慢慢增多了，一个小型的足球队便逐渐形成了。

3. 确立规则。教师有意识地让幼儿了解一些足球运动的知识，又与幼儿一起根据活动开展的实际情况，通过讨论，确立了足球运动的规则。（1）按自愿的原则参加，分成人数相等的两组进行比赛，如出现一人多余，则担任裁判；如人数正好相等，则由教师担任裁判。（2）没有球门，球踢过对方场地的底线即算进球，进一球得一分。（3）出现以下行为视为犯规：①用手抱球；②推人、抱人；③用脚踢人；④踢高球（把球踢得高高的，越过头顶）；⑤球过底线后继续踢；⑥裁判鸣哨后继续踢。裁判视情节严重，出示红黄牌，红牌当场罚下，累计两次黄牌也罚下。

知识拓展

自主体育游戏的指导

教师在幼儿自主游戏时的指导作用非常重要，应注意以下方法和策略。

1. 提供丰富安全的游戏玩具

滑梯、转椅、跷跷板、秋千、联合器械等是孩子们喜欢的大型玩具，教师要经常检查这些玩具的安全性，避免伤害事故的发生。除此之外，教师还应根据幼儿现有的运动能力选择一些中小型玩

[1] http：//www.06abc.com/topic/20120304/87314.html

具，融合趣味性与挑战性，充分吸引幼儿；还可以让幼儿参与共同制作一些简单、安全的玩具，如纸棒、面具等。

2. 帮助幼儿建立规则意识

规则是游戏顺利进行的保证，自主游戏也需要有规则。教师应把握好幼儿自主游戏中“规则与自由”的平衡关系，帮助幼儿建立规则意识，并能在游戏中自觉遵守。

3. 观察幼儿游戏，适时介入

观察游戏能让教师及时了解幼儿的游戏状态及发生的问题。在仔细观察的基础上，在幼儿需要教师帮助的前提下，教师应选择合适的时机、合适的方法介入幼儿的游戏。

第三节　体育游戏的评价

一、体育游戏评价的内容

游戏总结和游戏评价是体育游戏教育的一个重要组成部分。幼儿都具有强烈的胜负观念和意识，因此，教师必须按照游戏规则对游戏结果进行一个明确的、公平的总结和评价。总结和评价的内容包括游戏的胜负各队的纪律和完成游戏的情况等。

（一）身体健康评定

对身体形态的评定，主要从身体姿势、体型等身体外部表现，并结合体格检查和幼儿体质健康标准的相关内容对幼儿做出全面科学的评定一是对体格和体质的评定，如身高、体重、头围、胸围等；二是对体能评价，如速度、力量、耐力灵敏等；三是对生活习惯的评定，如是否有健康的生活规律，是否形成良好的身体保健意识等。

（二）体育健康知识与运动技能的评定

对幼儿体育与健康知识学习的评定主要包括：对于体育与健康的认识；体育与健康对于人、社会的价值和重要性；掌握体育与健康的相关知识并能运用于实践的情况；能掌握符合一定学习水平目标要求的运动技能以及运用于实践的情况。

（三）学习态度与行为表现的评定

对幼儿进行体育学习态度的评价指标包括：体育游戏活动中对待学习与练习表现是否积极，体育游戏中是否遵守纪律，表现良好，能否主动自觉地参与体育游戏，在体育游戏过程中能否全身心地投入，能否积极主动思考，为达到目标而反复练习能否认真接受老师的指导。

（四）情感意志与合作精神的评定

体育游戏活动中，对幼儿的心理健康的评价主要表现在：情绪要素，即能否较好地调控自己的情绪，表现出很高热情；自我概念要素，即能否战胜胆怯自卑，充满自信地进行学习与练习，努力展示自我。对幼儿的社会适应能力的评价主要表现在：能否分享同伴进步与成功的喜悦，遇到困难能否勇于克服；集体活动能否中与他人积极合作，配合小组成员完成体育游戏任务等。

二、体育游戏评价标准

（一）对幼儿的评价

对幼儿的评价可从幼儿的游戏参与度、对游戏规则的遵守、游戏中的运动负荷量、游戏中的情绪状态、游戏结束的整理状态等几个方面进行，通过多元化的评价，教师能更多地发现幼儿的闪光点，有利于促进幼儿参与游戏的信心及热情。

知识拓展

表 7-1　观察运动负荷的内容与评价标准参考

	观察内容	程度表现		
		适度疲劳	中度疲劳	非常疲劳
运动中	面色	稍红	相当红	十分红或苍白
	呼吸	中速、较快	显著加快、加深	呼吸急促、表浅、节奏紊乱
	汗量	不多	较多	大量出汗
	动作	动作协调、准确、步态轻稳	协调性、准确性和速度均降低	动作失调、步态不稳、用力颤抖
	注意力和反应力	注意力集中，反应正常	能集中注意力，但不够稳定，反应力减弱	注意力分散，反应迟钝
	精神状态	情绪愉快	略有倦意	精神疲乏
运动后	食欲	饮食良好，食欲增加	食欲一般，有时略有降低	食欲降低，进食量减少，有恶心、呕吐现象
	睡眠	入睡较快，睡眠良好	入睡较慢，睡眠一般	很难入睡，睡眠不安
	精神状态	精神爽快，情绪好，状态稳定	精神略有不振，情绪一般	精神恍惚，心悸，厌倦练习

（二）对教师的评价

体育游戏中对教师的评价主要从以下四个方面进行。

（1）游戏前的准备工作。教师在组织幼儿进行体育游戏前，应做好丰富的准备工作，如根据幼儿身心发展特点，选择合适的游戏；设计相应的游戏方案；熟悉游戏过程、规则；准备游戏场地、器械及道具。

（2）游戏中的讲解及示范。教师对游戏规则的讲解语言应简单明了，生动有趣，易于被幼儿所接受与理解。此外，讲解应该与示范动作相结合，教师的示范动作要正确，对于较为复杂的动作，应将其进行分解示范。

（3）游戏中的观察。体育游戏的有效进行离不开教师的仔细观察。教师在对幼儿的游戏过程进行观察时，不仅要关注游戏过程中的安全因素，还要注意到幼儿的精神状态、身体动作姿势是否正确、是否遵守游戏规则、是否出现冲突纠纷等问题，只有通过仔细的观察，教师才能有针对性地帮助幼儿解决出现的问题，使体育游戏发挥其应有的教育作用。

（4）游戏结束后的点评与反思。幼儿对于自己的表现往往依赖于教师的评价，因此，教师应重视游戏结束后的点评环节，采取多元化、灵活的点评方式。教师对幼儿游戏的点评不仅包括宣布胜负结果，还要根据自己的观察，对幼儿在游戏中身体姿势的正确性、游戏规则的遵守、情绪状态等进行具体的评价，慎用“XXX 真棒”“你表现得很好”之类的“泛化评价”。

此外，教师在评价中应做到：（1）用肯定语词替代否定语词，肯定语词能明显告诉孩子应该怎么做，而否定语词只告诉孩子不应该怎么做。如当孩子产生害怕心理时，教师说“勇敢些”“放松些”，更具激励作用。说“你应该再努力些”“我希望你做得更好些”比说“你的进步不快”“你真让我失望”等更能让孩子积极主动地参与活动。（2）评价语要丰富。如果幼儿做得很好，而教师只有“好”或“不错”来评价，幼儿难以明白自己好在哪里，即难以通过评价积累起成功的经验。教师应预测孩子的需要和情境的性质，做出适当的表扬更具激励作用。

（三）对活动方案的评价

对体育游戏的活动方案的评价主要从以下几个方面进行。

（1）活动设计意图。体育游戏的活动方案设计意图包括“活动的由来背景”及“幼儿的具体情况分析”，“活动的由来背景”应贴合幼儿的生活经验，可以从系列主题活动生发而来，也可从幼儿感兴趣的话题衍生而来；“幼儿的具体情况分析”能够让活动目标的设置更加明确而具有可操作性。

（2）活动目标设置。体育游戏的活动目标设置应从幼儿的角度出发，充分体现幼儿的主体性。目标设置的难度应控制在幼儿的“最近发展区”内，才能充分吸引幼儿参与游戏的兴趣。

（3）游戏内容的选择。大部分体育游戏都带有一定的游戏情节，教师应为幼儿选择情节生动有趣、适合幼儿年龄特点、包含一定体育任务的游戏，充分体现体育游戏的趣味性与规则性。

（4）游戏过程的设计。一个优秀的体育游戏活动方案应该包括引人入胜的导入环节、具体明了的讲解示范、逻辑清晰的游戏步骤、衔接自然的过渡语言。各环节间环环相扣，动静结合。

（四）对活动过程的评价

对体育游戏的过程评价可从活动总时间、各环节时间分配、游戏道具器械的准备情况、活动的趣味性、幼儿参与游戏的状态、教师对幼儿的观察指导情况等方面进行，如表 7-2 所示。

表 7-2　体育游戏过程评价表

活动要求	体育活动评价指标	分值	得分					
			大一	大二	大三	大四	大五	大六
教师体育游戏活动课的准备	教案一份	5						
	活动时间要求：大班 20～25 分钟;中班 10～20 分钟；小班 15 分钟	5						
	活动中配有音乐	5						
	活动中有轻器械	5						
	幼儿精神面貌好；活动中有口令指示	10						

续表

活动要求	体育活动评价指标	分值	得分					
			大一	大二	大三	大四	大五	大六
指导思想： （1）培养幼儿乐于参加体育活动的兴趣和态度。 （2）根据幼儿的特点组织生动有趣、形式多样的体育活动，吸引幼儿主动参与。 （3）用幼儿感兴趣的方式发展基本动作，提高动作的协调性、灵活性。培养幼儿坚强、勇敢、不怕困难的意志品质和主动、乐观、合作的态度	体育活动目标、内容符合幼儿特点和实际水平，符合阶段性保教目标，具体明确，易评估	10						
	采用灵活的方法引导幼儿积极投入身体素质练习，运动量和运动强度适当，幼儿活充分	10						
	遵循由易到难、循序渐进、逐步提高的教学原则组织教学	10						
	提供足够的体育器材和自制体育玩具，满足幼儿活动的需要	10						
	寓体育活动于游戏之中，增强活动的趣味性，避免单调枯燥的练习	10						
	根据幼儿体质差异，提出不同目标要求，加强个别辅导，实施因材施教	10						
总　分								

三、体育游戏评价方法

1. 语言式评价

语言式评价是最为直接的评价方式，能及时将幼儿的活动情况反馈给幼儿，教师要注意评价语言要多一些赏识与鼓励，多用肯定性词语代替否定性词语；评价语言要多一些商讨，一般情况下，幼儿不喜欢教师居高临下的训斥或说教，所以教师的评价语言应尽可能用商量探讨的语气；评价语言要多一些创新，教师的评价语言要常常推陈出新，例如，请一个小组的幼儿做示范时，教师可以说："你们小组的成员配合得很好，请你们给大家示范一下。"示范结束后，教师可以说："请用掌声来感谢他们。"如此，让做示范的幼儿体验到成功，让观看的幼儿学会感激与欣赏。

2. 非语言式评价

非语言式评价有时会发挥着"润物细无声"的影响效果。非语言式评价一般包括如下几种：

（1）手势。在体育教学中，手势是最常用的教学"语言"之一。当幼儿很好地完成练习，教师及时竖起大拇指，给予无声表扬；当幼儿做练习失败时，教师轻拍幼儿肩膀，做一个重新再来的手势；当幼儿跑步落后意志消沉时，教师握拳用力向他挥动，使幼儿获得奋力向前的动力。看似平常无声的手势拉近了教师与幼儿的距离。

（2）眼神。眼神在非语言性评价中用途最广。在体育教学过程中，师幼之间很多信息与情感的交流，都是通过目光接触实现。当幼儿在技术中有明显进步时，教师用赞许的目光给予肯定和激励；个别胆子较小的幼儿，做练习总是躲躲闪闪，教师要用鼓励的目光注视他，给他信心和勇气，使他相信自己一定行。

（3）面部表情。表情是情绪表达的一种方式，也是人们交往的一种手段。表情比言语更能显示情绪的真实性。当幼儿在游戏中表现的活泼、机灵时，教师与幼儿一起欢笑，使幼儿感受到教师的认可和关注；当幼儿正确地完成一个动作后，教师给予一个真诚的微笑，幼儿会更加积极主动地完成练习。

3. 生理负荷量测定法

通过生理负荷量的测量，可以了解幼儿运动量的大小，观察机体对体育游戏的反映和评定幼儿身体功能水平，为改进体育游戏教学提供依据，同时也是评价一堂体育游戏成功与否的标准之一。测量生理负荷量的常用方法是将幼儿安静时、准备活动结束时、基本部分结束时、整理活动结束时和游戏后 5 分钟的脉率绘成曲线图，根据曲线图的变化，分析体育游戏的负荷量是否合理。

知识拓展

幼儿体质测定内容、方法以及评价标准[1]

一、内容与方法

1. 10 米折返跑

测试意义：10 米折返跑是反映受测幼儿速度和灵敏性素质的一项指标。

场地器材：长 10 米、宽 1 米的直线平坦跑道若干，地质是人工跑道，每条跑道在 10 米折返处设一手触摸体（小椅子），在跑道起终点线外 3 米处划一条目标线。秒表若干，使用前校正。

测试方法：受试幼儿两人一组进行测试。两脚前后用站立式起跑。不得踩起跑线。当听到“跑”口令后开始起跑。在折返处用手触到物体后返回直奔目标线。途中不得串道，当受试幼儿胸部到达终点线垂直面停表。记录以秒为单位，精确到小数点后一位。

2. 网球掷远

测试意义：网球掷远反映幼儿上肢、腰腹肌肉的力量及投掷力量。

场地器材：空阔的平坦场地，卷尺和网球若干个，设投掷线一条，每隔 0.5 米处划一条横线。

测试方法：受试幼儿两脚前后分开，站在投掷线后，身体面对投掷方向，用单手将网球投出，网球出手的同时后脚向前迈出一步，但脚不能踩线和过线。测试三次，记录最好的成绩。

记录方法：记录投掷线后沿至网球着地点后沿之间的距离。记录以米为单位，不足 0.5 米舍去。

3. 走平衡木

测试意义：走平衡木主要反映幼儿的平衡能力。

场地器材：高 30 厘米，宽 10 厘米，长 3 米的平衡木一副，平衡木两头各加一块宽 20 厘米长 20 厘米高 30 厘米的站台，在起点和终点处划清标记。

测试方法：受试幼儿站在平衡木的一端的站台上，脚不得踩起点线，当听到开始的信号后，在平衡木上两手平举，保持身体平衡，两脚交替前进，幼儿不可以横站着挪动脚步前进，测试两次，

[1] 摘自：冯娜.体育游戏对幼儿身心发展影响的实验研究[M].苏州大学.2012.

如果中途落地，可以补一次。

记录方法：记录脚步启动至前脚尖到达终点线步行的时间，以秒为单位，精确到小数点后一位。不能完成的记录在旁边。

4. 坐位体前屈

测试意义：坐位体前屈主要测试静止状态下躯干、腰、髋等关节可能达到的活动幅度，反映这些部位关节、韧带和肌肉的伸展性和弹性。

测试仪器：电子或机械坐位体前屈。

测试方法：受试幼儿坐在平地上，两腿伸直，脚跟并拢，脚尖分开踩在检测计平板上，然后两手并拢，两臂和手指伸直，逐渐使上体前屈，用两指尖轻轻推动标尺上的游标前滑（不得有突然前振的动作），直到不能继续前伸为止。测试两次，记录最好的成绩。测试0点以前为负值，0点以后为正值。

记录方法：以厘米为单位，精确到小数点后一位。

注意事项：

（1）体前屈两臂向前推动游标时两腿不能弯曲。

（2）手应平行推进，不能一手长一手短。

（3）测试时，如果发现两腿弯曲或两手突然前振时应重做。

测试意义：双脚连续跳主要反映幼儿下肢肌肉力量和协调性。

场地器材：宽阔的平地，软方包（长10厘米，宽5厘米，高厘米）10个、卷尺、秒表，其中每隔50厘米的距离放一块软方包，共10块，距离第一块积木20厘米处为起点。

测试方法：受试儿童两脚并拢站在起点线后，当听到开始的信号后，立即起跳同时计时，双脚连续跳过10块软方块后停表。如有以下情况不计成绩：单脚跳跃两块软方块，踩在软方块上或将软方块踢乱。测试两次，记录最好的成绩。

测试0点以前为负值，0点以后为正值。

记录方法：以厘米为单位，精确到小数点后一位。

注意事项：（1）体前屈两臂向前推动游标时两腿不能弯曲。（2）手应平行推进，不能一手长一手短。（3）测试时，如果发现两腿弯曲或两手突然前振时应重做。

测试意义：双脚连续跳主要反映幼儿下肢肌肉力量和协调性。

场地器材：宽阔的平地，软方包（长10厘米，宽5厘米，高厘米）10个、卷尺、秒表，其中每隔50厘米的距离放一块软方包，共10块，距离第一块积木20厘米处为起点。

测试方法：受试儿童两脚并拢站在起点线后，当听到开始的信号后，立即起跳同时计时，双脚连续跳过10块软方块后停表。如有以下情况不计成绩：单脚跳跃两块软方块，踩在软方块上或将软方块踢乱。测试两次，记录最好的成绩。

5. 双脚连续跳

测试意义：双脚连续跳主要反映幼儿下肢肌肉力量和协调性。

场地器材：宽阔的平地，软方包（长10厘米，宽5厘米，高厘米）10个、卷尺、秒表，其中每隔50厘米的距离放一块软方包，共10块，距离第一块积木20厘米处为起点。

测试方法：受试儿童两脚并拢站在起点线后，当听到开始的信号后，立即起跳同时计时，双脚连续跳过 10 块软方块后停表。

如有以下情况不计成绩：单脚跳跃两快软方块，踩在软方块上或将软方块踢乱。测试两次，记录最好的成绩。

二、评价标准

1. 10 米折返跑（单位：秒）

年龄	性别	1分	2分	3分	4分	5分
3岁	男	15.8~12.9	12.8~10.3	10.2~9.1	9.0~8.0	<8.0
3岁	女	16.8~13.5	13.4~10.6	10.5~9.4	9.3~8.2	<8.2
3.5岁	男	14.0~11.4	11.3~9.5	9.4~8.4	8.3~7.5	<7.5
3.5岁	女	4.9~12.1	12.0~9.8	9.7~8.7	8.6~7.1	<7.7
4岁	男	12.4~10.2	10.1~8.6	8.5~7.7	7.6~6.9	<6.9
4岁	女	13.2~10.9	10.8~9.1	7.6~7.0	8.0~7.2	<7.2
4.5岁	男	11.8~9.8	9.7~8.1	8.0~7.3	7.2~6.7	<6.7
4.5岁	女	12.4~10.3	10.2~8.6	7.3~6.8	7.6~7.0	<7.0
5岁	男	10.3~9.0	8.9~7.7	7.6~7.0	6.9~6.4	<6.4
5岁	女	11.2~9.7	9.6~8.1	8.0~7.3	7.2~6.7	<6.7
5.5岁	男	10.0~8.6	8.5~7.4	7.3~6.8	6.7~6.2	<6.2
5.5岁	女	10.5~9.1	9.0~7.7	7.6~7.0	6.9~6.4	<6.4
6岁	男	9.4~8.0	7.9~6.9	6.8~6.3	6.2~5.8	<5.8
6岁	女	10.2~8.6	8.5~7.8	7.2~6.6	6.5~6.1	<6.1

2. 网球掷远（单位：米）

年龄	性别	1分	2分	3分	4分	5分
3岁	男	1.5	2.0~2.5	3.0~3.5	4.0~5.5	>5.5
3岁	女	1.0	1.5~2.0	2.5~3.0	3.5~5.0	>5.5
3.5岁	男	1.5	2.0~2.5	3.0~4.0	4.5~5.5	>5.5
3.5岁	女	1.5	2.0~2.5	3.0~3.5	4.1~5.0	>5.5
4岁	男	2.0~2.5	3.0~3.5	4.0~4.5	5.0~6.0	>6.0
4岁	女	2.0	2.5~3.0	3.5~4.0	4.5~5.0	>5.0
4.5岁	男	2.5	3.0~4.0	4.5~6.0	6.5~8.0	>8.0
4.5岁	女	2.0	2.5~3.0	3.5~4.0	4.5~5.5	>5.5
5岁	男	3.0~3.5	4.0~5.0	5.5~7.0	7.5~9.0	>9.0
5岁	女	2.5~3.0	3.5~4.0	4.5~5.5	6.0~8.5	>8.5
5.5岁	男	3.0~3.5	4.0~5.5	6.0~7.5	8.0~10.0	>10.0
5.5岁	女	3.0	3.5~4.5	5.0~6.0	6.5~8.5	>8.5
6岁	男	3.5~4.0	4.5~6.5	7.0~9.0	9.5~12.0	>12.0
6岁	女	3.0	3.5~4.5	5.0~6.0	6.5~8.0	>8.0

3. 走平衡木（单位：秒）

年龄	性别	1分	2分	3分	4分	5分
3岁	男	48.5~30.1	30.0~16.9	16.8~10.6	10.5~6.6	<6.6
3岁	女	49.8~32.5	32.4~17.4	17.3~10.8	10.7~6.9	<6.9
3.5岁	男	41.1~27.1	27.0~15.1	15.0~9.4	9.3~5.9	<5.9
3.5岁	女	40.4~27.5	27.4~15.1	15.0~9.7	9.6~6.1	<6.1
4岁	男	33.2~22.6	21.5~11.6	11.5~7.4	7.3~4.9	<4.9
4岁	女	32.2~22.6	22.5~12.3	12.2~8.2	8.1~5.3	<5.3
4.5岁	男	28.4~17.9	17.8~9.7	9.6~6.3	6.2~4.3	<4.3
4.5岁	女	26.5~18.7	18.6~10.2	10.1~7.0	6.9~4.7	<4.7
5岁	男	22.2~14.1	14.0~7.9	7.8~5.3	5.2~3.7	<3.7
5岁	女	23.7~14.1	14.0~8.3	8.2~5.8	5.7~4.1	<4.1
5.5岁	男	19.2~12.1	12.0~6.8	6.7~4.6	4.5~3.3	<3.3
5.5岁	女	20.1~12.6	12.5~7.5	7.4~5.1	5.0~3.6	<3.6
6岁	男	16.0~9.4	9.3~5.4	5.3~3.8	3.7~2.7	<2.7
6岁	女	17.0~10.8	10.7~6.2	6.1~4.3	4.2~3.0	<3.0

4. 坐位体前屈（单位：厘米）

年龄	性别	1分	2分	3分	4分	5分
3岁	男	2.9~4.8	4.9~8.5	8.6~11.6	11.7~14.9	>14.9
3岁	女	3.2~6.2	6.3~9.9	10.0~12.9	13.0~15.9	>15.9
3.5岁	男	2.7~4.6	4.7~8.4	8.5~11.5	11.6~14.9	>14.9
3.5岁	女	3.5~6.2	6.3~9.9	10.0~12.9	13.0~15.9	>15.9
4岁	男	2.4~4.4	4.5~8.4	8.5~11.4	11.5~14.9	>14.9
4岁	女	3.4~5.9	6.0~9.9	10.0~12.9	13.0~15.9	>15.9
4.5岁	男	1.8~4.1	4.2~7.9	8.0~10.9	11.0~14.4	>14.4
4.5岁	女	3.0~5.9	6.0~9.9	10.0~12.9	13.0~16.0	>16.0
5岁	男	1.1~3.4	3.5~7.5	7.6~10.9	11.0~14.4	>14.4
5岁	女	3.0~5.4	5.5~9.6	9.7~13.1	13.2~16.6	>16.6
5.5岁	男	1.0~3.2	3.3~7.5	7.6~10.9	11.0~14.4	>14.4
5.5岁	女	3.0~5.4	5.5~9.6	9.7~12.9	13.0~16.7	>16.7
6岁	男	1.0~3.1	3.2~7.0	7.1~10.4	10.5~14.4	>14.4
6岁	女	3.0~5.3	5.4~9.5	9.6~12.9	13.0~16.7	>16.7

5. 双脚连续跳（单位：秒）

年龄	性别	1分	2分	3分	4分	5分
3岁	男	25.0~19.7	19.6~13.1	13.0~9.2	9.1~6.6	<6.6
3岁	女	25.9~20.1	20.0~13.5	13.4~9.8	9.7~7.1	<7.1
3.5岁	男	21.8~17.0	16.9~11.2	11.1~8.3	8.2~6.1	<6.1

续表

年龄	性别	1分	2分	3分	4分	5分
3.5岁	女	21.9~17.1	17.0~11.3	11.2~8.5	8.4~6.2	<6.2
4岁	男	17.0~13.2	13.1~9.2	9.1~7.1	7.0~5.6	<5.6
4岁	女	17.2~13.5	13.4~9.6	9.5~7.4	7.3~5.9	<5.9
4.5岁	男	14.5~11.3	11.2~8.2	8.1~6.5	6.4~5.3	<5.3
4.5岁	女	14.9~12.0	11.9~8.6	8.5~6.8	6.7~5.5	<5.5
5岁	男	12.5~9.9	9.8~7.3	7.2~6.0	5.9~5.1	<5.1
5岁	女	12.7~10.1	10.0~7.6	7.5~6.2	6.1~5.2	<5.2
5.5岁	男	11.9~9.4	9.3~6.9	6.8~5.7	5.6~4.9	<4.9
5.5岁	女	11.5~9.3	9.2~7.0	6.9~5.8	5.7~4.9	<4.9
6岁	男	10.4~8.3	8.2~6.2	6.1~5.2	5.1~4.4	<4.4
6岁	女	10.5~8.4	8.3~6.3	6.2~5.3	5.2~4.6	<4.6

附：体育游戏活动设计两则

迷宫乐：猫捉老鼠

活动目标

1. 幼儿在快乐的游戏中感受迷宫的乐趣。

2. 幼儿在活动中练习钻、爬等基本技能，锻炼身体的协调性。

3. 幼儿在迷宫中体验立体空间关系，主动积极探索迷宫。

活动准备

20个挖有不同洞口的废旧纸箱、手绢叠的小老鼠30个，老鼠窝一个。

活动过程

（一）幼儿自由玩箱子，引出活动

1. 活动场地上散放着许多箱子，引导幼儿自由玩箱子。

2. 教师引导幼儿合作玩箱子。

师："孩子们，你们除了可以一个人玩以外，还可以找小伙伴把你们的箱子拼在一起玩。"

提示：这些箱子可以用来钻，也可以用来爬。箱子越多，拼在一起就爬得越远，钻的洞越多。

（二）迷宫乐——游戏：小猫找老鼠窝

幼儿第一次玩迷宫，初步激发幼儿探索迷宫的欲望，体验迷宫中蕴含的立体空间关系。

师："孩子们，我们一起动手把所有的箱子拼起来，就变成一个大迷宫，会更好玩的。"

师："老师听说在迷宫的出口处有一个特别大的老鼠窝。迷宫内有的通道能过去，有的通道过不去。如果你发现通道堵住了，赶紧再回头寻找其他通道，到达老鼠窝。现在，我们都来做小猫，静悄悄地从入口进去，寻找出口处的老鼠窝，抓老鼠，好吗？"

（三）迷宫乐——游戏：小猫找老鼠

幼儿第二次玩迷宫，再次引导幼儿探索迷宫的奥秘，体验迷宫的乐趣。

师："哎呀，老鼠窝里的老鼠怎么这么少？哦，原来是小老鼠们听到了猫的脚步声，它们都逃到迷宫里了，怎么办？"

教师在迷宫里放置一些手绢做的老鼠，让幼儿去寻找，然后将找到的老鼠放到老鼠窝里，看看谁抓的老鼠多。

四、迷宫乐——游戏：小猫抓老鼠

教师通过对箱子摆放位置的调整，拉长了迷宫的距离，使洞口变得更多，为孩子的钻、爬提供更广阔的空间。

游戏规则：教师把幼儿分成猫和老鼠两组。游戏开始后老鼠从迷宫内的老鼠洞里钻出来寻找食物。猫躲在迷宫的外围，发现老鼠钻出洞后，就立刻进入迷宫，抓住老鼠，送到迷宫外的老鼠窝里，直至把老鼠抓完。被抓到的老鼠不能再返回老鼠洞。

教师将游戏角色互换，再次玩小猫捉老鼠的游戏。

大班赤脚体育游戏《过河沟》

设计思路

为了丰富幼儿园区角活动内容，为孩子们创设可供操作、活动的区角游戏，每学期，我们都要组织幼儿收集废旧物，通过启发幼儿观察物品特点，引导其创设玩法，来实现这些物品所隐含的教育价值。在这些物品中，可乐瓶是孩子们的最爱。他们会用可乐瓶进行踢球、投掷、打保龄球等游戏，并且乐此不疲。为了让孩子们更为广阔的领略可乐瓶玩法的乐趣，科学利用可乐瓶对幼儿进行体能及动作训练，我们设计了这节体育游戏课《过河沟》，通过让孩子们观察可乐瓶上的标记进行系列赤脚运动——单脚跳、双脚跳、跨越及跑步绕行等，发展幼儿观察力、空间感受力及身体平衡协调能力，增强幼儿的环保意识，培养其勇敢、团结、挑战自我身体极限的良好品质。

活动目标

1. 通过可乐瓶系列赤脚体育游戏，发展幼儿跳、跨、跑及身体平衡能力。
2. 废旧物的再利用，增强幼儿环保意识。
3. 培养幼儿勇敢、团结、挑战自我身体极限的良好品质，发展创新精神。

活动准备

1. 教师一个装了豆子的可乐瓶。
2. 幼儿人手一个可乐瓶，分四组，分别贴上四种标记，如图 7-3 所示。

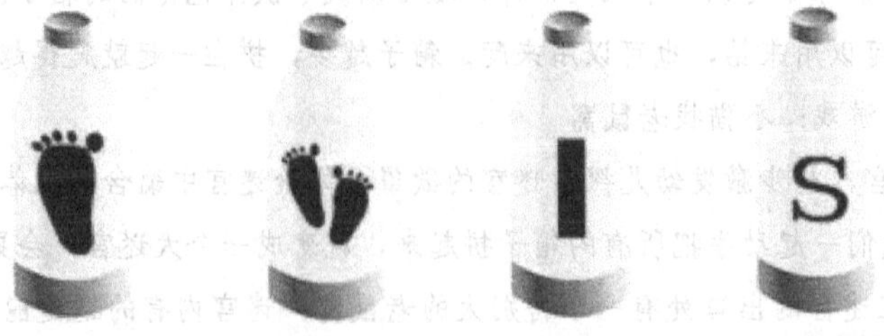

图 7-3　可乐瓶

3. 音乐磁带、山羊公公家。
4. 场地布置如图 7-4 所示。

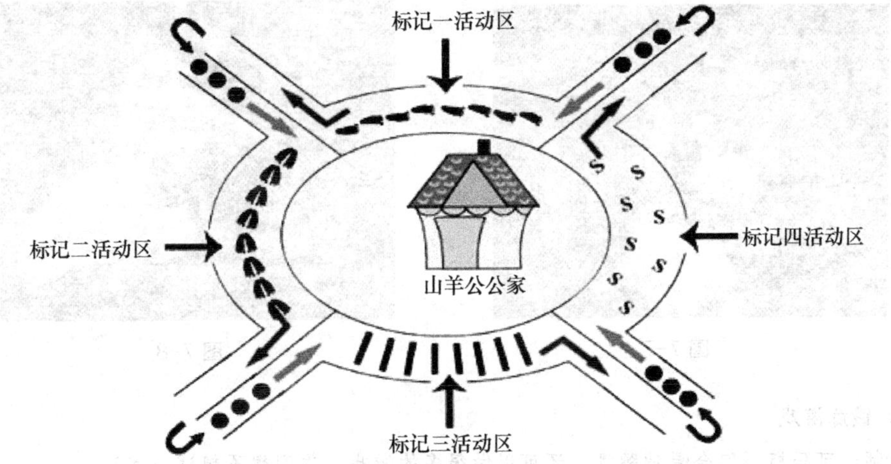

图 7-4　场地布置

活动过程

一、热身运动

1. 师生人手一个可乐瓶入场。教师出示装了豆子的可乐瓶问：

   孩子们，这是什么？

   可乐瓶会唱歌，你们想听吗？

2. 播放音乐，用可乐瓶配打节奏，激发幼儿的好奇心。

3. 师：可乐瓶不但会唱歌，而且还会跳舞呢！我们和它一起跳，好吗？

4. 在音乐的伴奏下，师生一起利用可乐瓶做准备操。

5. 师：刚才，我们的小脚又蹦又跳，很辛苦，我们来给它按摩一下吧！——师生脱下鞋袜，习地而坐，用可乐瓶进行脚部按摩。

"洗洗脚"（可乐瓶置于脚板，双脚来回搓动，活动脚板，如图 7-5 所示）

"弹弹琴"（脚趾在可乐瓶上做弹琴动作，活动脚趾，如图 7-6 所示）

"抱起宝宝摇啊摇"（平躺地上，双脚夹住可乐瓶，腿部直立与身体呈 90 度角，左右摇摆双腿，活动腿部肌肉，如图 7-7 所示）

"我和宝宝睡个觉"（双腿夹住可乐瓶，平直于地面，身体前倾，双手抱脚，活腰部，如图 7-8 所示）

图 7-5

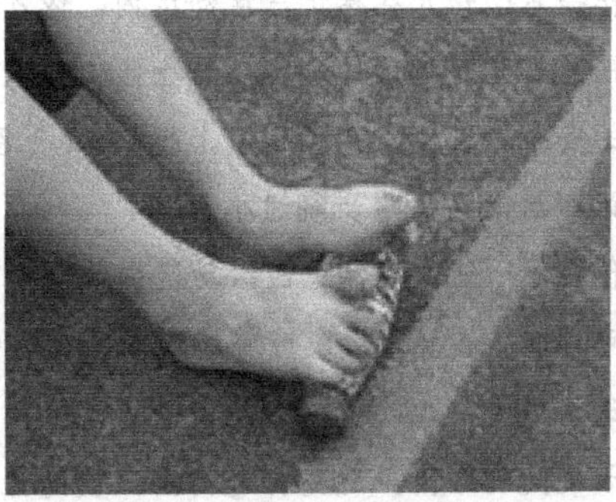
图 7-6

图 7-7

图 7-8

二、锻炼游戏

1. 师：可乐瓶不但会唱歌跳舞，还可以做很多的游戏，你们想不想试一试？

2. 幼儿四散站立，利用可乐瓶创设各种玩法，教师巡回指导，并鼓励幼儿学会采取合作的形式，使玩法突破局限性。在幼儿进行投掷和踢球等活动时，需要督促孩子们注意保持间距，保证安全。

3. 幼儿互相介绍自己创编的玩法，鼓励孩子们之间模仿学习，集体分享。

4. 锻炼游戏——看标记做动作“过河沟”。

A：师：今天，山羊公公要请我们去做客，可是，去他家的路很远，要经过一些小河沟，会有一些困难，你们有信心吗？

师：这些小河沟是用可乐瓶摆成的，请小朋友按手中可乐瓶的标记在活动区里摆放小河沟。

——幼儿根据可乐瓶上的标记看场地图上的标记摆放要求进行小河沟的布置。

B：教师介绍过河沟的动作及观察标记的要求，并分组进行锻炼游戏活动。

标记一活动区：单脚跳过小河沟

动作提示：幼儿在标记一活动区内，双手叉腰，一脚弯曲，重心落在另一脚上，身体略向重心方向倾斜，保持跳跃时的平衡，连续跳过 8 个瓶距 30 厘米的可乐瓶。（见图 7-9）

标记二活动区：双脚并拢跳过小河沟

动作提示：幼儿在标记二活动区内，双手叉腰，双脚并拢，连续跳过 8 个瓶距 30 厘米的可乐瓶，双脚跳跃落地时双膝弯曲，注意足部力量的缓冲。（见图 7-10）

标记三活动区：跨越小河沟

动作提示：幼儿在标记三活动区内，依次跨过 8 个瓶距 60 厘米的可乐瓶，在跨越的时候，要求幼儿注意一脚跨过后另一脚要马上跟上，双脚轮流跨越，身体保持平衡，不要摇晃。同时，注意跨越时的安全，避免踩在可乐瓶上摔倒。（见图 7-11）

标记四活动区：跑步绕过小河沟

动作提示：幼儿在标记四活动区内，根据可乐瓶摆放的形状要求，呈 S 形跑步绕过 8 个瓶距 60 厘米的可乐瓶。在绕行时，可增加活动的刺激性和趣味性，利用“河沟里有一条大鳄鱼，千万小心，不要掉进沟里呀！”做语言导入，教师扮鳄鱼，适时地出现在河沟的不同地方，使幼儿跑步绕行时保持与瓶子之间的距离，避免掉进沟里，被鳄鱼“吃掉”。（见图 7-12）

图 7-9

图 7-10

图 7-11

图 7-12

三、挑战游戏——根据标记变化及时更换动作过河沟

游戏方法：教师在幼儿活动过程中，适时变化可乐瓶的摆放位置，引导幼儿学习观察标记的变化及时更换动作。在变换可乐瓶的摆放过程中，可由易到难，从二种标记的混合到三四种，加深幼儿动作变化的难度，发展幼儿的注意力及完成动作的灵敏性。

四、去山羊公公家

1. 引导幼儿向山羊公公问好。

2. 山羊公公：欢迎你们来做客，小朋友们辛苦啦！今天，你们表现的真勇敢。走了这么远的路，肚子饿了吧，我请你们吃东西好吗？

3. 肢体放松运动——趣味互动小游戏《汉堡包》。

儿歌：七个拉答七个拉答炒炒炒，（放松腿部肌肉）

崩个拉答崩个拉答饱饱饱，（放松脚步）

七个拉答炒，崩个拉答饱（放松腰部）

七个拉答崩个拉答汉堡包，——啊呜（做吃状，全身放松坐下）

4. 足部按摩放松活动：

捏捏脚（放松脚背）

数数脚趾（放松脚趾）

小脚跳舞（放松脚腕）

碰碰小脚（小朋友互相碰碰小脚，放松整个足部）

5. 组织幼儿洗脚，穿上鞋袜，结束活动。

思考与实训

一、思考题

1. 体育游戏有何特点？
2. 谈谈体育游戏的价值。
3. 列举增加幼儿体育活动运动量的方法。
4. 如何做好体育游戏中的安全教育工作？

二、案例分析

晨间体育活动开始了，活动前我要求孩子们在指定的区域玩游戏，如玩圈的和玩布制玩具的小朋友在塑料跑道上玩，跳绳的在中间。活动开始了，孩子们根据自己的喜好选择了布条、飞盘、塑料圈和跳绳开始玩游戏，不一会儿我发现孩子们不仅没有在规定的区域玩，甚至有了打闹行为，一会儿争抢玩具，一会儿又是告状：××小朋友把我打了，××小朋友把我撞了……一眼望去都是孩子们无休止的疯跑、打闹，孩子们乱成一团，怎么叫停都停不下来。

结合所学内容，分析以上案例中孩子们乱成一团的原因，并提出相应的建议。

三、章节实训

1. 实训要求

请你选择一个班级，以“跳跃”为主题，设计一个符合该班幼儿特点的体育游戏。

2. 实训过程

（1）根据各年龄班幼儿的特点，制定一份完整的、详细的“跳跃”主题的体育游戏活动方案。

① 活动目标：从幼儿角度提出具体目标，要求目标符合相应年龄班幼儿的特点；目标可操作性强。

② 活动准备：包括知识准备和物质准备。

③ 活动过程：具体教学语言设计，包括活动导入、指导过程、教师语言引导等方面内容。

（2）根据具体活动内容，选择设计结构制作图。

3. 实训反思

项目		评分标准	分值	得分
游戏前	1	目标是否具体、操作性强，内容是否蕴含教育价值	10	
	2	游戏结构是否完整，条理是否清晰	10	
	3	游戏材料的提供是否充分、适宜	10	
游戏中	1	内容是否符合本班幼儿的生活经验和心理发展水平	10	
	2	所创设的情境能否帮助幼儿进入游戏状态	10	
	3	能否体现体育游戏的特点和价值	10	
	4	师幼定位是否准确，教师的指导是否适宜、有效	10	

续表

项目		评分标准	分值	得分
游戏后	1	结束是否自然、流畅	10	
	2	评价游戏的角度和方法是否适宜、全面	10	
	3	通过游戏，幼儿的综合能力能否得到发展	10	
自我反思				

第八章　其他幼儿游戏的组织与指导

引入案例

拉大锯是一个民间的游戏活动。有的幼儿在玩拉大锯的游戏中不知不觉会把自己平时说的话加进去。如：拉大锯，拉大锯，拉到北京去；或拉到某某家里去等。因此我们自己创编了拉大锯的儿歌“拉大锯，拉大锯，宝宝家（可随机选一地点或某一幼儿的家），去看戏，你也去，我也去，大家一起去看戏。”因为儿歌中有些来源于幼儿平时的经验。所以幼儿记起来比较容易。幼儿感到新鲜、好奇，参与活动的兴趣就更高了。幼儿在活动中也提高了口语表达能力，平时也乐意与同伴一起加入拉大锯的游戏活动中去。

问题 上述案例中的游戏活动拉大锯属于什么游戏活动？在幼儿园中除了角色游戏、表演游戏、建构游戏、体育游戏之外，还有哪些游戏活动？要回答这个问题，让我们进入本章的学习。

本章学习目标

1. 了解幼儿语言发展阶段，知道怎样组织与指导幼儿的语言游戏。
2. 了解幼儿数概念的发展阶段，知道如何指导幼儿的数学游戏。
3. 掌握幼儿音乐游戏的类型和音乐游戏的指导方法。
4. 了解幼儿美术游戏，掌握指导幼儿美术游戏的方法。

幼儿园的游戏活动是丰富多彩的，除了前面章节介绍的角色游戏、表演游戏、建构游戏、体育游戏之外，本章将详细介绍促进幼儿语言发展的语言游戏，促进幼儿审美发展的音乐和美术游戏以及促进幼儿数概念发展的数学游戏这四类在幼儿园常见的游戏活动。

第一节　幼儿语言游戏的组织与指导

一、幼儿语言游戏概述

掌握语言是幼儿社会化的重要标志，也是幼儿智力发展的基础。幼儿发展的核心任务之一就是获得一定的语言能力，语言游戏通过科学的、全面的、规范的趣味性语言训练，帮助幼儿学习语言，发展幼儿的语言能力，提高幼儿运用语言交往的积极性。语言游戏在幼儿的发展过程中起着举足轻重的作用。它可以作为教育活动的一个环节，也可以作为一个完整的教育活动，还可以在幼儿掌握游戏的玩法和规则之后在活动区自发进行。

（一）幼儿语言发展阶段

1. 0~1 岁儿童语言的发展

婴儿从呱呱坠地的那一天开始，就有学习语言的许多前提条件，他不但自己能够发出声音，而且能接触到包括人类语言在内的各种声音。0~1 岁是语言的准备阶段，也叫前语言阶段，这个阶段可以细分为三个阶段。第一个阶段是简单音节阶段（0~3 个月），这个阶段的婴儿听觉较敏锐，对语音敏感，具有一定的辨音水平，与成人面对面进行“交谈”时，婴儿会产生交际倾向，能发出一些简单的音节，多为单音节。第二个阶段是连续音节阶段（4~8 个月），这个阶段，婴儿语言发展的主要特点有经常发出连续的音节，成人交往中出现学习交际“规则”的雏形，能辨别一些语调、语气和音色的变化，懂得简单的词、手势和命令，理解具有情境性，出现“小儿语”，会用语音来吸引别人的注意。第三个阶段是学话萌芽阶段（9~12 个月），在这个阶段婴儿说话时不同的连续音节明显增加，近似词的发音增多，他们开始真正理解成人的语言，语言交际功能开始扩展，并会开口说话，出现第一个有意义的单词。

2. 1~2 岁儿童语言的发展

1~2 岁儿童语言的发展具体可以分成两个阶段，第一个阶段是单词句阶段（1~1.5 岁），这个阶段，儿童的理解语言迅速发展，会给常见的物体命名，继续讲“小儿语”，常用省略音、替代音、重叠音。第二个阶段是双词句阶段（1.5~2 岁），这个阶段的儿童能理解的词汇数目和种类快速增长，语言理解逐步摆脱具体情境的制约，词语理解能力不断提高，喜欢提问，语言上出现“反抗行为”，掌握新词的速度突飞猛进，处于“词语爆炸”阶段，处于双词句为主阶段，双词句增长速度加快。

3. 2~3 岁儿童语言的发展

2~3 岁儿童语言的发展分为初步掌握口语阶段（2~2.5 岁）和目标口语初步发展阶段（2.5~3 岁），在初步掌握口语阶段儿童基本上能理解成人的句子，语音逐渐稳定、规范，发不出的语音逐渐减少，能运用多种简单句句型，复合句也初步发展，疑问句逐渐增多，语言常常使用“结尾策略”。在目标口语初步发展阶段儿童的词汇量迅速增加，对新词感兴趣，能抽象句子规则，常表现出系统整合的语言内化能力，能说出完整的句子，出现了多词句和复合句，说话不流畅，表达常有“破句现象”，言语功能呈现出越来越丰富、准确的趋势。

4. 3~6 岁儿童语言的发展

3~4 岁幼儿，正处于积累有意义词的时期，开始不断掌握新的词语。他们的词汇量猛增，句子中的修饰语显著增加，并具有一定的语法规则，不过仍以简单句为主，有时句子结构不太严密，句子意思不明确。从发音来说，由于发音器发育还不完善，还存在发音不清楚的现象。

4~5 岁幼儿的发音器官已发育完善，能正确清楚地发音，口齿流利。这个年龄是学说第二语言的最佳年龄。这时期幼儿词汇增长速度更快，在已掌握的词类中，仍以名词、动词、形容词为主，对词义的理解较 3~4 岁幼儿深刻、全面。但对于一些抽象的名词如“昨天”“明天”等还易混淆，对量词和数词的掌握仍有一定困难，但能按基本的语法来组织句子，表述自己的见闻。

5~6 岁幼儿不仅讲话的连贯性、逻辑性更为突出。在连贯性、逻辑性发展的同时，幼儿也能逐渐掌握和运用一些说话的技巧，如表情、语调、速度等，这一时期，有些幼儿已能生动、有感情地描述事物了，但这些能力的获得，主要来自成人的培养和教育。他们所掌握的词汇在数量和种类上都有所增加，开始能够掌握一些抽象、概括的词，还能用简单的复合句来表达自己的意思。

总之，幼儿语言的发展是一个连续有序的过程，语言游戏的难易安排应遵循“听音——发音——模仿发音——理解语言——言语积极——掌握与运用语言”的发展规律。

（二）语言游戏的概念、特点及分类

1. 什么是语言游戏

语言游戏有两种，一种是幼儿在语言发展过程中自发地玩弄和操练语音、词语的游戏，这种游戏带有明显的自娱自乐的特点，随意性较强。还有一种语言游戏是由幼儿园教师利用幼儿爱游戏的特点，根据幼儿的语言发展特点专门设计的，为了训练和发展幼儿的言语能力，而组织的以完成一定的语言教学任务为主要目的的教学游戏。本章主要探讨后者即幼儿园语言教学游戏。

2. 语言游戏的特点

（1）语言游戏是智力游戏而不是语言训练

在语言游戏中，游戏性体验是语言与思维发展的前提。在语言游戏中，幼儿语言和思维的发展得益于游戏活动的开展，而不是训练活动。语言游戏是以训练幼儿语言为目的的一种智力游戏，是以生动有趣的游戏形式，让幼儿在自愿的、愉快的情绪中，学习语言知识，增长语言运用能力的一种形式。在游戏中，语言教学的任务与游戏巧妙地结合，从而寓教于乐，极大地调动了幼儿说话的积极性，不仅促使其语言理解深刻化，而且使其语言的交际功能和调节功能获得顺利发展而成功地完成语言发展目的。

（2）语言游戏是以耳听口说为主的智力游戏

语言游戏是以耳听口说为主的智力游戏，如猜谜语、讲故事。首先，语言材料是游戏的主要媒介。离开语言材料或将语言作为辅助工具开展的游戏活动都不是语言游戏。语言游戏正是通过言语活动来带动幼儿言语能力、思维能力的发展。其次，对语言信息的理解与产出是语言游戏的关键。理解和产出语言信息的过程，对于幼儿来说是多种能力的学习和锻炼过程，也是获得各种有益的学习经验的过程。

（3）语言游戏需要教师的指导

语言游戏是一种规则游戏。它始于幼儿所获取的语言信息，是幼儿在遵循一定规则基础上的语言信息理解以及在个体想法表达中体验“欢乐、自由、满足”等感受的过程，它能促使幼儿通过对语言信息的理解与表达来不断发展言语能力、思维能力。语言游戏的规则性、语言性以及幼儿语言与思维发展的基本特点，决定了教师对语言游戏进行指导的必要性。引导幼儿感知语言信息，帮助幼儿正确理解语言信息，诱发幼儿语言与思维的相互作用，鼓励幼儿勇敢表达自己的想法，帮助幼儿准确表达自己的想法，正是教师指导语言游戏的任务所在。

3. 语言游戏的分类

在幼儿园中我们最常见的语言游戏，主要有四种类型：语音游戏、词汇游戏、句子游戏和描述性游戏。

（1）语音游戏

语音游戏主要是以练习正确发音和提高辨音能力为目的，为幼儿提供学习普通话语音的环境，让幼儿着重练习比较困难和容易发错的语音。语音游戏主要包括听音、辨音游戏和练习发音游戏两种。

① 听音、辨音游戏。

听得准才能说得准，准确地区分语音的微小差别，尤其是区分相似、相近的语音，发展幼儿的言语听觉，是幼儿正确发音的前提。听音、辨音游戏主要是使幼儿能分辨各种大小、强弱等不同性质的声音，发展他们的听觉注意力，可以为幼儿准确感知语音打好基础，帮助幼儿听懂普通话，准确辨音、辨调、理解指令要求。

听音、辨音的游戏还可以和音乐活动结合起来，让幼儿猜猜是哪种乐器发出的声音，学习用完整的句子表达听到的声音，正确使用象声词，以发展幼儿的听觉和语言表达能力。如“是什么在响”游戏，教师请一名幼儿面对大家闭上眼睛，然后敲响各种乐器，请幼儿仔细分辨是哪个乐器发出的声音。

案例链接

这是谁的家（中班）[1]

游戏目标

1. 训练幼儿的听音辨音能力。
2. 培养幼儿使用礼貌用语大胆讲话的能力。

游戏玩法

请小朋友分别扮小鸡、鸭、猫、狗，各自住在一个家里，紧闭房门。然后请一名小朋友做找小鸭的人，他可以任意走到一个门前，敲门，口中说：“请问，这是谁的家？”门内的小动物要以叫声来回答：“妙，妙。”“噢，这是小猫的家。对不起，我要找小鸭，打扰了。”“没关系。”然后再去敲另一家的门，直到找到小鸭为止。

游戏规则

门内外的对话都要使用礼貌用语：“请问”“对不起”“打扰了”“没关系”。

② 练习发音的游戏。

清楚、准确地发音是语音学习的基本要求。教师可以根据幼儿发音中的难点设计一些练习发音的游戏，指导幼儿在游戏中积极主动地练习发音，以便纠正幼儿的错误发音，让幼儿辨别并练习正确的发音。例如，语音游戏活动《日头？舌头？石头？》目的就是教会幼儿正确发出日、舌、石三个翘舌音，并能分别用三个词各说一句完整的话。

案例链接

山上有个木头人（小班）[2]

游戏目标

1. 要求幼儿正确发出“山、上、三”等字音，区别 s 和 sh，an 和 ang 等音。
2. 帮助幼儿听懂并理解简单的游戏规则，提高对指令性语言的倾听水平。
3. 培养幼儿的自我控制能力以及听说应变能力。

---

[1] 网址链接：http：//www.baby611.com/jiaoan/zb/yyan/201209/1093027.html

[2] 网址链接：http：//www.baby-edu.com/2011/0102/6427.html

游戏准备

拉线木偶玩具一个（或用纸板制成的活动拉线木偶人）。

游戏过程

1. 出示木偶人创设游戏情境，引起幼儿的兴趣。

教师以小木偶的口吻向大家自我介绍："我是木头人。今天我想和小朋友一起玩一个游戏，名字叫'山上有个木头人'。"接着，教师边操作木偶拉线，边念儿歌，帮助幼儿了解游戏的基本内容。

表演结束后，教师继续以木偶的口吻与幼儿交谈。教师说："谁想和我玩游戏呢?那你必须先告诉我，刚才我说了些什么?"引导幼儿回忆儿歌内容，学会念游戏儿歌，正确发出每个字音，特别是"山""上""三"。

2. 向幼儿介绍游戏的规则及玩法。

（1）游戏时须念儿歌，并可自由做动作。儿歌做完后就不能动，也不能发出声音。

（2）如果谁动了，就必须将手伸给同伴，而同伴则拉住他的手说："本来要打千千万万下，因为时间来不及马马虎虎打三下。"然后边拍同伴的手心边说："一、二、三。游戏结束。"

3. 教师以游戏参与者的身份分别与全体或个别幼儿进行交往活动，给幼儿观察和练习的机会。

（1）教师带领全体幼儿边念儿歌，边坐在椅子上自由做动作，鼓励幼儿做出各种动作以增加游戏的趣味性。儿歌念完后，教师自己故意先动，然后伸出一只手让全班幼儿边说边打三下，给幼儿以练习游戏语言的机会。

（2）教师与个别幼儿游戏，及时纠正个别发不准的音。

4. 幼儿自主游戏。

教师安排幼儿与同伴结对，自由组合，自主地开展游戏活动。

附游戏儿歌：

山，山，山，山上有个木头人。
三，三，三，三个好玩的木头人。
不许说话不许动。

（2）词汇游戏

词汇游戏是以丰富幼儿词汇和让幼儿正确运用词汇为目的的游戏。词汇游戏通过教会幼儿理解词的实际意义和恰当地运用词，提高幼儿的言语活动能力，发展他们的认识能力和抽象思维能力。幼儿园词汇游戏主要有名词游戏、动词游戏、形容词游戏、礼貌用语词汇游戏、代词游戏、量词游戏、同义词和反义词游戏以及纯语言游戏等。

小班幼儿在词汇游戏中主要是学习并能理解运用常用词（名词、动词），如游戏《谁来了》是训练幼儿正确运用动词"跳、游、跑、飞、爬"等，培养思维的敏捷性。中班、大班幼儿要大量增加掌握实词的数量，并注重提高词汇的运用能力。《连环组词》《词语接龙》是家长和教师都经常采用的一种非常有趣和有效的语言游戏。

案例链接

词语接龙（中班）[1]

设计意图

丰富幼儿的词汇，最大限度地发挥幼儿的想象力，让幼儿在轻松活泼的气氛中掌握一定的知识技能，落实新《纲要》精神，开发孩子的语言智能。

游戏目标

1. 理解词语接龙的含义，激发幼儿的参与词语接龙的兴趣。
2. 训练幼儿大胆在同伴面前说话的能力。
3. 丰富幼儿的词汇，提高幼儿组词的能力。

游戏准备

卡片

游戏过程

1. 出示第一张图片请幼儿认读（苹果图）

出示第二张图片让幼儿认读（果树图）

提问：第1张图片和第2张图片有什么联系？

出示第3张图片认读（树枝图）

提问：第3张图片和第2张图片有什么联系？（苹果—果树—树枝—枝条）

2. 将排列好的图片让幼儿发挥想象看起来像什么？（一条龙）

小结：将每个词的最后一个字按规律把字再重新组词有规律地排列起来，无限延伸，看起来就像一条龙一样叫词语接龙。（同音不同义也可以）

3. 教师说出一个词：开车，让幼儿接下去组词。例如，开车—车门—门口—口杯……
4. 请一个幼儿来说词，其他幼儿接下去组词。
5. 在活动区放置字卡，供幼儿玩词语接龙游戏。

（3）句子游戏

句子游戏正是以训练幼儿按语法规则组词成句，并正确运用各种句式、句型为目的的游戏。幼儿阶段学习句子的特点是从简单句向复合句过渡，教师在选择句子游戏时，应在了解本班幼儿的句子发展水平的基础上，提出适宜的目标，让幼儿在游戏中充分练习某种句式，从而迅速掌握句式的特点和规律，使幼儿能熟练地学会运用该句式。例如《他有什么》这个游戏主要就是教幼儿学习使用“我有……你有……他有……”的句型。

案例链接

小动物爱吃的食物（小班）[2]

游戏目标

1. 学说简单句“××爱吃××”。
2. 知道小动物喜欢吃什么食物，能正确地给小动物喂食。

[1] 网址链接 http：//sxyeyjsjxjy.guopei.guoshi.com/html/class/246/2012-08/m49237.shtml

[2] 网址链接：http：//www.51yey.com/home/article.aspx?id=12449417&artid=282383

游戏准备

1. 小动物转盘（狗、猫、兔子、熊猫、小羊）

2. 肉骨头、小鱼、萝卜、草、竹子的图片

游戏玩法

教师与幼儿一起玩转转盘，师念儿歌："转转盘，转转盘，拨一拨，转一转，小朋友们认真看，小动物们要吃饭。"转盘停止后，幼儿说出小动物的名称，说出小动物喜欢吃的食物，并将手中的食物图片送给小动物，说："小花猫爱吃鱼。"反复玩，直到将图片送完为止。

（4）描述性游戏

描述性讲述游戏是在语音、词汇、句子训练的基础上，以训练幼儿用比较连贯的语言，具体形象地描述事物，提高口语表达能力为目的的语言游戏，它要求幼儿语言完整、连贯，且有一定的描述能力，是一种比较综合的、较高级的语言游戏，宜在中、大班进行。例如，中班游戏《民警叔叔帮我找人》就是训练幼儿准确清晰地运用名词和形容词来描述人物形象的语言游戏。

案例链接

民警叔叔帮我找人（中班）[1]

游戏目标

学习用语言描述人的外形特征，提高观察力。

游戏玩法

请一名幼儿做警察，先离开集体。一名幼儿做爸爸或妈妈，一名幼儿做走失的人，然后请民警进来。爸爸或妈妈说："民警同志，我的孩子不见了，请你帮忙找一找。"然后说出这个孩子的特征，如他（她）是男孩还是女孩，梳什么样的头，穿什么颜色的衣服、裤子、鞋子等。民警按照所说的特征去找，找到后再换人，若找不到。可请坐在圈上的幼儿帮助找出来。最后请这个幼儿和当民警的幼儿一起表演节目。

二、幼儿语言游戏的组织与指导

（一）语言游戏的指导

1. 语言游戏的指导原则

语言游戏的组织与指导是实现语言教育目标的有效途径，是组织和传递语言教育内容的重要环节。为了能够有效地指导幼儿的语言游戏，教师应注意遵循以下原则：

（1）游戏性体验在前，语言发展在后

长期以来，幼儿园语言游戏中存在着"重语言发展，轻游戏性体验"的倾向，为了让幼儿在语言游戏中认识和记忆更多的词汇与句子、正确快速地对语言进行理解与表达，教师往往采取立即揭示问题答案或谜底、反复对正确答案和行为进行强化与训练等高控制的指导策略。在这种指导策略下，语言情境被简化，幼儿理解与产出语言的时间和机会被缩减，教师往往把自己对语言的理解与

[1] 网址链接：http：//www.51yey.com/home/article.aspx?id=12449417&artid=282383

思维强加到幼儿身上，以预设好的问题答案或智力目标来限定幼儿的言行，这种追求“即问即答”训练效果的游戏过程，严重忽视了幼儿语言游戏的游戏性体验。

教师应按照游戏的本质特点来组织和指导幼儿的语言游戏，让幼儿在游戏活动中产生游戏性体验，并在游戏性体验中发展幼儿的语言。“决定和影响幼儿产生游戏性体验的外部条件是：幼儿是否有自由选择的权利和可能，活动的方式和方法是否由幼儿自主决定，活动的难度（任务）是否与幼儿的能力相匹配，幼儿是否不寻求或担忧游戏以外的奖惩。”因此，教师在指导过程中要学会放权与等待。放权意味着教师给出谜语等语言信息之后，让幼儿自己去思考和理解，不要过分限定幼儿的思考方式和表达方式，让他们采用独立思考、与伙伴讨论等方式来理解，可以采用语言、图画、动作、表情等方式来表达。等待意味着给幼儿充足的思考和表达时间，不要催促幼儿，不要对幼儿抱不切实际的期望，例如，指望他们在接收到语言信息之后就能够立即给出答案或做出正确的回应，当然教师在等待过程中的个别指导也非常重要。

（2）语言材料在前，直观材料在后

许多教师在组织和指导幼儿进行语言游戏时，总是将语言材料与直观材料同时呈现；更有甚者，先向幼儿展示直观材料，然后再给出语言材料。语言材料与直观材料同时呈现，或者直观材料的出现先于语言材料，能够使幼儿对语言信息进行快速、正确的理解与表达，使幼儿在短时间内识记更多的词汇与句子，但是，这也严重压缩了幼儿的最近发展区，扼杀了幼儿游戏的主体性。“语言材料在前”有助于通过语言信息激活幼儿的已有经验，引发幼儿对语言信息进行自主加工，生成促进幼儿不断发展的最近发展区，激发幼儿进行言语表达，从而达成通过语言材料促进幼儿语言与思维发展的目的。“直观材料在后”则能够恰当发挥直观材料在幼儿言语理解以及表达中的辅助作用。这就要求教师恰当把握语言材料与直观材料呈现的时间间隔。如果语言材料呈现太早，直观材料呈现太晚，幼儿可能会因无法理解语言信息而感到挫败，放弃游戏活动；如果语言材料呈现太晚，直观材料呈现太早，幼儿可能会因言语理解和转化时间不够而不能将语言材料与直观材料直接联结在一起，从而导致对字、词、句的机械记忆，而言语能力和高级思维技能得不到有效发展。教师对游戏活动的细心观察是找准游戏材料呈现时间的关键。当幼儿在言语理解出现困难、言语加工出现偏差、言语表达出现错位的时候，就是教师呈现直观材料的最佳时机。

（3）幼儿游戏在前，教师指导在后

教师在组织和指导幼儿的语言游戏时，还应遵循“幼儿游戏在前，教师指导在后”的原则，教师要明确幼儿是游戏的主体的观念，在语言游戏中，首先要充分发挥幼儿作为游戏活动主体的自主性、能动性和创造性。在活动设计与实施时要充分考虑幼儿的兴趣与需要，不要一厢情愿地按成人的想法与愿望来设计游戏环境、指挥幼儿游戏；并充分考虑幼儿的能力水平，给幼儿充足的自主思考与自由探索的时间和机会，不要自以为是地对幼儿的游戏活动进行随意指点。其次，教师应营造自由安全的心理氛围，促使幼儿游戏性体验的产生。在组织和指导语言游戏时，不要对幼儿的不同意见或奇怪想法随意批评，不要对幼儿游戏活动中的困难与错误直接进行训斥或责骂。

在语言游戏中，幼儿的主体性突出表现在自主进行言语理解与表达上。因此，教师的指导必须有利于幼儿自主进行言语理解与表达，从而引发幼儿在言语理解与表达中产生游戏性体验，并在言语理解与表达中发展言语能力和思维能力。

（4）显性指导与隐性指导相结合

作为一种规则游戏，语言游戏需要教师的指导，但是教师的指导必须以语言游戏的本质特点为依据，将显性指导与隐性指导相结合。

在语言游戏中，教师是幼儿游戏的组织者、引导者和帮助者，其显性指导具体表现为：第一，在游戏的组织策略方面，向幼儿讲清语言游戏的规则和玩法，以指导幼儿的游戏行为；第二，在游戏的引导策略方面，引导幼儿利用多种感官、多种途径来理解和表达语言信息，以指导幼儿实现游戏的主体性；第三，在游戏的帮助策略方面，帮助幼儿解决游戏活动中遇到的纠纷和困难，以指导幼儿实现言语能力和思维能力的发展。

语言游戏的隐性指导包括平行关系的“伙伴角色式”和自下而上的“生者角色式”指导。在语言游戏的“伙伴角色式”指导中，对遇到言语理解和表达有困难的幼儿，教师可通过与幼儿一起讨论、交流，向幼儿提供游戏支架，以促使其克服困难、解决问题、实现发展；对遇到意见分歧的幼儿，教师可与幼儿一起对各种意见进行分析和比较，促进其各种感官、言语能力以及思维能力不断发展；对个性孤僻的幼儿，教师可与其对话、交流与玩耍，有针对性地促进其社会性发展。在语言游戏的“生者角色式”指导中，对能力较强的幼儿，教师的虚心请教可以提升幼儿的成就感，进一步激发幼儿的游戏创造性；对比较内向的幼儿，教师的虚心请教可以激励幼儿进行积极的言语表达，引导幼儿逐渐融入游戏群体，与游戏伙伴进行交流与沟通；对无所事事的幼儿，教师的虚心请教可以使幼儿自然返回到游戏活动中，而且可以考察游戏任务对幼儿的难易程度，以便教师及时调整任务难度，更换游戏指导策略。

2. 语言游戏的指导要点

（1）创设游戏情境

创设一个敢说、乐说的语言游戏环境，创设游戏情境的主要目的，在于使幼儿在宽松愉快的氛围中受到感染，调动其参与语言游戏的积极性，以便产生良好的语言教育效果。创设游戏情境的方法很多，归纳起来主要有三种。

第一，运用生动语言激发幼儿的兴趣。教师的口语表达能力在一定程度上决定着教育教学的质量和效率，同时也影响着幼儿口语能力和思维能力的发展。如中班语言游戏活动《改错》，教师一开始就运用语言巧妙“出错”：“今天吃早饭的时候，我看见小红把面包喝完了，把牛奶吃完了，真是个好孩子。”当错话引发了幼儿注意或发笑，教师立即提问：“你们为什么笑？我什么地方说错了？应该怎样改？”以引起幼儿改错的兴趣。

第二，通过实物直观引出语言游戏。在导入游戏活动时，形象直观的实物展示有时候会比连续不断的语言叙述更能吸引幼儿。如大班《跟我说的相反》游戏活动开始，教师出示实物大皮球，并说：“大皮球。”要求幼儿立即做出相反的动作，说相反的话，即幼儿迅速拿起一个小皮球，并说：“小皮球。”熟悉的实物很容易激发起幼儿的兴趣，使幼儿能很快进入游戏活动之中。

第三，运用动作表演，将语言形象化。教师利用动作表演，可以把话语的含义直观地呈现出来。这样既有助于幼儿理解和接受，又能打破单调沉闷的气氛，激发幼儿的想象力，让幼儿想象出游戏的角色或者游戏的场所。

第四，综合设置，妙趣横生。在语言游戏中，教师可将几种方式综合起来，加以运用，这样生动活泼的语言，加上形象直观的实物，再配合惟妙惟肖的动作，幼儿的注意力便会处于高度集中的最佳状态。

（2）介绍游戏的玩法和规则

第一，介绍玩法，讲清规则。语言游戏是一种有规则的游戏，负有一定的语言训练任务。教师向幼儿交代游戏规则实际上就是教师向幼儿布置任务，讲清要求，保证游戏能训练进行。教师介绍游戏玩法时，简单明了、语清意明。

第二，示范玩法，激发热情正确的示范是教幼儿掌握语言的基本途径。教师明确的示范可以使每个幼儿掌握正确的玩法。

（3）教师组织引导幼儿游戏

教师带领幼儿开展游戏，是一种以教师为主导指导幼儿游戏的过程。在此阶段，教师在游戏中充当重要的游戏组织者角色。此时，幼儿可部分地参与游戏过程，即一部分幼儿参与游戏，实行轮换，使另一部分幼儿有观察熟悉的机会。也可以是全体幼儿参加游戏的一部分，待幼儿熟悉游戏的规则和玩法后再全部参加游戏。教师的指导有利于幼儿在活动过程中熟悉游戏规则，进一步明确和掌握游戏的玩法，掌握在游戏中运用语言交往的基本思路，从而为独立开展听说游戏做好准备。三岁前幼儿和小班幼儿的游戏中，教师可以直接参与游戏，担当主要的角色。游戏开始时，教师可以请部分能力强的幼儿和自己一起玩游戏，给其他幼儿起到示范的作用，促使幼儿进一步熟悉游戏的玩法和规则，然后逐步过渡到全体幼儿参加游戏。在中、大班，教师讲清玩法和规则后，也可以先请部分能力强的幼儿试做游戏，既可以起示范作用，又可以检查幼儿是否明确游戏的玩法和规则，如发现有错，教师应及时纠正。当全体幼儿都明确玩法和规则后，就开始幼儿的自主游戏。

（4）幼儿自主游戏

在幼儿自主游戏阶段，教师应明确自己的角色定位，应从语言游戏的组织者转换为语言游戏的旁观者，不要过多地限制和束缚幼儿，不要怕幼儿会出错，更不应该发出指令要求，直接控制幼儿的行为。在语言游戏中，教师还要因人施教，使每个幼儿都能通过语言游戏活动，在其原有语言发展水平基础上有所提高。对语言能力较强的幼儿，教师可提出更高的语言要求；对胆小、内向的幼儿，游戏时不容易参与进去，教师要充满热情地鼓励他们；对于有一定能力但情绪浮躁，易于受外界干扰的幼儿，要注意引导他们专心游戏，遵守游戏规则；对兴趣较为单一的幼儿，教师可通过与他们一起玩或是引导伙伴带他玩，激发他们对活动的兴趣。此外，在游戏过程中，教师应督促幼儿遵守语言游戏规则，如发现有不遵守规则的情况，应及时分析原因，分别处理。教师应注意尽量避免和减少强行控制、禁止、批评等否定性言行，要多用赞许、鼓励、肯定等激励的指导方式。

案例分析

打电话（小班）

游戏目标

（1）善于倾听同伴和成人讲话，愿意和别人交往，愿意用口语表达自己的请求和愿望。

（2）学习正确、规范、清晰的发音。

（3）养成尊敬长辈，对人有礼貌的良好行为习惯，会使用“您、你、请、谢谢、再见”等礼貌用语。

游戏准备

玩具电话两部或玩具手机两个，生日蛋糕，蜡烛等。

游戏过程

1. 出示实物，设置情境

教师出示生日蛋糕，对小朋友说："今天是红红的生日，她很想邀请几个小朋友到她家去玩，和她一起分享生日的快乐。她会用什么方式邀请小朋友呢？今天老师要和大家一起玩'打电话'的游戏。"

2. 介绍游戏规则和玩法

打电话要有甲、乙两方对话。打电话时，先拿起电话听筒，听到一长声"嘟——"后，才能拨号，拨号接通后才能讲话，讲话完毕要将电话挂好。讲话时要分清不同的角色和关系，表达要清晰、简洁、完整，说话要自然，正确使用礼貌用语。

3. 教师参与游戏，帮助幼儿理解和掌握游戏规则

（1）教师示范。

教师先给方方小朋友打电话。拿起听筒："喂，你好！是方方吗？我是红红，今天是我的生日，请你到我家来参加生日晚会吧。晚上七点开始，一定要来啊，再见！"提醒幼儿注意分清对象，认真倾听对方说话，学会比较清楚、有条理地表达自己的愿望和要求。

（2）教师引导幼儿游戏，特别是与个别幼儿的游戏。

向幼儿询问一些幼儿在园和在家的情况，互相对话。也可以让小朋友自己给自己的父母打电话，把一件事情简明扼要地说清楚："喂，您好！是妈妈吗？我告诉您一个好消息。'六一'儿童节到了，我们班要表演一个舞蹈节目，我被选上当跳舞的小演员了，还要上台表演节目呢，我真高兴。"教师鼓励幼儿用丰富的语言表达自己与人交谈的愿望，及时纠正幼儿错误的表达方式。

4. 幼儿自主游戏

（1）请两名能力较强的幼儿扮演不同角色打电话，内容可以是教师规定的，也可以由幼儿自定或即兴发挥。

（2）幼儿两个一组开展游戏，教师巡回观察、指导。

5. 游戏延伸

打电话的内容广泛多样，幼儿可以多样选择。打电话的地点可远可近，电话可以是本地区的，也可以是通往全国其他城市，甚至是国际长途。在游戏中，还可以对幼儿进行自我保护的教育，记住自己家的电话号码，一些重要的电话号码如"110""119"等。

游戏评析

（1）该语言游戏的目标是培养幼儿善于倾听同伴和成人讲话，愿意和别人交往，愿意用口语表达自己的请求和愿望，培养幼儿正确、规范、清晰的发音，同时对幼儿进行文明礼貌教育，尊敬长辈，对人有礼貌，会使用"您、你、请、谢谢、再见"等礼貌用语。目标明确，既全面又具体，难度适合小班幼儿年龄特点和认知水平。

（2）活动开始时，采用语言、实物、动作综合设置，创设游戏情境，激发幼儿对游戏的兴趣，培养幼儿参与游戏的热情。活动结束时，进行了游戏延伸，扩展了幼儿的思维空间。

（3）游戏形式具有时代感。在设计此游戏时充分重视了幼儿原有经验的准备，让幼儿在积累了

生活经验的基础上学习语言。让幼儿在游戏中互相交流，分清角色，耐心倾听，学会有条理地、清楚地表达自己的愿望和请求。打电话的过程中体现出幼儿的互动和师生间的互动。

（4）教师给幼儿营造了一个轻松、和谐的游戏环境。通过与不同对象打电话交流的形式，使幼儿体验到与同伴及成人交谈的乐趣，与人合作的乐趣。整个活动贴近幼儿生活，符合幼儿认知特点，使幼儿的主动性、参与性和创造性在游戏的过程中潜移默化地得到培养和提高。

来源：http: //www.jxteacher.com/jxxbyyrp/column42058/49026155-129b-4780-8ce8-9d3d5e1f3fa2.html

（二）语言游戏的评价

1. 语言游戏评价的作用

语言游戏评价主要有以下三个方面的作用。

第一，通过评价将游戏活动的各种信息反馈给教师，例如，游戏活动的每个环节是否合适，是否需要调整游戏活动方案等，通过评价结果的信息反馈，方便教师调整和改进语言游戏活动。

第二，语言游戏评价可以从三个角度对游戏进行诊断，一是评价幼儿在游戏中的表现，二是评价教师在游戏中组织和指导幼儿游戏的状况，三是评价游戏过程，即游戏目标是否达成，游戏组织形式是否多样等。通过这三方面信息的收集可以诊断游戏的实际效果，从而判断游戏的适合度，根据评价结果对游戏进行调整和改进。

第三，通过评价可以促使教师成长为反思型教师，提高教师对语言游戏的设计和组织能力，使语言游戏更好地促进幼儿语言的发展。

2. 语言游戏评价的内容

幼儿园语言游戏的评价可以从三个方面进行，一是幼儿，即评价幼儿在语言游戏中表现出的兴趣、语言能力、个性等；二是游戏活动过程，即评价整个游戏活动的目标达成度、对幼儿的吸引度、游戏的手段和方法等；三是教师，即评价教师在游戏中的指导是否合适，教师与幼儿之间互动的效果如何等。

（1）对幼儿在游戏中的表现的评价

教师对幼儿的评价可以从两个角度入手，一个是从幼儿语言游戏的效果的角度，即对目标达成情况进行讲评，称为静态评价；另一个是对幼儿在游戏过程中的表现进行评析，称为动态评价。

对幼儿目标达成的评价可以从三个方面来进行，一是认知目标，即了解幼儿是否获得了目标所规定的语言知识，是否掌握了有关的语音、词汇、句型，是否理解口头语言、书面语言并学习表述；二是情感目标，即了解幼儿是否养成了良好的倾听习惯，是否养成了文明的交往习惯，是否遵守游戏规则，是否乐意在集体面前讲述等；三是能力目标，即了解幼儿构词成句的能力和在具体的游戏语境中运用语言的能力。

对幼儿在游戏过程中的表现的评价，主要是教师在游戏过程中观察幼儿，评价幼儿在游戏过程中的各方面的表现，如幼儿参与游戏的积极性、幼儿对待游戏的态度、幼儿的注意力、幼儿的情绪以及幼儿的坚持性等。

（2）对游戏活动本身的评价

对游戏活动本身的评价主要包括五个方面。

第一，是对游戏活动的目标的评价，主要是判断游戏目标是否符合《纲要》和《指南》对语言领域目标的要求，是否根据本班幼儿的语言发展水平和原有语言经验来制定目标，在目标中是否包含了认知、能力和情感三个方面的内容。

第二，是对游戏活动内容的评价，主要包括游戏内容的选择是否与目标一致，并很好地服务于目标，是否符合教育性、科学性、趣味性等原则，难易程度是否合适。

第三，是对游戏的环境材料方面的评价，评价包括环境材料选择与设置是否适合于游戏内容，是否注意到环境材料的安全性，游戏环境材料是否支持幼儿主动探索。

第四，是对游戏活动的组织进行评价，包括教师是否能根据需要合理组织幼儿的游戏，是否能灵活运用多种方式组织幼儿游戏等。

第五，是对游戏活动过程中师幼、幼幼互动的情况进行评价，例如，师幼互动是否是积极的、有效的、有情感交流的。

（3）对教师的评价

对语言游戏中教师的表现进行评价，可以促进教师自身的能力发展，帮助教师发现游戏中存在的问题，从而促使语言教育的目标的达成。对教师的评价主要包括两个方面，一个是对教师个人素质的评价，包括对教师言行举止的评价、对教师普通话水平和口语表达能力的评价；另一个是对教师组织和指导语言游戏的能力的评价，包括教师是否创设了好的精神和物质环境，教师是否在观察的基础上适时介入指导幼儿的游戏，是否能有效地推进游戏的进程等。

3. 语言游戏评价的形式与方法

（1）语言游戏评价的形式

长期以来，语言游戏活动中的评价大多以教师自上而下的单向性评价为主，虽然教师也会让幼儿评价，但大多是走形式，多以他评为主。教师应在语言游戏中，多给予幼儿互相评价和自我评价的机会，耐心地引导和鼓励幼儿从多个方面来评价自己和他人在游戏中的表现。将幼儿自评、幼儿互评和教师点评相结合，使评价的形式多样，让幼儿成为评价的主体，这不仅增强了幼儿参与游戏评价的积极性，也锻炼了幼儿的评价能力。

（2）语言游戏评价的方法

幼儿园语言游戏评价的方法主要包括自由叙述评价法、观察评价法和综合等级评定法。评价者在评价语言游戏时，应采用不同的方法收集多方面的信息，为科学的教育评价提供依据。

自由叙述评价法是将对语言游戏活动的意见、反思等自由地说出来或写下来，通过口头语言或文字叙述的形式对游戏活动加以评价的方法。这种方法既适合于自我评价，也适合于对他人的评价。这一方法的优点是不需要专门的测量工具，有利于较全面综合地反映游戏活动的情况，对静态和动态因素都可以进行分析，评价自由灵活。缺点是教师在评价时较易受主观思想的影响，评价结果的客观性可能会受到一定影响。

观察评价法是通过对幼儿在游戏中的行为表现的仔细观察，获得大量的评价信息，从而及时了解幼儿语言游戏的状况和幼儿语言发展的情况。这是幼儿园教师运用得较多的一种评价方法，通过观察得来的反馈信息，可以让教师随时调整游戏的内容、方法和组织形式。最常见的是在自然情况下进行观察。有时也可以通过提问，来观察幼儿语言表述情况。在自由游戏时，教师可以通过与幼儿的个别交往和巡视来对幼儿的语言发展情况进行观察。观察评价法较适用于评价那些在游戏中不易被量化的行为表现（如兴趣、爱好、态度、习惯与性格）。教师在观察之前一般要确定观察的目的和范围，然后在游戏过程中带着目的去观察，才能获得有价值的信息。

为了在评价中获得对语言游戏活动的总体印象，在语言游戏活动的评价中还可以采用综合等级评定法。这一方法是从纵向和横向两个维度确定评价指标的。纵向维度包括游戏目标、内容、形式、游戏材料的利用情况、师幼互动、幼儿参与游戏程度、教师指导行为等，横向维度包括游戏活动各因素在游戏过程中的状态及其等级，根据这两个维度来设计综合等级评定表，教师可以根据评定表中的各项指标，有目的地观察并进行记录。

第二节　幼儿数学游戏的组织与指导

一、幼儿数学游戏的概述

数学游戏能使幼儿积极主动地与材料发生相互作用，激发幼儿对数学的学习兴趣，促进思维能力的发展，它是完成幼儿数学教育任务的重要方法。

（一）幼儿数概念的发展阶段

幼儿数概念的发展与幼儿思维发展的总趋势相吻合，数概念的发展是从直接感知到间接感知、从具体到抽象的过程。刘范认为，幼儿数概念发展大约经历三个阶段：对数量的动作感知阶段（3岁左右）、数词和物体数量间建立关系的阶段（4～5岁）、数的运算的初期阶段（5～7岁）。林崇德的研究表明，儿童形成数概念，经历口头数数——给物说数——按数取物——掌握数概念四个发展阶段。2～3岁、5～6岁是儿童数概念形成和发展的关键年龄。

《3～6岁儿童学习与发展指南》中提到在感知和理解数、量及数量关系上，3～4岁幼儿能感知和区分物体的大小、多少、高矮长短等量方面的特点，并能用相应的词表示；能结合实物按顺序进行10以内的数数；能通过一一对应的方法比较两组物体的多少；能手口一致地点出5个以内的物体，并能说出总数，能按数取物；能用数词描述事物或动作，如我有4本图书。4～5岁幼儿能感知和区分物体的粗细、厚薄、轻重等量方面的特点，并能用相应的词语描述；能通过数数比较两组物体的多少；能通过实际操作理解数与数之间的关系，如5比4多1；2和3合在一起是5；会用数词描述事物的排列顺序和位置。5～6岁幼儿能初步理解量的相对性；借助实际情境和操作（如合并或拿取）理解“加”和“减”的实际意义；能通过实物操作或其他方法进行10以内的加减运算；能用简单的记录表、统计图等表示简单的数量关系。

（二）数学游戏的概念、特点及作用

1. 什么是数学游戏

数学游戏是指将数学知识寓于儿童感兴趣的游戏之中，结合儿童日常生活的各种活动，用游戏的形式培养孩子对数的概念的兴趣，增加对数的感性认识，由浅入深地学会一些简单的数学知识和技能。数学游戏寓数学问题于游戏之中，让孩子在做游戏的过程中学到数学知识、数学方法和数学思想。

2. 数学游戏的特点

数学游戏是以数学知识为载体的游戏活动，它兼备了游戏与数学的特点，其内容和形式都体现出独特的风格。

（1）抽象性和形象性的统一

从数学角度来看数学知识本身具有一定的抽象性，它把现实世界中的量和量的关系用一些抽象的符号表示出来，幼儿需要借助一个他们所熟悉的情景来理解这些符号的意义。数学游戏就是把枯燥的数学知识通过一个个具体形象的事例或生活情节来表现的一种活动。它使纯学术的数学符号变成了形象的事物，数学就具体化为生动可感的游戏。

（2）逻辑性和灵活性的统一

数学具有很强的逻辑性，数学中的许多命题都是根据逻辑的推演才得以确立。游戏是调节人类思维的有效手段，常常在人们思路阻塞时给予适当的刺激，拓宽人们的思维，使人们的思维更加灵活。数学游戏就是利用游戏的特点，把数学知识用各种各样的方式展现出来，数学逻辑的严密性和游戏的灵活性得到了和谐的统一，它让静态的思维和动态的活动相结合，有利于幼儿逻辑思维的发展。

（3）科学性与趣味性的统一

数学游戏在展现科学知识的时候，辅以各种有趣的形式或语言，使抽象的数学知识与具体的游戏情境结合起来，把数学教育的内容具体化、形象化，枯燥的数学知识顿时变得有趣，简单重复的练习也因游戏而变得生动起来，让数学变成了一种轻松有趣的活动，使幼儿感到生动有趣、易于接受。

3. 数学游戏的作用

游戏是幼儿最喜爱的活动，而数学游戏是教师对幼儿进行数学教育的有效手段，是幼儿学习初步数学知识的一种十分重要的方法。数学游戏对数学的教育价值和重要意义是不容忽视的，幼儿在操作游戏规则和动作中必然引起不同程度的观察比较，分析综合，抽象概括以致判断推理形成概念的积极思维过程，从而使游戏成为幼儿获得数学知识和发展思维的有力方法。

（1）培养幼儿正确的数学态度

一方面，通过数学游戏可以引导幼儿进入数学的世界，引导幼儿对周围环境中的数、量、形、时间和空间等现象产生兴趣，激发幼儿强烈的好奇心，促使幼儿探索数学的奥妙，让幼儿感觉到学习数学并不是艰苦而又枯燥的事情；另一方面，各种各样的数学游戏可以培养幼儿运用数学的思维方式去观察、分析现实社会，去解决日常生活的问题，从而养成乐意吸取不同的思路，勇于探索、勇于创造的科学研究态度。

（2）增强幼儿对数学的兴趣

由于幼儿年龄小，抽象思维能力差，数学又是一门系统性、逻辑性较强的学科，因此就更需要依靠直接的兴趣来进行学习，幼儿学习数学的兴趣越高，学习的积极性和主动性就越强，学习的效果也就越好。游戏是幼儿喜爱的活动，它为幼儿提供了一个愉快、轻松的环境。游戏不受外部的强制和干预，完全是幼儿自主自愿进行的，这是游戏的显著特点。幼儿在游戏中，活动的积极性高，主动性强，动作、思维都处于积极的活动状态。

（3）促进幼儿积极情绪的发展

在数学游戏中，创设宽松和谐的游戏环境，能帮助幼儿消除平时学习中的紧张、厌烦等不愉快的情绪体验，把学习活动变成轻松愉快的情绪体验。同时，游戏中不存在任何强制性的驱使与束缚，幼儿在活动中没有强烈的完成任务的需要，没有严格的外部控制，能享受到一定的自由，因此幼儿在活动中的主体性得到最大的体验和发挥。当利用材料操作成功时，会产生自豪感，体会到成功的快乐。当失败时，也不会受到教师的责备，而是得到启发和鼓励。因此，幼儿能在游戏活动中发展自主感、胜任感等积极正面的情绪，例如，"按 6 以内的数量分类"这一教学活动中，教师设计了两个游戏"分蛋糕"和"我来帮助你"。前一个游戏让小朋友根据小动物的要求，找出它们需要吃的蛋糕数量并送给它们。对同种不同数量的物体，按数量分类。后一个游戏通过让幼儿帮助熊猫整理家中的物品，学习把不同种类不同数量的物体按数量分类。在游戏的操作过程中，幼儿觉得自己是在帮助熊猫解决困难，从而充满自主性，乐意参加活动。当活动结束，熊猫感谢小朋友的帮助时，幼儿又从中体验到成功和劳动后的喜悦，并增强了自信心。

（4）促进幼儿智力的发展

数学游戏为幼儿在活动中接触各种材料提供了条件。幼儿在操作材料进行游戏的过程中，可以认识各种材料的特性，体会物体与物体间的相互关系、相互作用以及事物之间的因果关系，不仅发展了视觉、听觉、嗅觉、肤觉等各种感官的感知能力，还发展了幼儿的观察力。例如，在"学习 5 以内序数"的活动中，教师采用了幼儿非常感兴趣的"捉迷藏"游戏。小动物们分别躲在 5 棵树上，请幼儿把它们找出来，孩子们进行了仔细的观察，并回答出"××小动物藏在第几棵树上"，既认识了序数，又发展了观察力、思维力。在操作游戏材料的过程中，幼儿可以探索尝试多种解决问题的途径，不断运用想象和思维，从而获得了解决问题的各种经验，促进幼儿的智力发展。

（5）培养幼儿的非智力因素

数学游戏活动通过生动、活泼的游戏，使幼儿进行积极、主动的智力活动，同时，在活动中幼儿必须依靠自身的努力，克服困难、解决问题，最后获得成功，因此对幼儿的意志性格的培养和独立性、主动性、创造性、自信性、自制力的发展有较大的促进作用。例如，在"学习梯形与其他图形的转换"中，教师设计了"帮小动物分饼干"这样一个游戏情景，幼儿通过自身的操作活动，理解转换的含义，同时在活动过程中，幼儿必须通过一定的努力，才能完成游戏设置的问题，幼儿的独立性、创造性得到了提高，当活动成功时，更增加了幼儿的自信心。同时，游戏中要求幼儿遵守一定的规则，提高了幼儿在活动中的自制力。

（三）数学游戏的分类

1. 操作性数学游戏

操作性的数学游戏是指幼儿通过操作玩具或实物材料，并按游戏规则进行的一种游戏。如小班幼儿学习按大小、颜色分类的《插小旗》《送图形宝宝回家》游戏；中班幼儿感知数量认识数字的《印印章》《会变的数卡》《看数字穿木珠》的游戏，大班幼儿练习加减的《掷骰子列算式》《猜弹珠》游戏，认识整点半点《拨时钟》游戏等。旨在让幼儿在游戏中操作不同内容的学具，在探索中获得数学经验。

案例链接

送图形宝宝回家（小班）

游戏目标

（1）让幼儿认识图形（三角形、圆形、正方形）。

（2）让幼儿能正确地分辨出正方形、三角形、圆形。

游戏准备

圆形宝宝，三角形宝宝，正方形宝宝若干个（根据幼儿人数）。

游戏过程

（1）在地板上分别画出大的三角形，圆形，正方形图形，游戏对象是全班，当老师拿出什么图形小朋友就站到什么图形里去。

（2）把图形宝宝发给幼儿手里（每一个幼儿一张，一部分幼儿拿三角形宝宝，一部分幼儿拿圆形宝宝，一部分幼儿拿正方形宝宝）。当老师说麻烦小朋友们把图形宝宝送回家时，小朋友们就站到和自己手中一样的图形里去，这样再让幼儿互换手中的卡片重复游戏。

注：在原来案例基础上有所改动

来源：http: //guopei.guoshi.com/html/class/910/2012-11/m81895.shtml

2. 运动性数学游戏

运动性数学游戏是指寓数学概念或知识于体育活动之中的游戏。例如，结合“按大小排序”的教学，可创编《我给球儿来排队》的室外游戏；结合图形的教学，可创编体育游戏《跳房子》。结合“远近”的教学，可创编体育游戏《请你跳过来》等。这类游戏既满足了儿童好动的天性，又渗透了数学的初步概念。

案例链接

抢座位（中班）

游戏目标

通过亲自参与游戏，能够迅速正确地认识5以内的序数。

游戏玩法

（1）5个幼儿一组，幼儿座位按1~5的顺序坐好，座位1插面红旗为标志。

（2）准备1~5的20张牌，每人抓一张后一起翻牌，然后马上按照自己手中的数字找座位，并互相检查是否正确。

（3）如遇两个相同的牌就要看谁先抢到座位，没有座位的要给大家表演节目（幼儿掌握后可逐渐增加数量到10）。

游戏规则

5个人必须是一起翻牌，不能提前偷看。

来源：http: //www.baby-edu.com/2009/0922/2204.html

3. 情节性数学游戏

这类游戏是通过游戏的主题和情节，体现所要学习的数学知识和技能。如小班游戏《小兔学本领》，幼儿扮演兔宝宝，跟随兔妈妈学拔萝卜、采蘑菇，从中学习“1和许多”“比较多少”“比较大小”“点数5以内的数”等知识。有的游戏是单情节的，如中班游戏《鸭妹妹找蛋》，大班游戏《智拼五角星》《给小动物编电话号码》等。

案例链接

快乐宝贝车（中班）

游戏目标

（1）对生活中的数字感兴趣，乐意参与游戏活动。

（2）认识这些数字并能根据数字找到自己的座位。

游戏过程

师：咦，小朋友看我手上拿的是什么呀？（举起方向盘，引起孩子的注意）

幼：方向盘。

师：真能干。那你们想和它玩个游戏吗？

幼：想。

师：这个游戏的名字叫“找座位”。我先请第一组的小朋友和我一起玩游戏。那一定要听清楚我的要求。现在小朋友们手上拿的这个是数字车票。（把数字车票举起来让孩子看见）我们按照自己手上的车票去找相应的座位。听清楚了吗？（很自然地把孩子们带到用板凳摆的火车旁）

师：所有乘客坐好了吗？火车就要启动了。请每个乘客坐好。

师：轰隆隆……　轰隆隆……　呜……　（激发孩子游戏欲望）

师：火车到站了，请座号为1、2、3的乘客下车。（老师和孩子一起检查，看看有没有下错或者没下的，然后重复到所有乘客下车）。

注：在原来案例基础上有所改动。

来源：http://blog.sina.com.cn/s/blog_4cd4778a0100099z.html

4．竞赛性数学游戏

这种游戏主要是增强竞赛性质于数学游戏之中，对于增强掌握知识的巩固程度和发展思维的敏捷性，作用较为突出。如中班的扑克牌游戏《比大小》《小猫钓鱼》、大班的《算式接龙》游戏等。此外，还有许多的数学游戏棋，如《蛇棋》、《水底探险棋》《汽车拉力赛棋》《橘子棋》等，让幼儿在合作游戏中，轻松地提高数学能力。在游戏中，比比谁又快又对，提高幼儿的学习速度，激发幼儿荣誉感。

5．数学智力游戏

这是一种以发展智力为主要任务的运用数学知识进行的游戏。数学智力游戏能极大地调动儿童思维的积极性，培养思维的灵活性和敏捷性，以及综合运用数学知识解决问题的能力。如大班的游戏《凑数》，目的是让幼儿感知“数越大，组合方式越多”这一数的组成知识，鼓励幼儿用多种方法凑成一个数，比一比谁的方法最多，以此调动幼儿思维的积极性，培养思维的灵活性和敏捷性，以及解决问题的能力。

案例链接

数字娃娃找朋友（中班）

游戏目标

（1）能正确区分 10 以内数的相邻数。

（2）培养幼儿思维的灵活性和敏捷性。

游戏准备

1 ~ 10 的数字头饰每人一个。

游戏玩法

（1）幼儿戴上数字头饰并相互观察，知道自己是几号数字娃娃。

（2）以数字娃娃 5 为例：幼儿拉手围成圆圈，老师按一个固定位置点数："一、二、三"，被点到"三"的数字娃娃 5，立即跑到圆心处站好并拍手，其他幼儿按顺时针方向边走边朗诵儿歌："一二三．我是 5；一二三四五六七，我的朋友在哪里?"朗诵完毕，数字娃娃 4 和 6 迅速跑到圆内，并拍手一起说两遍儿歌："三二一，我是 4（6）；七六五四三二一，我是你的小（大）朋友。"

（3）游戏可反复进行。

游戏规则

必须是被老师点到"三"的数字娃娃才可以跑到圆心处。

来源：http: //www.06abc.com/topic/20110523/74943.html

6. 运用各种感官的数学游戏

这类游戏主要强调通过不同感官进行数学学习，发展幼儿对数、形的感知能力。如认识球体和正方体，如《神奇的大口袋》的游戏，让幼儿边玩边通过触摸感知掌握物体的特点。游戏《听鼓声学兔跳》是按照鼓声的次数做几次跳的动作，既运用了听觉又运用了运动觉来感知数量。游戏《好朋友抱一抱》是训练幼儿听数的能力，幼儿随音乐有节奏地做各种动作，音乐停下幼儿不能动了，然后仔细听铃声，有几下铃声，几个小朋友就迅速抱成一团，幼儿非常喜欢这个游戏，它能集中幼儿的注意力，使幼儿轻松愉快地掌握数学知识，并使他们的思维始终处于积极的状态。

7. 口头数学游戏

这是不用直观教具，只用口头语言进行的游戏。如游戏《说相反》《碰球》等。这类游戏对发展幼儿数的抽象能力以及思维敏捷性作用较为突出。我们编制了一些数、形等知识为内容的儿歌、歌曲，巧妙地将数学和文学、艺术结合在一起，收效甚好。如手指游戏歌《手指轱辘歌》"轱辘轱辘 1、轱辘轱辘 2、轱辘轱辘 3、轱辘轱辘 4、轱辘轱辘 5。上上、下下、前前、后后、左左、右右、石头剪刀布。"儿歌中有数数、有方位，幼儿有节奏地边朗诵儿歌边表演相应的动作。又如《小鸡吃虫》"5 条毛毛虫，地上爬呀爬，小鸡跑来了，叽叽叽，啊呜，剩下 4 条毛毛虫。4 条毛毛虫，地上爬呀爬，小鸡跑来了，叽叽叽，啊呜，剩下 3 条毛毛虫……1 条毛毛虫，地上爬呀爬，小鸡跑来了，叽叽叽，啊呜，虫儿吃完了，小鸡跑走了。"左右手配合表演，既好玩又加深了幼儿对 5 以内数的认识。口头游戏在排队、午餐前都可以进行，既复习巩固了所学的知识，又减少了等待时间，可谓是一举多得。

二、幼儿数学游戏的组织与指导

（一）幼儿数学游戏的指导要点

1. 营造轻松的游戏氛围，创设游戏情景

游戏开始时，教师要通过语言、动作和表情努力营造出宽松和谐的人际环境和心理氛围，使幼儿感受到整个游戏氛围是轻松愉快的。教师还要注意为幼儿创设与数学游戏活动相适应的数学环境，激发幼儿参与活动的主动性。在进行“比较 6、7 两数关系”的教学时，教师可以设计有趣的“小猫吃鱼”的游戏情景。当教师出示“金鱼缸”，继而又把 6 条小鱼放入“鱼缸”，当出示 7 只小猫后小朋友立即进入了小猫要吃鱼的游戏情景中，此时，教师再提出问题：“小猫有几只，小鱼又有几只，它们一样多吗？怎么办？”幼儿立刻议论开了。在这样的游戏情景中，幼儿兴趣盎然，思维活跃，积极探索，轻松地获得了知识。

2. 讲解并示范游戏玩法

教师帮助幼儿理解游戏的玩法和规则是发挥数学游戏教育作用的基础，根据数学游戏的需要和幼儿的实际水平，教师可以示范讲解一次游戏的玩法，交代时间不能过长。在幼儿完全理解和掌握游戏玩法后，再正式开始游戏。

3. 组织幼儿游戏

游戏开始后，教师并不是放任幼儿自己游戏，而是要以组织者的身份协调整个游戏过程。教师既要关注幼儿游戏的进展，鼓励幼儿操作游戏材料，当幼儿游戏遇到困难时，给予启发性的提问或建议，推动游戏的进程。但要注意让幼儿有充分进行游戏活动的机会，不要急于求成甚至包办代替幼儿进行活动。

4. 在游戏过程中及时给予提示和指导

（1）引导幼儿从操作材料中体验数学的乐趣

《纲要》指出：“提供丰富的可操作的材料，为每个幼儿都能运用多种感官、多种方式进行探索提供活动的条件”。根据幼儿的思维特点，教师要为幼儿设计各种游戏材料，为数学游戏提供物质保证，教师要支持、引发幼儿对这些游戏材料相互作用的认识，发现和构建数学知识，建立对数学知识的概念，体验到数学的必要性和趣味性。例如，在组织开展“认识数字 4、5”的数学活动时，为让幼儿正确感知 5 以内数量，教师可以为每个孩子准备了一套数卡、实物印章以及做纸球用的皱纸。孩子们通过游戏“给数卡排队做实物卡”“看数字做纸球”，很快就理解了数字所表示的物体的数量。

（2）引导幼儿从操作中培养探索能力

《纲要》指出：“数学学习扎根于儿童的生活与经验，在探索中发现数学和学习数学”。操作探索为幼儿学习寻求答案和解决问题的方法提供了机会，让幼儿亲历解决问题的探究过程，真实地与物体打交道，获得真实的认识和体验。如幼儿学习加减法时，可利用积木块、卡片、木珠、瓶盖、石子等，让幼儿从操作中感知总数与部分数之间的关系，从动手实践中理解加减法的互逆关系。例如，教师用雪花片教幼儿学习 5 的加法时，让幼儿用左手先拿 2 个雪花片，用右手再拿 3 个雪花片，教师提问：“看一看，现在两只手中一共有几个雪花片呀？”幼儿一起回答：“一共有 5 个雪花片。”教师再提问：“是用什么方法算的，应该怎样列式子呢？”幼儿回答说：“是用加法算的，因为左手有 2 个雪花片，右手有 3 个雪花片，两手一共有 5 个雪花片，列式子应为 2+3=5”，教师鼓励幼儿说：“你们真棒，答对了，现在请小朋友们把两只手里的雪花片相互交换，看看现在每只手里有几个雪花片，两只手一共有几个雪花片？”幼儿回答：“现在左手里有 3 个雪花片，右手里有 2 个雪花片，两手一共有 5 个雪花片。”教师继续问：“用什么方法算的，应该怎样列式子呢？”幼儿回答：“是用加法算的，列算式应为 3+2=5。”这样，让幼儿从操作中理解了加法的互逆关系。

（3）注重幼儿个体差异，因人施教

《纲要》指出：“尊重幼儿在发展水平、能力、经验、学习方式等方面的个体差异，因人施教，努力使每一个幼儿都能获得满足和成功”。在操作过程中，教师应让每一个幼儿在其原有水平上都有所发展，因此，在发放材料过程中，教师应考虑不同起点和不同发展速度的幼儿的需要，按照幼儿的不同要求选择材料，材料要追求多功能性，教师应对每一种材料的用法，功能有明确的认识，使之为不同教育目标和内容服务。例如，数学活动“认识 10 以内的单双数”，教师给幼儿每人一盒塑料小动物，让他们动手摆弄、操作，探索识别单双数的规律。能力强的一组能推算出 20，甚至 30 以内的单双数，能力差的一组教师集中辅导，让他们说出自己身上哪些器官是两个，哪些器官是一个，并让他们在摆弄积木、珠子等材料中，懂得能分成两边一样多的是双数。

5. 对幼儿的游戏进行讲评

数学游戏结束后，教师需要对幼儿的游戏进行讲评，教师可以对幼儿在游戏活动中的表现进行小结，例如，幼儿参与游戏的积极性、幼儿执行游戏规则的情况、幼儿游戏的持久性、幼儿与同伴的合作情况等，也可以对游戏活动的目标是否实现进行评价，还可以对游戏过程中幼儿遇到困难后的行为表现给予评价。

案例链接

抽奖游戏（大班）

设计意图

5～6 岁的幼儿抽象逻辑思维开始萌芽，能分析、理解事物间的相应关系，懂得初步的推理、假设；同时他们渴望成功，对抽奖类充满神秘感的游戏极感兴趣。我园旁边有家超市常常以各种抽奖游戏开展宣传活动，大多数孩子都玩过。曾经经历过这种游戏，却一直未能得奖或者总是不能拿到大奖的孩子，往往都会感到奇怪、不解，甚至沮丧，产生挫败感。为了帮助幼儿“揭开谜底”，设计了这个活动。

游戏目标

1. 感受概率，正确认识生活中很难抽到大奖的现实。

2. 学习推理，会对事件的可能性做出相应判断，并能说明理由。

游戏准备

摸球抽奖工具（1 个摸袋、8 个橙色乒乓球、1 个白色乒乓球）、转盘抽奖工具各 1 套，依据 2 个游戏设计的统计纸和与统计纸相配对的色笔各一套，2 种糖果奖品，已裁好的圆形卡纸人手 1 份。

游戏过程

一、谈话引起好奇

教师鼓励孩子根据过去的生活经验回答问题：你们玩过抽奖游戏吗，是怎么玩的?老师昨天也玩了 3 次，为什么总是拿不到奖呢?

教师承接孩子的回答，适时拿出魔术袋，引出活动内容：今天我们也来玩两个抽奖游戏，找找为什么总拿不到一等奖，看看问题到底出在哪儿?

二、进入游戏

游戏一：转转盘

教师出示转盘：这是转盘，观察一下，上面有几种颜色?想一想，转盘停止转动后，指针可能会指在哪里?（如果幼儿只说停在某一种颜色上，继续追问：能肯定吗?那应该怎么说?教师再次引导孩子用“可能”推断游戏结果，如转盘停止转动后，指针可能会指着红色，可能会指着黄色，还可能会指着蓝色）

教师：是不是真的会出现这些情况?请 A 组 8 个小朋友轮流拨动转盘试试看。每个人只转 1 次，注意观察每一次转动停止后，指针指在哪里?（教师在统计表上帮助记录）

教师引导孩子观察统计表并讨论：转盘停止转动后，指针曾经指过哪里?指着哪里的机会最多，为什么?

游戏二：摸球

教师出示摸袋：这个游戏的名字叫摸球。魔术袋里有许多乒乓球，摸出白球有奖，摸出黄球没奖。待会儿 B 组 8 个小朋友一个一个依次上来摸球，摸球后请在色球下面的竖线上画上相应颜色的圆圈。（幼儿依次玩摸球游戏，并记录游戏结果）

教师引导幼儿观察统计表：让我们看看有多少人的梦想能成真。教师用笔把统计结果写在横线上，如果有孩子梦想成真，则请获奖孩子原地起立接受大家的祝贺。

教师引导孩子讨论：为什么这么多人摸出黄球，却这么少的人摸到白球?（引导孩子用“可能”一词对摸奖结果作各种各样的猜测）

教师把魔术袋中的乒乓球倒进透明的容器中，幼儿通过观察验证自己之前的猜测。

思考：在上述案例中教师如何在数学游戏中对幼儿进行指导的?

来源：http: //www.baby-edu.com/2010/1119/6225.html

（二）幼儿数学游戏的评价

1. 数学游戏评价的目的

数学游戏评价是是以学前幼儿数学游戏为对象，根据一定的标准，采取科学的评价技术和方式，对数学游戏的目标、材料、规则及教师、幼儿在数学游戏中的行为等进行测定并加以分析，最终做出价值判断的过程。通过这样的评价过程，第一，我们可以判断该数学游戏的各个方面是否达到预期的目标或目标达成度如何；第二，可以通过评价游戏活动本身，发现游戏过程中存在的问题，并进行分析和反思，从而促进教师改进数学游戏活动；第三，通过评价幼儿在游戏中的表现，可以让教师了解幼儿间的个别差异，了解班上哪些幼儿的数学水平较高，哪些较低，从而有针对性地进行个别教育，因材施教。

总之，通过数学游戏评价可以使教师更深入地了解幼儿的数学发展水平和个体差异，帮助教师反思并改进游戏活动设计，最终都是为了更好地促进幼儿的发展。

2. 数学游戏评价的内容

数学游戏评价的内容主要包括三个方面：对数学游戏本身的评价，对幼儿发展状况的评价以及对教师设计、组织和指导游戏的评价。

（1）对数学游戏本身的评价

第一，对数学游戏目标的评价。数学游戏目标是教师期望通过游戏达成的教育结果。评价游戏目标可以从以下几个角度来进行，首先，判断游戏目标是否符合幼儿的年龄特点和《3~6岁幼儿发展指南》中提到的幼儿数学发展的目标；其次，判断游戏目标是否符合本班幼儿的整体水平并兼顾不同发展水平幼儿的个体需要；还要看游戏目标的构成是否包括知识、技能和情感态度三个方面，游戏活动的设计是否围绕着游戏目标进行。

第二，对数学游戏内容的评价。主要包括判断游戏内容和游戏目标是否一致，游戏内容是否科学合理，是否贴近幼儿生活，是否在幼儿现有水平基础上又有一定的挑战性，是否给幼儿提供较多的亲身参与探索发现的机会等。

第三，对数学游戏过程的评价。主要看游戏过程结构是否严密，层次递进，环环相扣。游戏过程中教师是否关注所有幼儿，是否尊重幼儿的个体差异，是否采用集体、小组和个别活动等多种形式组织游戏。游戏中师幼互动和同伴互动是否愉快和谐。

第四，对游戏环境的评价。主要包括对物质环境（游戏空间、游戏材料等）和精神环境（游戏氛围、师生关系、教师态度、同伴关系）的评价。

（2）对幼儿发展的评价

对幼儿发展的评价是以幼儿为对象的评价，是对幼儿的发展状况进行评价。通过对幼儿发展的评价，教师可以了解幼儿的发展状况，特别是幼儿数学水平的发展情况，以便更好地设计适合幼儿的数学游戏活动。教师在评价幼儿时主要从幼儿的知识经验，游戏中幼儿的探索方式和方法，以及游戏中幼儿所表现出的情感和态度这三个方面着手进行。

（3）对教师的评价

对教师的评价主要是指对教师在数学游戏活动中的态度、组织游戏的情况、指导幼儿游戏的情况以及与幼儿互动的情况等方面进行评价，通过评价让教师进行自我反思，促使教师不断改善自己的教学行为，更好地开展数学游戏活动。

3. 数学游戏评价的方法

（1）作品分析法

作品分析法收集评价信息的一种手段。通过对被评价者的作品（图画、手工作品、各种作业、日记等）进行分析，从而了解被评价者的心理特点或某方面能力水平的一种方法。在数学游戏评价时教师可以采用这种方法对幼儿的数学发展水平进行评价，例如，通过幼儿的数学作业了解幼儿数学发展水平，还可以通过幼儿的绘画和手工作品了解幼儿对图形的理解和认识。这种方法的优点是资料较易收集，教师可以在游戏活动结束后通过翻看幼儿的作业，对作业进行分析和比较，从而得出较客观准确的评价结果。

（2）测查法

测查法是通过预先准备的问题测查幼儿的发展水平，教师在测查之前首先要明确测查的内容和目的，编制测查的问题，设计好测试所需的记录表格，定好测查的时间，准备好测查所需的纸笔等材料，然后组织幼儿进行测查。例如，为测查小、中、大班幼儿长短排序能力发展水平，教师设计了四套题目分别是8根小棒排序、6根小棒排序、4根小棒排序和3根小棒排序。对大班幼儿先进行题目一测查，测查不通过者再进行题目二的测查。一般不使用题目三，题目二测查不通过再使用题目三。对中班幼儿先进行题目二的测查，测查通过，再进行题目一的测查；不通过者使用题目三，再不通过者使用题目四。对小班幼儿先进行题目三的测查，完成者进行题目二的测查，不通过者进行题目四的测查。然后用表格记录测查的结果，如表 8-1 所示。

在相应的地方打勾，在“备注”一栏中记录幼儿的一些表现（如动作、语言等）。

表 8-1　记录表格

情况 幼儿		题目一		题目二		题目三		题目四		备注
		通过	不通过	通过	不通过	通过	不通过	通过	不通过	
男	1									
	2									
	3									
	4									
女	1									
	2									
	3									
	4									

（3）观察法

观察法是通过感官或辅助仪器，有目的、有计划地对自然发生的现象或行为进行考察、记录和分析的一种收集资料的方法。采用观察法，可弥补幼儿理解能力和反应方式等的局限，能观测许多用其他方法无法测量的行为。因为有许多与言语文字能力有关的测验和调查，只适用于成人或较年长儿童，但对幼儿并不适用。观察法旨在于考察儿童的实际行为，并不要求幼儿做出特定的反应，能观测到许多真实的行为现象。

教师在观察之前，首先要明确观察的目的，最好预先准备好观察记录的表格，观察过程中观察记录应具体、详细、系统。按照观察目的，按照观察表格中列出的各项有目的地进行观察，然后再根据需要详细整理与记录所需内容。例如，教师在数学游戏中要了解幼儿对形状的认识能力，可以设计如表 8-2 所示的观察记录表来有针对性地对幼儿进行观察。

表 8-2　幼儿形状认识能力观察记录表

幼儿姓名：		
任务	能	不能
1．按名称指出图形：圆形		
正方形		
三角形		
长方形		
2．正确说出形状名称：圆形		
正方形		
三角形		
长方形		
……		

第三节 幼儿音乐游戏的组织与指导

一、幼儿音乐游戏的概述

（一）音乐游戏的概念、特点及作用

1. 什么是音乐游戏

音乐游戏是受幼儿喜爱的一种游戏。音乐游戏往往将音乐与动作表现相互结合起来，带有比较强的规则性。简单地说，音乐游戏就是根据音乐教育的任务设计编制的有规则的游戏，它是在音乐的伴奏或伴唱下进行的由节律性的舞蹈动作组成的有情节的游戏。

在音乐游戏中，幼儿始终会带着愉快的情绪。音乐游戏中的动作要符合音乐的内容、性质、节拍、曲调，并有一定的规则，对幼儿动作的发展、音乐的感受力及活泼乐观情绪的培养都有积极的作用。音乐游戏灵活多变且富于想象，自由度高、情绪性强、符合学前儿童的生理和心理发展水平，学前儿童乐于玩音乐游戏，并易于在音乐游戏中接受教育。在音乐游戏中通过音乐的手段、游戏的方式促进幼儿在身体、智力、情感、个性、社会性等方面的发展。

2. 音乐游戏的特点

音乐游戏是幼儿园音乐教育的重要方法，在教师的教学实践中音乐游戏和音乐教学活动往往是相互渗透、相互融合的。音乐游戏具有以下特点：

（1）音乐性

音乐是音乐游戏的灵魂，音乐游戏只是学习音乐的手段，音乐游戏必须伴随音乐，才能实现音乐教学的目的，所以音乐游戏的最大特点就是“音乐性”，让儿童在游戏中学习音乐，感受音乐的流动、旋律的起伏、节奏的跳跃、音色的变化、速度的统一与变化，并随时根据音乐的变化做出反应，在游戏中学会听辨不同旋律、节奏、节拍、速度等音乐的基本要素，训练了听觉、视觉和运动觉，从而达到音乐学习的目的。

（2）游戏性

好玩、好动是幼儿的特点，因而音乐游戏必须具有游戏性。一方面音乐游戏材料要形象生动、幽默而夸张，能吊起幼儿的“胃口”；另一方面音乐游戏玩法要富有变化和新意，以确保幼儿的兴趣能够持久。具体来说，音乐游戏的游戏性表现在情境性、挑战性、互动性和创新性四个方面。

（3）愉悦性

音乐是一种情感艺术，具有调节人的情绪，升华人的情感的功能。幼儿园的音乐游戏大多是活泼的、有趣的、幽默的、欢快的，能够引起幼儿的兴趣，幼儿会积极主动参与。在游戏过程中幼儿受到音乐节奏和韵律的感染，情不自禁地进入游戏情境，感受到音乐节奏的美感，并引起情感上的共鸣，获得愉悦感，很多组织好的音乐游戏，幼儿会不厌其烦地一遍又一遍地重复玩。

（4）动作性

动作是音乐游戏的“血肉”或“色彩”。在音乐游戏中，教师往往要引导幼儿根据音乐节奏或歌曲内容做出各种游戏动作，幼儿通过动作来表现音乐，将抽象的乐曲形象化，这符合幼儿身心发展的特点。如在串联音乐游戏中，我们把《开汽车》《找朋友》《集体舞》《照镜子》等歌曲串联起来，

创编动作，以故事的形式进行演绎，小朋友在游戏中动作多样，和同伴开心地互动。这些音乐节奏鲜明，形象生动，对比性强，乐段清楚，情节和角色是幼儿所熟悉和喜爱的，并能用动作表达，使幼儿在活动中体验到游戏的乐趣。

3. 音乐游戏的教育作用

德国著名音乐教育家奥尔夫说过："每个孩子心里都有一颗音乐的种子。"教师的任务就是让每颗种子都发芽，而音乐游戏则是促使每颗种子都发芽的有效手段。幼儿在唱一唱、动一动、听一听、玩一玩中能引起对音乐的兴趣，提高音乐欣赏的能力，增强节奏感，促进动作的协调，发展他们对音乐的感受力、创造力，提高幼儿音乐素养，促进幼儿社会化进程，增强幼儿的自信心。

（1）有利于幼儿身体的发展

幼儿的音乐游戏离不开幼儿的身体运动，在音乐游戏中孩子们都要动起来，伴随音乐节奏做各种动作表演，或者操作乐器来表现音乐，这样不仅可以锻炼幼儿身体各个部位的肌肉、骨骼和韧带，还可以提高幼儿的反应速度和身体协调能力，从而保证他们身体的健康发展。例如，音乐游戏《欢乐的鼓》就是用节奏感强的鼓点带动幼儿快速而准确地拍击自己和他人身体的对应部位。教师在音乐游戏活动中可以有意识地设计游戏来促进幼儿的身体发展，提高幼儿的身体运动能力。

（2）促进幼儿社会性和情感的发展

音乐游戏内在的自主、愉悦、体验的精神为幼儿提供了轻松愉悦的心理氛围，在这种没有紧张、没有焦虑的环境中，幼儿通过一定的活动方式和身体语言，把其内心世界毫无保留地展现出来，将美好的情感付诸于行动之中，能促进幼儿积极情感的发展，利于幼儿形成活泼开朗、天真的性格。

在音乐游戏活动中，尤其是在音乐伴奏下的集体性游戏中，还可以提供与同伴自由交往的机会，教师可以利用这一机会，引导幼儿学习使用恰当的语言和同伴进行友好交往，以此促进幼儿社会交往能力的发展。例如，幼儿在音乐游戏《两只小象》中通过玩小象见面打招呼的游戏，学习和别人互示友好。

此外，幼儿在音乐声中和游戏要求的指导下，会自觉形成一种自我约束、自我规范的行为。这种行为是幼儿主动自愿的一种行为，容易养成他们自觉遵守秩序、规则的良好品德和行为习惯。

（3）能促进幼儿语言、创造力和想象力的发展

音乐游戏对幼儿语言发展的促进作用是显而易见的，一首好的歌曲一般歌词语言优美流畅，就像一首好的诗歌，幼儿在学习歌曲的潜移默化中，逐渐掌握了更多的词汇，增加了幼儿对文学语言的理解和运用能力。

在音乐游戏中，幼儿参与游戏的角色扮演、戏剧表演等，还可以让幼儿展开充分的想象，进行表演和展示，自由地进行自我表现，发挥幼儿的想象力及创造力，调动幼儿活动的积极性和主动性。例如，在音乐游戏中幼儿自编舞蹈动作、改编歌词，以及让幼儿欣赏乐曲，想象画面，创造性地说出乐曲表达的情感故事等。

（二）音乐游戏的类型

音乐游戏按照发起者和组织者划分，一般可分为幼儿自娱性音乐游戏和教学性音乐游戏两种形式。幼儿自娱性音乐游戏是指幼儿自发产生的，没有目的，自编自演、自娱自乐的自然游戏，它的特点是自发性、趣味性和随机性，例如，幼儿自发的唱歌、跳舞。教学性音乐游戏是指教师有目的、

有计划组织的专门性的音乐游戏，游戏的目标、内容、玩法与规则基本由教师来确定。

按照游戏的内容不同，可以分为音乐听觉游戏、音乐节奏游戏、音乐韵律游戏和歌唱游戏。

1. 音乐听觉游戏

音乐听觉能力指通过辨别、感知、领会、想象、思考音乐艺术形象及其内涵的能力。音乐听觉游戏就是让幼儿用耳朵充分欣赏自然产生的和人创造的各种音响效果，从音响的旋律、音乐、节奏等方面“触摸”音乐语言，感受音乐之美。例如，音乐游戏《小兔和大象》，小兔和大象音乐形象鲜明、单一，贴近幼儿的生活经验，符合幼儿的年龄特点，便于幼儿想象与表达。“兔跳”音乐轻快、活泼；“大象”音乐沉重而缓慢，彼此间形成了鲜明的对比，便于幼儿对比性地理解与感受。

应根据不同年龄幼儿的特点开展音乐听觉游戏。对于小班幼儿，可以采用一些直观的教具，如游戏、简单打击乐器发出的声音。对于中、大班的幼儿，则可以采用多种生动活泼的游戏形式，进一步培养幼儿辨别音量的大小、音乐的强弱、音乐的高低等音乐听觉能力，以及建立在音乐听觉基础上的感受音乐情绪、理解音乐的能力。

2. 音乐节奏游戏

音乐节奏游戏是指通过各种手段和各种方式来锻炼幼儿节奏感的游戏。节奏是构成音乐的三大要素之一，节奏感必须通过肌肉反应来感知，依靠身体高度协调的动作来感觉。节奏能力的培养可结合各种音乐形式进行，包括说、唱、律动、舞蹈、器乐等。把音乐、节奏和游戏三者结合，让幼儿在兴趣盎然的游戏中感受多种节奏，培养幼儿的音乐节奏感。

案例链接

小红帽（中班）

游戏目标

在熟悉乐曲的基础上，学习看图谱用身体动作为乐曲伴奏。

游戏准备

《小红帽》故事、节奏谱一张。

游戏过程

一、小红帽故事导入

师：小朋友都听过小红帽的故事，小红帽去外婆家上了大灰狼的当，好不容易才被猎人救回来。今天小红帽又要去外婆家了，这次在森林里又会发生什么事情呢？

二、根据故事，出示节奏谱，学习节奏型

（1）完整地听音乐想象故事情节。

（2）播放歌曲《小红帽》幼儿完整的欣赏音乐后，想象故事是什么样的。听音乐、看节奏谱，完整拍打节奏。

师：请小朋友们听音乐，看节奏把小红帽在森林里发生的事情用小手拍出来吧！

（3）除了拍手，我们还可以身体的其他什么地方呢？现在我听音乐，看节奏，用自己喜欢的动作来表现音乐吧！

三、随音乐用身体动作有节奏地表演

来源：http: //www.51yey.com/yey/news_detail.aspx?aid=395654

3. 音乐韵律游戏

幼儿园韵律游戏是指幼儿在音乐或歌曲的伴奏下，随着节奏做相应的简单肢体动作或舞蹈动作的游戏。在韵律游戏中幼儿通过身体有感情、有节奏的动作来表现音乐的内容。韵律游戏活动可以调节幼儿的情绪，发展动作协调性，培养幼儿的想象力和创造力。

案例链接

包饺子（大班）

游戏目标

（1）积极参与活动，能创造性地用较优美的肢体动作创编擀饺皮、包饺子、饺子沸腾的舞蹈动作，并用欢快的情绪合着节拍表现出来。

（2）体验在音乐活动中的乐趣。

游戏准备

（1）幼儿事先熟悉包饺子的过程。

（2）一把漏勺、已欣赏过《喜洋洋》这首曲子。

游戏过程

一、引出游戏主题

教师：今天我给小朋友们带来一个礼物，猜猜是什么？（幼儿答）你们瞧，（出示饺子）是饺子。我们都吃过饺子，可是谁来说一说饺子是怎么做出来的?（擀面皮、剁馅儿、包饺子、煮饺子）

二、舞蹈创编

1. 熟悉音乐

教师：我们来试一试把擀饺皮、包饺子、饺子沸腾的过程编成一个小舞蹈好不好？先让我们一起来听段音乐吧。

教师：谁来说一说听完这段音乐你有什么感受？心情是怎样的?（幼儿发言）

2. 舞蹈创编

（1）创编擀饺皮动作。

教师：小朋友们想一想，用什么样的动作来表示擀饺子皮？（幼儿创编）

咱们一起来试着把刚才编的动作随着音乐做一遍，看看这样行不行。（音乐结束后教师点评幼儿动作是否合拍），让我们再来跟着音乐做一遍。

（2）创编包饺子动作。

教师：饺子皮擀好了，接下来我们该做什么了？……对，该包饺子了，那用什么样的动作表示包饺子？（幼儿创编），咱们试着把刚才编的动作跟着音乐做一遍，看看这样行不行。（音乐结束后教师点评幼儿动作是否合拍），让我们再来跟着音乐做一遍吧。

（3）创编饺子沸腾的动作。

教师：饺子包好了，最后一步我们要干什么了?……对，要煮饺子了，那我们先来想一想锅开了，饺子沸腾的时候是什么样子的?（幼儿发言），那要是用动作该怎样表示？（幼儿创编），咱们试着把刚才编的动作跟着音乐做一遍，看看这样行不行。（音乐结束后教师点评幼儿动作是否合拍），让我们再来跟着音乐做一遍吧。

3. 随音乐串联动作

教师：让我们一起听着音乐把刚才创编的擀饺皮、包饺子、饺子沸腾的动作连起来做一遍。看看我们表演得怎么样。

三、音乐游戏

（1）教师扮演擀皮人，幼儿围圈拌面团，第一段音乐响起时，教师做擀饺皮状，幼儿拉手慢慢后退变大圆，即“面团”擀成“饺子皮”，第二段音乐全体做包饺子的动作，第三段音乐全体作饺子沸腾的动作。音乐结束后，擀皮人拿“大漏勺”捞“饺子”。

（2）找幼儿扮演擀皮人，剩余幼儿围圈站，听音乐重复1的动作。

四、邀请教师和幼儿一起玩这个游戏。

来源：http: //hlyey.helanedu.cn/info/10975/88823.htm

4. 歌唱游戏

歌唱游戏旨在通过游戏让幼儿享受唱歌的乐趣，培养音乐感受力，发展幼儿运用嗓音进行艺术表现的能力。这种形式的音乐游戏较为普遍，一般以唱歌为主，伴随角色游戏、律动等形式的出现。在愉快的歌唱游戏中，幼儿不仅提高了自己的歌唱能力以及对音乐的感受、理解和表达能力，更使幼儿身心得到了陶冶。

案例链接

碰一碰（音乐）

游戏目标

（1）学唱歌曲，体验与同伴合作、交流的友好情感和愉快的心情。

（2）在熟悉歌曲的基础上创编不同的相互触摸的动作。

活动准备

（1）母鸡头饰一个，小鸡的头饰若干。（与幼儿人数相等）

（2）小虫图片若干，音乐磁带“碰一碰”，轻音乐（找虫子时播放）。

（3）草地的背景图。

游戏过程

一、引题，并学习节奏

1. 引起兴趣（老师扮演鸡妈妈，幼儿扮演小鸡）

师：今天天气真好，你们想去哪玩呢？（幼儿自由发言）

2. 节奏游戏

音乐起，小鸡们随着音乐走进草地自由地玩耍、找虫子吃。小鸡们找到虫子后，根据歌曲中的节奏发出叽叽、叽叽、叽叽的叫声。

二、学唱歌曲

1. 幼儿找伙伴自由玩耍

师：拍拍你们的小肚子，吃饱了没有？（吃饱了）好，我们来找个好朋友一起玩玩吧。（教师播放音乐，幼儿自由玩）

2. 学唱歌曲《碰一碰》

(1) 教师范唱歌曲，幼儿欣赏。

师：刚才你们是怎么玩的呢？（幼儿自由发言）

妈妈把刚才你们玩的编成一首好听的歌曲，你们想听吗？（教师清唱）

(2) 提问：你们听鸡妈妈刚才唱了什么呢？（幼儿自由发言）

再次播放音乐一起唱。

(3) 在该游戏中学唱歌曲，边唱边表演。

三、游戏“碰一碰”

(1) 启发幼儿创编不同的触摸动作。

妈妈：这游戏好玩吗？除了碰小手还可以碰哪呢？（启发幼儿说出：头碰头、鼻子碰鼻子、脸碰碰、脚碰脚、屁股碰屁股等）

(2) 幼儿随着音乐愉快地游戏。

来源：http: //zdyey.zju.edu.cn/qyy/display.php?newsId=685

二、幼儿音乐游戏的组织与指导

（一）音乐游戏的指导内容

1. 自娱性音乐游戏的指导

（1）创造良好的音乐游戏环境

教师需要创设丰富的音乐环境来引导和引发幼儿自发地进行音乐游戏，在幼儿园中，音乐环境一般包括大型音乐室、音乐区和小舞台，音乐功能室是幼儿公用的进行音乐活动的教室，音乐室整体氛围能使幼儿感到轻松、愉悦，空间开阔，音乐材料丰富，幼儿能自由地进行音乐游戏。音乐区和小舞台每个班级一般都会设置，教师应在音乐区放置各种音乐材料如各种乐器、各种表演道具以及录音机、CD 机等辅助材料。小舞台是幼儿很喜欢的一个场所，教师应充分发挥小舞台的作用，通过纱巾、帷幔或漂亮的蕾丝布置小舞台，吸引幼儿，调动幼儿参加小舞台的积极性，同时定期更新舞台表演所需的各种材料如头饰、服装、帽子等，保持幼儿进行游戏的兴趣。

（2）在观察的基础上进行隐性指导

自娱性音乐游戏是幼儿受到环境的启发自发进行的游戏活动，游戏的内容、游戏的规则都由幼儿自己决定，教师不应过多地干扰幼儿自发的音乐游戏，教师可以作为旁观者在旁边观察幼儿的游戏，在背后进行隐性的指导。一般只有当幼儿在玩游戏过程中需要帮助时，教师可以适时介入，例如，幼儿缺少某种音乐游戏材料，教师可以适时提供给幼儿，幼儿之间发生争吵无法解决时，教师可以介入指导。

2. 教学性音乐游戏的指导

（1）创造音乐情境氛围，激发幼儿兴趣

俗话说：“兴趣是最好的老师”，只有当幼儿产生了浓厚的兴趣时，才会主动地去学习和了解。在音乐游戏中，教师应创设良好的音乐情境氛围，以激发幼儿对音乐游戏的兴趣。教师应根据幼儿的年龄特点，运用启发性的语言，创设有趣的故事情境，为幼儿营造轻松富于趣味的游戏氛围，并用富于感染力的动作和表情去调动幼儿，让幼儿从一开始就置身于音乐游戏所表现的意境之中，引领幼儿满怀兴趣地参与音乐游戏。例如，中班音乐游戏《草原上的舞会》是一首充满热情、欢乐气氛的音乐，在游戏开始环节，教师可创设“篝火晚会”意境，让幼儿听音乐做身体律动来感受晚会的热闹气氛，然后再用夸张高兴的表情告诉小朋友老师也要举行一场晚会，参加晚会的小朋友要跳舞，会编动作，当听到哨声的时候轮流编一个和别人不一样的动作，然后跟着小朋友一起做。在整个过程中，教师没有重点讲究高超的技能技巧，而是通过游戏与联想，使幼儿身临其境，将幼儿带入音乐游戏中。

（2）让幼儿充分感受音乐

教师在组织幼儿进行音乐游戏时，一定要给每个幼儿充分体验音乐、吸收音乐的时间，并保证每个幼儿都能很熟悉所播放的音乐，这在音乐游戏活动中是很重要的。幼儿对音乐只有感受了、理解了，头脑里才会有联想，才能有新旧表象的二次组合和再造想象。教师可以创设一个音乐游戏的氛围，用音乐语言和富有感情的动作、表情，让幼儿从听、说、动和想等多方面感觉音乐、体验音乐，让幼儿充分感知音乐的变化与故事人物、动作的关系，在幼儿熟悉音乐后，教师还可以鼓励幼儿创造性地用各种动作来表现音乐的变化。让幼儿领悟音乐，感受音乐带给他们的快乐。

（3）引发幼儿情感上的共鸣

音乐是一种善于描绘情感的艺术，要想幼儿真正从音乐中获得美的熏陶，就必须准确而深刻地体验作品中所蕴含的情感内涵。幼儿是人群中情绪情感最易受到感染的群体，教师在音乐游戏教学活动中要以教育目标为出发点，有意识、有目的地随时将自己的情绪情感调控在与教学目标和音乐作品相匹配的状态上。如果作品宁静安详，教师的情绪就不能太夸张，如果作品诙谐幽默，教师的情绪就不能忧伤甚至面无表情，教师在音乐教学活动中，要使自己的情绪情感表达与音乐所表达的情感相一致，在教师的感染下引发幼儿情感上的共鸣。

（4）给幼儿自我表现的机会

《纲要》中强调：“提供幼儿自由表现的机会，鼓励幼儿用不同的艺术形式大胆地表达自己的情感、理解和想象。”教师应努力为幼儿创设一个宽松、自由、信任的环境，充分尊重幼儿在游戏中的主体地位，在轻松、和谐的氛围中，给他们提供优美的音乐、有趣的游戏，支持、鼓励幼儿参与音乐活动的愿望，在游戏过程中要善于观察每一个幼儿，并要学会欣赏、相信幼儿，给他们足够的时间与空间在集体面前自信地用音乐来进行自我展示。

（5）让幼儿有自主创新的机会

只要教师为幼儿提供充足的游戏时间，选择适合幼儿的音乐材料与活动，让幼儿情不自禁地投入到音乐游戏的角色中，在音乐的熏陶下随心所欲地、自由自在地、无拘无束地自由思索、大胆想象、主动实践，就会萌发幼儿的创造力。在充分满足幼儿的好奇心与兴趣需要的同时，促进其积极性、主动性、创造性的发展。如音乐游戏《爷爷亲、奶奶亲》中，通过音乐情绪及环境的渲染，幼儿纷纷扮演起爷爷、奶奶和宝宝，在音乐的伴奏下，“宝宝们”乐得张着小嘴帮着“爷爷”“奶奶”敲腿、捶背，忙前忙后，“爷爷、奶奶们”也乐呵呵地与“宝宝们”做着亲热的动作。在游戏前教师不需要做示范动作，孩子们就都能自由发挥，根据音乐歌曲的内容，自编自导自演地开展

扫一扫

扫一扫——大班音乐游戏《瑶族驱兽舞》

游戏。

（二）音乐游戏的评价

高质量的游戏过程是幼儿发现问题、解决问题、获得发展的过程，而游戏评价这一环节就是发现问题、解决问题、获得发展的过程。

1. 音乐游戏评价的方式

教师应该让幼儿成为音乐游戏评价的主角，多给幼儿表现的机会，让他们分享游戏时的感受，讨论感兴趣的问题，给幼儿自我展示，相互交流的机会。在游戏中，不同年龄的幼儿表现出不同的特点，因而，教师在对游戏中的幼儿评价时，要着重根据不同年龄段的幼儿的特点进行评价，对于评价方式的运用，则要考虑结合运用教师评价、幼儿自评和幼儿互评三种评价方式。

教师评价主要是教师对幼儿在音乐游戏活动中的表现进行评价，教师评价可以在游戏过程中进行，也可以在游戏结束后进行，教师首先可以评价音乐游戏中幼儿的整体表现，然后再对个别幼儿进行评价。幼儿自评主要是在游戏结束后请幼儿自己谈谈游戏的感受以及自己在游戏过程中的表现。幼儿互评是指幼儿评价其他幼儿在游戏中的表现，当音乐游戏分小组进行时，可以采用小组互评的方式，对各个小组的游戏情况进行整体评价。

2. 音乐游戏评价的方法

（1）开门见山，关注幼儿的情感表现

开门见山指在音乐游戏结束后的讲评中教师直接点评。教师讲评幼儿的音乐游戏时，首先应讲评幼儿在音乐游戏中的整体表现，例如，幼儿游戏过程中的闪光点并加以肯定。还应重视幼儿在音乐游戏中的情感表现，重点讲评幼儿活动过程中所感受到的愉快情绪体验，帮助幼儿建立自信，获得成功感，教师可以询问幼儿："小朋友们，今天的音乐游戏你们玩得开不开心啊？"让孩子自由表达自己在游戏中的感受，引发经验交流。

（2）及时评价，引导幼儿游戏

教师在音乐游戏的过程中，要注意观察幼儿的表现，当发现孩子游戏中的问题时，可以直接用语言有针对性地对幼儿的表现进行评价，例如，在玩音乐游戏《小老鼠》的过程中，当猫发出叫声，准备抓老鼠时，其他幼儿都躲起来啦，有一位幼儿却站在原地不动，这时教师提醒他："××小朋友你是小老鼠啊，猫要抓老鼠啦，你还不快跑！"从而引导幼儿更好地进行游戏。通过询问帮助孩子审视自己的行为，回归游戏的思维。

（3）情境再现，发现问题

当幼儿对音乐游戏中的现象无法表达或者产生遗忘时，教师可以通过再现音乐游戏情境，让幼儿在情境中发现问题，做出评价。教师可以组织几个幼儿和自己一起再玩一次游戏来再现游戏情景，也可以在幼儿音乐游戏过程中用相机录像的方式将出现问题的那段过程拍下来，在电视或电脑中回放给幼儿看，让幼儿回忆当时的场景，发现问题，然后组织幼儿讨论交流，共同解决问题。

第四节　幼儿美术游戏的组织与指导

一、幼儿美术游戏的概述

美术是一种运用一定的线条、色彩等“有意味的形式”表现人的内心的情感的艺术。孩子在美术活动中往往运用一些特殊符号，表现自己的情感。凡是人类具有的情感，都能在他们作品中找到自己的一片天地。只不过同成人比，孩子的情感表现更加具体，更加直观，更加大胆，更加容易突破理性的限制。儿童美术教育，不应以培养少数画家为目的，而应当是以注重情感体验、自我价值、艺术修养和创造力的教育。美术游戏是美术教育的重要途径之一，它为幼儿提供了积极尝试的机会，让他们在涂涂、画画、剪剪、贴贴、捏捏、揉揉的操作活动中，体验创作的快乐，运用各种造型艺术形式来表达自己的经验、感受和体验。

（一）幼儿绘画游戏的发展阶段

1. 涂鸦游戏阶段（1.5～3 岁）

涂鸦期的绘画没有明确的表现意图，不讲究造型、色彩和构图，是一种游戏活动。1 岁半左右的幼儿喜欢到处涂抹，于是用笔在纸上、书上、墙上等地方画点、画线的涂鸦行为就出现了。这些最初在纸上留下的点、线痕迹就是涂鸦画。涂鸦实际上是他们的感知觉和动作有了一定的发展与协调之后对周围环境做出的一种新的探索，是一种新的动作练习。这种练习基本上是一种手臂动作。所以，幼儿涂鸦的根本特点是没有明确的表现意图，也就是说，幼儿在涂画之前没有预想、没有构思，而是把涂鸦作为一种游戏活动，享受涂鸦动作带来的那种有节奏的主动地“动”的运动快感，以及对纸上、墙上出现的各种各样的线条的视觉感官满足。

2. 基本形状涂画游戏阶段（3～4 岁）

当幼儿在乱涂乱画中发现并辨认出一个简单的形状时，基本形状就出现了，当幼儿发现自己已具备重复形状所需的肌肉控制和手眼协调能力，基本形状的涂画游戏将得到发展。3～4 岁的幼儿就处于基本形状涂画游戏阶段。他们开始为所画的图形命名，他说这是“苹果”、那是“妈妈”等，孩子会自己对涂画进行注解。把自己的动作和想象结合起来，促进了思维的发展。他还不能抓住物体的整个形状的特征，只是把自己看到的一部分象征性地去命名，大人们如不细心观察、询问，就很难理解。当孩子一说这是什么时，大人们也许会捧腹大笑。这就加深了对儿童心理活动的了解。这个阶段的儿童不是想什么画什么，而是画什么想什么。随着肌肉控制能力的增强，他们会画出更多的基本形状。

3. 初期绘画游戏阶段（4～6 岁）

随着幼儿知识、经验的增长，手运动机能的发展和形象积累的增加，他们开始表现自己所想的内容，他们的绘画游戏进入了初期儿童画阶段。4 岁和大部分 5 岁幼儿都处在这个水平，幼儿能从他画的基本形状中，选择所需的形状，画出代表某种东西的初期图像。在此阶段的早期，幼儿会在游戏中集中和熟练地画一个或许多图像；到了后期，幼儿能更容易、更精确地画出他们喜爱的一些图像，并对自己的游戏成果感到很自豪。幼儿逐渐会形成自己画人、房子和其他图像的独特的方法。这种个人的绘画方式也即图式，是在画了许多图像之后才出现的。一旦幼儿有了图式，图像便成为幼儿表达内心世界的特殊符号。此时，幼儿为他的画命名有了实际的意义，绘画成为他新的表达方式。

（二）美术游戏的概念、特点及作用

1. 什么是美术游戏

美术游戏是寓美术教育于游戏之中，让幼儿在绘画、泥工、折纸、小制作等各项活动中，熟悉多种材料的性能，培养儿童的形象思维和感受美、表现美、欣赏美、创造美的兴趣和能力，发展幼儿的聪明才智。例如，孩子在玩“做面条”的游戏活动时，孩子在操作活动中学会了区分材料性质，发挥想象，做出了各种各样“美味”的面条。幼儿美术游戏是美术教育的一种主要教育形式，是教育者根据幼儿心理发展规律，有目的、有计划地通过游戏活动，促进幼儿各方面的发展的美育活动。

2. 美术游戏的特点

（1）美术游戏是幼儿表达自我的一种方式

美术游戏是幼儿表达内心世界的一种方式，在美术游戏中教师通过创造宽松、接纳的环境，鼓励幼儿大胆地通过创作的美术作品自己与自己对话，真实地表达自己的认识和情感，美术游戏是幼儿心灵自由释放的窗口，是幼儿发现自我、展现自我的重要途径。

简而言之，美术游戏是幼儿的一种“自娱性”活动，幼儿在自我感受、自我表现活动中受到感染和教育，在艺术的情感体验与美的感受中，逐步提高艺术的表现能力，真正体验到艺术活动的快乐。

（2）美术游戏是幼儿用图像符号进行表达的一种方式

由于幼儿受语言发展水平的限制，以及幼儿的思维具有直觉性、符号性、情感性的特点，幼儿擅长运用图形图像符号来表达自己内心的想法和情感，与他人进行交流。美术游戏正好是幼儿运用图像符号表达内心思想的一种方式，因此，受到幼儿的喜爱。例如，一个 5 岁的小女孩在玩瓷泥的过程中，运用瓷泥捏出了乌龟妈妈、乌龟爸爸和乌龟宝宝在沙滩上玩的景象。

（3）美术游戏是幼儿展现个性的途径

幼儿在玩美术游戏的过程中可以尽情展示自己的个性，有些幼儿擅长画花、草、树木，有些幼儿擅长画各种人物，有些幼儿喜欢画动画片里的形象；有些幼儿制作的作品线条比较粗犷，有些幼儿制作作品比较注重细节部分；有些幼儿观察力强，制作的作品逼真，有些幼儿想象力丰富，制作的作品很有创意。总之，美术游戏是幼儿展现个性的重要途径。

3. 美术游戏的作用

（1）美术游戏能培养幼儿的动手操作能力

美术游戏是发展幼儿动手操作能力的游戏，幼儿在画画、贴贴、折折、捏捏、涂涂的过程中，要用眼睛去观察、用脑袋去思考、用小手去操作。例如，小班撕纸游戏“好吃的面条”“小雪花”，小班玩色游戏中的毛线拖画、吸管吹画、纸团印画、弹子滚画、印章画。幼儿在使用多种工具材料、自然物和废旧物品过程中，大胆地塑造与制作不同形态，娱乐自己和他人，同时发展了他们的手眼协调能力和手的灵巧动作。

（2）美术游戏能发展幼儿的观察力、想象力和创造力

教师在组织幼儿开展美术游戏时，首先要引导幼儿仔细观察所要表现的对象，并不只是让他们看，还让他们摸一摸、动一动、闻一闻……例如，教师引导幼儿观察花朵，教师启发幼儿用他们的大脑、眼睛、耳朵、手、鼻以及全身心去感受、发现花朵的颜色、味道、花瓣形状、四季变化规律等。通过一次次的美术游戏幼儿的观察能力也得到了一定的发展。

在美术游戏中教师在引导幼儿观察的基础上，还会鼓励幼儿运用多种材料将观察到的对象大胆地富于创造性地表现出来，例如，小班幼儿手脚的印染游戏，教师分别用手、脚的不同部分示范印染，鼓励幼儿大胆地、自由地印出各种造型，并让幼儿先从不同的角度来观察印迹，然后想象这个印迹象什么，幼儿的思维活跃，有的说像树叶，有的说像大白菜，还有的说像章鱼、花、太阳、孔雀……从实际中可以看出，幼儿在手印画与脚印画游戏中的参与性、积极性都很强，他们的思维活跃，想象力丰富。美术游戏实际上就是发现美、创造美的过程。

（3）美术游戏能促进幼儿社会性的发展

幼儿社会性发展包括对自我的认知、对社会规范的认识、情感、社会交往行为等，幼儿在美术游戏活动中不仅能反映他们对静态事物的认识，而且幼儿的作品也能反映出他们对一些社会行为的态度与想法，因此，教师可以利用美术游戏培养幼儿积极的社会行为、良好的社会情感和社会交往能力，教师还可以通过鼓励幼儿在美术游戏中运用各种材料大胆表现，对幼儿的表现进行积极的评价，增强幼儿的自信心。

（三）美术游戏的类型

1. 平面造型游戏

平面造型游戏包括各种绘画游戏和平面手工游戏。绘画游戏主要有水彩画、蜡笔画、印画、镶嵌画等。平面手工游戏主要有撕纸游戏、剪纸游戏、染纸游戏粘贴游戏等。

案例链接

蜘蛛织网（小班）[1]

游戏目的

（1）尝试用硬材料操作。

（2）活动手臂大肌肉群。

游戏准备

平底的各种形状的硬盒子、玻璃珠（或木珠），与盒子形状、大小配套的白纸（或色纸），几种浓度适中的水粉颜料。

游戏玩法

把纸放进盒子，在纸上随意滴上几滴颜料，放入一粒或几粒珠子。然后双手握盒，让珠子在盒内向各个方向抖动，来回几次，就可完成。

[1] 案例来源：高智英，美术游戏两则，教育导刊（幼儿教育版）1998 年第 5 期

游戏提示

玩时老师可把珠子比作蜘蛛，让幼儿边抖盒子边念："蜘蛛勤织网，爬过来，爬过去，网就织好啦！"可先从一粒珠子玩起，逐步加到几粒珠子同时玩。

2. 立体造型游戏

立体造型游戏包括泥塑游戏、折纸游戏、雕塑游戏等。立体造型游戏要求幼儿能够运用各种材料制作富有立体造型感的作品，对幼儿来说塑造立体造型比塑造平面造型更难，需要幼儿有一定的立体空间思维能力。

案例链接

自制蔬菜（小班）

游戏目的

锻炼幼儿的小肌肉的动作，可以真正地起到"择菜"的作用。

游戏准备

绿色彩纸、塑料膜、呢绒粘扣、订书钉、剪刀。

游戏过程

（1）先将绿色彩纸剪成菜叶型和长方形两种形状。再用塑料膜进行压膜。然后将长方形的彩纸首尾相接，将其制成圆形，并用订书钉将呢绒粘扣固定。之后，用剪刀将呢绒粘扣剪成小方块，并用订书钉将呢绒粘扣固定在"菜叶"上。最后，将"菜叶"粘在圆形的彩纸上。

（2）幼儿将"菜叶"从"菜"上摘下，然后可以进行洗菜、切菜、炒菜等活动。

来源：http: //edu.pcbaby.com.cn/118/1188894.html

二、幼儿美术游戏的组织与指导

（一）3~4 岁幼儿美术游戏的指导

1. 3~4 岁幼儿平面造型游戏的指导

适合 3~4 岁幼儿玩的平面造型游戏主要有水彩画、蜡笔画、印画、粘贴画等。

这个年龄段的幼儿喜欢在纸上用颜料涂画，尤其是用手指蘸颜料画画，只要给幼儿穿上反罩衣，给幼儿准备好各种颜料，画画的纸等工具就可以让幼儿在纸上用颜料自由地涂画。

大蜡笔色彩鲜艳、容易持握，是 3 岁幼儿进行平面造型游戏最简单易用的工具。教师可以指导幼儿尝试蜡笔的不同用法来使游戏多样化。一种是改变蜡笔画使用的材料，例如，可以用蜡笔在硬纸板、泡沫塑料、布片、木板等各种平面上画画；另一种是改变使用蜡笔的方法。其中蜡笔摩擦画是 3~4 岁幼儿容易掌握的技巧，即将一张纸放在带有某种花纹的平面上，用蜡笔的侧面摩擦出图案来。

用实物印画也是一种非常适合于 3~4 岁幼儿能力和兴趣的美术游戏。在实物印画游戏中教师可以教幼儿尝试用各种材料如瓶盖、玩具、蔬菜水果模型等来印画。幼儿还喜欢用同一实物蘸上不同的颜色来印不同颜色的画，甚至用别的颜色在印好的图案上反复重印。教师还可以指导幼儿让浸透颜料的实物以均匀的“步伐”在纸上“行走”，到纸的尽头再回过来，这样来回三四次，便得到了一个图案。

教师还可以教 3~4 岁幼儿制作蜡水分离画，先让幼儿在纸上用蜡笔画一幅画，然后将用水稀释的深色颜料刷到画上，在蜡笔覆盖的部分，蜡水分离，蜡笔不为颜料所覆盖，没有蜡笔涂画的部分则填满颜料，使孩子感觉自己画的画还有漂亮的背景颜色。

在拼贴游戏中，3 岁幼儿对胶水、糨糊等黏性材料似乎更感兴趣，教师可以提供各种材料让他们自由拼贴。教师开始可以先引导幼儿做撕纸拼贴，然后教师可以进一步引导幼儿利用一些自然材料进行拼贴游戏，例如，让孩子制作树叶拼贴画，在纸上运用胶水将树叶拼贴出各种形状的图案。

2. 3~4 岁幼儿立体造型游戏的指导

柔软好用的黏土、面团和橡皮泥，非常适合给 3~4 岁的幼儿玩，幼儿也很喜欢玩这些游戏材料，教师可以给他们提供筷子、小棒子、印花模型等辅助工具，教他们用这些材料捏出一些简单的造型，如汤圆、葡萄、饼干、糖葫芦、棒棒糖等，然后用辅助工具进行装饰。教师还可以提供纸杯、纸盘等材料，指导幼儿自己动手制作各种简单有趣的木偶，然后用蜡笔、水彩笔、彩色纸、碎布片、旧毛线、纽扣等物来简单装饰木偶。

（二）4~6 岁幼儿美术游戏的指导

1. 4~6 岁幼儿平面造型游戏的指导

4~6 岁的幼儿喜欢水彩画，却常常因画不出自己喜欢的图案和画面而对绘画游戏失去兴趣。这时，教师可以指导幼儿玩“偶然性水彩画游戏”。如给幼儿一张大纸，让他们自由用水彩随意涂抹，当纸上涂满形状不同的各种颜色时，就会构成各式各样的“偶然性”画面。待“画”晾干后，和孩子一起讨论这些画面所表达的意思和心情。

4~6 岁的幼儿在印画游戏中，可以进行纸模印画和喷洒印画。纸模印画只需很少的材料。在一些小硬纸片中间剪出大小、形状各不相同的洞，用旧布在彩色粉笔上摩擦以沾上较多的粉笔末，或蘸上颜料，然后在剪好的洞上摩擦，直到下面的纸上显出明显的印迹。喷洒印画需用的材料是旧牙刷、少量颜料和纸。在纸上摆上些树叶、玩具等扁形小物品，将旧牙刷蘸上颜料，用小棍轻轻拨动牙刷毛，颜料小颗粒就会喷洒下来覆盖纸面。轻轻拿开这些小物品，纸面上就会显出空白图案。

此外，镶嵌画制作活动也是 4~6 岁幼儿非常感兴趣的平面装饰活动，教师可以指导幼儿先在硬纸板上画出图案，然后用塑料、小石头、豆子、米、蛋壳等各种材料按照图画的轮廓镶嵌在硬纸板上制成一幅平面的装饰画。

2. 4~6 岁幼儿立体造型游戏的指导

黏土、橡皮泥和面团等依然是极好的进行立体造型游戏的材料。对于 4~6 岁幼儿，教师可以指导他们利用这些材料进行较复杂的立体造型的制作，如制作娃娃脸以及小鱼、小兔子、小刺猬等各种小动物形象。

用纸条、纸筒和纸盒制作各种富有造型的物品，也是幼儿喜爱的立体造型游戏。教师可以引导幼儿利用各种形状的纸盒、圆纸筒以及幼儿剪出的各种纸条，让他们开动脑筋、发挥想象拼搭粘合成“花”“房子”“火车”“飞机”“坦克”等各种造型的东西。

面具和玩偶是孩子最爱玩的玩具，除了指导孩子制作平面面具外，教师还可启发他们用大纸袋来制作立体的面具和玩偶。另外，若有可能也可以让孩子尝试玩石膏造型游戏，即把熟石膏倒进浅盒子里，趁其未干，按上手印、脚印或放一个自然物品，做成好玩的石膏模型。

（三）幼儿美术游戏的评价

1. 幼儿美术游戏评价中存在的问题

在幼儿美术游戏中，评价是不可缺少的一环。评价能激励幼儿，使他们对美术游戏产生浓厚的兴趣，提高他们对美的感受力和表现力。但在实际的游戏活动中，这一环节的设计和组织往往不尽人意，主要存在以下一些问题。

（1）评价内容片面

由于受传统教育评价观念“重甄别，轻发展”“重结果，轻过程”的影响，在美术游戏中教师对幼儿评价多着眼于美术技能方面，大部分教师关注的是幼儿的美术技能运用是否娴熟，以及幼儿最终的美术作品是否完整、美观，而对于幼儿在美术游戏过程中的其他方面的发展则不够重视，例如，很少对幼儿在美术游戏中表现出的创新能力、想象力、幼儿的行为习惯以及情感等方面进行评价。

（2）评价标准单一

在美术游戏活动中，常常听到教师运用“好不好”“像不像”或“你喜欢哪一幅”等评价语言对幼儿进行评价，评价的标准较单一，评价较笼统，目标也不明确，这种单一的评价标准与当前幼儿园艺术教育是培养创新人才的有利途径之一的理念是背道而驰的。

（3）评价主体和形式单一

在美术游戏活动中，评价主体一般是教师，即都是教师对幼儿进行评价，很少引导幼儿进行互评和自评，即使有些教师让幼儿对自己或他人的美术作品进行评价也是走形式，通常，教师们总是把评价安排在美术游戏的结束部分，采用集体听少数幼儿发表意见或将优秀作品展示出来讲评等单一形式。

2. 幼儿美术游戏评价的方法

（1）避免偏重美术技能的评价，尝试从多个方面来评价幼儿

我们知道美术游戏活动可以促进幼儿的手部小肌肉动作、审美、观察力、想象力、创造力、情感态度和行为习惯等多方面的发展。那么教师在对幼儿进行评价时就不能厚此薄彼，要避免集中评价幼儿的某个方面（如技能）的发展，应尝试从以上多个方面出发对幼儿进行评价，使每个幼儿都能在游戏中发现自己的优点，增强自信心，对美术游戏也会更感兴趣更喜爱。

总之，评价内容的多元化使评价能更全面、客观、真实地反映每个幼儿不同方面的优势和长处，使得教师能真正了解幼儿在美术游戏活动中的发展情况，利于教师改进和完善游戏活动，促进幼儿各个方面的全面发展。

（2）以纵向评价为主

教师在评价时应打破传统评价中一刀切的单维度标准，以发展、动态的眼光去看待每个幼儿在美术游戏中的表现，对幼儿以纵向评价为主，即关注幼儿是否在自己原有水平上获得了发展，而不是通过评价将班级幼儿进行横向的比较，横向的比较容易打击幼儿的自尊，让幼儿产生厌恶的情绪。

（3）评价主体和评价形式应多元化

美术游戏中的评价大多以教师自上而下的单向性评价为主，虽然教师也会让幼儿评价，但以他评为主，大多是幼儿稚嫩的、片面的、你一言我一语的评价。研究已证实，幼儿特别是中、大班幼儿已经具备一定的自我评估与反省能力。教师应尝试在美术游戏中，多给予幼儿互相评价和自我评价的机会，耐心地引导和鼓励幼儿从多个方面来评价自己和他人的作品，使幼儿成为评价的主体。

在美术游戏活动中，教师还应将集体评价和个别评价两种评价形式相结合，除了对幼儿的表现进行集体评价外，教师可以在活动过程中对个别幼儿适时进行有针对性的评价，以便更好地指导幼儿游戏。

我们还发现教师不能仅使用口头语言对幼儿进行评价，还应用体态语言、书面语言等多种形式辅助对幼儿进行评价。体态语言，主要包括手语、头语、眼语、表情语言、空间语言等几个方面。体态表达形式具有形象性、艺术性、个性化的特点，幼儿园美术游戏活动中教师运用体态语言更符合幼儿身心发展特点，更有利于幼儿评价的进行。

思考与实训

一、思考题

1. 什么是幼儿数学游戏，幼儿数学游戏有哪些特点？
2. 教师应如何对幼儿的语言游戏进行指导？请举例说明。
3. 教师应如何对 3～4 岁幼儿的平面造型游戏进行指导？请举例说明。
4. 教师如何对教学性音乐游戏进行指导？
5. 在音乐游戏中教师如何对幼儿进行评价？

二、案例分析

这是一个大班的美术游戏活动，名字叫“乡村别墅”。活动主要是让每位幼儿用瓷泥做出一座漂亮的乡村别墅。活动开始了，一名幼儿做好房底和四面墙后，开始搭房顶了，幼儿抓了一些泥，将泥拍成泥饼，然后将泥饼直接盖在房子上面作为房顶，过了一会儿，这名幼儿用泥饼搭的房顶往下塌了。这时教师来到这名幼儿旁，发现了他的问题，于是大声说道：“你搭的房顶塌了。”“你看，是因为没有东西来支撑房顶，来，应该这样做。”于是教师便将幼儿搭的房顶取下来，拿出两根筷子架在房子的顶端，然后教幼儿搓出一根根的泥条，将泥条沿着一面墙的方向一根接一根慢慢搭出了一个房顶。然后问幼儿：“你看，这样搭出的房顶是不是不会塌了？”幼儿点点头。坐在这名幼儿旁边的幼儿们听到了教师与这名幼儿的对话，于是都停了下来，转头看这位教师教这位幼儿搭房顶，结果这组幼儿做出的房顶形状都差不多。

问：在上述美术游戏中教师对幼儿的评价合适吗？如果你是这位教师，你会如何评价幼儿的表现呢？

三、章节实训

1. 实训要求

请你选择一个年龄段的幼儿，设计一个符合该年龄段幼儿特点的音乐游戏，并对自己的设计做出评价。

2. 实训过程

（1）7～8 名学生组成一个小组。

（2）分工合作，共同设计一个适合某个年龄段幼儿的音乐游戏，写出详细的游戏活动方案。

（3）请小组根据活动方案制作成 PPT，组长通过展示 PPT 向教师汇报自己组的活动方案，教师对学生的活动方案进行点评。

3. 实训反思

（1）音乐游戏的目标设置是否恰当。

（2）音乐游戏的过程是否思路清晰、循序渐进。

（3）音乐游戏过程中是否创设了音乐情境来激发幼儿兴趣。

（4）音乐游戏是否有评价环节，评价环节是否科学合理。

（5）音乐游戏是否具有可操作性，能否在具体的幼儿园实施。

第九章　幼儿游戏的观察

引入案例

佳佳在搭积木时，想一块一块竖着叠高，可是没成功。他好几次向老师投来求助的目光，老师好像没有看到。过了一段时间，佳佳把积木横放在地上，笑了。他又找来许多积木，顺着垫子（积木区里的泡沫地板垫）边铺了起来。过了一会儿，又把它撸乱。如此反复。老师问他：“你在铺什么呀？”“在铺马路。”教师接着又说：“马路再长一点就可以开汽车了。”佳佳又去找了很多积木干起来了。

佳佳搭建的马路吸引了很多幼儿来开车。可是因为马路太窄，幼儿从两头往中间开，造成了头碰头。乐乐和枫枫吵起来了。教师“开着汽车”过来了，说：“司机，这条马路太窄了，只能是单行道。”乐乐问：“什么是单行道？”教师说：“单行道就是汽车只能朝一个方向开。”幼儿很乐意地接受了建议，依次朝一个方向开了。一场矛盾也解决了。

问题　怎样才能通过幼儿游戏更好地了解幼儿的发展水平，进而对幼儿的游戏做出有效的指导？通过观察儿童，我们能看到什么？怎样做才不会使观察记录流于形式？让我们带着这些问题学习本章。

本章学习目标

1. 了解游戏观察的意义与价值。
2. 掌握制定观察计划和进行游戏观察的方法。
3. 学会科学地记录幼儿游戏。

“要了解一个孩子，我们必须在他游戏时观察他，在他种种不同的情绪下研究他。”印度哲学家克里希那穆提如是说。在幼儿游戏过程中，对其进行观察是教师了解幼儿兴趣点、思维能力、学习方式、发展水平的基础，也是教师为幼儿游戏给出有效指导的前提。如何对幼儿游戏进行观察、记录，使幼儿在游戏中得到更全面的发展，是幼儿教师应该掌握的一门技能。

只有先了解了幼儿游戏观察的价值与意义所在，才能对幼儿游戏观察的内容、重点及观察记录方法等问题的学习更加深入。

第一节　幼儿游戏观察的价值

著名教育家陶行知先生说“教育为本，观察先行”。观察儿童是了解和理解儿童的第一步。教师如果要想了解每一个幼儿的需求、兴趣特点、发展状况，并决定何时、怎样介入和干预他们的游戏，就需要教师细致有效的观察。可以说，观察为我们对儿童的指导提供有效的依据。

一、真实地了解幼儿

游戏是幼儿表达自己的一个重要窗口，幼儿在游戏中是自由的、全身心投入的，真实地展现着自己的身心发展水平，从整体上来说，教师通过细致的观察能够全面地了解班上幼儿的平均发展水平，从个体上来说，教师通过有针对性的观察能够了解每一个幼儿的具体情况，了解每一个幼儿之间的差异所在。总之，“无观察，不教育”，观察是教师了解幼儿的重要途径，能给幼儿教师带来幼儿情况的一手资料。

二、准确地预设游戏

幼儿的游戏是一个动态、变化、发展的过程。“由于游戏是儿童在最近发展区里的活动，在游戏中，儿童总是试图超于他现有的水平，所以，游戏正如放大镜的焦点一样，凝聚和孕育着发展的所有倾向”，因此在游戏中教师的任务不仅是通过观察了解幼儿现有的发展水平，还要具有前瞻性地看到幼儿可能发展的空间，针对每一个幼儿不同的个性特点有针对性地选择支持条件，即对幼儿在轻松的心力环境中超越自身的水平能够准确地预设幼儿的游戏做出一定的预设。预设幼儿游戏的发展进程是教师教育智慧的体现，预设游戏能让教师对即将出现的问题提前做好准备，使教师能更好地引导幼儿解决问题。教师只有对幼儿进行仔细观察，才能真实地了解了幼儿群体或个体的身心发展特点，掌握个体差异及“最近发展区”，才能科学合理地预设幼儿的游戏，为有效地指导幼儿的游戏做好前期的铺垫。

三、有效地指导游戏

教育发生在真实的情境中，先进的教育理论知识必须与真实的实践情境相结合才能发挥应有的指导作用。教师要对真实的教育情境有全面的了解，离不开细致的观察。在观察中灵活选择、运用合理的指导方法，真正做到因材施教，有的放矢。

四、实时地评价游戏

对游戏的评价是教师指导幼儿游戏的重要一环。游戏评价不仅是对幼儿游戏真实有效的反馈，在当前游戏和下一次游戏间还起着承上启下的作用。通过对幼儿游戏进行观察，教师能发现幼儿在游戏中体现出来的闪光点、存在的问题与不足、对下一次游戏的建议等，这些都可以通过游戏评价环节反馈给幼儿，让幼儿游戏发挥出其应有的教育潜能。

案例分析

区域游戏开始了，小朋友们像往常一样进入活动区游戏。陆含嫣进入小兔家后拿起玩具手机接了个电话，随后，我看见陆含嫣轻轻地对着电话机说了几句话，叫了正在做家务的爸爸“王志豪”，对他说，“爸爸，你有个电话，找你。”王志豪听到之后，立刻开心地走过来，接过电话说，“喂，你找谁？”看着这画面，在一旁的吴佳俊似乎也对电话机感兴趣了，就开始争抢起来，把那些“小朋友要一块儿玩、和小朋友商量商量”的话抛在了脑后。我马上走到小兔家说：“吴佳俊，王志豪是今天小兔家的爸爸，别人打电话来有事找他，先让他打行吗?”吴佳俊虽然停止了争抢，但是仍不甘心地看着志豪的手机。我灵机一动，找来小兔家中另一部电话并大声说：“铃……铃……吴佳俊快来接电话，有人找你。”只见吴佳俊满心欢喜地跑去接电话，并和对方聊了起来。矛盾化解了，吴佳俊也投入到愉快的游戏中去了。

分析：

根据幼儿游戏的需要，从适时提供游戏材料、创设游戏氛围入手，逐步到角色的增加、交往规则的制定和遵守，以此来促进幼儿游戏的开展和社会性的提高。

第二节　幼儿游戏观察的内容和重点

一、观察计划制订的依据

教师对幼儿游戏进行观察不是散漫无目的的扫视，而是有目的、有重点的观察，这样才不至于将观察流于形式。制订一份结构清晰的观察计划对于有效的观察显得尤为重要。游戏观察计划的制订主要依据以下三个方面。

1. 现阶段教育目标及教育内容

基于幼儿现阶段的身心发展特点，在幼儿的身心发展“最近发展区”内制定科学、合理的教育目标及设计相应的教育内容。所以说现阶段的教育目标及教育内容能较好地体现幼儿的发展现状及发展趋势，基于此制订的观察计划，能让教师通过游戏的观察，了解幼儿对目标的达成度，进而对后期的教育目标及教育内容的制定进行针对性的调整与改进。

2. 上次游戏的情况及存在的问题

幼儿在游戏中成长着、进步着，教师应将上一次游戏的情况及存在的问题作为本次游戏观察的参照，通过对比观察，发现每一次游戏中幼儿的不同之处，以便更好地通过游戏促进幼儿的发展。

3. 本次游戏的计划

本次游戏的目的、准备（包括物质准备与经验准备）、具体要求等也是制订观察计划的重要依据。依据本次游戏的目的，教师通过观察能把握幼儿的发展水平是否达到既定的目的；依据本次游戏的准备，教师通过观察能更好地反思自己游戏前的准备是否充分、合理；依据本次游戏的具体要求，教师通过观察能更好地指导幼儿的游戏。如体育游戏《小兔子运萝卜》中，要求幼儿扮演小兔子双脚跳着将萝卜运到目的地，依据此游戏要求，通过对幼儿的观察，教师可了解班上幼儿双脚跳能力的整体情况及每一个幼儿双脚跳能力的差异以及幼儿遵守游戏规则的情况，从而对幼儿的游戏进行有针对性的指导与帮助。

二、游戏观察的重点

具体来说，教师可以根据自己的观察目的有所侧重地进行观察。

（1）主题：包括幼儿已有的游戏主题（游戏中相应的语言、表情、动作、交往能力等）及新出现的主题，例如，观察幼儿是否能够自定主题进行活动；幼儿能否与同伴互相商量主题，合作游戏；幼儿的游戏有无明确主题；游戏的主题的坚持性，即主题是否容易受他人的影响，总在变换；幼儿的游戏主题是积极健康的还是消极危险的等方面。

（2）情节：教师对幼儿游戏情节的观察可从以下内容进行：游戏情节反映的是日常生活经验、动画故事内容还是社会热点？游戏情节是否单一重复？通过对幼儿游戏情节的观察，教师可了解到幼儿感兴趣的内容及已有的知识经验水平，并在此基础上，能为幼儿后续的游戏提供一个良好的环境，有针对性地投放游戏材料。

（3）环境：环境在幼儿游戏中起着不可估量的作用，是幼儿游戏必不可少的前提保障。游戏环境包括物质环境与精神环境，教师对游戏环境的观察主要考量幼儿的游戏环境是否安全、卫生、舒适；游戏环境所营造出的精神氛围是否适宜游戏的开展；游戏环境是否适宜幼儿的活动交往。例如，建构游戏区积木柜高度是否与幼儿身高相匹配、户外游戏活动场所是否宽敞、角色游戏区是否具有家的温暖舒适感。

（4）材料：游戏材料是幼儿游戏的载体。教师对游戏材料的观察主要是了解玩具及游戏材料是否充分发挥其教育功能；游戏中如何反映幼儿与材料的相互作用。幼儿对材料的喜欢程度、选择、使用情况，都可以使教师了解材料的适宜性，以便调整游戏材料。

知识拓展

教师可从从哪几方面观察游戏中的材料

① 观察幼儿选择材料的情况。游戏初始时，幼儿会根据自己的需要、兴趣选择游戏材料，这是观察的一个重点。通常会出现以下几种情况：一是，幼儿很快被游戏材料所吸引，马上可以操作材料或借助图示等辅助材料掌握操作方法，很快能获得成功。这种情况下的游戏材料是较适宜的；二是，多名幼儿争抢一种游戏材料。出现这种情况的原因主要是材料数量过少、材料种类单一、材料新鲜有趣等；三是，幼儿选择材料后，只是无目的地摆弄或者无所事事地坐在一旁，看着其他同伴操作材料，出现这种情况的原因可能是材料不吸引幼儿或幼儿不熟悉材料不明白如何操作。

② 观察幼儿运用材料的过程。幼儿操作材料的过程，是幼儿与周边环境互动的过程。教师观察整个活动过程，能更好地发现幼儿的实际水平，为调整材料投放，捕捉游戏评价的素材提供了依据。

（5）行为：行为是游戏观察中最为重要的部分，对幼儿游戏行为的观察包括日常生活常规及幼儿间相互交往的规则、幼儿游戏的能力与表现，游戏行为的性质，例如，是体现了分享、合作等亲社会行为，还是出现打骂等破坏类的反社会行为。教师可采取合适的方式将观察到的幼儿行为记录下来，以便分析、评价。

（6）需求：每个幼儿都是独特的，要全面充分地了解他们，教师需要感兴趣于幼儿的游戏并仔细观察他们的言行举止。幼儿会用多种多样的方式来表达他们的需要。例如，一个幼儿想要引起教师的注意，他可能会尖叫，而另一个幼儿则可能用不停地在老师身边转悠、时不时和教师说话等方式来表达他的需要。教师只有通过观察了解了这些行为是怎样产生的，看到幼儿在游戏活动中需要什么、做些什么、兴趣所在、是否存在困难，才能对幼儿的游戏进行有效的指导。

三、各年龄班游戏观察的重点

从幼儿能力发展来看，各年龄班幼儿在游戏方面的表现是不同的。因此，在观察时各有重点。

小班：主要处于平行游戏阶段，满足于操纵、摆弄物品，对物品的需求是“别人有的，我也要有一个”、对相同物品要求多，矛盾的焦点主要在幼儿与物品的冲突上。因此，小班观察的重点在幼儿使用物品上。

中班：随着认知能力的发展、生活经验的丰富、游戏情节较小班复杂，处于角色的归属感阶段，虽然选择了一个角色，但想做多个角色的事情，想与人交往但尚无交往技能，出现了人与人交往出现冲突的多发期。因此，观察的重点应该是在幼儿与幼儿冲突上，不管是规则上的、交往技能上的，还是使用物品上的。

大班：随着生活范围的进一步扩大及能力的增强，幼儿不断产生新的主题，新主题与原有经验之间的不和谐而产生冲突，运用已有经验在现有的基础上去创新，成为游戏观察的重点，同时相互交往、合作、分享、解决矛盾也成为游戏观察的另一个重点。

小思考

“出车祸”了怎么办

角色游戏开始了，傅雷鸣今天做出租车司机，只见他非常开心地开着小车，来来往往。突然，张儒屹飞快地冲了过来，把傅雷鸣狠狠地撞了一下。傅雷鸣摔倒在地上，大声地哭了起来，而张儒屹脸上露出紧张的表情。

如果你是案例中的老师，通过观察，你会怎么处理以上情况呢？

四、游戏观察的方法

（一）扫描观察法

扫描观察法，即时段定人法。教师对班里的幼儿平均分配时间，在相等的时段里对每个幼儿轮流进行扫描观察。该方法适合于了解全班幼儿的游戏情况，使用此方法要求教师预先做好准备工作，须清楚想通过观察从幼儿的活动发现什么问题。一般在游戏开始和游戏结束时候用得较多。通过扫描观察法，可以获悉儿童的需要。例如，了解游戏开展前有哪些主题，扮演了哪些角色，使用了哪些材料等，观察者在观察中处于主动地位。

选用这种方法，一般用表格方式进行记录。如表 9-1 所示。

表 9-1　幼儿园游戏中兴趣对主题喜好程度的观察表格

姓名 主题	娃娃家	医院	XXX	XXX	XXX
幼儿 1					
幼儿 2					
……					

每个主题选五分钟，用画“正”字的形式，轮流观察，或每次观察用不同的符号或不同颜色的笔做记录。这样，可以观察到幼儿在游戏中的坚持性和对主题的稳定性。

注：幼儿可能无法在一天内完成清单上的内容，也可能不是按给出顺序完成的。

案例链接

幼儿游戏扫描观察记录

观察方法：扫描观察法

观察时间：2012 年 5 月 17 日

开始时间：下午 3 点 30 分

结束时间：下午 4 点 00 分

观察地点：小五班活动室

观察对象：小五班全体幼儿

观察人：×××

翁老师准备了一堂长颈鹿的建构游戏课。翁老师先介绍了长颈鹿的身体部位的组成，用了哪些积木搭成长颈鹿后，才让孩子们开始自由的操作积木。游戏开始后小朋友们也都很专注地做长颈鹿，孩子们有的先拼身子有的先拼长颈鹿的脚，几乎所有小朋友都能较快地选择自己需要的积木，并且将积木一个一个搭起来，把每一个身体部位都放到了正确的位置上，并且哪一个需要四个脚的积木哪一个是需要两个脚的积木都分得比较清楚。大约一分多钟后，有几个小朋友已经搭好了第一只长颈鹿，第二桌的欣欣就快速搭好了一只绿色的长颈鹿。同时也有几个小朋友还在做长颈鹿的脚或者做长颈鹿的身子，进度比较慢。

有一个小女生不知道怎么把长颈鹿的身子合起来不会散掉，她只是拿了四片积木放在桌子上堆成身子的形状，并没有固定住，四片积木是分开的。这期间，有的小朋友把长颈鹿搭得比较扁，只用了一片或者两片积木搭成，以至于站不稳。其中有一个男生和一个女生没有拼长颈鹿，而是自己随意地把积木搭起来，搭得又高又大看不出来是什么。在进行了大约十分钟后，基本上所有的小朋友都搭好了一只长颈鹿，快的几个小朋友搭好了两到三只长颈鹿。所有小朋友都把搭好的积木放到了展览台上，每一个小朋友都认真观察了其他小朋友做的长颈鹿。在翁老师的指导下，小朋友一起欣赏了做得好看的长颈鹿，小朋友做的长颈鹿也都和老师的不一样，头转的方向也不一样，比较有创意。同时也发现了做得不对的长颈鹿，如有的做得高而扁，站不稳，有的少搭了腿，有的忘了加尾巴等。整体下来，只有个别小朋友拼起来比较吃力，需要教师从旁指导。

（二）定点观察法

定点观察法，即定点不定人法。观察者固定在游戏中的某一地点进行观察，见什么观察什么 ，只要来此点的幼儿都可以作为被观察对象。该方法适合于了解一个主题或一个区域幼儿游戏的情况，可以获得动态的信息、了解到幼儿在游戏中使用材料 的情况、幼儿交往情况、游戏情节的发展等。记录方法既可用实况详录也可用事件抽样记录，观察者处于较为被动的地位。

案例分析

幼儿游戏定点观察记录

大一班的娃娃家区域里有锅、碗、杯子和勺子。一段时间以来，在这个游戏区域的活动一直比较平淡。这天，在大一班幼儿进行分组游戏时，欣欣和云云又跑到了娃娃家区域。欣欣拿起杯子和勺子，用勺子在杯里搅拌，一边搅拌一边喊道："卖豆浆了！卖豆浆了！谁喝热豆浆？"云云走近他，问道："你在干什么？"欣欣回答："我在熬豆浆呢。"云云说："豆浆也不好喝啊？"欣欣说："豆浆可有营养了，小朋友都得喝。"云云说："你做火锅吧。火锅里有肉还有菜也有营养。"欣欣说："好吧，我给你做火锅。"欣欣于是拿起锅放在炊具台上，一边做一边说："可是没有菜啊！我去买菜去。"说完就离开了娃娃家区域。这时宁宁走过来，看见炊具台上有锅，就问："这是谁做的菜啊？"云云回答说："我们在做火锅呢。""哦，那我来拌调料吧。"

宁宁高兴地拿起一个小碗拌起了调料。好一会儿，欣欣都还没回来。云云于是去找他，原来欣欣被理发店的游戏吸引住了。在排队等着理发呢。云云叫上欣欣去找了些蔬菜（绿色的玩具），回来将这些蔬菜倒进了锅里，云云又找来了肉片（红色的纸片）放到锅里，还对两个同伴说："这是羊肉片，可好吃了。"说着就要捞起来吃。欣欣这时拦住了她，说："还不行，水还没开呢。"又过了大约两分钟，宁宁说："可以吃了，我都闻到香味了。"于是，三个小朋友就"吃"了起来。小玉和鹏鹏也来到了娃娃家区域，欣欣、云云和宁宁热情地邀请他俩参加，五个小朋友一起像模像样地涮起了火锅。

来源：http: //wenku.baidu.com/link?url=fZeg40d6L09BxP0eEbexHcakLae8u6LS2se8sWYPFSkYDc5GKQjJ5o40my1db-0q3h2iR3T9CgGuKnurx7K4oqYtkhd9C8vJmgQ5sxNLxnq

（三）追踪观察法

即定人不定点法。观察者事先确定一到两个幼儿作为观察对象，观察他们在游戏中的活动情况。被观察的幼儿走到哪里，观察者就追随到哪里，固定人而不固定地点。适合于观察了解个别幼儿在游戏全过程中的情况，了解其游戏发展的水平，获得更细的信息。运用这种方法，可用实况描述法进行记录。即，将所看到的个别幼儿在游戏全过程中的情况，在事后尽量详细地记录下来，这里面不仅有实况记录，也可能有教师的评述，甚至有分析、有对策。也可用图标将结果表示出来。在运用追踪观察法之前，教师应该预先计划好观察儿童的场地，如活动区、户外活动场地、睡眠室等。

案例链接

幼儿游戏追踪观察记录

幼儿：徐许杰　　班级：大二班　　教师：邹虹

情况分析

从孩子的阿姨那里了解到，孩子从小由外婆一个人照顾。爸爸妈妈已经离婚。孩子在婆婆的这种教育下也渐渐形成了任性、爱打人、脾气暴躁等一些不良的行为习惯。随着孩子的成长，妈妈担心孩子的这些坏习惯会影响孩子的健康成长，希望能通过老师的帮助，改掉这些坏习惯，帮助孩子愉快而正常地参与活动，形成良好的个性品质。

学期总目标

1. 正确分析孩子的情绪化行为，施以引导和鼓励。

2. 用心观察孩子的活动和行为，及时帮助孩子调节和控制。

3. 多与孩子交谈，并耐心对待和回应孩子。

4. 保持与家长的沟通，使家长正确认识孩子自我意识发展的特点，共同参与孩子的培养。

逐月目标

3 月：知道幼儿园的玩具大家一起玩，并能和同伴友好地玩。

4 月：不打人、不抓人，初步懂得关心同伴，与同伴能友好相处。

5 月：乐于参与自我动手服务，提高动手能力。

6 月：培养他爱学习的好习惯。

跟踪时间：2008.03

现象记录：在自由活动时，孩子们总是带来自己喜欢的玩具，徐许杰最喜欢玩玩具了，只要一有空，总是围在玩具柜前张望、摆弄着。今天吃完饭，突然间听到一声响亮的声音，“这是我的汽车，不是你的。”我扭头看去，只见徐许杰一手把汽车拿在手里，藏在身后，而一边的龙龙心急地叫着。“徐许杰，你的玩具呢？”他对我的问题不作答，其他小朋友连忙说：他没有带玩具。是啊！我这才想起来：徐许杰今天都没有带玩具来，于是，我问他：“你是不是最喜欢玩汽车呀？那你也把你最喜欢的玩具带来幼儿园，和大家一起玩，好吗？”看他不说话，我继续说：“这是龙龙的汽车，如果你想玩，应该对龙龙说什么呢？”在大家的帮助下，徐许杰不仅把玩具还给了龙龙，而且还对龙龙说：“我和你一起玩，好吗？”

分析与措施：

1. 与爸爸妈妈，家园一致地帮助徐许杰，教会他一些与同伴友好交往的技能技巧，例如，想玩别人的玩具，要先对同伴说一句有礼貌的话：“把你的玩具借给我玩一玩好吗？”等。

2. 让爸爸妈妈为他准备一样喜欢的玩具带到幼儿园，满足孩子玩的愿望。

跟踪时间：2008.04

现象记录：大型玩具是孩子最喜欢玩的游戏，每次游戏前，我都要提醒他们听到信号及时来排队，比比谁的动作快。可是，总有几个孩子要贪玩一会儿。记得徐许杰就是其中的一个，叫人头疼。今天，当我一拍手，示意孩子排队时，没想到徐许杰确是第一个，他还兴奋地提醒我：“我是第一个排队的。”可还没等我来得及高兴，他却又走开了，走到队伍的后面和其他孩子玩了。

分析与措施：

1. 肯定徐许杰能够控制自己的行为，赞同他及时排队的表现，增加他对自己的自豪感。让他进一步知道自己今后的努力方向。

2. 及时与爸爸妈妈联系，请爸爸妈妈关注徐许杰能否控制自己这方面的情况，并及时加以引导和鼓励。

跟踪时间：2008.05

现象记录：镜头一：在集体活动时，孩子们都按老师的要求在动手操作，徐许杰却像疯了似地满教室到处跑，还破坏其他孩子的操作成果，使得那些孩子手足无措。

镜头二：班里一位小朋友带来了一个熊宝宝的玩具，徐许杰非常想玩，但是由于很多孩子都不愿意和他一起玩，他只好一个人坐在旁边。等了一会儿，他有点等不及了，就伸出手一把抢过来，结果把熊宝宝玩具扯坏了。带玩具的小朋友气愤地骂他："你干什么呀？我不给你玩了。"

镜头三：吃点心的时间到了，小朋友们一个个排好队在做着吃点心之前的准备工作——洗手。只见徐许杰一个人在旁边，满地打滚，要不是即使制止，他还会一直滚。

分析：1. 父母对孩子管束没有限度。徐许杰的父母平时对他比较放任，等到一旦做坏事之后，就把他暴打一顿，慢慢地使孩子内心产生紧张和压抑感，而这种情绪在幼儿园就会有意无意地爆发出来。

2. 缺少沟通。徐许杰的父母由于工作比较忙，很少照顾他，更别说和他交流了。这使得孩子内心比较孤独。家庭是孩子成长最自然的生态环境，是他的第一个学校，没有良好的环境，孩子自然会有些反常。

3. 好奇心很强。这时期的孩子好奇心理很强，不管对什么东西都很感兴趣，尤其是那些好玩好看的、动画片里经常出现的一些人、物、动物，对他们的吸引力非常强。他们总想弄个明白，想个究竟，因此他们会玩玩弄弄，甚至把玩具弄坏。事实上，孩子所表现出的恶作剧、小破坏有时并非真的坏行为，但却是一种不利于他人的行为。对徐许杰这样的孩子，我们曾多次他、批评他，但效果不佳。后来，我们尝试着采用鼓励、激励的方法，孩子的行为明显有所好转。

措施：

1. 体验成功。

2. 赏识激励。

跟踪时间：2008.06

现象记录：今天，徐许杰一来幼儿园就笑眯眯地跑过来，一边拿着手里的玩具，一边告诉我："你看，这是我带的汽车，我要给小朋友一起玩。"在自由活动时，我特地在大家面前展示了徐许杰带来的玩具，让徐许杰亲口对大家说："我要和大家一起玩。"还鼓励小朋友也要和徐许杰一起玩。果然在游戏中，大家愿意和徐许杰一起玩，而且也愿意交换玩玩具。

分析与措施：徐许杰带来了玩具，说明他愿意和大家一起分享自己的玩具，在集体面前展示他的玩具，既是提醒徐许杰带来玩具要和大家一起玩，又是让大家知道徐许杰现在和以前不一样了，可以交换玩具，放心地和他一起玩。

小结：短短的几个月里，我们已经看到了徐许杰的转变和进步，他渐渐地从独占自己爱玩的、想玩的玩具；习惯用攻击性行为对待同伴，同时又有强烈依赖心的行为上转变过来。老师希望他进入小学后能有更大的进步。

来源：http：//wenku.baidu.com/view/e6dac80dcc17552707220828.html

（四）时间抽样法

时间抽样法，是指在整个时间段内每隔一段时间做一次记录，其记录的形式就由一系列的书面记录构成。根据整个记录的时间安排来决定观察之间的间隔以及每次观察的时间长度；开展观察的目的决定着完整的观察记录时间。例如，某教师想了解一个幼儿能够在听故事的时候集中注意力，则可计划每分钟看一下该幼儿，并记录下幼儿的行为。

案例分析

观察

上午 10：01　安静地坐着，看着老师

上午 10：02　专心地看着老师呈现给大家的图片

上午 10：03　向上拉她的袜子，并把袜头部分小心地翻下来

上午 10：04　老师叫她的名字的时候，她回应了

上午 10：05　在老师针对故事内容提问的时候，她举手发言

摘自：Carole Sharman，Wendy Cross，Diana Vennis.《观察儿童》.上海：华东师范大学出版社，2007.

案例分析

案例一：

某幼儿园刘老师想要了解自己班级幼儿的亲社会行为及其发生的频率，但如果对发生在所有幼儿身上的亲社会行为进行观察和记录，时间和精力都是不允许的。为此刘老师很苦恼。

案例二：

某幼儿园王老师同样想要了解幼儿的亲社会行为，她计划从上午 9：50 到 11：00 之间，从自己班级中抽取 15 名幼儿作为观察对象，观察记录幼儿亲社会行为及其频率。

一共观察的时间是 90 分钟，王老师将这 90 分钟平均分配在 15 名幼儿身上，即每名幼儿观察 6 分钟，在一星期内反复这个过程三次。观察结束后，每个幼儿有三次、每次 6 分钟的行为记录。

以上案例是两位教师在班级中进行科研活动的反映，两位教师都希望观察记录幼儿亲社会行为的发展情况，案例一中的刘老师遇到的情况在很多幼儿园中也可能遇到。一个人对全班幼儿的亲社会行为活动进行细致观察和记录是不现实的。案例二中的王老师，成功地解决了这个难题，选择了班级内 15 个孩子进行观察，并在特定的时间段进行记录，并进行多次反复和验证，是一个很有效的教育科研方法。

案例二中王老师所采用的方法在幼儿教育科研方法中是很有效的一个，即时间取样观察法。即以一定的时间间隔为取样标准，来观察记录预先确定的行为是否出现，以及出现的次数和频率的一种观察方法。

摘自：王琼.时间时间取样观察法在幼儿园中的运用[J].齐齐哈尔高等师范专科学校学报.2013，2.

运用时间抽样法对幼儿的游戏进行有效观察，首先要先确定观察的目标，对所要观察的行为进行详细的说明和界定。如教师想要了解班上幼儿的亲社会行为现状水平，由于幼儿注意力时间短，坚持性较差，且每个时间段该行为都可能发生，所以观察全部幼儿在所有时间段发生的亲社会行为显然是不现实的，在运用时间取样观察法中，所以观察者在进行观察之前，必须确定所观察的目标行为，可将一些较大的行为单元分成许多小的组成部分。例如，亲社会行为是一种大的行为单元，

教师可在确定的时间段上午 9:30 到 11:00（自由活动和游戏活动）内，根据预观察将亲社会行为分为合作、分享、谦让、帮助和同情五大类别，这些类别就是王老师观察的目标行为。确定操作性定义的目的是为了便于观察、记录和重复验证。对所要观察的行为进行详尽的说明和规定，即确定这一行为或现象测量与观察记录的客观标准，即观测指标。这种对所要观察的行为进行操作性定义在由许多观察者同时从事同一观察计划时显得尤为重要。例如，王老师所观察的亲社会行为其中一个目标行为合作，合作的操作性定义是“能与同伴共同完成游戏任务、共同使用游戏材料”，那么王老师对“合作”行为的观察就可从操作性定义中的几个维度进行。如此将大的观察目标、观察行为进行层层细化，使得教师对幼儿游戏的观察更具可操作性，更具实践意义。

运用时间抽样法对幼儿的游戏进行有效观察，其次需要选取具有代表性的时间，即确定观察时间。观察的时间包括观察的时距、时距间隔以及时距的数目。时距是一次观察时间的长度，它和行为发生的频率有关，案例中王老师的观察时距为 90 分钟；时距间隔是指时距和时距之间间隔的时间，在时距间隔中，所选取的时距长度、在此时距内所要观察的对象数目以及所要记录的细节总数都会决定时距间隔，时距数目是指在观察中一共要观察多少个时距，如表 9-2 所示。

表 9-2　亲社会行为检核记录表

儿童姓名：成成　年龄：5 岁　性别：男　记录教师：王老师

时间段	日期	开始时间	结束时间	行为是否有发生					备注
				合作	分享	谦让	帮助	同情	
1	3 月 21 日	9:30	11:00	●		●	●	●	
2	3 月 22 日	9:30	11:00	●	●	●	●		
3	3 月 23 日	…							

在运用时间取样法时很重要的一个方面是将观察到的行为进行记录，所以要选择合理的记录方式。在时间取样中大部分记录有以下几种方式：检核，检核表示所观察的特定行为是否出现，因此在观察的时间段中，只要行为出现，就做出一个记录的标记。计数，计数表示在所观察的时间内，被观察行为出现的次数。在这样的研究中每次该行为出现都需要进行记录。通过计数记录表不仅可以了解幼儿行为出现的次数，而且知道出现目标行为的种类，这些结果在表格中都是显而易见的。计时，计时表示在所观察的时间内，被观察者行为出现持续的时间。如王老师的研究，每名幼儿选择 6 分钟为一个时距，教师想知道幼儿发生目标行为持续的时间，记录的方式可以是这样的：贝贝 9:44～9:50（6 分钟）内，帮助行为持续了 1 分钟，合作行为持续了 2 分钟。这样记录不仅可看出幼儿亲社会行为出现的频率，而且可以清楚看出亲社会行为中每个项目行为持续的时间。

在游戏观察时应注意将随机性与计划性、全面性与个别性相结合。所谓随机性与计划性相结合，即每次观察都要有目的、有重点，但由于游戏的主人是幼儿，他们不是为了满足观察者的观察需要而游戏，有时计划好了这次要观察“理发店”的游戏，可偏偏出现了没人玩的现象，因此，观察者必须视游戏情况，随时调整观察的重点。所谓全面性与个别性相结合，从游戏的主体来看，指全体幼儿，也指个别幼儿；从游戏的主题来看，指全部游戏主题，也指个别主题的情况。观察者每次都应该兼顾全体与个别，对每个孩子的情况做到心中有数，同时也要有重点地观察个别孩子游戏的情况，做到游戏观察的面与点相结合观察的目的，不是为观察而观察，要针对所观察到的情况，从中抓出些关键性的问题，加以分析、寻找原因，及时改进，以便更好地促进幼儿的发展。

第三节　幼儿游戏的记录

一、表格记录法

（一）行为核对表

行为核对表主要用来核对幼儿在游戏中重要行为的呈现与否，观察者预先将准备观察的项目列出，当出现此项目行为时，就在该项上划“√”。运用行为核对表进行的游戏观察比较系统，记录信息更快捷。

知识拓展

柏顿/皮亚杰量表及使用方法

柏顿/皮亚杰量表可使观察者同时注意到游戏的认知和社会性两个方面，使用此量表需注意以下几点。

（1）熟悉表内各项行为的操作性定义，这样才能在观察时较准确地判断幼儿游戏行为的性质并对其进行归类。

（2）坚持一个幼儿使用一张观察表，如表 9-3 所示。

表 9-3　伯顿/皮亚杰量表

<table>
<tr><td colspan="4">姓名:</td><td colspan="2">观察日期:</td></tr>
<tr><td>认知
社会</td><td>功能性
（练习性游戏）</td><td>结构性游戏</td><td colspan="2">象征性游戏</td><td>规则游戏</td></tr>
<tr><td>独自游戏</td><td></td><td></td><td colspan="2"></td><td></td></tr>
<tr><td>平行游戏</td><td></td><td></td><td colspan="2"></td><td></td></tr>
<tr><td>群体游戏</td><td></td><td></td><td colspan="2"></td><td></td></tr>
<tr><td rowspan="2">非游戏</td><td colspan="4">行为</td><td rowspan="2">活动</td></tr>
<tr><td>无所事事</td><td>旁观</td><td colspan="2">频繁换场</td></tr>
</table>

（3）采用多次扫描——时间取样的方法。

每一次对一个幼儿观察的时间为 15 秒，依次对每一个背时进行观察。在结束对一个幼儿的观察和开始对第二个幼儿的观察之间可有 5 秒的时间间隔，作为对下一次观察的准备。因此，大约在

1 分钟内可观察 3 次。

（4）观察顺序的确定。

在观察之前，可以混合所有幼儿的游戏观察记录表，然后在随机抽取观察记录表，从混合后自然产生的第一张观察记录表开始。

表 9-4 豪伊斯同伴游戏观察量表

种类 次数	独自游戏	互不注意的平行游戏（1）	互相注意的平行游戏（2）	简单的社会性游戏（3）	互补的社会性游戏（4）	互补互惠的社会性游戏（5）	非游戏活动	旁观无所事事活动转换	教师参与	所使用的玩具或游戏材料
1										
2										
3										
4										
5										
6										
7										
8										
9										
10										
11										
12										
13										
14										
15										
总计										

时间取样的方法适用于豪伊斯同伴游戏观察量表，每次观察时间为 15 秒，间隔时间为 5 秒。该表每一列的总计表明被试游戏行为的社会性发展水平。该表的每一行有助于教师了解幼儿在游戏中教师是否参与、游戏的区域、幼儿偏爱的游戏材料。

斯米兰斯基社会性主题角色游戏量表可用以观察幼儿社会性主题角色游戏能力的发展状况，可以帮助教师了解幼儿的游戏中已含有哪些要素，还缺乏哪些要素，可以使教师对所缺少的要素进行适宜的干预。该表可同时观察许多幼儿，采用事件取样的方法；需要较长的观察时间来确定五种要素是否存在于幼儿的游戏中。例如，至少要连续观察 5～10 分钟才能确定某幼儿游戏的持续性如何；一次只选两三位幼儿作为观察对象，且所确定的观察对象是用柏顿/皮亚杰量表观察时筛选出的较少进行群体游戏的幼儿。

表 9-5　斯米兰斯基社会性主题角色游戏量表

姓名	角色扮演	想象的转换			社会互动	语言沟通		持续性
		材料	动作	情境		无交际	假装	
1								
2								
3								
4								
5								
6								
7								
8								
9								
10								
11								
12								
13								
14								
15								
16								

摘自：刘焱.儿童游戏通论[M].北京：北京师范大学出版社，2008.

教师应根据自己的需求、具体目的来选择适宜的量表对幼儿的游戏进行观察记录，无论选择何种量表，教师都应注意：

（1）在同一情境下要多次观察幼儿的行为，以求真实反映幼儿的游戏兴趣和能力；

（2）为了获得全面、准确的信息，应采取时间取样和事件取样相结合的方式进行观察记录；

（3）观察要结合倾听和谈话。教师在对幼儿游戏进行观察时，不仅要"观其行"，还要"听其声"，在"观其行""听其声"的基础上还不能确定幼儿在做什么的情况下，可以通过适当的提问来进一步了解幼儿的游戏内容；

（4）观察应持续进行，有连续性。用多天、多次观察来抵消抽样时的误差。一般来说，一周内至少观察 2~3 次。

知识拓展

作品取样——游戏观察的新视角

《作品取样系统——教室里的真实性表现评价》——从游戏观察评价的研究入手，在具体的实践研讨过程中帮助教师运用教室内真实的经验、活动与作品来纪录并评价儿童的游戏行为与水平，获得一些经验与思考。

运用作品取样开展游戏观察的基本思路：《作品取样系统——教室里的真实性表现评价》是美国哈佛大学教育学博士山姆·麦索尔斯与其同事所研发的。它包含三个相互支持的系统：1.发展检核表，以教师期望与国家标准为评价的标准，记录学生的成长。2.档案，以视觉的方式呈现儿童作品的质量以及儿童跨时间的进步。3.综合报告，是将上述资料统整于一张精确的报告表内，不仅学生的家长能了解，业务管理者也能运用。

运用作品取样开展游戏观察的案例介绍运用作品取样进行游戏观察，需要在分析、了解儿童现状的基础上，通过观察计划的制订、观察内容的筛选、观察信息的记录与分析来实现对儿童的评价，使得建立在儿童游戏事实基础上的评价更有效。下面具体介绍两则案例：

矩阵观察：观察小组活动的矩阵

活动名称：宝贝医院 日期：2011.6.2

符号：○行为反应强　△行为反应一般　/ 行为反应弱

表 9-6　作品取样——游戏观察的新视角

姓名	对角色扮演有兴趣	遵守规则	持续地关注	扮演角色的意识	主动与同伴互动	创造性地运用材料游戏
	1	2	3	4	5	6
何X（医生）	○	○	○	○ 主动询问病情	○ 到其他游戏找病人	○ 用垫子当热水袋给“病人”敷肚子
方xx（医生）	○	○	○	○ 主动用游戏材料为病人检查	○ 上门为病人看病	△ 用镜子为病人看牙
杨xx（护士）	○	○	△ 没病人时跑到超市买东西	○ 明确护士的分工	△	/
周xx（病人）	○	○	△ 简单和医生交流就离开	○ 宝宝（病人）的妈妈	○	/
赵xx（病人）	○	○	○	○ 看病的体态和神情	○	/

观察描述：

从开始至整个游戏过程中，几个幼儿选择游戏、对扮演自己的角色都表现得主动积极，用角色服饰装扮自己，有意识地取用相应的游戏材料，情绪饱满、愉悦。幼儿对游戏的区域划分很清楚，游戏中对不同角色的分工也都比较明确，在使用游戏材料时，能根据游戏需要和材料摆放的要求进行取放。

幼儿在游戏中，都能比较主动地扮演自己的角色，能有意识地询问病情，向别人介绍自己的角色和负责的工作，进行主动的交流。有一定的合作行为。在创造性地运用材料游戏方面，有两个幼儿迁移生活中的经验，创新地使用材料。大部分幼儿都是按以往的游戏经验比较常规地运用游戏材料，需加强引导。增强对材料的创造性使用。

摘自张辉娟.作品取样——游戏观察的新视角[J].华人时刊.校长.112-113.

（二）等级量表

等级量表与行为核对表有相似之处，两者都关注特定的游戏行为，便于记录信息。然而，等级量表不仅仅简单地显示幼儿出现或未出现的行为，观察者还可以自己决定幼儿呈现的游戏行为的等级，并评价这些游戏行为的质量。等级量表可用于评价那些难以量化的游戏行为及其品质。与行为核对表相比，等级量表的不足在于：

1. 需要通过制订等级来进行评价，这可能会降低资料的可靠性，也易出错。
2. 受情感偏向影响，教师对熟悉的人的评价高于或低于幼儿应得的等级的倾向。
3. 易出现特别高或低的等级的倾向。
4. 易受到不相关信息的影响与干扰。

二、实况记录法

实况记录是指简短地记录幼儿的游戏或游戏中的偶发事件。分为结构化记录与非结构化记录。结构化记录为某个具体的原由而进行观察时通常采用的记录方法。非结构化记录是指没有预定目的去观察一个或一群儿童时做的记录。这类观察是自发的，常常是因为突然发生了有趣的或是出人意料的事情，觉得有意思才记录下来，也可称为轶事记录法。这些记录可反映幼儿的游戏技能以及社会性、认知、情感和身体等方面发展的状况。实况记录可以在观察幼儿游戏的过程中进行，也可以在游戏结束之后进行——通过回忆描述游戏过程中发生的事件。这样做的不足之处是有可能遗漏游戏中的重要信息。

实况记录的内容可能很简短，但应包含以下信息：幼儿的姓名、性别，记录的日期，游戏的背景，以及对事件的客观描述和观察的结果等。焦点应放在对游戏中所见所闻的描述上。观察者在记录时还应注意以下几点：（1）记录被观察幼儿的游戏行为和内容；（2）客观记录幼儿所说的话，保留原始对话的情境；（3）记录时保留游戏情节发展的顺序；（4）记录应客观而准确。

案例链接

观察日期：××年××月××日　　　　观察地点：小班 娃娃家

Carl 套上一件白色的长袍，戴上一对兔子耳朵后开始跳来跳去。John 在电话机旁边坐下来，而后又站起来向碗橱走去。他拿出了两个碗，把它们放在地板上，然后走过去把 Carl 叫过来。他把 Carl 带到碗面前并让 Carl 蹲下来。

“把它们吃光，小兔子。”

Carl 蹲下来假装吃东西。John 开始发出“叮铃铃……”的声音。他跑到电话机旁，拿起听筒倾听。

“姨妈要来看我们。”

Carl 似乎没有听到这句话，但一分钟后他站了起来，走到化妆箱前，拿出了一条裙子套在兔子的全套服装外面。他向 John 走去，并用短促、尖细的声音说：“嗨，我来看你们了。”

John 看着 Carl，接着离开了“娃娃家”，走到做手工的桌子那里。

摘自：Carole Sharman，Wendy Cross，Diana Vennis.《观察儿童》[M].上海：华东师范大学，2007.

三、图示记录法

图示记录法是用简图记录幼儿在游戏中所表现出来的行为、行为发生频次等的方法，例如，用简图记录某幼儿在户外游戏的行动路线。从图 9-1 可看出，该幼儿在滑梯、吊环、攀爬器械上消耗时间较多，该幼儿偏好玩大型的器具。

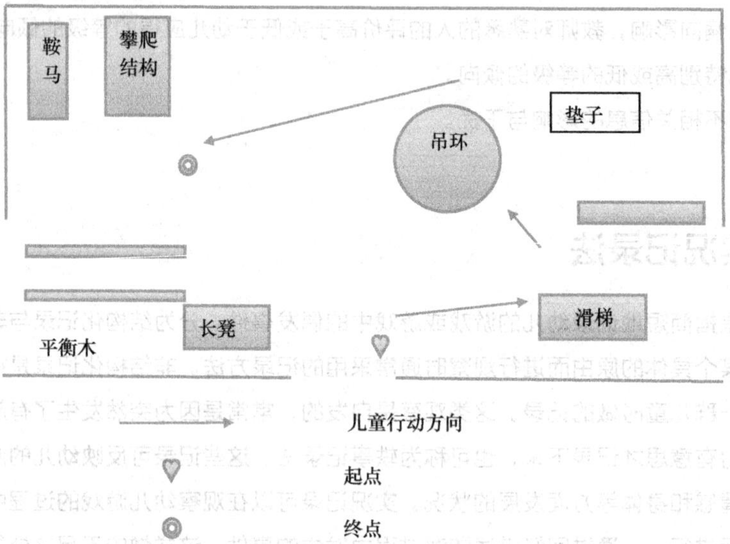

图 9-1　图示记录法

也可用直方图或饼图进行游戏观察的记录，这种记录方式可将全班幼儿在一次游戏中的情况都纳入，如图 9-2 是用直方图记录的幼儿接球游戏情况。

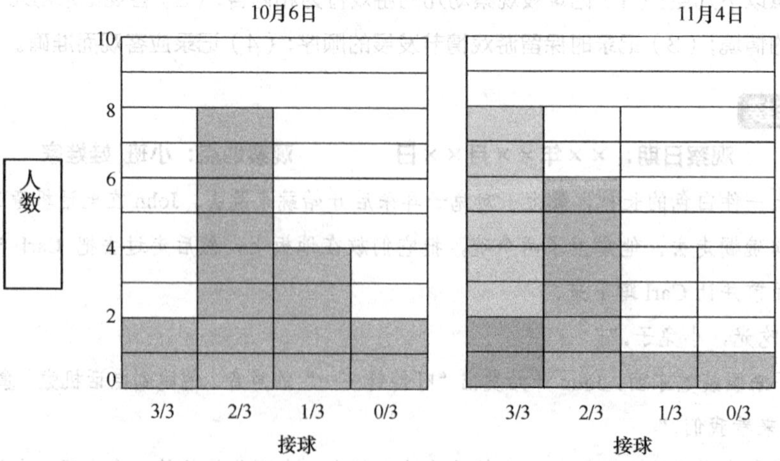

图 9-2　直方图

上面两幅图表示在 10 月 6 日及 11 月 4 日的接球游戏中，分别在 3 次接球游戏中，有多少幼儿接住了 3 次，有多少幼儿接住了 2 次，多少接住了 1 次，以及有多少幼儿一次也没有接住。

四、媒体记录法

摄像机、数码相机、录音机在家庭和幼儿园日益普及。这些设备也可用作幼儿游戏观察的手段。媒体记录法的优点在于：第一，媒体记录可以详尽地记录较长一段时间里的内容，并重复播放，评价和改进教师参与幼儿游戏的技能；第二，运用媒体设备可以解决游戏观察的主要问题，即教师如何保证系统观察的时间；第三，媒体设备可以指向游戏区域（ 如娃娃家或建构区 ）并记录游戏的过程，而在此期间无需成人给予特别的关注；第四，媒体记录比成人直接观察更能提供游戏行为的细节，除了能显示幼儿游戏的类型，录像带、磁带还能展现以下内容：（1）幼儿在游戏中使用的材料；（2）幼儿与幼儿之间、师幼之间所发生的互动；（3）幼儿在游戏中所使用的语言；（4）游戏中幼儿及成人使用的体态语言。最后，摄像记录可帮助教师提高观察技能。例如，利用摄像带的播放，教师可练习观察游戏情节并使用某一行为核对表对游戏加以编码，做轶事记录或插图用以描述游戏，然后比较编码和描述之间的异同。这种训练可以极大地提高教师对于游戏观察的可信度和一致性。

扫一扫

扫一扫——游戏摄像视频

第四节　幼儿游戏的评价

《幼儿园教育指导纲要（试行）》（以下简称《纲要》）明确指出：“教育评价是幼儿园教育工作的主要组成部分，是了解教育的适宜性、有效性，调整和改进工作，促进每一个幼儿发展，提高教育质量的必要手段。”可见评价在幼儿游戏中的重要地位。

一、幼儿游戏评价的作用

（1）游戏评价是教师指导幼儿游戏的重要环节之一，在幼儿一次游戏的结束与下一次游戏的开始之间起着承上启下的作用。为教师指导幼儿游戏提供了依据，便于教师根据每个幼儿的游戏发展水平，进行有针对性的指导。

（2）游戏讲评是幼儿与同伴分享游戏体验、交流游戏经验的过程。在这个过程中，幼儿个体与集体进行有效互动，教师个体与幼儿集体进行有效互动。它能提升幼儿的游戏水平，对游戏的发展起到导向的作用。

（3）游戏评价是激发幼儿游戏热情和自信心的有效途径。在轻松、愉快的环境下，通过游戏评价让幼儿体验游戏的成功和快乐；通过评价，鼓励和支持每一个孩子在游戏活动中的创造，激发幼儿进一步游戏的兴趣和热情。

二、幼儿游戏评价的内容

教师通过对幼儿游戏的观察与记录，可从游戏环境、游戏等方面对幼儿游戏进行评价：

1. 对游戏目标环境的评价

环境是幼儿开展游戏的基础，它在幼儿的游戏过程中起着不可估量的作用。直接影响着幼儿游戏的水平与效果。游戏环境的创设与材料的提供应充分体现幼儿年龄阶段特征、年龄发展性和整体性特征，为幼儿进行交往提供基础。游戏环境不仅包括游戏时间与空间的提供、游戏材料的投放，而且包括人际关系这一精神环境的创设。

在游戏时间与空间的提供方面，在时间上，要求在保证幼儿一日总的游戏活动时间的基础上，有意识地增加自由结伴游戏与自选游戏时间；在空间上，幼儿园应因地制宜，遵循幼儿年龄阶段特点及各类游戏特点，充分利用场地，科学设置游戏区（角），既能避免各类游戏相互干扰，又能较好地发挥整体优化的功能；在游戏玩具与材料的提供方面，要求充分体现多样化、多变性及计划性原则，投放的材料能够激发幼儿不断探索的欲望，并培养幼儿自主管理器具、游戏材料的好习惯。

2. 对游戏目标与计划的评价

幼儿游戏应有明确的目标与计划，教师要在分析本班幼儿实际水平基础上，全方位制定出提高班级游戏质量，促进幼儿全面发展的各级目标，并在计划中层层落实，全面开展各类游戏。游戏目标与计划的设置应体现出如下特点：

（1）指向性。即明确指向幼儿素质发展的某一要素。如社会性发展中的分享行为、合作、遵守规则等。

（2）阶段性。目标计划的设置应符合社会性发展的年龄层次目标，充分体现循序渐进、螺旋上升的特点。

（3）可操作性。计划和目标的设计应具体明确、一目了然，便于游戏评价。

3. 对游戏的观察与指导的评价

在游戏过程中仔细观察并及时记录幼儿的表现是教师的一项重要工作。对游戏观察与指导的评价，主要从指导方式和指导方法两方面进行。要指导游戏，教师必须充分了解分析本班幼儿的实际水平、最近发展区、活动特点，同时较好把握各类游戏的特点和各种教育功能，充分挖掘环境、材料的教育价值。教师要注意启发、激励，善于将总的培养目标、社会要求与具体教育对象的实际结合起来，灵活主动地进行适宜有效的指导；指导过程中应将小组指导与个别指导，重点指导与一般指导结合起来。指导方法上，为了有效激发和保持幼儿游戏的热情，要综合运用多样化指导方法，如及时提供材料、行为示范、鼓励积极行为、引导游戏技能、利用幼儿同伴关系影响等，创造和捕捉各种教育契机，因势利导，充分体现计划性与随机性的有机结合，使幼儿在全身心投入的游戏活动中发展和提高社会性水平。

4. 对幼儿游戏水平的评价

游戏产生于幼儿身心发展的一定阶段，能真实反映其身心发展的水平。评价幼儿游戏水平可从以下几个观测点进行评价。

（1）幼儿操作材料的熟练程度。表现为如何使用游戏材料以及对材料进行大胆的假想与替代。

（2）主动积极的参与程度。表现为幼儿能否充分自由地完全投入游戏中。而不是无所事事、被动勉强、束手无策。

（3）情绪的兴奋程度。表现为幼儿是否是完全融入角色、言行与游戏环境及角色相符。

（4）与同伴交往的频率。主要表现为幼儿言语交往和行为交往的次数及相隔的时间。

（5）游戏主题及内容的拓展深入。主要表现为幼儿能否根据材料及场景丰富游戏情节、拓展游戏内容，使游戏不断地深入开展。

5．游戏的记录与评析的评价

记录幼儿的游戏过程、评析游戏情况是教师的一项重要工作。记录应抓住两个重点：一是注重过程而不是结果，重点记录幼儿在游戏过程中积极性、创造性的发挥，肯定幼儿的创新行为；二是重点记录幼儿在团结友爱、互相帮助、分享合作及遵守规则等社会性方面的表现。

三、幼儿游戏评价的方法

（一）幼儿园中幼儿游戏评价的误区

在游戏讲评的过程中，常常会出现的问题如下。

（1）讲得太少，忽略讲评环节，不知从何讲起。由于教师疏于对幼儿游戏的观察与分析，经常在游戏评价环节草草结束，不知如何对幼儿的游戏进行讲评。

（2）讲得太多，老师“一言堂”，孩子没有发言的机会。讲评环节出现老师“一言堂”现象，忽略了幼儿的表达需要，整个过程只是幼儿被动地接受，反而容易出现“多说无益”的效果。

（3）讲得太空，不能及时正确地把握评价时机，抓不住讲评点。教师在进行游戏讲评时不能针对游戏中的典型现象、问题进行讲评，而是“眉毛胡子一把抓”，以至于对游戏的讲评变成了泛泛而谈。

（4）讲得太僵，把讲评环节变成了“批斗”环节。有的教师错误地把“讲评”等同于“批评”，在游戏讲评过程中，紧抓幼儿游戏的消极行为进行严厉的批评，这样的方式常令孩子产生挫败的感觉。

（二）游戏评价的原则

（1）要重视游戏评价过程中幼儿的自主性。游戏对于幼儿的魅力，就在于幼儿的自主性可以在游戏中得到充分体现和发挥。同样，游戏评价也应从幼儿的体验出发，让幼儿成为评价的主体。为此，教师应引导幼儿就游戏情况展开讨论，让幼儿体验和回味游戏过程，帮助幼儿整理和提升游戏中零散的经验，修正错误经验并找出存在的问题，从中促进幼儿综合能力的发展。鼓励幼儿把自己在游戏中的所见所闻、情绪体验与同伴相互交流共享，不仅能增添幼儿游戏的兴趣，而且也为幼儿间双向交流、平行学习提供更多的机会和条件。同时，也有利于教师及时了解幼儿在游戏中的真实想法和活动情况，提高教师对幼儿游戏活动指导的针对性和有效性。

（2）要在充分了解的基础上进行有针对性的讲评。教师要在游戏观察中善于捕捉幼儿表现出的闪光点、发生的问题、引发的冲突等，并结合本班级孩子的年龄特点、最近发展水平、孩子的游戏能力、本阶段各领域的教育教学目标及时进行有针对性的讲评。

（3）要在仔细观察的基础上对幼儿取得的进步予以及时的奖励、表扬和反馈。一方面有利于激发儿童的活动兴趣和活动参与度，促进儿童的身心发展；另一方面教师通过及时评价幼儿的进步和发展，才能发现游戏中存在的问题并改正，使自身的游戏指导水平和理论水平得到提高。

（4）要尊重幼儿的个体差异，评价兼顾多样性与整体性。适宜发展性理论强调评价时要考虑个体之间的差异，此外，评价还要面向全体幼儿，评价全体幼儿是否在各自不同的水平上得到最大的发展。

（二）幼儿游戏评价的策略

（1）对于转瞬即逝的游戏情境，可用情景再现式讲评进行评价。所谓情景再现，就是让孩子对游戏的情节进行再回顾，孩子在具体形象的视觉感知中，自己去观看同伴及自己的游戏过程，做出判断，通过相互的交流发现问题，解决问题，共同积累游戏的经验，从而增强对游戏的兴趣。教师可用照片展示、录像展示、绘画图片展示、情景重现的方式向幼儿再现游戏情境，和幼儿一起探索游戏中问题的解决方法，发现游戏中自己及同伴的优点。例如，在一次小班游戏中，教师发现“娃娃家”的“爸爸”“妈妈”给娃娃喂奶时用手抓着娃娃的脖子。在游戏评价时，教师可以让他们向其他幼儿再次表演给娃娃喂奶的情景。引导其他幼儿发现问题并予以评价。结合教师与幼儿的示范让他们认识到正确喂奶姿势。在这一过程中，游戏评价与游戏过程有机地结合，幼儿直接从游戏情景再现与评价中获得具体、直接的经验，利于他们的有效学习。

（2）集思广益，运用谈话讨论式讲评激发幼儿的创造力。在讲评环节，教师应把表达的机会还给幼儿，把从幼儿游戏中发现的问题抛出来，再引导幼儿自主去解决出现的问题，在大家讨论的基础上积极思考，不但能提高幼儿解决问题的能力，而且还培养了他们观察和思考的习惯。当讲评的内容是大家的兴趣和热点，而且很有价值，有必要成为大家的经验时，可采用小组的形式让幼儿来讨论，再进行提升。例如，点心店是孩子们活动的兴趣，是谈话的热点话题，孩子经常为点心店里发生的事而引发各种各样的问题“今天我去吃点心，点心店里没有人”“点心店的服务员可以去开心舞台看表演吗？”等。针对这些问题，可以组织孩子们小组交流，让孩子们自己在交流讨论中达成共识、获得经验，促进幼儿游戏的深入开展。

（3）对于大型游戏作品，可选择实地参观式评价。对于有保留价值的游戏作品，教师可延迟游戏区域的整理时间，通过保留现场作品，让孩子看到游戏区中的成功作品，并引导孩子设想还可以增添些什么，或是基于现场的作品迸发出下次游戏的灵感。这样的策略可为后面游戏的开展起到承上启下的作用，让游戏情节或游戏中的作品更为饱满丰富。例如，建筑工地是大班幼儿很喜欢玩的游戏区域，教师可在讲评环节采取实地参观策略，在游戏结束前，请幼儿到游戏现场去参观，围坐在建筑工地周围，先请建筑工地的“工作人员”介绍作品，再请其他幼儿表达自己的观点，这样，好的经验被保留模仿，一些需要改进的地方则通过幼儿间的讨论与评价被不断地完善丰富，为下次游戏的推进提供了很好的借鉴。

（4）引导幼儿进行自我评价。幼儿对自己在活动中的表现与体验是最清晰的，他们能够体会到某一活动是否具有趣味性、挑战性、文化适宜性等。教师应适时组织幼儿进行自我评价，并引导他们既要看清自己和同伴的优点，又要发现自己的不足。幼儿自我评价可以通过作品展示、口头表达、表演展示等来表现。教师通过引导幼儿对自己在游戏中的表现进行评价，可帮助幼儿发现自己的优缺点。

（5）对于幼儿在游戏中表现出的闪光点，应及时运用奖励法评价。奖励是对积极行为的有效的正强化方法，教师在游戏观察过程中要善于捕捉幼儿的闪光点，并及时用奖励法评价进行反馈。奖励法评价可以是一句表扬的话语、一个赞许的眼神、一个竖起的大拇指，这些都能让幼儿感受到成功的喜悦。

（6）客观地纳入家长评价。家园共育是促进幼儿健康成长的有效手段。教师应从家长处了解幼儿的更多信息，重视家长对孩子的评价。一方面父母对自己孩子的品性、性格、气质、习惯以及兴趣爱好都有很深的了解，由此得出的评价比较全面具体；另一方面通过将家长对孩子的评价与教师对幼儿的评价进行比较，能够促进教师的反思。但家长对幼儿评价难免纳入一些主观情感因素，所以教师应客观采纳家长评价。

思考与实训

一、思考题

1. 可以从哪些方面对幼儿游戏进行观察？
2. 简述幼儿游戏记录的方法。
3. 谈谈幼儿园中幼儿游戏讲评的误区。
4. 简述各年龄班幼儿游戏观察的重点。

二、案例分析

小吃店游戏观察案例

游戏种类：面条店（小吃店类）

年龄班：中班

观察对象：参加面条店游戏的幼儿

观察背景：

面条店游戏作为主题活动“宁海社区”的一个扩展内容，已开始近一个星期了。为了了解游戏开展情况，对面条店游戏进行近一个星期的跟踪观察。

观察记录一：

在这一个星期中，全班 36 位幼儿共有 22 人担任了“面条店”游戏中的“工作人员”的角色，其中“工作人员”又在此划分为“收银”“制作面条”和“服务员”的三个角色。收银员的情节主要是收取顾客的钱币及给顾客找零钱，此外还有摆弄收银机、离开游戏等零散情节；制作面条的幼儿主要是使用剪刀剪出长条形的纸条作为面条，并用手撕制一些彩色挂历纸，制作牛肉，此外幼儿还有给顾客短面条，自己吃面条的情节；服务员这个角色吸引幼儿的程度不高，主要情节是给顾客端面条，将顾客吃完的面条倒掉，布置场地——摆放小圆凳，收拾场地。幼儿经常离开，或加入制作面条、收银的工作。

分析思考一：案例中“服务员”角色对幼儿吸引度不高的原因。

观察记录二：

我给“小吃店”新增加了10个托盘、10块小毛巾及3个调味瓶。游戏中的幼儿，不论其扮演的是什么角色，都在尝试摆弄、操作这些材料，大家都在争着扮演“服务员”这个角色，就连到面条店里来的顾客也在想方设法地摆弄调味瓶。3天后情况发生一些改变，在游戏评价中幼儿自己讨论并制定了相应的规则——即服务员使用这些材料，他们的理由是：收银员有收银机，做面条的有剪刀和小碗，而服务员什么都没有，所以把这些材料都给服务员。面条店游戏开展已经三个星期过去了，从参与的幼儿人数上看，幼儿的兴趣逐渐转移了。但是乐于充当“服务员”角色的幼儿仍然很多，甚至出现了面条店里只有三位服务员而没有其他工作人员的现象。

分析思考二：为什么“服务员”从冷门角色变成了“热门”角色，出现案例中的情况，教师应该如何进一步引导？

三、章节实训

1. 实训要求

请你选择一个班级，一个特定的游戏类型，设计一份游戏观察计划，并制成相应观察记录表以便记录、评价。

2. 实训过程

（1）根据各年龄班幼儿的特点，制订一份具有操作性的游戏观察计划。

① 观察计划的设计应能体现出所选游戏及相应年龄班幼儿的特点。

② 观察计划的观察内容应详细、具有可操作性。

③ 观察记录表中应体现观察计划的目标、内容。

（2）根据观察计划，选择适宜记录方式，制成相应的观察记录。

3. 实训反思

项目		评分标准	分值	得分
观察前	1	观察计划目标是否具体、操作性强	10	
	2	观察内容结构是否完整	10	
观察中	1	能否依据观察目标进行有针对性的观察	10	
	2	能否及时记录下所需的观察内容	10	
	3	能否捕捉到观察过程中有教育价值的片段	10	
	4	能否依据游戏中的突发情况，对计划做出灵活调整	10	
	5	能否在观察中有效指导幼儿的游戏	10	
观察后	1	能否对观察中的记录进行整理与分析	10	
	2	评价游戏的角度和方法是否适宜、全面	10	
	3	能否通过观察记录，对本次游戏观察做出相应反思	10	
自我反思				

第十章　传统民间游戏在现代幼儿园中的应用

引入案例

寒冷的冬天，几个幼儿靠墙而立，用肩部的力量向中间挤，被挤出的人向旁边走，再向中间挤，如此反复进行。

问题　你认为幼儿的这些活动是游戏吗？如果是游戏，你有什么办法让这个游戏更加有情趣、更加有意义吗？

本章学习要点

1. 了解传统民间游戏的概念。
2. 了解传统民间游戏的价值。
3. 掌握在幼儿园教学中应用传统民间游戏的原则和方法。

传统民间游戏历史悠久，代代相传，这是由其较强的民众性、普及性、娱乐性决定的。民间游戏是由我国劳动人民在特定文化传统的基础上自发创编的、具有鲜明地方特色的娱乐活动，包括民间成人游戏和民间儿童游戏。民间儿童游戏的内容贴近儿童的实际生活，符合儿童的心理发展特征，是儿童喜闻乐见的娱乐方式。经过一代又一代的传承和发展，民间游戏已经成为我国优秀民族文化的重要组成部分，在我国悠久绵长的历史长卷中，民间游戏可谓浓墨重彩的一笔。但是由于城市化进程的加剧，传统民间游戏在当代幼儿游戏生活中渐行渐远。无论是从文化传承的角度还是教育的角度，传统民间游戏仍有在幼儿园中开展的价值。就地取材、玩法简单的传统民间游戏是对幼儿园游戏活动的补充与扩展。传统民间游戏适当改编之后，可以发挥新的价值。

第一节　传统民间游戏

一、传统民间游戏的概念

“民间游戏”是民间文化的重要组成部分，是流传于人们日常生活中、具有一定形式与规则的嬉戏娱乐活动。民间儿童游戏则是指主要流行于儿童日常生活中，且具有一定的形式与规则的嬉戏娱乐游戏（由于民间儿童游戏指向对象的针对性，为便于记忆，本文中“民间儿童游戏”均简称为“民间游戏”）。它来源于生活，内容广泛、形式简单、取材方便、灵活多变，适用年龄跨度大，体现民族和地方特色，具有娱乐性和教育性。民间游戏种类繁多，丰富多彩，可以分为民间体育游戏、民间益智类游戏、语言类游戏、体育类游戏、综合类游戏等多种形式。民间体育类游戏如跳房子、斗鸡、跳绳、跳皮筋、滚铁环、踩高跷等，民间益智类游戏如接子、抛香棒、穿线巴、打弹子、翻三角、纸牌接龙、竹蜻蜓、转陀螺，语言类游戏如斗斗虫、点点凹凹、踢踢扳扳、一双皮鞋等。所以我们可以得出这样的认识：民间游戏是文化和民间文化具体而微的表现形式，是我们理解文化和民间文化内涵的最生动、最直观、最可触摸的载体。[1]

扫一扫

扫一扫——民间体育游戏《跳房子》

民间游戏是产生并流传于人民群众、主要是青少年儿童日常生活中的，具有一定形式、规则、内容又可因时因地发展变化的，随时随地可以进行的，以玩耍为目的的小型嬉戏娱乐活动。

游戏虽不是人类生存所必不可少的活动，但在人们尤其是孩子们的生活中却有着极为重要的地位。古人云：“食色，性也。”其实，嬉戏玩乐也是人类的一大本性，人们在“食色”方面的欲望得到满足后，接下来便是嬉戏玩乐，于是各种游戏便随着人们嬉戏玩乐的需要产生了。民间游戏大量而普遍地存在着，其内容丰富，种类繁多，流传广泛。作为一种民俗事象，民间游戏所负载的意义是比较单纯的。不论是它产生之时，还是在流传过程中，其目的都是明确单一的，即嬉戏娱乐。它与其他民俗事项一般不发生直接联系，也较少承受政治经济、社会礼仪的意义。它产生、流传于某一地区的人民群众之中，受这个地区群众生活、生产的影响，也体现着这个地区的世态人情、风俗习惯和文化意识。因此，民间游戏总是显示出其独特的作用和价值。

二、民间游戏的特点

（一）传承性

民间游戏作为一种民俗文化现象，具有很强的传承性。一种游戏项目一旦形成一定的形式、规则，被人们所认可，便会在民间代代相传，历经千百年而不衰。如摔跤、拔河、跳绳、踢毽、放风筝、打秋千、弄丸、捉迷藏、斗革、斗鸡等。

许多唐宋以前甚至先秦时期的游戏品种直到现在依然盛行，而且还都保持着原来的面貌和形式，其游戏方法、规则与古时相比并无大的差别。文学游戏表现出的传承性更为明显，儿歌、谜语、绕口令虽然其内容在各个时代都有变化，但形式、规则、格局与其形成产生之初都还是基本相同的。笑话和智慧故事更是直接保存流传下来。很多古时，甚至春秋以前的项目种类，都借助历史的传承性获得了顽强的生命力，使它们能够度过数百年、数千年的历史长河，保存到今天。

每一种民俗文化现象都有其源远流长的发展历史和起始的根，民间游戏于此又有什么特别之处呢?首先，由于民间游戏不与社会制度、生活礼仪和生产经济发生直接联系，所以历来不为统治阶级和文人墨客所注意和重视，官方从未有过专门倡导，也很少有专书记载录存。其次，游戏于人们的日常生活、种族延续、门庭荣辱似乎没有太大的关系，也就是说，游戏不是人们生活中必需的一部分。既然是可有可无，便不为人们所看重。因此，从没有人专门着意将游戏传教给后代子孙。失

[1] 王秋红编著.采撷盛开在民间的绚丽之花 幼儿园民间游戏课程探索.北京：新时代出版社，2010.10.

去了这几种主要的传承途径，游戏是如何经历几千年风风雨雨和一代代人的生生死死、一个个王朝的兴盛衰亡而长存下来的呢?它依靠的是民间的自然传承。每一种传统的游戏项目，从它产生开始，便在一代代人的中间流行，通过口耳眼的自然相传，而长期存留下来，这种传承力量是惊人的、强大的，无人可以抗拒或阻止。所以，传承性应是民间游戏的第一个特点。

（二）变异性

因为民间游戏的口耳眼自然相传的特性，确定它不可能有统一的规则、方法和形式，从而使其具有了变异性的特点。“变”即发展变化，是从历史的纵的方面来说的。游戏的发展变化是经常的、大量的，包括名称的变化，内容的变化和方法规则的变化。例如，古代流行的夹食这种棋戏，二人下棋，分执黄、黑子各十七颗，轮流每人每次走一步，食棋方法为“夹”，即己方二子夹对方一子，则对方子即被吃掉。夹食游戏一直流传到现在，但已有了很大的发展变化。

“异”即差异，是从地区间的横的方面来说的。各种游戏在不同的地区存在着差异和不同，同一项游戏在各个地域不仅名称上有差异，其内容、方法上也有较大不同。

（三）地域性

游戏在某个地区产生流行，必然受这个地区的地理气候环境和人们的生活生产、风俗习惯、文化心理的影响，因而就具有了一定的地域性。例如，北方民间游戏产生流传在北方各地，也就体现着北方地区的世态人情、民风民俗和思想意识。北方地区“寄小狗”“星星过月”“垒瓜瓜园”“过家家”“娶媳妇”等生活模仿游戏，如实地反映了北方人民的生产生活习惯，以及婚嫁迎娶的风俗。

三、民间游戏的现代价值

作为民间文化重要组成部分的民间游戏由于其趣味性的特点，更符合幼儿的兴趣需要，幼儿在民间游戏中感受着民间文化的丰富与快乐，促进了身体动作、智力能力以及性格特征的发展与完善，对幼儿的身心发展起着重要的推动作用。将民间游戏融入幼儿园课程，让民间游戏成为教师和幼儿日常学习和生活不可或缺的组成部分，既有利于幼儿的身心健康发展，也是对历史文化的肯定和传承。

（一）传承民间文化，培养“有根的人”

我们对民间游戏的价值认识不能仅停留在它是一种可有可无的消遣和娱乐，或者是与高科技的多功能玩具和现代媒介游戏相比相形见绌的老古董，而应该把民间游戏当作我国民间文化的重要载体加以传承和发展。事实上，每一个人既是在民间文化的哺育之下成长起来的，每一个人也应该是民间文化的保护神。民间游戏作为民间文化的重要部分，与现代媒介游戏相比，民间游戏更能体现游戏的非功利性和自成目的性。

教育要培养现代人，所谓的现代人应该是能牢牢地扎根于我们自己的土壤，能够面向世界的人。幼儿教育既要赶上时代的“教育步伐”，追求“现代”教育，又要继承民间文化的精髓，善于吸收现代文化的先进内容融入民间文化，使得民间文化不断焕发生命的活力，不断发扬光大。民间游戏是幼儿接触和学习本民族文化、认识本民族独特的文化符号的重要途径。民间游戏理应成为促进幼儿知、情、意、行发展的教育元素，理应进入幼儿园课程内容，让每一个幼儿成为民间传统文化的传承者。

（二）满足幼儿游戏需要，促进幼儿全面发展

促进儿童的身心发展是教育永恒的出发点和落脚点。游戏作为幼儿园最基本的活动，是儿童内在的需要。民间游戏顺应了儿童游戏的需要，游戏过程中的游戏精神促进了儿童内在精神品质和外在行为的发展，具有无可替代的独特价值。民间游戏不仅简单易学，趣味性强，而且种类繁多，不受场地、人数、孩子接受能力差异的限制。民间游戏对幼儿发展具有多重价值，主要体现在以下五个方面。

1. 能增强幼儿对本土民间文化尤其是民间游戏的认同感，增进热爱家乡的情感。

民间游戏是我国传统民间文化的一个重要组成部分，积淀和蕴含着不同地域、民族的审美情结，折射和反映着当地和整个中华民族所特有的行为、思维、感情和交流模式。因此，让幼儿在玩的过程中亲近生活，了解生活，通过模仿现实生活中的事物和人物的行为、习俗，会很容易建立起民族认同感，在心理上产生亲切感，培养民族情感。一个人情感反应的强弱取决于对自身之外的人和事感受与关注的程度。当幼儿在参与民间游戏中学会了富有地方特色的语言，感受到了集体游戏的快乐，那么，他们对本土民间文化，尤其是民间游戏的认同感会油然而生，进而萌发爱家乡的情感。

2. 能促进幼儿身体动作技能的发展，提高幼儿身体素质。

民间游戏大多在空气清鲜、阳光充足的户外进行，在奔跑、跳跃、平衡、钻爬中，孩子的各种动作得到协调发展，体能得到锻炼、提高，机体健康得到和谐的发展，从而增强了他们的体质。

例如，“跳皮筋”“跳绳”“荷花荷花几月开”“城门城门几丈高”等游戏能促进幼儿走、跑、跳、钻等大肌肉动作的发展；“打弹子”“石头剪刀布”等游戏能发展幼儿小肌肉群和手眼配合协调；“走高跷”等游戏能训练幼儿的平衡能力；而“跳房子”等游戏能促使幼儿身体技能协调发展，培养幼儿初步的自我保护能力。

3. 能促进幼儿语言的发展，提高幼儿数理逻辑智力。

民间游戏经常配有琅琅上口的童谣或儿歌，而这些童谣、儿歌蕴涵着大量的社会知识、自然知识、历史知识，有助于幼儿在学习普通话的同时接触本土语言，并能理解本土语言。民间游戏对于发展幼儿的口头语言表达能力具有特殊的价值，在民间游戏中，幼儿处于放松状态，心理上没有压力，可以大胆地说话。

例如，跳皮筋中的“马兰花”既有跳的花样又有好听的歌谣：“马兰花，马兰开花二十一，二五一，二五二，二八二九三十一，三五一，三五二，三八三九四十一，四五一，四五二……一百一。”在这个游戏中不仅可让孩子们感受民谣的韵律，还能让他们感受数字的趣味性而百玩不厌。

4. 能促进幼儿形成积极情感和社会合作意识，锻炼幼儿的意志品质。

民间游戏需要游戏者之间建立平等、民主、协作的人际关系，并按照一定的游戏规则来进行游戏。这就为幼儿社会性的发展提供了机会。

首先，民间游戏具有竞争性。当幼儿在游戏中取得胜利，他们的心情是愉悦的，有极大的满足感，有利于增强幼儿的自信心；当在游戏中处于失利状态时，虽然由此产生了挫折感，但是幼儿好胜的心理以及民间游戏本身的丰富有趣性深深吸引着幼儿，使他们能承受失败和挫折给他们带来的不安，努力克服自身的弱点，继续参加游戏。在这个过程中，幼儿学会了自我控制，锻炼了抗挫折

能力，增强了明辨是非、正确评价的能力，有利于幼儿乐观、开朗性格的形成。

其次，民间游戏具有合作性。民间游戏中有很大一部分是需要几个幼儿共同合作来完成的，如“炒黄豆”“抬花轿”等，幼儿在游戏中可以满足群体的需要，形成自然的游戏伙伴关系，促使幼儿形成分享、合作、助人、谦让、遵从等行为。游戏中，每个幼儿都不断地更换角色，游戏伙伴中会很自然地产生“领袖”，这些“领袖”也会很自然地被淘汰，这可以培养幼儿的责任感和组织能力，同时教育了幼儿要平等待人，树立团结协作的意识，有利于克服独生子女惯有的任性、独尊、娇惯等不良习性，学会协调与组织、团结与协作、牺牲与分享、援助与服从、理解与宽容等。只有形成一定的责任感和集体意识，才能更好地融入集体、参与游戏。

再次，民间游戏还具有规则意识和控制力。民间游戏中有约定俗成的游戏规则，幼儿在游戏中必须遵守这些规则，才能使游戏进行下去，民间游戏的规则能帮助幼儿摆脱以自我为中心，学会自己解决人际矛盾及控制自己的情绪和行为，向社会合作发展，从而形成人际协调的合作关系。例如，“城门城门几丈高”的游戏规则是每个幼儿边念儿歌边一个一个地从“城门”下钻过，想再次参加游戏幼儿只能遵守规则。再如，“跳竹杆”游戏是二人抬，一人跳，游戏要求抬的动作要一致，抬跳动作要协调，抬跳节奏要一致，这就充分培养了幼儿动作的协调性和同伴之间的合作能力。

最后，民间游戏能培养幼儿的自制力和坚持性等意志品质。例如，“运粮”游戏要求幼儿克服各种障碍运送粮食到目的地，能使幼儿增强意志，获得耐挫能力；“丢手帕”游戏，大部分幼儿处于等待状态，有的幼儿甚至一次也没轮到，很能考验幼儿在耐性和持久性上的心理品质，但游戏独特的趣味性吸引了幼儿把游戏中的等待转变成自身内在的需要。

5. 能激发幼儿自由探索和大胆想象，提升幼儿的创造力。

民间游戏能让幼儿在一种自然、自由的活动状态下释放想象力与创造力，幼儿能自由地活动身体、在自主选择或制作游戏材料的过程中发展自我，在重新组合游戏材料的过程中学会探究，在与同伴的共同游戏中学会合作与分享。以“捉迷藏”游戏为例，这一游戏要求参与者耳尖目明、奔跑及时，并要用某种巧妙的方法和策略找到藏者或躲避当猫人，藏者能够不断发现新的藏身之地，或者不断转移藏匿地点以确保不被发现，这也是“捉迷藏”游戏创造性的体现。幼儿在游戏时要通过想象，创造性地模仿现实生活中的人或事，这样就可以跨越时间、空间的限制，随心所欲地表现生活。例如，拿根棍子当马骑，双手在胸前转圈当开汽车等。另外，幼儿对童谣和民间故事理解的丰富性、体育与益智类游戏玩法的多样性、艺术创作的独特性等，无不表现了幼儿的创造力。

四、传统民间游戏开发的策略

（一）改编与创编

要收集和整理民间游戏，遴选出适合的游戏在幼儿园开展。要注意游戏的题材和内容，如果游戏中夹杂不文明语言或存在安全隐患，要坚决摒弃。对民间游戏要根据不同年龄段幼儿的游戏需要加以改编。例如，对锻炼幼儿的平衡能力有好处的踩高跷，因其危险性较高，可以把高跷改成矮矮的小木墩，并在木墩上穿洞栓上手拉绳，绳子的长短可以根据幼儿的身高自由调节，这样幼儿上下自如，确保了安全性。还可针对幼儿的年龄和发展水平，结合时代特点进行创编。以踢毽子为例，幼儿的协调性较差，还不能自由踢毽子，如果我们在毽子上系 1 米左右的带子，就降低了难度。熟练之后可以摘掉带子，逐步提高难度。

（二）传承与发展

幼儿园开展传统民间游戏，要想取之精华，又不拘于娱乐性，可以将其巧妙地渗透于晨间活动、自由活动中。例如，运用传统民间游戏“木头人”，引导幼儿在游戏中学会自控，变教师单纯说教为幼儿自我约束，效果明显。又如，巧妙运用“石头剪刀布”的游戏规则，帮助幼儿解决小争端，使幼儿从中学会解决问题的方法。也可以利用节日或运动会等时机，邀请家长参与传统民间游戏，以增强家园联系，提高家长参与教育的意识，改善亲子关系。还可以利用传统民间游戏易学、好玩、变通的特性，融合艺术、体育等课程，在日常教学活动中发挥传统民间游戏的教育作用。

（三）开拓与创新

随着社会文化的发展，需要对民间游戏中某些陈腐的东西加以修改，以赋予它新的生命。例如，在跳皮筋、玩花绳这些民间游戏时，一些传唱于一定时期内的“灰色童谣”，就不适合于今天的幼儿再学习。我们可以创编新的童谣，把具有时代气息的先进文化知识传递给幼儿，给幼儿以新的启示，发展幼儿的想象力。

五、传统民间游戏应用的原则

（一）创设宽松的户外活动环境

现代幼儿园的户外场地一般都较为宽阔，草地成片、绿树成荫，柔软的塑胶地非常便于孩子游戏、追逐。教师们充分利用自然资源，丰富游戏环境和材料：在平整的水泥地、塑胶地上画上富有情趣的、五颜六色的“圆圈”“方格房子”等，孩子们还可以利用小树林，玩起“躲猫猫”“捉迷藏”的游戏。在宽松的户外活动中，幼儿的体能得到了锻炼，同时也激发了幼儿游戏的兴趣，使孩子真正体验到游戏的乐趣。

（二）创设丰富的室内环境

在幼儿园的实践教学中，可将民间体育游戏内容有机地融入课程活动和晨间活动之中，让幼儿每天可以根据活动选择自己喜欢的器械，尽情地玩耍，在富有民俗氛围的、开放式的活动中，满足不同发展水平幼儿的需求，有效地促进幼儿运动能力的发展。

扫一扫

扫一扫——民间体育游戏《红灯绿灯亮》

（三）利用一日生活，合理安排游戏时间

开展民间游戏，除了晨间活动、体育教学、区域活动外，还可以利用晨间入园时、课间等时间，积极组织活动。此外，还可以探索多种教育途径，把民间游戏融入日常教学中。

（四）不断创新游戏内容，培养幼儿探索精神

为培养的幼儿探索精神，在开展民间体育游戏的过程中，可将一物一玩改为一物多玩。这种有

目的的探索活动，引导幼儿充分尝试各种不同的玩法，可以发挥幼儿的想象力与创造力。例如，在“玩绳”活动中，除绳子有多种跳法以外，还可以用绳子当小河，玩过河的游戏，幼儿进行这样的探索，不仅可以增强游戏的趣味性，还可以充分发挥幼儿的创造性，培养幼儿的自信心，磨炼其意志品质。

第二节　传统民间游戏举例

一、大班民间游戏集锦

1. 桃花桃花几时开

适合年龄：5~6 岁

游戏目的：发展跳跃及躲闪的能力，知道遵守游戏规则。

游戏玩法：

（1）请一幼儿扮荷花，集体游戏，提醒幼儿避免互相碰撞。

（2）再次游戏。

游戏规则：

（1）须等儿歌念完才能逃。

（2）不跑到远离老师的地方。

游戏儿歌：

桃花桃花几时开？一月开；一月不开几时开？二月开；二月不开几时开？三月桃花朵朵开。

2. 曲线走

适合年龄：5~6 岁

游戏目的：发展幼儿曲线走的能力。

游戏准备：

把四五个呼啦圈平放在地上，呼啦圈之间留一小段距离，相互连成一条直线。布娃娃一个。

游戏玩法：

游戏开始，让幼儿抱住布娃娃，从第一个呼啦圈的右边走到第二个呼啦圈左边，依次继续前进，直至最后一个呼啦圈，顺势再转回来走到第一个呼啦圈。

3. 夹包射门

适合年龄：5~6 岁

游戏目的：发展幼儿的下肢力量和身体协调性。

游戏准备：

在场地上画一条起射线，然后在前方适当距离竖放一个呼啦圈，呼啦圈与起射线处在平行位置。

游戏玩法：

游戏开始，幼儿两脚夹住一个沙包，向前跳动。跳至起射线时，两脚将沙包向呼啦圈中央甩过去，看看能否射进门。

4. 青蛙跳跳

适合年龄：5~6 岁

游戏目的：练习幼儿的双脚向前行进跳。

游戏准备：

在场地上画一条起跳线，距起跳线一米处平放一个呼啦圈，并每隔一米都平放一个呼啦圈（共 5 个左右）。

游戏玩法：

游戏开始，幼儿用双脚（或单脚）向前行跳进第一个呼啦圈中央后，再向前看跳，用同样的方法跳过第二个、第三个等直至最后一个呼啦圈。

游戏规则：

上述玩法熟悉后，可把呼啦圈一个一个紧靠，摆成直线，幼儿从每个呼啦圈的中央连续行进并跳过。

5. 鲤鱼跳龙门

适合年龄：5~6 岁

游戏目的：发展幼儿四肢的力量及灵活性。

游戏准备：

把若干个呼啦圈放在地上，呼啦圈之间相距 1.5 米，成为一个个龙门。

游戏玩法：

游戏开始，幼儿下蹲，两臂从呼啦圈中央伸出，两手向前远离跳，双手着地瞬间，两脚蹬地、提臀收腹跳起，使两脚落在呼啦圈前方靠近手的位置，然后用手脚向前跳动，依次跳过其他呼啦圈。

6. 花样皮筋

适合年龄：5~6 岁

游戏目的：

（1）学习跳皮筋的基本方法。

（2）发展幼儿弹跳力，增强腿部肌肉力量。

（3）培养幼儿的节奏感。

游戏准备：

长皮筋和短皮筋若干；音乐。

游戏玩法：

（1）双脚跳：两名幼儿撑绳，其他幼儿依次跟着节奏儿歌双脚在里面轮流跳。

（2）单脚跳：三名幼儿把皮筋变成三角形，其他幼儿依次跟着音乐节奏单脚轮流跳。

（3）绕花跳：多名幼儿把皮筋变成多角形，每两名幼儿一小组绕花、转圈跳。

7. 跳竹竿

适合年龄：5~6 岁

游戏目的：

（1）学习跳竹竿的基本方法。

（2）训练幼儿的节奏感。

（3）随音乐节奏并变换动作跳，训练幼儿动作的灵敏性。

（4）发展幼儿的相互协作能力。

游戏准备：

长竹竿 10 根，音乐《啊哩哩》。

游戏玩法：

（1）幼儿分为两队。一队幼儿两人一组手执竹竿并列排为两排，根据音乐有节奏地敲打竹竿。另一队幼儿在竹竿中间来回跳。

（2）随音乐变换竹竿的造型，幼儿在竹竿中间变换动作轮流跳。

二、中班民间游戏集锦

1. 切西瓜

适合年龄：4～5 岁

游戏目的：练习沿着圆圈快跑。

游戏准备：

在场地上画一个大圆圈。

游戏玩法：

几个幼儿手拉手围成一个大圆圈（做“大西瓜”）。一个幼儿做“切西瓜”，边念儿歌边绕着圆圈走，并做“切西瓜”的动作，念到最后一个字时，将身边两个幼儿拉着的手切开，然后站在被切开的位置。被切到的两个幼儿则必须立即朝不同方向跑一圈，再回到原位，先到达原位者即为再次游戏的“切瓜人”。

附儿歌：

切，切，切西瓜，我把西瓜切两半。

注意事项：

提醒幼儿迎面跑相遇时靠右侧，不要相互碰撞。

2. “警察”捉“小偷”

适合年龄：4～5 岁

游戏目的：培养孩子的应变能力和追逐能力。

游戏玩法：

幼儿平均分为两组，一组为“警察”，一组为“小偷”。场地上，分别画两个圈为各自的“家”。游戏开始，“小偷”出来活动，四散跑开，“警察”出来捉“小偷”，把“小偷”捉回“警察”的家，未被捉住的“小偷”如果跑回自己的“家”，“警察”就不能再捉了。

3. “瞎子”摸“拐子”

适合年龄：4～5 岁

游戏目的：练习躲闪，增进幼儿间的了解。

游戏玩法：

可多个幼儿共同参加游戏。一人用手帕蒙住眼睛当“瞎子”，一人将左手抓住左小腿当“拐子”。游戏开始，“拐子”吹口哨，其他幼儿在一定范围内四散跑开，“瞎子”听声去摸“拐子”，“拐子”被摸住，双方对换角色，其他人被摸住就退出游戏，下一轮再玩。

4. 捉人

适合年龄：4～5岁

游戏目的：锻炼幼儿的快速反应能力。

游戏玩法：

幼儿一人将手掌掌心朝下向前伸，其余幼儿每人伸出一食指顶住伸掌者的手心，念儿歌。儿歌念到最后一字时，伸掌者迅速抓握掌心中的食指，伸食指者要尽快逃脱，被抓住食指者就做下一次游戏的伸掌者。

附儿歌：

风大，不怕。雨大，不怕。真的假的？真的。

5. 拉“大锯”

适合年龄：4～5岁

游戏目的：锻炼幼儿的大臂肌肉群，培养幼儿的节奏感。

游戏玩法：

两人对坐，双脚自然盘曲，双手对握，随儿歌节奏做拉锯似的前俯后仰动作。锻炼幼儿的大臂肌肉群，培养幼儿的节奏感。

附儿歌：

拉大锯，扯大锯，姥姥家，看大戏。看的什么戏？看的《西游记》，接姑娘，请女婿，就是不让×××去。

6. 捉“龙尾”

适合年龄：4～5岁

游戏目的：锻炼幼儿的合作移动跑的能力。

游戏玩法：

幼儿中选一人当“龙头”，一人当捉“龙尾”者，其余幼儿一个接一个地拉住前一位的后衣摆接在“龙头”后面做“龙身”，最后一人当“龙尾”。“龙头”带着“龙身”左右移动跑，让“龙尾”躲避捉拿。注意“龙身”不要脱节。如“龙尾”被捉，要自动退下，倒数第二人自然成为“龙尾”。此游戏具体玩法与“老鹰捉小鸡”相似。

7. 丢手绢

适合年龄：4～5岁

游戏目的：锻炼幼儿围着圆圈跑的能力。

游戏玩法：

多人围圈向内坐，选一人拿手绢在圈外绕行，边走边与众人一起唱：“丢、丢、丢手绢，轻轻地放在小朋友的后边，大家不要告诉他，快点快点儿抓住他，快点快点抓住他！”行进中，悄悄将手绢丢于一人背后。如果此人发现应立即捡起手绢追逐丢手绢者。若追上，丢者需重丢；若追不上或丢者转一圈仍未被发现已将手绢丢下，则罚被丢者站在圈中唱一支歌或表演一个节目。然后，轮换再来。

三、小班民间游戏集锦

1. 炊事员

适合年龄：3~4 岁

游戏目的：认识蔬菜的名称。

游戏玩法：

（1）每个幼儿配挂在一个菜的胸饰，教师配带锅的胸饰。

（2）教师引入：“我们今天来玩烧菜的游戏，我的蔬菜在哪里？”幼儿答：“蔬菜蔬菜在这里。”

（3）游戏开始，教师随意选择炒一菜，问：“我们先来炒萝卜，萝卜萝卜在哪里？”当萝卜的幼儿回答：“萝卜萝卜在这里。”教师说：“快快走到锅里来。”当萝卜的幼儿就走到教师身后，同时全班幼儿问：“炒完萝卜炒什么？”

（4）教师便再次选择炒某一种菜，如“炒完萝卜炒青菜！青菜青菜在哪里？”如此反复游戏。

（5）幼儿在听到自己所扮演的蔬菜名字后要迅速起立回答。

（6）当教师说“我的蔬菜炒好了”时，幼儿立即走回自己的座位。

游戏准备：

各种菜的胸饰若干，锅的胸饰一个。

2. 谁会飞

适合年龄：3~4 岁

游戏目的：

（1）丰富幼儿的动物知识经验，知道哪些动物会飞，哪些不会飞。

（2）增强幼儿的判断能力和反应能力。

游戏玩法：

（1）幼儿围成一个圆圈。教师说一种动物的名字，如“蝴蝶来了。”

（2）幼儿判断这种动物会不会飞。如果是会飞的动物，就离开座位做小鸟的动作。如果是不会飞的动物，就坐着不动。

（3）幼儿如判断失误，就算游戏失败，停玩一次游戏。

（4）教师说：“蝴蝶飞飞，飞得高”，幼儿就踮起脚飞。教师说：“蝴蝶飞飞，飞得低”，幼儿就半蹲着飞。教师边说边拿走部分椅子。

（5）当教师说“蝴蝶飞飞，飞回家”，幼儿就飞回到座位上。

（6）幼儿在飞回座位时，如找不到空位，就被淘汰出游戏。

（7）多次游戏后，仍没有被淘汰的幼儿为获胜者。

游戏规则：教师在游戏中根据实际情况控制游戏次数，尽量保证最后的获胜者在 10 个左右。

4. 听听这是什么声音

适合年龄：3~4 岁

游戏目的：辨别各种物体发出的声音。

活动玩法：

（1）放录音一，请幼儿说说听到了什么。

（2）放录音二，请幼儿注意听，分辨出各种动物不同的叫声。

（3）教师问："仔细听，这是什么在叫？"幼儿答："汪汪汪，这是小狗在叫"等，逐一说出并做相应的动物的动作。

5. 我和镜子做游戏

适合年龄：3~4岁

游戏目的：让幼儿认识各器官的名称及用处。

游戏玩法：

（1）请一幼儿作发令人，用手竖起作镜子状，边走边念儿歌"照镜子，照镜子，照照你的小鼻子"。走到一幼儿面前，请该幼儿回答："照镜子，照镜子，照照我的小鼻子。"同时要用手指指着鼻子。

（2）发令人问："嗨嗨！鼻子鼻子有啥用？"被问幼儿则答："嗨嗨！我用鼻子闻一闻。"幼儿回答正确者，即与发令人交换角色，游戏重新开始。

（3）这样依次类推，说出耳朵、眼睛、嘴巴、手脚等。

（4）游戏前先要确定好发令人。发令人说到身体哪一部位，幼儿要立刻指到所说的部位，同时应用短句加以回答。

（5）回答正确者，可交换角色；反之则不行。

6. 我的小手有力量

适合年龄：3~4岁

游戏目的：锻炼幼儿手部肌肉的灵活性。

游戏玩法：

（1）幼儿共同边念儿歌边做动作。

（2）念到"握握拳"时，用力握拳；念到"伸伸拳"时，五指弯曲伸直再弯曲伸直；念到捏捏指时，五指指尖捏在一起；念到"张一张"时，五指用力张开；念到"我的小手有力量"时，双手握拳，互相用力打3下。

附儿歌：《我的小手》

握握拳，伸伸掌，捏捏指，张一张，我的小手有力量。

7. 贴五官

适合年龄：3~4岁

游戏目的：发展平衡能力及手眼协调能力。

游戏准备：

将动物头像挂起来。头像上的眼睛、鼻、嘴是可以粘贴的。

游戏玩法：

请幼儿站在离动物头像1米以外的地方，手拿一个动物的五官图片，原地转两三圈后，朝动物头像方向走过去，迅速将图片贴到头像的相应位置上。贴完后，看看谁贴的位置准确。游戏可以反复进行。

游戏建议：

可以五人一组，每人贴一个部分。年龄稍大的幼儿可以闭着眼睛玩。

思考与实训

一、思考题

1. 民间游戏作为幼儿园游戏活动的意义？
2. 民间游戏中的现代意义？

二、案例分析

在和幼儿做“老鹰捉小鸡”的游戏时，先由一名老师扮“老鹰”，我扮“鸡妈妈”，其余幼儿扮小鸡。游戏开始，孩子们立刻躲到鸡妈妈身后，鸡妈妈张开双臂拦住老鹰，老鹰不时地左右跑动去抓小鸡，鸡宝宝跟在妈妈身后躲闪跑，掉队的小鸡被老鹰捉住了，自觉停止游戏一次；游戏继续开始，几分钟后我们选一名幼儿扮演“老鹰”，孩子们高兴得一边欢呼一边躲闪，有的孩子不小心摔倒了，也赶紧爬起来继续跟上，孩子扮演的“老鹰”也很机敏，他专抓掉了队的小鸡，不一会儿就有几只小鸡被“老鹰”捉住，他们在一边休息，游戏继续进行。

在一次游戏活动时间，我让幼儿玩“老鹰捉小鸡”的游戏，可是一惯当老鹰的卓卓小朋友却迟迟不动，像很委屈似的低着头，问他怎么了，他竟然说：“老师，我想玩‘小鸡捉老鹰’的游戏！”“为什么？”我急忙问道。卓卓仰着小脸，满怀希望地说：“老鹰一次次捉不到小鸡，小鸡们更不怕它了，越来越勇敢，一看到老鹰就去追赶它啊！”

问题：请分析该教师活动设计中的优劣之处。

三、章节实训

1. 实训要求

请你改编一个民间游戏，使其更适合当前的幼儿园游戏活动。

2. 实训过程

入园组织幼儿做游戏，将改编后的民间游戏应用于教学。

3. 实训反思

（1）所设计的游戏内容符不符合学生的需求和兴趣？

（2）还有哪些办法可以发掘民间游戏的现代价值？

参考文献

[1] 华爱华著.幼儿游戏理论.上海：上海教育出版社，2001.

[2] 刘焱主编.儿童游戏通论.北京：北京师范大学出版社，2004.

[3]〔美〕约翰逊等著.华爱华、郭力平译校.游戏与儿童早期发展.上海：华东师范大学出版社，2006.

[4] 邱学青著.学前儿童游戏.南京：江苏教育出版社，2005.

[5] 董旭花主编.幼儿园游戏.北京：科学出版社，2013.

[6] 杨枫主编.学前儿童游戏.北京：高等教育出版社，2012.

[7] 李生兰著.学前教育学.上海：华东师范大学出版社，2012.

[8] 袁爱玲主编.幼儿园教育环境创设.北京：高等教育出版社，2010.

[9] 汤志民著.幼儿园环境创设指导与实例.上海：华东师范大学出版社，2013.

[10] 邱学青.幼儿园开放性游戏环境的创设.

[11] 蔡琪，施立平.开展幼儿体育游戏的原则[J].幼儿教育，1984.04.

[12] 姜林霞.浅谈幼儿体育游戏中的评价内容与技巧[J].幼教天地，2012.06.

[13] 梁周全，尚玉芳.幼儿游戏与指导[M].北京：北京师范大学出版社，2011.09.

[14] 魏舒蕊.浅析体育游戏对幼儿身心发展的影响[J].成功（教育），2013.09.

[15] 冯娜.体育游戏对幼儿身心发展影响的实验研究[D].苏州大学，2012.48-52.

[16] 赵波.体育游戏中幼儿自我保护意识的培养[J].新课程（上），2013.03.

[17] 杨枫.幼儿体育游戏情节的构思法初探[J].学前教育研究，2006.05.

[18] 林小环.幼儿体育游戏的设计与组织实施[J].学前教育研究，2011.05.

[19] 闻乐华.幼儿体育游戏中应该注意的几个问题[J].学前教育研究，1994.03.

[20] 黄芹.幼儿体育游戏中分组与合作的指导策略研究[D].华中师范大学，2011.

[21] Carole Sharman，Wendy Cross，Diana Vennis.《观察儿童》[M].上海：华东师范大学出版社，2007：6.

[22] 刘焱.儿童游戏通论[M].北京：北京师范大学出版社，2008：299-306.

[23] 王晓静.浅谈对幼儿活动区活动的观察与评价[J].天津师范大学学报（基础教育版），2002.9.

[24] 邱学青.幼儿园游戏的观察与指导[J].早期教育，2000.17.

[25] 李平.幼儿教师如何在幼儿游戏活动中学会观察[J].教育导刊（下半月），2012.12.

[26] 王滨.幼儿游戏的观察[J].幼儿教育，2004.05.

[27] 张晖.对幼儿游戏评价的反思[J].早期教育，2003.12.

[28] 彭兵.对幼儿园游戏评估的思考[J].学前教育研究，2010.04.

[29] 朱静华，徐霞婷.适宜性教育在游戏评价中的运用[J].好家长，2014.05.

[30] 钱晶莹.以多元化的游戏评价提高幼儿游戏水平[J].教育导刊（下半月），2009.05.

[31] 李莉.游戏促进幼儿社会性发展的评价标准[J].山东教育（下），2003.10.

[32] 梁周全，尚玉芳主编 幼儿游戏与指导[M].北京：北京大学出版社，2014.1.

[33] 雷湘竹主编 学前儿童游戏[M].上海：华东师范大学出版社，2012.5.

[34] 翟理红.学前儿童游戏教程.上海：复旦大学出版社，2006.